Dame

Das Haus der

Herzog

hannoverschen

Kurfürst

Welfen

König

1636–1866

Ulrike Weiß

III

Vorwort

„Ich habe Geschmack gefunden an der Republik,
seit ich so viele Könige gesehen."
Pierre Jean de Béranger (1780–1857)

In der Textilsammlung des Historischen Museums am Hohen Ufer befindet sich ein besonders bemerkenswertes Stück: eine Uniform von König Georg III. (1738–1820) als Colonel in Chief der Royal Horse Guards. Der Rock ist aus dunkelblauem Tuch gefertigt, Manschetten, Kragen und Brustpartie sind mit einem breiten roten Rand besetzt, appliziert sind goldene Tressen, und die Knöpfe tragen eine Krone sowie die Buchstaben „R. H. G."

Die königliche Uniform gehört zu den frühen Zugängen des 1903 gegründeten Museums. Und tatsächlich standen am Anfang des „Vaterländischen Museums" zunächst Sammlungskonvolute zur Geschichte von Kurfürstentum und Königreich Hannover. 1866 war das Königreich von Preußen annektiert und zur Provinz des Bismarckreiches gemacht worden; entsprechend wurde das Interesse an hannoverscher Geschichte unterdrückt, war eine museale Präsentation identitätstiftender Symbole nicht möglich gewesen.

Dabei hatte König Georg V. schon 1852 die Pflege der Geschichtskultur – zugleich freilich die Apotheose des Welfenhauses – durch Gründung des „Familienmuseums" initiiert, bezeichnenderweise im Jahr der Eröffnung des Germanischen Nationalmuseums in Nürnberg. Neun Jahre danach waren das „Welfenmuseum" entstanden und 1862 beide Häuser vereinigt worden. Doch die Annexion Hannovers und wohl auch Furcht vor dem Revanchismus welfentreuer Hannoveraner hatten die behördliche Beschlagnahme der Sammlungsbestände zur Folge – bis in das Jahr 1893.

Unterdessen hatten mehrere bürgerliche Vereine eigene Sammlungen angelegt, und auch in Hannover lag die Schaffung eines Geschichtsmuseums in der Luft. Dynamik kam in den Gründungsprozess 1901 mit dem Erwerb zweier landesgeschichtlich bedeutender Uniform-, Orden- und Waffensammlungen, und zwei Jahre später öffnete das Geschichtsmuseum seine Türen – im Zentrum die inszenierte Verherrlichung der militärischen Tradition „Alt-Hannovers."

So berichtet das Hannoversche Tageblatt am 12.04.1903:
„In der ersten Etage (Beletage) befinden wir uns in der Ehrenhalle der alten hannoverschen Armee. Es ist ein Stück hannoverscher, ein Stück deutscher Geschichte, das hier vor unsern Augen wieder entsteht. Die Traditionen, die durch des Kaisers Hochherzigkeit wieder belebt sind, gewinnen hier greifbare Gestalt, wenn wir all die alten Uniformen, Waffen usw. erblicken, in und mit denen unsere Väter kämpften und stritten, wenn wir einen Blick auf die Orden und Ehrenzeichen werfen, die die Tapfern getragen haben! Gibraltar, Peninsula, Göhrde, Waterloo: sie alle sind vertreten und werden den alten Kämpfern eine Erinnerung … sein."

Detail von einem Hirschfänger mit den Initialen Georgs III., auf der Rückseite das britische Wappen.

Der Hirschfänger stammt aus dem Besitz eines Forstbeamten.

Die zu Teilen vergoldete Klinge wurde laut Inschrift von „Johann Friedrich Raab a. Herzberg 1784" geschmiedet.

Historisches Museum Hannover

Und am 26. 04.1903 hieß es dort:
„Die Uniformsammlung bietet nicht nur ein vollständiges Bild der Königlich hannoverschen Armee, sie enthält vielmehr auch Uniformen der durch ihre glänzenden Waffentaten so berühmten ‚Königlich deutschen Legion' …"

Standen im Mittelpunkt der ersten Ausstellung das untergegangene Königreich und die Rolle hannoverscher Soldaten im Dienste des britischen Königs, besann man sich bald auch auf die dynastischen Verbindungen sowie auf die „Personalunion" zwischen hannoverscher Landesherrschaft und der Krone England in den Jahren 1714 bis 1937.

Die meisten der König-Kurfürsten waren in einzelnen Bauten, Hinterlassenschaften oder auf sie zurückgehenden Institutionen fassbar, oder es hatten ihre gelegentlichen Aufenthalte in den deutschen Stammlanden zu einem wahren Fundus von Berichten und Anekdoten geführt. Nur für König Georg III. galt dies nicht. Zwar gingen auf ihn nachhaltige gesellschaftliche Neuerungen zurück, aber er hatte es zeitlebens nicht vermocht, seinem Territorium auf dem Kontinent einen Besuch abzustatten. Dabei war die Zeit seiner Herrschaft mit 60 Jahren bemerkenswert lang – lang auch die Zeit, in der kein Landesherr in Hannover Hof hielt.

Es verwundert daher nicht, dass die Gründer des „Vaterländischen Museums" sehr bald nach Eröffnung Ausschau nach Objekten hielten, die gerade mit diesem König im Zusammenhang standen, galt es doch, den fernen Landesherrn – wenn auch posthum und nur in einem dinglichen Relikt – erstmals von der Themse an die Leine zu holen. Wie erregend mag es daher für Gründungsdirektor Friedrich Tewes (1859–1931) gewesen sein, als beim traditionellen Londoner Auktionshaus Spink & Son die besagte Uniform Georgs III. angeboten wurde: Zusammen mit einem weiteren höfischen Kleidungsstück erfolgte 1904 der Ankauf für die stattliche Summe von 1.170,– Goldmark. Damit war also der König, mit dem sich so weltbewegende Phänomene wie die Aufklärung, die Unabhängigkeit der USA, die Französische Revolution und Ära Napoleons sowie die Erhebung Kur-Hannovers zum Königreich verbinden, endlich auch mit einem authentischen Objekt in der Sammlung zur Landesgeschichte Hannovers vertreten.

Nicht von ungefähr widmet das vorliegende Buch diesem Herrscher besondere Aufmerksamkeit. Mit dem Blick auf 2014 – das Jubiläumsjahr der hannoversch-britischen Personalunion – scheinen gerade Georg III. und seine Zeit in besonderer Weise geeignet zu sein, zum thematischen Höhepunkt einer großen Sonderausstellung in Herrenhausen zu werden, in der die Beziehung der so ungleichen Territorien zwischen 1714 bis 1837 ihre angemessene Würdigung erhält.

Doch nicht allein diese Perspektive unterscheidet das vorliegende Buch von einschlägigen Vorläuferpublikationen. Erstmals ist hier ein Vorhaben umgesetzt worden, das nicht allein darauf setzt, die welfischen Landesherren dynastisch zuzuordnen und sie hinsichtlich ihrer politischen Bedeutung zu beschreiben. Vielmehr werden auch die Frauen an ihrer Seite – gleichviel, ob ehelich verbunden oder als Mätressen am Hof – in den Fokus gerückt und ausführlich charakterisiert. Ziel war es außerdem, neben der bekannten deutschsprachigen Literatur auch die jüngeren britischen Forschungsergebnisse auszuwerten.

Dr. Ulrike Weiß, langjährige Ausstellungsreferentin und -kuratorin am Historischen Museum Hannover, hat das Konzept von Anfang an mit Begeisterung verfolgt und konsequent mit Inhalt gefüllt. Die Erfahrungen, Hinweise und Ratschläge von Kolleginnen und Kollegen in den niedersächsischen Museen, Archiven und Bibliotheken kamen ihr dabei ebenso zugute, wie die guten Kontakte zur Royal Collection und zur British Library – und nicht zuletzt ihre in jeder Hinsicht wertvollen Kenntnisse Großbritanniens. Ich danke Ulrike Weiß für die große Kraft und Geduld, mit denen sie zuweilen recht entlegene Text- und Bildquellen erschlossen und die komplexe Materie in eine so angenehm nachvollziehbare Sprache gegossen hat.

Dem Qualitätsanspruch der inhaltlichen Arbeit sollten auch Gestaltung und Bebilderung des Buches entsprechen. Damit dies gelingen konnte, erklärten sich die Freunde des Historischen Museums Hannover e.V. unverzüglich bereit, das Projekt umfangreich finanziell zu unterstützen – hierdurch erst konnte es realisiert werden. Dem Förderverein gebührt daher mein aufrichtiger Dank.

Schließlich danke ich allen, die mit Kompetenz, Rat und Unterstützung am Zustandekommen dieses Buches beteiligt waren und hoffe, es reiht sich ein in die Kompendien zur niedersächsischen Landesgeschichte und erhält nicht zuletzt wegen Auswahl und Qualität der Abbildungen seinen festen Platz unter den Werken zur norddeutschen Kulturgeschichte.

Hannover, im Oktober 2008

Thomas Schwark
Museumsdirektor

Uniformrock Georgs III.
Historisches Museum Hannover

Inhalt

Herzöge

Kurfürsten

Könige

Könige von Großbritannien und Irland

Könige von Großbritannien und Irland, Könige von Hannover

Könige von Hannover

Anhang

Erben und teilen: Die

Die Welfen gehören zu den ältesten Adelsgeschlechtern Europas. Bereits im 8. Jahrhundert beherrschten sie große Gebiete in Burgund und Schwaben. Der schwäbische Zweig der Welfen gewann in den folgenden Jahrhunderten zunehmend an Macht. Zunächst verleibte er sich Teile Bayerns und Italiens ein. Im 11. Jahrhundert gewann er durch geschickte Heiratspolitik zudem weitere Herrschaftsgebiete in Sachsen. Zu dieser Zeit waren die einzigen Gegenspieler der Welfen um die Vormachtsstellung im Reich die nicht minder mächtigen Staufer. Die beiden Familien lieferten sich jahrzehntelange Machtkämpfe. An deren Ende erlangten die Staufer die Kaiserkrone; die Welfen wurden auf ihre Besitzungen in Norddeutschland zurückgedrängt. Dort entstand 1235 das Herzogtum Braunschweig-Lüneburg, benannt nach seinen beiden wichtigsten Städten.

Die Geschichte dieses Territoriums ist äußerst verwickelt. Da in der Familie nicht die Primogenitur, d.h. das Erbrecht des Erstgeborenen, galt, sondern sämtliche männlichen Nachkommen Erbrechte hatten, kam es zu zahlreichen Teilungen und nach dem Aussterben einzelner Linien zu erneuten Zusammenführungen. Die Teilstaaten, die auf diese Weise gebildet wurden, erhielten den Rang von Fürstentümern und waren nach der jeweiligen Residenz benannt. So entstanden das Fürstentum Wolfenbüttel, das Fürstentum Lüneburg, zu dem auch die Stadt Celle gehörte, das Fürstentum Göttingen, das Fürstentum Calenberg, welches das Gebiet zwischen Deister und Leine umfasste und den Namen der heute fast vollständig verschwundenen Burg Calenberg südlich von Hannover trägt, und das Fürstentum Grubenhagen, dessen Herrschaftsgebiet beidseits der oberen Oker und nördlich des Eichsfeldes lag. Nach den drei wichtigsten Erbteilungen in den Jahren 1269, 1428 und 1635 spricht man vom alten, mittleren und neuen Haus Braunschweig und Lüneburg.

Um weitere Zersplitterungen zu verhindern, bemühten sich die Prinzen des mittleren Hauses Lüneburg seit dem 16. Jahrhundert, durch in jeder Generation neu ausgehandelte Verträge festzulegen, welcher der jeweiligen Brüder regieren und welcher das Rechte erhalten sollte, durch eine standesgemäße Heirat für erbberechtigte Nachkommen zu sorgen. Die ersten, die auf eine Aufteilung verzichteten, waren die beiden ältesten Söhne Herzog Heinrichs des Mittleren von Braunschweig-Lüneburg, Otto und Ernst I., genannt der Bekenner. Ab 1521 residierten sie gemeinsam in Celle. Die Regierungsgeschäfte lagen bei Ernst. Nachdem Otto 1527 eine Niederadelige geheiratet hatte, verzichtete er auf seinen Anteil und beschränkte sich auf die Einkünfte der Herrschaft Harburg, behielt sei-

Welfenlande

nen Nachkommen jedoch Erbrechte vor, falls seine beiden jüngeren Brüder oder deren Nachkommen ohne Erben sterben sollten. Ernst regierte zunächst allein, dann bis 1539 gemeinsam mit seinem jüngeren Bruder Franz. Offensichtlich war diese Lösung jedoch nicht tragfähig, darum wurde Franz 1539 mit einer Apanage und der Herrschaft Gifhorn abgefunden, die nach seinem Tod ohne Nachkommen 1549 wieder an Celle fiel. Nach dem Tod Ernst des Bekenners im Jahr 1546 übernahm zunächst dessen ältester Sohn Franz Otto die Regierung des Fürstentums Lüneburg, nach dessen Tod 1559 folgten seine beiden jüngeren Brüder, Heinrich und Wilhelm der Jüngere. Sie einigten sich darauf, zunächst fünf Jahre lang gemeinsam zu regieren und verlängerten diesen Vertrag dann um weitere fünf Jahre. Wilhelm heiratete 1561 eine dänische Königstochter, Heinrich hatte sich verpflichtet, nicht zu heiraten. Als er es dennoch tat, handelte man 1569 einen Abfindungsvertrag aus, wonach er Stadt und Amt Dannenberg und entsprechende Einkünfte erhielt.

Klingt kompliziert? Dabei sind all die in verschiedenen Konstellationen immer wiederkehrenden Verhandlungen um kleinere Landesteile hier ebenso ausgelassen wie die weiteren Schicksale der Linien Harburg, Gifhorn oder Dannenberg. Und selbstverständlich teilte sich auch der andere Zweig des Hauses, Braunschweig-Wolfenbüttel, in entsprechender Weise, und mehrfach kam es zu Gebietsauseinandersetzungen zwischen den Wolfenbütteler und den Celler Vettern.

Wilhelm der Jüngere hatte sieben Söhne (und acht Töchter, die jedoch für die Territorialgeschichte keine Rolle spielen, da sie nicht erben konnten). Nach seinem Tod im Jahr 1592 schlossen die drei ältesten Söhne einen Vertrag, wonach zunächst der älteste, Herzog Ernst II., für fünf Jahre regieren sollte, danach wollte man zwischen allen Brüdern – der jüngste war 1592 erst neun Jahre alt – neu verhandeln. Zu einem neuen Vergleich zwischen den Brüdern kam es jedoch erst nach dem Tod Ernsts II. im Jahr 1611.

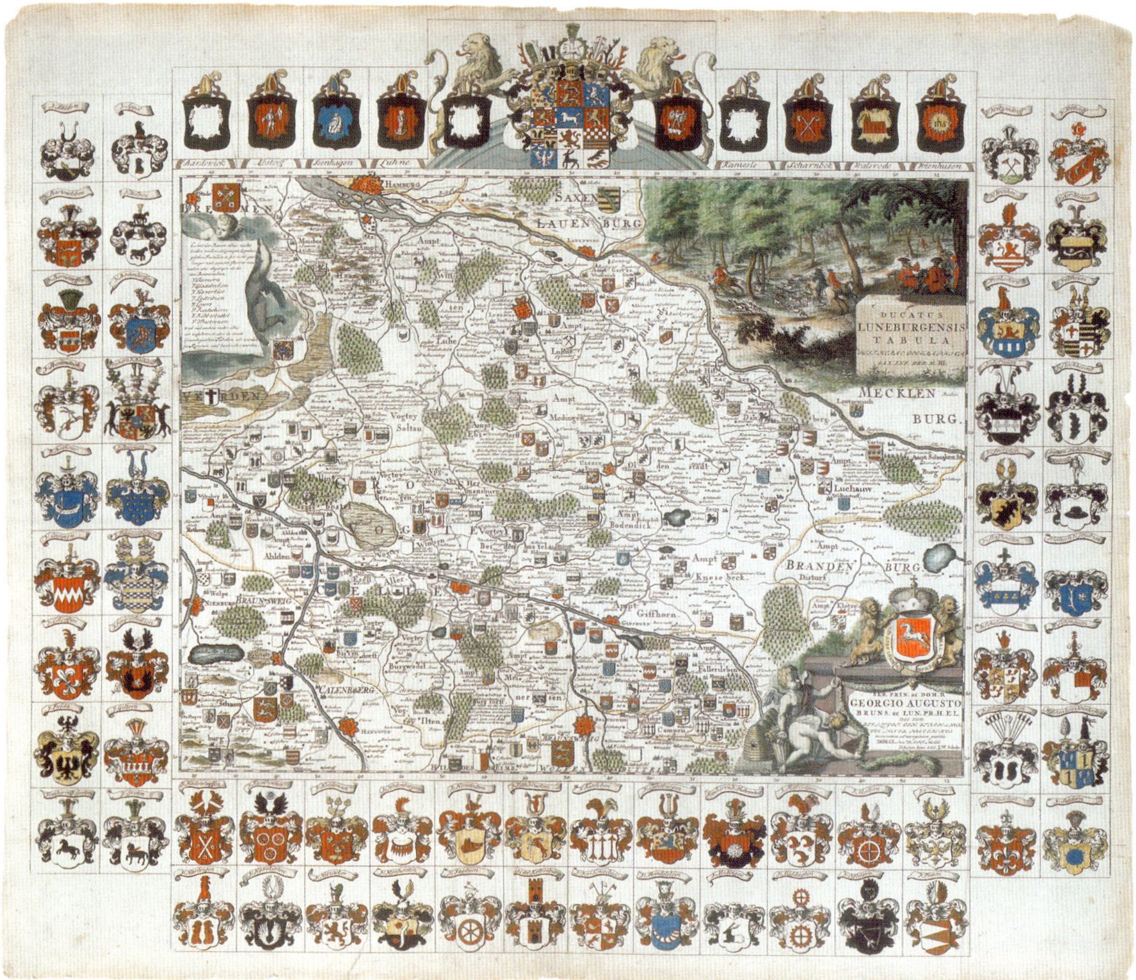

Karte des Fürstentums Lüneburg mit Orts- und Adelswappen
Joseph Mulder (1659/60, bis 1718 nachweisbar)
Kupferstich, 1708 (verlegt in Amsterdam)
Historisches Museum Hannover

Nun wurde ein förmliches Hausgesetz beschlossen, wonach ein für alle Mal auf weitere Teilungen verzichtet werden sollte. Die Regierung wurde an den ältesten der Brüder, Christian den Älteren (1566–1633), übertragen, nach ihm regierten nacheinander die nächsten beiden Brüder, August der Ältere (1568–1636) und Friedrich (1571–1648). Alle sechs Prinzen wohnten im Schloss in Celle und führten dort, um Hofhaltungskosten zu sparen, eine gemeinsame Tafel. Mit dieser geradezu paradiesisch friedlich anmutenden Einigung war jedoch das Problem nur aufgeschoben, nicht aufgehoben: Was würde in der nächsten Generation geschehen? Doch auch dafür fanden die sechs Brüder eine einzigartige Lösung. Sie einigten sich darauf, dass „nur einer der Brüder, und zwar nach Bestimmung des Looses, sollte sich vermählen; für diesen sollte, wenn er sich wirklich verheirathet hätte, eine angemessene Abfindung und auf den Fall, daß derselbe eine Wittwe hinterließe, für solche ein angemessenes Witthum festgesetzt werden.“ [1] Ist diese Regel an sich schon ungewöhnlich genug, so ist umso bemerkenswerter, dass sich alle Beteiligten tatsächlich daran hielten. Das Los fiel auf den sechsten der Söhne, Herzog Georg.

Zur letzten großen welfischen Erbteilung kam es 1635 nach dem Aussterben der mittleren Braunschweiger Linie im Jahr zuvor. Nach zähen und harten Verhandlungen verständigten sich schließlich alle Beteiligten – die Harburger, die Dannenberger und die Cellesche Linie – am 14. Dezember 1635 auf eine Einigung. Deren Hauptpunkte waren, dass die Dannenbergsche Linie auf Dannenberg verzichtete und dafür das Fürstentum Wolfenbüttel erhielt, während der Celleschen Linie die Fürstentümer Calenberg und Göttingen zugeschlagen wurden, die seit 1584 von Wolfenbüttel regiert worden waren. Hatten sich die Verhandlungen zwischen den verschiedenen Linien lange hingezogen, so einigten sich die drei verbliebenen Söhne Wilhelms des Jüngeren, August der Ältere, Friedrich und Georg, um so rascher. Bereits am 27. Januar unterzeichneten sie einen Vertrag, dessen wichtigstes Ergebnis war, dass Georg die Herrschaft in Calenberg und Göttingen übernahm.

Das Fürstentum Calenberg, „dat Land twischen Deister und Leine“ [2], war anlässlich einer Erbteilung im Jahr 1495 geschaffen worden. Seinen Namen erhielt es nach einer Wasserburg, die die braunschweigisch-lüneburgischen Herzöge Ende des 13. Jahrhunderts zwischen dem heutigen Pattensen-Schulenburg und Nordstemmen-Rössing angelegt hatten. Das Territorium umfasste die Städte Hannover, Hameln und Neustadt am Rübenberge (letztere fiel jedoch im Vertrag von 1636 an den Celler Landesteil). Das mit dem Fürstentum Calenberg zwar nicht geographisch, aber durch Erbschaft verbundene Fürstentum Göttingen umfasste die Städte Göttingen, Münden und Northeim. Als Georg für sein neues Herrschaftsgebiet eine Residenz benötigte, fiel seine Wahl auf Hannover. Mit ihm und seinen vier Söhnen – Christian Ludwig, Georg Wilhelm, Johann Friedrich und Ernst August – begann die Entwicklung des Fürstentums Calenberg zum Kurfürstentum Hannover und schließlich zum Königreich Hannover.

1 Zitiert nach von der Decken 1833, Bd. 1, S. 34.
2 Zitiert nach Kalthoff/von Rohr 1979, S. 7.

Der Grundpfeiler des Deutschen Reichs

Georg, Herzog von Braunschweig-Lüneburg

Wem verdankt Hannover seinen heutigen Status als Landeshauptstadt? An erster Stelle wohl Herzog Georg zu Braunschweig-Lüneburg, auch Georg von Calenberg genannt. Er war es, der die Stadt 1636 – gegen den erbitterten Widerstand der Bürger – zur Residenz seiner Herrschaft Calenberg machte. Er war es, der die Welfen, deren Herrschaftsgebiet nach dem Sturz Heinrichs des Löwen stark geschrumpft und in den folgenden Jahrhunderten durch ständige Erbteilungen zersplittert war, wieder zu europäischer Bedeutung führte und die Grundlagen für den steilen Aufstieg seiner Nachfolger legte.

Herzog Georg war der zweitjüngste der sieben Söhne Wilhelms des Jüngeren von Braunschweig-Lüneburg. Von 1591 bis 1596 studierte er an der Universität Jena, um dann für weitere fünf Jahre zahlreiche deutsche Höfe zu bereisen. 1604 begann er, das Handwerk des Krieges zu erlernen. Der Kriegsschauplatz der Niederlande, wo sich 1572 zahlreiche Städte unter Führung Wilhelms von Oranien gegen die Regierung der spanischen Habsburger erhoben hatten, bot dazu reiche Gelegenheit. Georg kämpfte zunächst auf Seiten des Prinzen Moritz von Oranien, dann wechselte er in das Heer von dessen Gegner Ambrosius von Spinola. Beide galten als hervorragende Feldherren. Georg betrachtete den geriebenen Taktiker Spinola als seinen wichtigsten Lehrmeister, und Spinola seinerseits war so beeindruckt von den Fähigkeiten des jungen Herzogs, dass er ihn dauerhaft für die Dienste Spaniens gewinnen wollte. Dem stand jedoch die welfische Politik entgegen, denn Georgs ältester Bruder, der regierende Herzog von Braunschweig-Lüneburg, war mit Oranien verbündet. Aus Rücksicht auf die Familienpolitik lehnte Georg das Angebot ab, quittierte den militärischen Dienst und begab sich auf weitere ausgedehnte Reisen, die ihn nach Brüssel und London, nach Frankreich und Italien führten.

1611 übernahm der zweitälteste Bruder Christian die Regierung in Celle. Georg unterstützte dessen Politik eines Bündnisses mit Dänemark tatkräftig, indem er im Dänisch-Schwedischen Krieg 1611–13 ein Heer lüneburgischer Söldner in dänischen Diensten führte. Das war ihm zugleich willkommene Gelegenheit, seine bescheidene Apanage aufzubessern und seine militärische Karriere weiter zu verfolgen. Dass er als zweitjüngster Sohn je selber ein Fürstentum regieren könne, schien zu diesem Zeitpunkt ausgeschlossen. Zwar war es Georg, dem in dem denkwürdigen Vertrag, den die sechs überlebenden Söhne Wilhelms des Jüngeren 1611 geschlossen hatten, per Los das Recht – und die Pflicht – zugesprochen worden war, als Einziger von allen Brüdern standesgemäß zu heiraten und für den Fortbestand des Hauses zu sorgen. Daraus leitete sich jedoch noch keine politische Rolle ab. Diese schaffte Georg sich selbst: Zunächst als Feldherr in dänischen Diensten, dann als Diplomat seines Bruders.

So ist es weitgehend seinem Verhandlungsgeschick zu verdanken, dass der Erbschaftsstreit zwischen der Lüneburger und der Wolfenbütteler Linie der Welfen um das Fürstentum Grubenhagen 1617 zugunsten Lüneburgs entschieden wurde. Das Fürstentum Grubenhagen im Harz, durch Erzvorkommen reich, war seit dem 13. Jahrhundert ein weiteres eigenständiges Teilfürstentum der Welfen gewesen. Als der letzte Fürst 1596 starb, nahm Herzog Heinrich Julius von Braunschweig-Wolfenbüttel das

Herzog Georg

Unbekannter Maler
Öl auf Leinwand,
18. Jahrhundert

Leihgabe des Oberlandesgerichts Celle an das Residenzmuseum im Celler Schloss

Herzog von Braunschweig-Lüneburg, regiert im Fürstentum von Calenberg und Göttingen mit Residenz in Hannover (1636–1641)

Geb. am 17. Februar 1582 in Celle, gestorben am 2. April 1641 in Hildesheim, 1617 Heirat mit Anna Eleonore Landgräfin von Hessen-Darmstadt

Land handstreichartig in Besitz. Durch geschickte Verhandlungen, vor allem mit dem Kaiser, durch die kluge Nutzung seiner Beziehungen, insbesondere zu Dänemark, und durch eine Verbindung von Diplomatie und militärischem Muskelspiel erreichte Georg, dass das Fürstentum 1617 endgültig an die Lüneburger Linie fiel. Als Dank überließ ihm Herzog Christian Schloss und Herrschaft Herzberg im Harz.

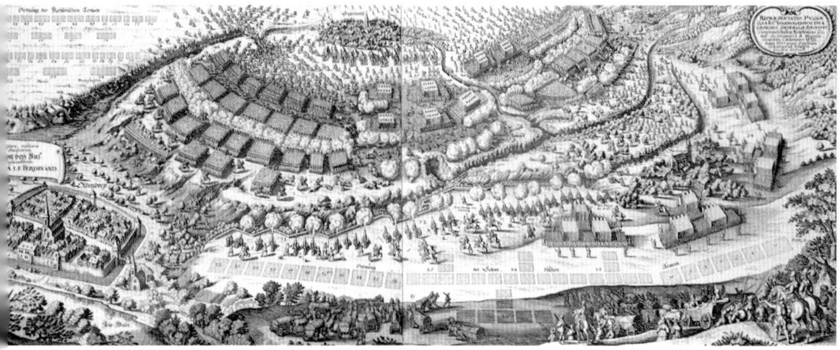

Die Schlacht bei Hessisch-Oldendorf im Jahr 1633

Der Stich ist Teil von Merians großem Projekt des „Theatrum Europaeum", einem illustrierten Bericht über die Auswirkungen des 30-jährigen Krieges.

Matthäus Merian d. Ä. (1593–1650), Kupferstich, 1639 (weitere Ausg. 1644 und 1670)

Historisches Museum Hannover

Noch im selben Jahr heiratete Georg eine Tochter des Landgrafen Ludwigs V. von Hessen-Darmstadt.

Georgs Ruf als erfolgreicher Feldherr und geschickt taktierender Politiker gründet sich vor allem auf seinen Einsatz im Dreißigjährigen Krieg. Dass er im Lauf der Jahre mehrfach die Seiten wechselte – von Dänemark zu Habsburg, von Habsburg zu den Schweden, zurück zu Habsburg, zur bewaffneten Neutralität und schließlich wieder zu Schweden –, war kein Zeichen von Wankelmut und Unentschlossenheit. Vielmehr verfolgte er entschlossen und mit allen Mitteln stets nur ein Ziel: den Vorteil der welfischen Lande und deren Ausbau.

1626 erwirkte Herzog Georg seine Entlassung aus dem dänischen Militärdienst, um kurze Zeit später auf Seiten der kaiserlichen Truppen in den Krieg einzutreten. Der Grund für diesen Entschluss war die Drohung Dänemarks, im Reich und insbesondere in Braunschweig-Lüneburg einzumarschieren. Die Feldzüge richteten sich gegen Dänemark, das kurz darauf vom kaiserlichen Feldherrn Tilly vernichtend geschlagen wurde, und gegen den mit Dänemark verbündeten Bischof von Halberstadt, Christian den Jüngeren von Braunschweig-Wolfenbüttel. Anschließend kämpfte Herzog Georg auf Seiten der Kaiserlichen in Italien. Dort allerdings fühlte er sich nicht genügend gewürdigt und befürchtete außerdem gefährliche Entwicklungen zuhause: Tilly nämlich hatte sein Auge auf das Fürstentum Calenberg geworfen. Seine Chancen, damit belehnt zu werden, standen nicht schlecht, denn Calenberg gehörte zu dieser Zeit zum Herzogtum Braunschweig-Wolfenbüttel, und Herzog Friedrich Ulrich, der Bruder des dem Reich abtrünnigen Halberstädter Bischofs, stand unter großem Druck aus Wien und gar in Gefahr, mit Reichsacht belegt zu werden.

Als König Gustav Adolf von Schweden 1629 in den Krieg eintrat, nahm Herzog Georg darum als einer der ersten deutschen Fürsten Geheimverhandlungen mit ihm auf. Offiziell trat er 1631 in schwedische Dienste; außer seinem Sold hatte ihm Gustav Adolf das Eichsfeld und das Bistum Minden versprochen. Im Frühjahr 1633 belagerte Herzog Georg die von kaiserlichen Truppen besetzte Stadt Hameln und errang kurz darauf einen vernichtenden Sieg über die habsburgischen Regimenter bei Hessisch-Oldendorf. Die kaiserliche Besetzung der welfischen Lande war damit beendet. Im Januar 1634 wurde Herzog Georg zum General des Niedersächsischen Reichskreises. Als die Schweden ihm im Jahr darauf jedoch den Oberbefehl über ihre Truppen in Niedersachsen entzogen, quittierte Herzog Georg den Dienst und trat dem Prager Separatfrieden bei. Dort hatten sich Brandenburg und Kursachsen mit dem Kaiser gegen Schweden verbündet.

1635 war nicht nur in der Kriegspolitik ein entscheidendes Jahr, sondern auch für das Welfenhaus: Nach dem Aussterben der Braunschweig-Wolfenbütteler Linie ordneten die verbleibenden Vettern die Herrschaftsgebiete neu. Herzog Georg hatte mittlerweile so großes politisches Gewicht erlangt, dass ihm bei dieser Erbteilung die Fürstentümer Calenberg und Göttingen zugesprochen wurden.

Da keine der Burgen im Land (u. a. auf dem Calenberg, in Münden und in Neustadt) auch nur entfernt für die Aufgabe geeignet war, erklärte Herzog Georg im Januar 1636 die gut befestigte Stadt Hannover zu seinem Regierungssitz. Im Jahr darauf beschloss er, auch seine Residenz von Hildesheim (wo er auf dem Domhof residierte, seit er 1634 das Bistum eingenommen hatte) nach Hannover zu verlegen. Als Grundstück dafür wählte er das ehemalige Minoritätenkloster an der Leinstraße und ordnete an, die dort befindlichen städtischen Einrichtungen – Zeughaus und Münze, Hospital und Armenhaus, Schule und Kornmagazin – umgehend zu verlegen. Der städtische Rat, der mit gutem Grund eine Einschränkung seiner Hoheitsrechte und Machtbefugnisse fürchtete, setzte sich mit allen rechtlichen Mitteln zur Wehr, saß aber letztlich am kürzeren Hebel: Hannover wurde zur Residenz wider Willen.

Herzog Georg schuf eine neue Zivilverwaltung für sein Land und erreichte trotz des Krieges ein nahezu ausgeglichenes Budget. Ein besonderes Anliegen war ihm der Aufbau eines modernen, stehenden Heeres, mit dessen Hilfe er auch seinen lang gehegten Plan der bewaffneten Neutralität umsetzen könnte. Auf sein Drängen beschlossen die drei welfischen Häuser, Harburg, Braunschweig-Lüneburg und Braunschweig-Wolfenbüttel, im Mai 1636 die Errichtung eines gemeinsamen Heeres. Drei Jahre später schloss Herzog Georg ein Verteidigungsbündnis mit Amalia Elisabeth von Hessen-Kassel, die ihr Land nach dem Tod ihres Mannes ausgesprochen geschickt regierte.

Im Jahr darauf sah die Lage für Niedersachsen bedrohlich aus; eine neuerliche Besetzung durch kaiserliche Truppen schien unmittelbar bevorzustehen. „Bei dieser äußersten Gefahr, die unserer Religion und unseren Staaten droht, habe ich den Entschluss gefasst, lieber zu sterben, als mich unter die Füße treten zu lassen, die Beispiele liegen vor Augen,“ [1] schrieb Georg an August den Jüngeren von Braunschweig-Wolfenbüttel. Und er erreichte ein Bündnis der welfischen Lande mit den Schweden unter ihrem Oberbefehlshaber Johan Banér, mit den im französischen Sold stehenden Truppen des verstorbenen Herzogs Bernhard von Weimar, mit der Landgräfin von Hessen-Kassel sowie weiteren Partnern. Im Herbst 1640 lud er die teilweise untereinander zerstrittenen Parteien zur Beratung der weiteren Taktik nach Hildesheim. Das abschließende Festbankett zeitigte dramatische Folgen: Zwei der Teilnehmer, Christian von Hessen und Otto von Schaumburg, starben fast unmittelbar danach, Banér und Herzog Georg erkrankten mit ähnlichen Symptomen und starben kurz nacheinander nach etlichen Monaten. Nur die französischen Heerführer der Weimarer Truppen blieben verschont. Rasch verbreiteten sich darum Gerüchte eines Giftanschlags; ob hinter dieser antifranzösischen Propaganda ein wahrer Kern steckt, lässt sich nicht mehr ermitteln. Herzog Georg war, bereits in den Monaten zuvor körperlich geschwächt gewesen. Er erholte sich nicht mehr völlig von der Erkrankung, kämpfte fortan mit einem schleichenden Fieber und starb einige Monate später. Amalia Elisabeth, Landgräfin von Hessen-Kassel beklagte den Verlust, Georg sei „der Grundpfeiler des Deutschen Reichs, der Schutz und Schirm der Protestanten, das Schrecken seiner Feinde, und ein Freund in der Noth gewesen,“ und Banér vermerkte, „er habe von allen Feldherren seiner Zeit die ausgebreitetsten Kenntnisse besessen. Niemand habe sich für die Aufrechterhaltung der Deutschen Freiheit und der protestantischen Religion einen solchen unsterblichen Ruhm erworben, als Herzog Georg“. [2]

Niemand habe sich für die Aufrechterhaltung der Deutschen Freiheit und der protestantischen Religion einen solchen unsterblichen Ruhm erworben

1 Zitiert nach Wersebe 1928, S. 32.

2 Beide Zitate nach von der Decken Bd. 1, 1833, S. V. In Bd. 4, S. 115 mit leicht verändertem Wortlaut zitiert.

Herzogin von Braunschweig-Lüneburg (1617)

Geb. am 30. Juli 1601 in Darmstadt, gest. am 6. Mai 1659 in Herzberg

1617 Heirat mit Georg von Braunschweig-Lüneburg

Einen so wichtigeren Einfluß hatte sie auf das politische Leben des Herzogs Georg

Anna Eleonore von Hessen-Darmstadt

Bereits vor Beginn der Arbeit an diesen biographischen Skizzen war abzusehen, dass zu einigen der Darzustellenden – vor allem zu manchem der Männer – reichlich Untersuchungen und gedruckte Quellen vorliegen würden, während für andere – insbesondere für manche der Frauen – nur spärlich Material greifbar sein würde. In keinem Fall trifft das jedoch so stark zu wie für Anna Eleonore von Hessen-Darmstadt, die Gemahlin Herzog Georgs. In seiner vierbändigen Untersuchung zu Politik und Kriegstaktik Herzog Georgs von 1833/34 widmete der hannoversche Offizier, Diplomat und Historiker Friedrich von der Decken ganze zwei Seiten – nein, nicht etwa der Person Anna Eleonores, sondern den politischen Verbindungen und Vorteilen, die die Ehe mit ihr für Herzog Georg erbrachten.

Georg heiratete die sechzehnjährige Prinzessin im Dezember des Jahres 1617. Nachdem er, als Dank für seine Vermittlungen und seinen Verhandlungserfolg im welfischen Erbschaftsstreit um das Fürstentum Grubenhagen, Schloss und Herrschaft Herzberg erhalten hatte, konnte er seiner Frau einen angemessenen Wohnsitz bieten. An der Hochzeit in Darmstadt nahmen ca. 3000 Personen teil. Die Braut war zuvor am Hof der Kurfürstin von Sachsen in Dresden mit den passenden schwarzen Atlasgewändern ausgestattet worden. Ein Inventar listet auf, was sie an Silbergeschirr und Schmuck mit in die Ehe brachte.[1] Mit der Hochzeit erfüllte Georg den einige Jahre zuvor mit seinen Brüdern geschlossenen Vertrag, wonach er als Einziger standesgemäß heiraten und für den Fortbestand des Hauses Braunschweig-Lüneburg sorgen sollte. Anna Eleonore erfüllte die Bedingungen, die an die Herkunft einer braunschweig-lüneburgischen Braut gestellt wurden, auch wenn die Verbindung in den Augen von Georgs Biograph „anscheinend wenig glänzend" war, doch, fuhr er fort, „einen so wichtigeren Einfluß hatte sie auf das politische Leben des Herzogs Georg."[2] Von der Decken hatte dabei vor allem die politischen Beziehungen ihrer Familie vor Augen. Welchen direkten Einfluss der Rat der ausgesprochen

Anna Eleonore von Hessen-Darmstadt

Unbekannter Maler
Öl auf Kupfer, 1616,
Inschrift später

Hessische Hausstiftung,
Schloss Wolfsgarten
(B 8124)

Schloss Herzberg im Harz

Gustav Hausmann (1827–1899) Öl auf Leinwand, 2. Hälfte 19. Jahrhundert

Historisches Museum Hannover

Ich bin auch nicht wohl, bin alle Nacht krang, aber des dages sieht mirs kein Mensch an

klugen Prinzessin auf ihren Gatten hatte, interessierte ihn aus seinem Blickwinkel nicht.

Das Haus Hessen war in vergleichbarer Weise zersplittert wie das Haus Braunschweig; ein Zweig regierte in Hessen-Kassel, während die Linie Hessen-Darmstadt drei regierende Fürsten – in Darmstadt, Butzbach und Homburg – aufzuweisen hatte. Im Konflikt zwischen Kaiser und Reich stand Hessen-Kassel auf der protestantischen, anti-habsburgischen Seite, während Hessen-Darmstadt prohabsburgisch war. Anna Eleonores Vater, Ludwig V. von Hessen-Darmstadt (1577–1626), galt unter allen protestantischen Fürsten des Reichs als derjenige, der am meisten Gehör beim Kaiser fand. Diese Verbindung war für Georg zum Zeitpunkt seiner Heirat ausgesprochen wichtig.

Anna Eleonore brachte jedoch nicht nur qua Familie vorteilhafte Kontakte, sondern sie interessierte sich selbst lebhaft für Politik und hatte ihre eigene Meinung zu den Entwicklungen. Ihr Vater stand in regelmäßigem Briefwechsel mit ihr, „der größtentheils politischen Inhalts gewesen zu sein scheint".[3] Diese Briefe sind nur in geringem Umfang erhalten,[4] Rückschlüsse auf ihren Inhalt ermöglicht jedoch auch der Briefwechsel Georgs mit seinem Schwiegervater. Selbst als Witwe galt Anna Eleonore offensichtlich noch als politisch einflussreich: So wandte sich z.B. der Pfalzgraf von Neuburg 1654 in einer Angelegenheit brieflich an Anna Eleonore auf Herzberg, während seine Gemahlin dasselbe Anliegen Herzog Christian Ludwig in Celle vortrug.

Anna Eleonores Witwensitz war Schloss Herzberg im Harz. Ihre Schwester Juliane (1606–1659), die 1631 Graf Ulrich II. von Ostfriesland geheiratet und nach dessen frühem Tod drei Jahre lang vormundschaftlich die Regierung für ihren minderjährigen Sohn übernommen hatte, erwarb 1654 Gut Westerhof bei Osterode als Witwensitz, wobei sicher die Nachbarschaft zu ihrer Schwester den Ausschlag gab. Das Epitaph Anna Eleonores befindet sich neben dem ihres Mannes in der Stadtkirche von Celle.

Wer war diese Frau? Wie erlebte sie die Gefahren des Dreißigjährigen Krieges, wie stand sie zur Politik ihres Mannes? Fragen, die nicht auf Dauer unbeantwortet bleiben müssen, denn die Briefwechsel Anna Eleonores mit ihren beiden Brüdern, Landgraf Georg II. und Landgraf Johann sind in großem Umfang erhalten. Ausgewertet und in knappen Auszügen publiziert wurden diese Briefe bislang allerdings nur in so weit, als sie Charakter und Handlungen der vier Söhne Anna Eleonores beleuchten.[5] In diesen kurzen Auszügen zeigt sich Anna Eleonore als liebevolle und besorgte Mutter, die ihre Söhne nichtsdestoweniger auch in all ihren Schwächen klar sieht. Sie schreibt von Georg Wilhelm, der „itzo mehr auf dem Kopf als auff den Fußen"[6] gehe, als sich sein Wunsch erfüllte, zum Militär zu kommen, von Christian Ludwig, der „wieder unpaß gewesen" sei, weil er „das Drunkelchen" zu sehr liebe, den Alkohol aber so schlecht vertrage,[7] sie sorgt sich um das Seelenheil ihres zum Katholizismus konvertierten „Fritz", und sie vermittelt zwischen den Brüdern, um den dadurch aus dem Lot geratenen Familienfrieden einigermaßen wieder herzustellen. Anna Eleonore erscheint in ihren Briefen als fromme Fürstin, die auch im Unglück stets Haltung zu bewahren und ihre Rolle zu erfüllen wusste: „In dem allen ist es das beste, das man Gott alles heim gibtt. Er wirts alls zum besten schicken [...] Ich bin auch nicht wohl, bin alle Nacht krang, aber des dages sieht mirs kein Mensch an."[8] „Das Alter kimbt mich stark an, wer doch noch 25 Jahr altt wehr, da wahren wir rechtte feine Leuth, in rechttem Ernst aber begehr ich es vor mich nicht, man hette noch Manchen schwehren dag vor sich [...] und so kommen wir als Neger [=immer näher] dem himmel, welchen unß der liebe Gott aus gnaden geben wollte."[9] Anna Eleonore formuliert so plastisch und bildhaft, geistreich und witzig, dass sie selbst in den kurzen bislang publizierten Briefauszügen lebendig zu werden scheint – eine Frau, die man auf jeden Fall näher kennen lernen möchte.

Kinder

* Magdalena (1618)
* Christian Ludwig (1622–1665), heiratet 1653 Dorothea von Holstein-Sonderburg-Glücksburg, regiert 1641–1648 in Hannover, 1648–1665 in Celle
* Georg Wilhelm (1624-1705), heiratet 1676 Eleonore Desmier d'Olbreuse, regiert 1648–1665 in Hannover, 1665–1705 in Celle
* Johann Friedrich (1625–1679), heiratet 1688 Benedicta Henriette von Pfalz-Simmern, regiert 1665 in Celle, 1665–1679 in Hannover
* Sophia Amalia (1628–1685), heiratet 1643 Friedrich III., König von Dänemark
* Ernst August (1629–1698), heiratet 1658 Sophie von der Pfalz, regiert 1679–1698 in Hannover, seit 1692 Kurfürst
* Anna (1630–1636)

1 Zitiert bei Malortie 1866, S. 9–12.
2 Von der Decken 1833, Bd. 1, S. 52.
3 Von der Decken 1833, Bd. 1, S. 53, Anmerkung.
4 75 Blatt im Hessischen Staatsarchiv Darmstadt, freundliche Auskunft von Christine van den Heuvel.
5 Die Briefe liegen im Hessischen Staatsarchiv Darmstadt, in Auszügen in einer Abschrift um 1840/50, vielleicht angefertigt im Auftrag Georgs V., in Hauptstaatsarchiv Hannover. Die gedruckten Auszüge s. Köcher 1884, Anhang V, S. 714–721.
6 Brief an Landgraf Georg II., 10.6.1745, zitiert nach Köcher 1884, S. 714.
7 Brief an Landgraf Georg II., 23.10.1652, zitiert nach Köcher 1884, S. 716f.
8 Brief an Landgraf Georg II., 1652, zitiert nach Köcher 1884, S. 715.
9 Brief an Landgraf Georg II., 24.1.1657, zitiert nach Köcher 1884, S. 719.

Der Reinherzige

Christian Ludwig

Herzog von Braunschweig-Lüneburg, regiert im Fürstentum Calenberg-Göttingen mit Residenz in Hannover (1641–1648), anschließend im Fürstentum Lüneburg mit Residenz in Celle (1648–1665)

Geb. am 25. Februar 1622 in Herzberg, gest. am 15. März 1665 bei Celle

1653 Heirat mit Dorothea von Holstein-Sonderburg-Glücksburg

Der älteste Sohn des Herzogs Georg von Calenberg wurde bis in die jüngste Zeit von der Forschung kaum beachtet und seine Leistung weitgehend unterschätzt. Er galt allenfalls als politisch ungeschickt, vergnügungssüchtig und despotisch. Dass er für das Fürstentum Calenberg schon vor 1648 Frieden erzielte, wurde ihm als Schwäche ausgelegt, dass er den Grundstein für den Ausbau der Celler Residenz legte, blieb unbeachtet.

Christian Ludwig wuchs auf Schloss Herzberg im Harz auf, das er später noch häufig besuchte. 1640 wurde er gemeinsam mit seinem Bruder Georg Wilhelm zur Vervollkommnung seiner Erziehung in die Niederlande geschickt. Seine Kavalierstour fand jedoch bereits im Jahr darauf mit dem Tod seines Vaters ein jähes Ende.

Hals über Kopf musste der Neunzehnjährige die Regierungsgeschäfte übernehmen. Die Lage war bedrohlich: Das Land war vom Krieg verwüstet. Kaiserliche Truppen bedrohten Calenberg, schwedische Truppen das Fürstentum Lüneburg. Christian Ludwig setzte auf Diplomatie statt Waffengewalt und schloss gemeinsam mit Herzog August d. J. von Braunschweig-Wolfenbüttel Anfang 1642 in Goslar einen Separatfrieden mit dem Kaiser. Damit war die Bedrohung abgewendet, die Kehrseite jedoch war, dass Christian Ludwig in den folgenden Friedensverhandlungen kein eigenes politisches Gewicht mehr einbringen konnte. Als in Münster und Osnabrück um die Zukunft der norddeutschen Bistümer verhandelt wurde, konnten sich die Welfen lediglich das Recht sichern, den protestantischen Bischof von Osnabrück zu stellen, der im Wechsel mit einem katholischen Bischof regieren sollte.

Den Handlungsspielraum, den der Westfälische Friede den Territorialherren einräumte, wusste Christian Ludwig dagegen geschickt zu nutzen. Mittlerweile residierte er in Celle. Das Testament seines Vaters, Georgs von Calenberg, legte fest, dass die beiden Fürstentümer Calenberg und Lüneburg nicht vereint werden sollten, dass Georgs ältestem Sohn jedoch das Wahlrecht zwischen beiden Landesteilen zustand. Bis 1648 regierte Georgs jüngster Bruder in Celle. Als er starb, übernahm Christian Ludwig das Fürstentum Lüneburg, größer und reicher als Calenberg, das er seinem jüngeren Bruder Georg Wilhelm überließ. Außenpolitisch gelang es Christian Ludwig, mit seinen mächtigen Nachbarn, insbesondere dem Kurfürsten von Brandenburg, kluge Bündnisse einzugehen. Auf dem Reichstag in Regensburg machte er sich zum Sprecher der protestantischen Fürsten. Im Niedersächsischen Reichskreis (einem der zehn Kreise, bestehend aus unterschiedlichen politischen Territorien, in die das Reich seit dem Anfang des 16. Jahrhunderts gegliedert war) wurde er 1652 zum Kreisobristen gewählt und

Herzog Christian Ludwig

Unbekannter Maler
Öl auf Leinwand,
18. Jahrhundert

Leihgabe des Oberlandesgerichts Celle an das Residenzmuseum im Celler Schloss

hatte damit sowohl übergreifende Verwaltungsaufgaben als auch das Kommando über die 6000 Mann starke Kreisarmee.

Auch im eigenen Land baute Christian Ludwig ein stehendes Heer auf, das zuletzt 4000 Soldaten umfasste. Zudem trieb er die Landesbefestigung

Labt und stärket

voran. Er ließ das Schloss Harburg zur modernen Festung und damit zum wichtigen Militärstützpunkt gegen die Hansestadt Hamburg ausbauen. Heftig umstritten war der Ausbau der Festung auf dem Kalkberg vor den Toren Lüneburgs: Lüneburg, zunächst Residenzstadt des nach ihm benannten Fürstentums, war seit dem ausgehenden 14. Jahrhundert freie Reichsstadt gewesen und hatte diesen Status erst 1637 eingebüßt. Mit dem Festungsausbau demonstrierte Christian Ludwig seine Macht. 1651 unterwarf er die Stadt mit Unterstützung seines Bruders Georg Wilhelm und des Herzogs Augusts von Braunschweig-Wolfenbüttel endgültig.

Herzog Christian Ludwig zu Pferd,
im Hintergrund die Ansicht von Hannover
Conrad Buno (1613–1671)
Kupferstich, um 1641 (verlegt in Braunschweig)

Schon als Christian Ludwig noch das Fürstentum Calenberg regierte, hatte sich die Stadt – in diesem Fall Hannover – erfolglos über die zunehmende Beschneidung ihrer Rechte und Selbstbestimmung beklagt. Auf Landesebene allerdings gelang es ihm in der Regel, die Stände (Prälaten, Ritterschaft und auch die Städte) in seine Politik einzubinden.

Im hoch verschuldeten Calenberg wirtschaftete Christian Ludwig mit jährlichen Ausgaben unter 4.000 Talern für seinen persönlichen Bedarf ausgesprochen sparsam. Seit 1642 residierte er im Leineschloss, dem umgebauten ehemaligen Minoritenkloster. Im Fürstentum Lüneburg, zu dem auch die reichen Harzbergwerke Grubenhagens gehörten, stand ihm ein Vielfaches an Mitteln zur Verfügung. Vor seiner Hochzeit beliefen sich die jährlichen Kosten der Hofhaltung auf ca. 120 000 Taler. Nach der Heirat verdoppelte Christian Ludwig diese Ausgaben, um standesgemäß zu repräsentieren.

Die Ehe war er verhältnismäßig spät eingegangen. Entscheidender Auslöser war der Übertritt seines jüngeren Bruders Johann Friedrich zum Katholizismus: Da weder Christian Ludwig noch Georg Wilhelm zu diesem Zeitpunkt legitime Nachkommen hatten, war er der Nächste in der Erbfolge. Ein Katholik an der Regierung war nicht nur für seine Staatsräte, sondern auch für den strikt lutherischen Christian Ludwig, der sich als Verteidiger seines Glaubens sah, eine bedrohliche Vorstellung. Die junge Dorothea von Holstein-Sonderburg-Glücksburg hatte er am Hof seiner Schwester Sophie Amalie, der Königin von Dänemark, kennen gelernt. Im Herbst 1652 wurde der Ehevertrag geschlossen, ein Jahr später fand die Hochzeit statt. Ein Jahr Vorbereitungszeit war für die Organisation des Festes nötig, denn es wurde mit größtem Aufwand gefeiert. Christian Ludwig nutzte die Hochzeit, um seinen Machtanspruch und die Bedeutung des Celler Hofes zu unterstreichen. In dynastischer Hinsicht war die Ehe ein Misserfolg, denn sie blieb kinderlos.

Besonders viel Geld gab Christian Ludwig für seine Jagdleidenschaft aus. Etwa 70 Personen und damit gut ein Viertel des Hofpersonals waren im Marstall beschäftigt, der zwischen 200 und 250 Pferde umfasste. Entsprechend groß waren die Hundemeuten, und regelmäßig wurden neue Falken für die Beizjagd angeschafft. Die Jagd war ein wichtiges Instrument der absolutistischen Repräsentation. Für Christian Ludwig bot sie jedoch auch persönlichen Freiraum. In manchen Jahren verbrachte er

Herzog Christian Ludwig mit einem Jagdfalken

Nach Jan de Baen (1633–1702) Öl auf Leinwand, nach 1660

Leihgabe der Kunstsammlung der Universität Göttingen an das Residenzmuseum im Celler Schloss

mehr als 260 Tage auf der Jagd, wobei er mit möglichst kleinem Gefolge durch die Wälder zog. Die Regierungsgeschäfte blieben deswegen nicht liegen: Die Alltagsarbeit erledigte die Kanzlei, reitende Boten überbrachten täglich Dokumente und übermittelten die Entscheidungen des Herzogs.

Angesichts seiner Jagdleidenschaft verwundert es kaum, dass Christian Ludwig besonderen Wert auf den Bau eines neuen Reithauses (traditionell bestehend aus Reithalle, Ställen und Gesellschaftsräumen) legte. Dort konnte die höfische Reitkunst, Grundlage der Jagd und zugleich ein eigenständiges Mittel der Repräsentation, im entsprechenden Rahmen ausgeübt und vorgeführt werden. 1657 war das Reithaus im Rohbau fertig. Auf dem Gelände der ehemaligen Vorburg beim Westerceller Tor gelegen, war es das größte aller herzoglichen Gebäude, länger sogar als das Schloss in seiner damaligen Form. Das Reithaus sollte nur ein erster Schritt beim Ausbau der Residenz sein. Seit 1650 drängte Christian Ludwig den Celler Rat, alle Häuser um das Westerceller Tor abbrechen zu lassen. Nach heftigen Protesten ließ er die Gebäude ab 1655 aufkaufen und abreißen. Von seinen Plänen konnte er jedoch nur das Reithaus umsetzen.

Auch abgesehen von seinen Bauplänen bewies Christian Ludwig Kunstsinn und Geschmack eines Barockfürsten: Für den Lustgarten des Schlosses ließ er exotische Pflanzen anschaffen und die nötigen Gewächshäuser bauen. Zu seiner Kunst- und Wunderkammer gehörten neben der Silbersammlung unter anderem ein „Einhorn“[1] (wohl ein Narwal-Zahn) und ein grönländisches Kajak. Die Hofkapelle ließ er vergrößern und für Aufführungen, z. B. anlässlich seiner Hochzeit, einen temporären Ballettsaal einrichten. Eher außergewöhnlich ist, dass er einen Mathematiker einstellte, bei dem er selbst Unterricht nahm.

Bereits 1642 war der junge Herzog in die „Fruchtbringende Gesellschaft“ aufgenommen worden, die er allerdings eher unbeständig unterstützte. Diese 1617 nach italienischem Vorbild gegründete gelehrte Gesellschaft vereinte Adelige, Staatsmänner, Gelehrte und Dichter, darunter Martin Opitz und Andreas Gryphius. Wichtigstes Ziel war die Pflege der deutschen Sprache und ihre Förderung gegenüber der bisherigen Universalsprache Latein. Die Gesellschaft unterstützte die Ausgabe des ersten deutschen Lexikons, von Handbüchern für Poetik sowie von zahlreichen auf Deutsch abgefassten Untersuchungen zu Geschichte, Philosophie, Literatur oder Politik. Manche ihrer Rituale erinnern an einen Geheimbund: So erhielt jedes Mitglied einen Decknamen, der seinen Charakter oder seine Erscheinung zum Ausdruck bringen sollte, dazu ein botanisches Symbol sowie ein Motto. Christian Ludwig hieß „Der Reinherzige“, sein Symbol war „Die Citronenblüt“, sein Motto „Labt und stärket“. Das Reimgesetz, das er anlässlich seiner Aufnahme verfasste, lautete:

„Mit der Citronen Frucht hat man mich recht begabt
Dieweil mein reines Hertz in vielen zu erkennen;
(Daher man auch hinfort wird meinen Namen nennen)
und
gleichwie jener Blüt
die Schwachen stärkt und labt.“[2]

1 Aus den Quellen zitiert von van den Heuvel 2000, S. 94.
2 Hille 1647, S. 185.

Herzogin von Braunschweig-Lüneburg (1653), Kurfürstin von Brandenburg (1668), geb. am 28. September 1636 in Glücksburg, gest. am 6. August 1689 in Karlsbad, 1653 Heirat mit Christian Ludwig von Braunschweig-Lüneburg, 1668 mit Kurfürst Friedrich Wilhelm von Brandenburg

Die sanfteste, gütigste, tugendhafteste Prinzessin der Welt

Dorothea Sophie von Holstein-Sonderburg-Glücksburg

Die Herzöge von Holstein-Sonderburg-Glücksburg waren eine Nebenlinie des in Dänemark regierenden Hauses Oldenburg. Dorothea wuchs weitgehend in Kopenhagen auf. Dort lernte Christian Ludwig sie 1652 kennen, denn seine Schwester Sophie Amalie war die dänische Königin. Im folgenden Jahr wurde mit großem Prunk und Aufwand die Hochzeit gefeiert. Dabei kam auch ein für den Anlass verfasstes Ballett mit dem Titel „Die Triumphierende Liebe" zur Aufführung.

Ob bei dieser Ehe tatsächlich die Liebe oder doch eher die Staatsräson triumphierte, lässt sich anhand der Quellen nicht belegen. Aus dynastischer Sicht jedenfalls war die Ehe ein Fehlschlag, denn sie blieb kinderlos. Ist dies möglicherweise der Grund, dass Dorothea in Celle keinen Einfluss gewinnen konnte? Wir wissen kaum mehr, als dass sie ihren Mann des Öfteren auf der Jagd begleitete.

Nachdem Christian Ludwig gestorben und sein Bruder Georg Wilhelm in Celle installiert war, zog sich die Witwe 1665 auf Schloss Herzberg im Harz zurück. Drei Jahre später heiratete sie Friedrich Wilhelm I., den Kurfürsten von Brandenburg, der im Jahr zuvor ebenfalls Witwer geworden war. Die beiden kannten sich, denn Friedrich Wilhelm und Christian Ludwig waren Verbündete; Christian Ludwig war auch Taufpate eines Sohnes des Kurfürsten.

Dorotheas zweite Ehe war nicht politisch motiviert; vielmehr schrieb Friedrich Wilhelm an einen der Gratulanten: „Ich bin so gantz alleine das ich umb gesellschaft zu haben es habe thun müssen." [1] Und die gewünschte Gefährtin, mit der er sich auch beraten konnte, hatte er in Dorothea gefunden. In seinem (1680 verfassten) Testament bedankt er sich bei ihr für „die beständige Liebe und gewünschte Beywohnung [...] und dass sie Uns bei Unseren vielen schwehren mühsamen Reysen und marchen mit Ihrer höchsten Ungelegenheit allezeit begleitet und nimmer verlassen". [2] Dorothea begleitete ihren Mann sogar auf seinen Feldzügen – trotz ihrer zahl-

Dorothea von Holstein-Sonderburg-Glücksburg

Unbekannter Maler
Öl auf Leinwand,
2. Hälfte 17. Jahrhundert

Thankmar Freiherr von Münchhausen (als Leihgabe im Residenzmuseum im Celler Schloss)

reichen Schwangerschaften, denn in zweiter Ehe gebar sie sieben Kinder.

Nicht zuletzt der Kinder wegen sah sich Dorothea in Berlin Anfeindungen ausgesetzt, denn die Familie der ersten Frau des Kurfürsten sah durch sie die Ansprüche der drei Söhne aus erster Ehe gefährdet. Prinz Friedrich warf ihr gar vor, sie habe seinen älteren Bruder – der in einem Militärlager an einer Infektion gestorben war – vergiften lassen und trachte auch ihm nach dem Leben. Diese Vorwürfe sind haltlos, machten Dorothea das Leben jedoch nicht leichter, auch wenn andere Stimmen bei Hof sie als „die sanfteste, gütigste, tugendhafteste Prinzess der Welt" bezeichneten.[3] In die spätere Literatur ging sie dennoch als böse Stiefmutter ein.

Tatsächlich hatte sie versucht, die Stellung ihrer Söhne abzusichern, da sie als Nachgeborene wenig Karrieremöglichkeiten hatten. In seinem Testament, dass sein Nachfolger Friedrich später erfolgreich anfocht, räumte Friedrich Wilhelm allen seinen Söhnen eine eigene Nebenherrschaft ein.

Finanziell hatte Dorothea als kluge Unternehmerin ohnehin vorgesorgt. Nachdem ihr Mann ihr 1670 Ländereien vor den Toren der Stadt zur lebenslangen Nutzung übertragen hatte, ließ sie dort die nach ihr benannte Dorotheenstadt anlegen. 1674 verlieh der Kurfürst der Siedlung seiner Gemahlin das Stadtrecht. Schloss Caputh, dass ihr Mann ihr als Sommerresidenz überlassen hatte, ließ Dorothea neu erbauen. Außerdem kaufte sie die von Brandenburg verpfändete Herrschaft Schwedt aus eigenen Mitteln zurück und erweiterte sie, nachdem Friedrich Wilhelm sie ihr zur erblichen Nutzung überlassen hatte, durch zusätzliche Gebietserwerbungen. So entstand die Nebenlinie Brandenburg-Schwedt.

Dorothea starb nur ein Jahr nach ihrem Mann; die Sarkophage beider finden sich heute im Berliner Dom.

Kinder

Mit Kurfürst Friedrich Wilhelm von Brandenburg

* Philipp Wilhelm, Markgraf zu Brandenburg-Schwedt (1669–1711), heiratet 1699 Johanna Charlotte von Anhalt-Dessau
* Maria Amalia (1670–1739), heiratet 1687 Karl, Erbprinz von Mecklenburg-Güstrow und 1689 Herzog Moritz Wilhelm von Sachsen-Zeitz
* Albrecht Friedrich, Markgraf zu Brandenburg-Schwedt, Herrenmeister von Sonnenburg (1672–1731), heiratet 1703 Marie Dorothea von Kurland
* Karl Markgraf zu Brandenburg-Schwedt, Herrenmeister von Sonnenburg (1673–1695), heiratet 1695 Katharina von Balbiano
* Elisabeth Sophie (1674–1748), heiratet 1691 Friedrich Kasimir Herzog von Kurland, 1703 Christian Ernst Markgraf von Brandenburg-Bayreuth, 1714 Ernst Ludwig, Herzog von Sachsen-Meiningen

† Dorothea (1675–1676)

* Christian Ludwig, Markgraf zu Brandenburg-Schwedt, Administrator von Halberstadt (1677–1734)

1 An den Fürsten Moritz von Nassau Siegen; zitiert nach Gerhild Komander: ABC Frauen in Berlin 2007 (www.gerhilkomander.de/content/view/198/260/1/2, 25.08.2008).

2 Zitiert nach Pierson 1886, S. 27 und Gerhild Komander: ABC Frauen in Berlin 2007 (www.gerhilkomander.de/content/view/198/260/1/4/).

3 So Friedrich Wilhelms Reisemarschall Dietrich Sigismund von Buch in seinem Tagebuch, Eintrag von 1674; zitiert nach Pierson 1886, S. 10 und Gerhild Komander: ABC Frauen in Berlin 2007 (www.gerhilkomander.de/content/view/198/260/1/2/, 25.08.2008).

Der Cellische Hof ist sehr prächtig, und gar nicht gezwungen

Georg Wilhelm

Wie lässt sich die Lebensgeschichte Georg Wilhelms zusammenfassen? Man kann ihn als wankelmütig und leicht beeinflussbar sehen: Der muntere Junggeselle unternahm zwar Schritte, eine politisch opportune Ehe anzubahnen, wie seine Minister sie wünschten, brach aus dieser Verpflichtung jedoch im letzten Moment aus. Seinem Bruder, der ihm die Braut abnahm, versprach er schriftlich, niemals zu heiraten und damit den Jüngeren, der über kein eigenes Territorium verfügte, zu seinem Erben zu machen. Dieses Versprechen brach er, als er seine Mätresse heiratete. Seine geliebte, einzige Tochter setzte er als Pfand im politischen Heiratsmarkt ein. Nachdem sie das Unfassbare getan und die Scheidung geplant hatte, weigerte er sich, sie auch nur zu empfangen, stimmte ihrer Verbannung zu und besorgte sogar noch ihre Bewachung.

Auf der anderen Seite könnte man ihn als jemanden beschreiben, der seine Ziele ausdauernd verfolgte und das Wohl des Welfenhauses über alles setzte. Hartnäckig betrieb er die Standeserhöhung der Frau, die er liebte, bis er sie schließlich doch noch rechtmäßig heiraten und zur Herzogin machen konnte. Dem jüngeren Bruder sicherte er das beim Brauttausch versprochene Erbe, indem er seine Tochter mit dessen ältestem Sohn vermählte. Damit trug er entscheidend dazu bei, die beiden Landesteile – das Fürstentum Lüneburg und das Fürstentum Calenberg – endgültig zu vereinen. Die Braut, auf die sich der Anspruch der Welfen auf die britische Thronfolge gründete, hatte er zwar seinem Bruder überlassen, doch trug Georg Wilhelms Vermittlungsarbeit entscheidend dazu bei, diesen Anspruch zu untermauern und durchzusetzen.

Georg Wilhelm war der zweite der vier Söhne Herzog Georgs von Calenberg. Zusammen mit seinem älteren Bruder hielt er sich 1640 zur kavaliersmäßigen und militärischen Ausbildung in den Niederlanden und dabei vor allem in Utrecht auf. Die wenige Jahre zuvor gegründete Universität von Utrecht allerdings besuchten die beiden nicht; diese war Niederländern bürgerlicher Herkunft vorbehalten. In den folgenden Jahren unternahm Georg Wilhelm, teilweise gemeinsam mit seinem jüngeren Bruder Johann Friedrich bzw. seinem jüngsten Bruder Ernst August, ausgedehnte Bildungs- und vor allem Lustreisen. Besonders gerne lebte er in Italien.

Daran änderte sich auch nichts, nachdem er 1648 die Regentschaft im Fürstentum Calenberg mit Residenz in Hannover angetreten hatte. Im Erb- und Regentschaftskarussell übernahm er dieses Amt von seinem älteren Bruder Christian Ludwig, der 1648 wiederum seinen kinderlosen Onkel, Herzog Friedrich beerbte und nun als Fürst von Lüneburg in Celle residierte. In Hannover ließ Georg Wilhelm die Befestigung der Altstadt und der Calenberger Neustadt nach neuesten niederländischen Vorbildern ausbauen, den Küchengarten in Linden anlegen

Herzog Georg Wilhelm

Unbekannter Maler
Öl auf Leinwand,
um 1680

Residenzmuseum
im Celler Schloss

Herzog von Braunschweig-Lüneburg, regiert im Fürstentum Calenberg-Göttingen (1648–1665), anschließend im Fürstentum Lüneburg mit Residenz in Celle (1665–1705)

Geb. am 16./26. Januar 1624 auf Schloss Herzberg (Harz), gest. am 28. August 1705 in Wienhausen bei Celle, 1676 Heirat mit Eleonore Desmier d'Olbreuse

und das Zeughaus sowie ein herzogliches Haus für Ballspiele, Tanzvergnügen und Theateraufführungen, den sog. Ballhof, errichten. Die täglichen Regierungsgeschäfte überließ er jedoch zum Großteil seinen Ministern, während er oft monatelang auf Reisen war. Dringend um Rückreise aus Venedig ersucht, ist folgende Antwort an Hofmarschall von Grapendorff überliefert: „Ich möchte wünschen,

Ich möchte wünschen, dass ich dem Herr Marschalk könnte Lust machen hier zu kommen

dass ich dem Herr Marschalk könnte Lust machen hier zu kommen damit er mir von so vielem wieder Nach Haus zu kommen nicht schreibe. Der Herr Marschalk kann nicht glauben, wie lustig es hir ist, wenn er einmahl hir wäre, würde er in Teutschland nicht wieder begehren.“ [1]

Nach dem frühen Tod seines Bruders Christian Ludwig 1665 konnte Georg Wilhelm die Herrschaft im größeren, bedeutenderen Fürstentum Lüneburg übernehmen. Sein Wechsel und Aufstieg nach Celle verlief allerdings konfliktreich, denn zunächst hatte sein nächstjüngerer Bruder Johann Friedrich Ansprüche auf das Fürstentum geltend gemacht. Während sich Georg Wilhelm wie so häufig in Italien aufhielt, übernahm Johann Friedrich, der sich schon im Zusammenhang des Brauttauschs von seinem Bruder übergangen sah, staatsstreichartig die Regierung in Celle. Nach einigen Monaten konnte jedoch eine Einigung auf diplomatischem Weg erzielt und im sog. Hildesheimer Rezess von 1665 festgehalten werden. Demnach erhielt Georg Wilhelm das größere Fürstentum Lüneburg, entschädigte Johann Friedrich aber finanziell durch die Überlassung der durch Bergwerke reichen Herrschaft Grubenhagen im Harz. Den jüngsten Bruder Ernst August, der durch seine Vermittlung zum Zustandekommen des Vertrages beigetragen hatte, entlohnte Georg Wilhelm wenig später, indem er ihm die Herrschaft Diepholz übertrug.

Wenn sich Georg Wilhelm als Feldherr porträtieren ließ, entsprach dies nicht nur der standesgemäßen Konvention. In den 1670er Jahren war er an mehreren Feldzügen des Holländischen Krieges beteiligt. 1674 kämpfte er auf Seiten der holländischen und der kaiserlichen Truppen im Elsass und an der Mosel. Am Feldzug gegen das schwedische Herzogtum Bremen-Verden nahm er, diesmal als Verbündeter von Brandenburg-Preußen, 1675/76 ebenfalls teil. Nachdem sein Vater im Dreißigjährigen Krieg die Seite gewechselt hatte, bemühte sich Georg Wilhelm nun um eine neuerliche Annäherung an die kaiserliche Politik, die er durch seinen militärischen Beistand untermauerte und die für das Fürstentum von Vorteil war. Letzteres galt erst recht für seine Unterstützung der Niederlande: Durch seine Freundschaft mit dem Statthalter der Niederlande, Wilhelm III. von Oranien, konnte Georg Wilhelm später zu einem Hauptvermittler für die welfische Sache in der Frage der britischen Sukzession werden, nachdem Wilhelm von Oranien 1689 zusammen mit seiner Frau Maria den britischen Thron übernommen hatte. An Georg Wilhelms Feldzügen im Elsass und an der Mosel hatte auch der junge Andreas Gottlieb von Bernstorff (1649–1726) teilgenommen, der, 1677 zum Geheimen Rat und Kanzler ernannt, rasch zum mächtigsten Politiker des Fürstentums Braunschweig-Lüneburg aufstieg.

Georg Wilhelm selbst verstand sich vor allem auf die repräsentative Seite der Macht. Selbst seine Jagdleidenschaft lässt sich zumindest teilweise in diesem Zusammenhang sehen. Die Jagd war ein Element barocker Herrschaftsdarstellung. Zugleich bot sie einen intimen Rahmen für geheime diplomatische Gespräche. Und sie ermöglichte es der Hofgesellschaft, der strikten Etikette der Residenz für kurze Zeit zu entkommen. Zahlreiche Jagdhäuser standen zur Verfügung, dazu gehörten Bruchhausen, Weyhausen und Wienhausen, Linsburg, und die Göhrde. Bereits sein Bruder und Vorgänger, Christian Ludwig, hatte viel Zeit und Mittel in die Jagd investiert, doch Georg Wilhelm steigerte den

Herzog Georg Wilhelm
Unbekannter Maler
Öl auf Leinwand, Ende 17. Jahrhundert
Residenzmuseum im Celler Schloss

Aufwand nochmals erheblich. Dazu gehörten u.a. Baumaßnahmen wie die Errichtung des neuen Jagdschlosses in der Göhrde, wo er auch die Parforcejagd nach französischem Vorbild einführte. Bei seinem Tod um-fasste der Marstall mehr als 550 Pferde, daneben wurden 900 Jagdhunde bereitgehalten.

Vor allem aber ließ Georg Wilhelm das Celler Schloss dem neuesten Geschmack entsprechend zu einer repräsentativen Barockresidenz ausbauen. Unter der Leitung zweier italienischer Baumeister entstand ab 1665 eine einheitliche Vierflügelanlage, wobei der bestehende Ostflügel in das Konzept einbezogen wurde. Im Zuge des Umbaus wurde der wehrhafte Bergfried gekappt. Auf seinen Grundfesten wurde das Hoftheater errichtet, auch dies eine höchst moderne Neuerung; in keinem der anderen Welfenschlösser gab es zu diesem Zeitpunkt eine feste Bühne. Die Modernisierung machte innerhalb der Mauern nicht Halt: Anstelle des Renaissancegartens ließ Georg Wilhelm seit 1670 einen französischen Garten nach der neuesten Mode anlegen. Auch die Stadt wollte er umgestalten. Er beauftragte Pläne für die Anlage einer Neustadt, in der der Hofstaat und zunftfreie Gewerbetreibende, vor allem hugenottischer Abstammung, angesiedelt werden sollten. Davon wurden allerdings nur wenige Straßenzüge verwirklicht. Kein Wunder jedenfalls, dass der Schriftsteller Samuel Chapuzzeau, der an zahlreichen Höfen Europas gelebt hatte, ehe er in Celle das Amt des Pagenhofmeisters antrat, vermerkte: „Der Cellische Hof ist sehr prächtig, und wie gesagt, sehr lustig und gar nicht gezwungen.“[2]

Nach dem Tod Georg Wilhelms 1705 aber verwaiste die Residenz und Georg Wilhelm ging als der „letzte Heideherzog“ in die Geschichte ein. In der Zwischenzeit nämlich hatte sein Bruder Ernst August für Hannover die Kurfürstenwürde erlangt. Ernst Augusts Sohn – Georg Wilhelms geschiedener Schwiegersohn – übernahm die Celler Lande, ohne daran zu denken, seine Herrschaft dorthin zu verlegen. Vielmehr zog er neun Jahre später an die Themse, so dass auch das hannoversche Schloss ohne Herrscher zurückblieb.

Medaille auf Herzog Georg Wilhelm
Ernst Braband (1694–1716 in Celle im Dienst der Herzöge tätig)
Silber, 1703 bzw. 1705
Museum August Kestner, Hannover

1 Zitiert nach Schnath 1933/1968, S. 86; dasselbe Zitat in anderer Transkription und aus dem Französischen rückübersetzt bei Beaucaire 1886, S. 20.
2 Zitiert nach Flick 2005, S. 85.

Frau von Harburg (1665), Gräfin von Wilhelmsburg (1675),
Herzogin von Braunschweig-Lüneburg (1676), geb. am 3. Januar 1639
in Olbreuse bei La Rochelle, gest. am 5. Februar 1722 in Celle.
1676 Heirat mit Georg Wilhelm von Braunschweig-Lüneburg

Ich fand sie sehr liebens-würdig

Eleonore d'Olbreuse

Wie ihre Schwägerin Sophie von der Pfalz gilt sie als „Großmutter Europas", denn über ihre Enkel war sie mit den britischen und preußischen Königen und in der Folge auch mit der französischen und holländischen Königsfamilie und dem Zarenhaus verwandt. Dabei bedeutete ihre Ehe mit Georg Wilhelm gleich in zweifacher Hinsicht einen Regelverstoß: Zum Einen stammte Eleonore aus niederem Adel und war einem Welfenprinzen nicht ebenbürtig, und zum Anderen hatte dieser Prinz seinem jüngeren Bruder Ernst August schriftlich versichert, nie zu heiraten – und damit keine Erben zu zeugen –, wenn dieser ihn von der versprochenen ehelichen Verpflichtung befreie und seine standesgemäße Verlobte, Prinzessin Sophie von der Pfalz, übernähme.

1658, zur Zeit dieses Brauttausches, schätzte Georg Wilhelm seine Ungebundenheit über alles. Das änderte sich erst, als er die junge Eleonore d'Olbreuse kennen lernte. Sie stammte aus einer alten Landadelsfamilie im Poitou, die seit Generationen hugenottisch war. Zunächst war sie Hofdame der Herzogin von Tremouille, dann trat sie in die Dienste von deren Schwiegertochter, der Prinzessin von Tarent. Im Gefolge der Prinzenfamilie verkehrte sie am Hof Ludwigs XIV., wo sie „durch Geist und Schönheit allgemeine Bewunderung" erregte, wie ein anonymer Autor notierte. [1] Als der Prinz von Tarent, der als Hugenotte keine Karrierechancen in Frankreich sah, eine hohe militärische Position in den Niederlanden annahm, zog Eleonore mit nach Den Haag. Im Winter 1663/64 begleitete sie die Prinzessin, die eine geborene Landgräfin von Hessen-Kassel war, an den Hof von Kassel. Dort lernte sie sowohl Georg Wilhelm als auch dessen jüngeren Bruder Johann Friedrich kennen. Während Johann Friedrich ihr in den folgenden Monaten zahlreiche Briefe aus Venedig schrieb, in denen er seine „Freundschaft und Wertschätzung" [2] zum Ausdruck brachte, fand Georg Wilhelm Gründe, sich in Den Haag aufzuhalten und direkt um sie zu werben.

Eleonore d'Olbreuse

Unbekannter Maler
Öl auf Leinwand,
2. Hälfte 17. Jahrhundert

Historisches Museum
Hannover

Eleonore zögerte zunächst, sich auf die unsichere Rolle der Mätresse einzulassen, zumal, wie der bereits zitierte anonyme Autor formulierte, „dieser Prinz zu selbiger Zeit wegen unbeständiger Liebe gar verdächtig [war] dass ihrer viel sagten: Es wäre seine Gewohnheit, gerne veränderlich zu sein“.[3] Das Risiko war groß: Sollte Georg Wilhelm sie nach kurzer Zeit wieder fallen lassen, bliebe ihr nur noch, bei ihrem Bruder in Frankreich unterzukriechen. Auf der anderen Seite würde ein Leben an der Seite des Herzogs von Braunschweig-Lüneburg eine unvergleichliche Karriere für die Hofdame bedeuten.

Noch während Georg Wilhelm sich in Den Haag aufhielt, starb im März 1665 sein ältester Bruder Christian Ludwig. Nachdem der Erbstreit beigelegt und er fest im Fürstentum Lüneburg installiert war, bemühte er sich weiter um Eleonore. Um sie zu überzeugen, bediente er sich seiner einstigen Braut und jetzigen Schwägerin Sophie, zu dieser Zeit „Frau Bischofin“ von Osnabrück. Sie sollte sie einladen und sie damit quasi ehrbar in die Familie aufnehmen. Sophie hatte ihre eigenen Agenda in der Angelegenheit: Für sie war entscheidend, dass Georg Wilhelm nicht doch noch eine standesgemäße Prinzessin heiratete, seine Verbindung mit einer nicht ebenbürtigen Hofdame konnte da eher von Vorteil sein. Eher widerwillig zollte Sophie ihr Respekt: „Man hatte mir die d’Olbreuse als sehr mutwillig und sehr lustig geschildert […]; das wären die Talente, wodurch sie zu gefallen suche. Sie hatte in Kassel großen Erfolg gehabt, und der Landgraf hatte sich so in sie verliebt, dass er seine Gemahlin gar nicht mehr liebte. […] Aber ich fand sie ganz anders, als man sie mir geschildert hatte. Sie spielte sehr die Ernsthafte, ihr Benehmen war gemessen, sie sprach wenig und sehr angenehm; ihr Gesicht war sehr schön, ihre Figur schlank; ich fand sie sehr liebenswürdig.“[4]

Im November 1665 unterzeichneten Georg Wilhelm, Eleonore, Ernst August und Sophie einen denkwürdigen Vertrag: „Da Fräulein d’Olbreuse sich bereit gefunden hat, mit mir zu leben, so verspreche ich, sie niemals zu verlassen und ihr jährlich 2000 Taler, nach meinem Tode aber 6000 Taler jährlich zu gewähren, womit sie hierdurch versprechen wird, ebenso wie ich zufrieden zu sein.“[5] Diesem privaten Versprechen ohne kirchliches Sakrament konnten Bruder und Schwägerin zustimmen, schien es doch geradezu eine Versicherung gegen eine standesgemäße Heirat. Georg Wilhelm ernannte Eleonore noch zur Frau von Harburg. Im folgenden Jahr wurde die einzige Tochter geboren. Die Geburt war schwer und Sophie fand ihre Schwägerin danach „ganz verändert in Gesicht und Figur, sie ist nur noch Haut und Knochen“.[6] Sie musste jedoch zugeben, dass Eleonore sich „gegen Georg Wilhelm und gegen jedermann ganz vortrefflich“ benehme und „Geist und viel Gewandtheit besitze“ und dass „ihre Unterhaltung jedem, der sie auch nicht liebe, gefallen“ müsse.[7]

Der weit gereiste Herzog und seine hugenottische Partnerin pflegten einen weltoffenen Hof, an dem viele Italiener und vor allem Franzosen verkehrten. Nicht nur in Hannover, wo man mit Argwohn beobachtete, mit welch großem Repräsentationsaufwand die Celler Residenz umgebaut und geführt wurde, herrschte die Meinung, die Sophie in einem Brief an ihren Bruder aus dem Jahr 1680 zum Ausdruck brachte: „Der Celler Hof, so sagt man, ist ganz französisch“.[8]

In der Zwischenzeit war es zum großen Zerwürfnis zwischen den Schwägerinnen und Brüdern gekommen, hatte Georg Wilhelm doch sein Versprechen

Sie spielte sehr die Ernsthafte, ihr Benehmen war gemessen, sie sprach wenig und sehr angenehm; ihr Gesicht war sehr schön, ihre Figur schlank

an Ernst August gleich mehrfach gebrochen. 1675 hatte er erwirkt, dass seine Tochter Sophie Dorothea vom Kaiser für legitim und damit erbberechtigt erklärt wurde. Seiner Frau verlieh er den Titel einer Gräfin von Wilhelmsburg. Im Jahr darauf gelang ihm dann endlich, sie vor Kirche und Gesetz zu heiraten und sie damit zur Herzogin zu machen. Sophies Nichte Elisabeth von Orléans (Liselotte von der Pfalz) befand daraufhin, in Anlehnung an ein verbreitetes Sprichwort, nun habe sich „der Mausdreck mitt dem Pfeffer gemischt“.[9]

Die Staatsräson gebot wenige Jahre später dennoch die Ehe zwischen Sophie Dorothea und Sophies ältestem Sohn Georg Ludwig – mit desaströsen Folgen. Die Verbannung ihrer Tochter nach dem Skandal des Ehebruchs und der erzwungenen Scheidung (ausführlich dazu im Abschnitt mit Sophie Dorothea) verdüsterte Eleonores Leben und belastete ihre Beziehung zu Georg Wilhelm. Ihre Freilassung konnte sie zu seinen Lebzeiten nicht erwirken und schon gar nicht nach seinem Tod. 1705 musste Eleonore Celle sofort verlassen. Sie zog nach Lüneburg, wo Georg Wilhelm ihr bereits ab 1692 ein Wittumspalais hatte erbauen lassen. Ihre Hoffnung, dass ihre Tochter sie dorthin begleiten dürfe, erfüllte sich nicht. Erst 1716 gestattete Georg Ludwig ihre Rückkehr nach Celle, von wo aus Besuche in Ahlden leichter zu bewerkstelligen waren.

Eleonore d'Olbreuse
Unbekannter Maler
Öl auf Leinwand, 2. Hälfte 17. Jahrhundert
Residenzmuseum im Celler Schloss

Kinder

* Sophie Dorothea (1666–1726), heiratet 1682 ihren Cousin Georg Ludwig, später Georg I. von Großbritannien, 1694 geschieden.

1 Zitiert nach Flick 1994, S. 32; die „Aventure historique. Écrite par ordre de Madame, à Paris l'an 1679“, der dieses Zitat entnommen ist, dürfte allerdings in ihrem Auftrag entstanden sein (dazu s. Köcher 1878).
2 Zitiert nach Vinage 2000, S. 25, ohne Beleg.
3 Zitiert nach Vinage 2000, S. 29, ohne Beleg.
4 Zitiert nach Vinage 2000, S. 84, ohne Beleg.
5 Zitiert nach Vinage 2000, S. 89, ohne Beleg. Der französische Originaltext in den Memoiren der Sophie, Köcher 1879, S. 91.
6 Brief an ihren Bruder vom 18.3.1667, s. Bodemann 1885, S. 117.
7 Brief an ihren Bruder vom Juni 1667, s. Bodemann 1885, S. 120, und Brief an ihren Bruder vom März 1673, s. Bodemann 1885, S. 166.
8 Zitiert nach Flick 2005, S. 65.
9 Brief vom 23.1.1681, s. Bodemann 1891, Brief Nr. 35, Bd. 1, S. 38; vgl. auch ebd. Brief vom 7.4.1695, Nr. 205, S. 215

Er erwarb sich den Ruf großer Geschicklichkeit

Johann Friedrich

Johann Friedrich ist der dritte der vier „Herzberger Brüder", wie die Söhne Georgs von Calenberg gerne genannt werden. Nur vierzehn Jahre regierte er in Hannover, und doch wirken zwei seiner Entscheidungen bis heute prägend: Er war es, der 1666 mit der Anlage des Großen Gartens in Herrenhausen begann, und er war es auch, der 1676 den Universalgelehrten Leibniz an den hannoverschen Hof holte. Dennoch steht Johann Friedrich für die Geschichtsschreibung meist im Schatten seines jüngeren Bruders Ernst August und dessen Frau Sophie. Ob diese Wahrnehmung dadurch beeinflusst ist, dass er – zum Entsetzen seiner Familie wie auch der hannoverschen Stände – 1651 zum Katholizismus übertrat?

Wie seine Brüder wuchs Johann Friedrich auf Schloss Herzberg im Harz auf. 1641 – sein ältester Bruder hatte bereits das Erbe seines Vaters in Calenberg angetreten – begann er seine Kavaliersreise, die ihn zunächst in die protestantischen Niederlande führte. Nach einer kurzen Zeit beim Militär im Dienste des Statthalters der Niederlande, Friedrich Heinrich von Oranien, setzte er die Reise mit einem Besuch in London fort, wo der junge Prinz, wie Leibniz später notierte, vom britischen König Karl I. empfangen wurde. Eine vergleichbare Ehre wurde ihm am französischen Hof nicht zuteil, doch verbrachte Johann Friedrich 1642/43 über ein Jahr in Frankreich. Von dort reiste er weiter nach Venedig und Rom.

Nach Italien kehrte er in den folgenden Jahren noch mehrere Male zurück. Bei einer dieser Reisen traf er die wohl einflussreichste Entscheidung seines Lebens: Ende 1651 konvertierte er in Assisi zum katholischen Glauben. Eine persönliche Entscheidung von weit reichenden, zunächst nicht abschätzbaren politischen Konsequenzen. Seine Familie war, als sie davon erfuhr, ebenso bestürzt wie die Regierungsvertreter. „Es ist alles zu deplorieren" klagte seine Mutter, und fuhr fort: „All mein Trost [ist], das Er es umb kein Nichtig Ehr noch vortheil gethan".[1] Eher im Gegenteil, denn ob nach der Ordnung des streng protestantischen Welfenhauses ein Katholik die Re-gierung antreten könne, galt keineswegs als sicher. Zunächst wollte man ihm selbst die Ausübung seiner Religion „in sein Gemach", also in seinen Räumen des Schlosses in Celle, „nicht [...] gestehen".[2] Allerdings konnte Johann Friedrich sich zu dieser Zeit ohnehin nur wenig Hoffnungen machen, je regieren zu können. Sein ältester Bruder Christian Ludwig herrschte in Celle über das Fürstentum Lüneburg, sein zweiter Bruder Georg Wilhelm in Hannover über das Fürstentum Calenberg. Dem jüngsten Bruder Ernst August stand nach den Bedin-gungen des Westfälischen Friedens das Bistum Os-nabrück in Aussicht: Sobald der amtierende katholische Bischof starb, sollte alternierend ein protestantischer Bischof aus dem Neueren Welfenhaus das Amt antreten. Johann Friedrich blieb als einziger der vier Brüder unversorgt und abhängig von der Apanage, die der in Celle Regierende ihm zu zahlen verpflichtet war. Johann Friedrich war aus Überzeugung konvertiert, nicht aus politischem Kal-

Herzog Johann Friedrich

Das Porträt wurde im 19. Jahrhundert zur Ganzfigur ergänzt (hier in Originalgröße abgebildet)

Unbekannter Maler Öl auf Leinwand, 2. Hälfte 17. Jahrhundert

Historisches Museum Hannover

Herzog von Braunschweig-Lüneburg, Fürst von Lüneburg, regiert im Fürstentum Calenberg-Göttingen-Grubenhagen mit Residenz in Hannover (1665–1679) Geb. am 24. April 1625 auf Schloss Herzberg (Harz), gest. am 18. Dezember 1679 in Augsburg, 1688 Heirat mit Benedicta Henriette von Pfalz-Simmern

Herzog Johann Friedrich

Umkreis des Jan Franz Douven (1656–1727) Öl auf Leinwand

Sotheby's Picture Library

kül. Allerdings widersetzte er sich auch keineswegs, als politisch einflussreiche Freunde in Rom ihn für das Amt eines Kardinals vorschlugen. Diese Hoffnungen erfüllten sich jedoch nicht.

Nicht nur, was das Bistum Osnabrück anging, fühlte sich Johann Friedrich von seinen Brüdern übergangen. Beim „Brauttausch“ 1658 – als Georg Wilhelm mit dem jüngsten Bruder Ernst August aushandelte, dass dieser seine Verlobte übernehmen und ihn, der im Gegenzug kinderlos bleiben wolle, gewinnen hoffte. Den dringenden Wunsch seines sterbenden Bruders Christian Ludwig, ihn noch zu sehen, hatte er ignoriert. Ehe Georg Wilhelm sich auch nur auf den Weg machte, um das reichere Fürstentum Lüneburg und die Residenz Celle in Besitz zu nehmen, hatte Johann Friedrich dort schon die Regierung übernommen. Die Celler Räte akzeptierten den neuen Landesherren – trotz seiner Konfession – sofort. Seine Schwägerin Sophie kommentierte: „Der Herzog Johann Friedrich erwarb

Der Herzog von Hannover verspottete ihn immer in sehr derber Weise, und Johann Friedrich nahm später seine Zeit wahr, um sich dafür zu rächen und ihm Respekt einzuflößen

beerben solle – sah er ebenfalls seine Rechte beschnitten. Die streng protestantische Sophie hätte ihn, den Katholiken, zwar gewiss nicht geheiratet, doch was war mit seinem eigenen Erbe, sollte Georg Wilhelm ohne Nachkommen sterben? Sogar persönlich traten die Brüder in Konkurrenz, denn 1664 interessierten sich Johann Friedrich und Georg Wilhelm für dieselbe Frau: Eleonore d'Olbreuse. Auch hier zog Johann Friedrich den Kürzeren. Sophie notierte später zum Verhältnis der beiden Brüder: „Sie hatten von Natur eine Abneigung gegeneinander, obwohl die schönen Eigenschaften des Herzogs Johann Friedrich eine Bessere Behandlung verdient hätten. Der Herzog von Hannover verspottete ihn immer in sehr derber Weise, und Johann Friedrich nahm später seine Zeit wahr, um sich dafür zu rächen und ihm Respekt einzuflößen.“ [3]

Als sein ältester Bruder Christian Ludwig im März 1665 nach kurzer Krankheit starb, erkannte Johann Friedrich seine Chance und ergriff sie umgehend. Georg Wilhelm, der in Hannover regierte, dem mit dem Tod Christian Ludwigs jedoch die Option auf Celle offen stand, hielt sich zu dieser Zeit in Den Haag auf, wo er Eleonore für sich zu sich […] den Ruf großer Geschicklichkeit, als ob er seit langem den Streich vorbereitet hätte, während er nur die Gelegenheit beim Schopf ergriffen hatte.“ [4] Johann Friedrich selbst sah sein rasches Handeln als „gelungene Aktion“. [5]

Mit Recht: Als man sich nach einem halben Jahr heftigen Konflikts, in den sich auch Frankreich,

Wappentisch aus dem Besitz des Herzogs Johann Friedrich

Die 14 Teile des bekrönten Wappenschildes repräsentieren die Herrschaftsgebiete des Herzogs. Stuckmarmor, um 1670, das Gestell aus Eichenholz möglicherweise später

Historisches Museum Hannover

Medaille auf Herzog Johann Friedrich
Johann Georg Breuer (1675–1684 Münzmeister in Braunschweig, noch 1695 in Hamburg nachweisbar)
Silber, ohne Jahr
Historisches Museum Hannover

Herzog Johann Friedrich

Dies ist die Druckplatte für den verbreiteten Kupferstich.

Jacob Toorenvliet (um 1635/36–1719) nach Jean Michelin (1623–1696, zwischen 1668 und 1686 in Hannover tätig) Kupfer; einer der Stiche nach der Platte ist 1688 datiert

Gottfried Wilhelm Leibniz Bibliothek – Niedersächsische Landesbibliothek: cup 5027

Schweden und Brandenburg als Vertreter der katholischen bzw. der protestantischen Interessen einzumischen drohten, geeinigt hatte, konnte er das Fürstentum Lüneburg zwar nicht behalten. Das Fürstentum Calenberg aber erhielt er; eine Diskussion darüber aber, ob er als Katholik die Regierung überhaupt übernehmen könne, in welchem der beiden Landesteile auch immer, wurde nun nicht mehr geführt. Jetzt war es Johann Friedrich, der Bedingungen stellen konnte. In den Worten Sophies: „Da er voraussah, dass ein Bürgerkrieg der Ruin des Vaterlandes sein würde […] sprach er von Verständigung und erklärte sich dahin, er wolle das Testament seines […] Vaters achten, das bestimmte, dass sein älterer Bruder zu wählen haben solle, aber auch dass die Teilung gleich sein müsse; wenn man sie so mache, könne sein älterer Bruder wählen.“ [6] Im Ergebnis wurde das ärmere Fürstentum Calenberg auf Kosten Lüneburgs um die Herrschaften Göttingen und Grubenhagen erweitert, wobei Grubenhagen, am und im Harz gelegen und reich an Erzvorkommen, erhebliche zusätzliche Einnahmen brachte.

Innenpolitisch regierte Johann Friedrich in absolutistischer Machtfülle; im Umgang mit den Landständen und den städtischen Räten erwies er sich als ebenso unbeugsam wie im Konflikt mit seinen Brüdern. Dagegen bewahrheiteten sich die Befürchtungen der Stände, die Konfession betreffend, nicht: Der Herzog legte größten Wert auf religiöse Toleranz und forderte darum auch von seinen Hofbediensteten und -beamten keinen Konfessionswechsel. In der Schlosskirche allerdings musste die evangelische Hofgemeinde Mitgliedern des Kapuzinerordens Platz machen, die Johann Friedrich einsetzte, da er diesem Orden seine Konversion verdankte.

Außenpolitisch lavierte Johann Friedrich geschickt zwischen verschiedenen Bündnissen. Finanzielle Unterstützung Frankreichs (als wichtiger katholischer Macht) erlaubte ihm die Einrichtung eines großen, stehenden Heeres. Das bedeutete jedoch nicht, dass er die Politik Frankreichs bedingungslos vertrat, vielmehr suchte und nutzte er dieses Bündnis als Gegengewicht gegen die befürchtete Restitution der kaiserlichen Macht über die Landesfürsten. Das Bündnis mit Frankreich führte nach 1671 jedoch auch zu heftigen Konflikten mit seinen Brüdern und den Vettern in Braunschweig. Nach dem Sieg Brandenburgs bei Fehrbellin 1675

Ausschnitt aus dem Leichenzug Johann Friedrichs

Zum Tod des Herzogs brachte Hermann Barchaus 1685 in Rinteln ein Buch mit der Leichenrede und Darstellungen des Trauerzugs heraus. Ausgewählt sind die Stiche Nr. 63 und 64.

Kupferstiche, 1685

Historisches Museum Hannover

gelang es ihm, Friedensverträge mit seinen Verwandten, Dänemark und Brandenburg, zu schließen und seinem Verbündeten Frankreich gegenüber dennoch Neutralität zu wahren.

Johann Friedrichs eigentliches Interesse galt der Kunst und Wissenschaft. Zeitlebens verband ihn darum eine enge Freundschaft mit seiner Schwester Sophia Amalia, seit 1648 Königin von Dänemark, die diese Interessen teilte. Unter seiner Regentschaft begann der hannoversche Hof sowohl in Kunst als auch in Wissenschaft großen Glanz zu entfalten: Ab 1666 ließ Johann Friedrich auf dem Vorwerk Herrenhausen ein „Lusthaus“ erbauen, das rasch zur Sommerresidenz des Hofes wurde. Äußerlich zunächst bescheiden, war die Innenausstattung von Anfang an aufwändig, und noch aufwändiger war die Gestaltung des Gartens. Schon auf einem 1666 datierten Plan ist das Gelände südlich des Schlosses „zum Lustgarten destinieret“.[7] Seit 1674 wurde der Garten nach den Plänen des Franzosen Henry Perronet angelegt, den Eleonore d'Olbreuse als Gartenbaumeister an den Celler Hof geholt hatte. Seit 1668 unterhielten die drei Brüder Johann Friedrich, Georg Wilhelm und Ernst August die erste fest besoldete Schauspieltruppe Deutschlands, die abwechselnd in Hannover, Celle und Osnabrück spielte. Bereits drei Jahre zuvor hatte eine weitgehend aus Italienern bestehende Musikergruppe nach Hannover geholt, die die bestehende Hofkapelle ergänzte und Opernaufführungen möglich machte. Die Aufführungen fanden in der Schlosskirche und im Ballhof statt, bis 1677 der Theatersaal im Leineschloss mit Platz für 408 Personen fertig gestellt war. Johann Friedrichs größter Coup war jedoch, 1676 den erst dreißigjährigen Philosophen, Mathematiker und Universalgelehrten Gottfried Wilhelm Leibniz nach Hannover zu verpflichten, der sich bald zum wichtigsten Denker und Philosophen seiner Zeit entwickelte – und die hannoversche Provinz, wie er sie empfand, gerne gegen eine Metropole wie London vertauscht hätte; doch entsprechende Angebote blieben aus.

Der politischen Querelen und den Lasten seines Amtes müde, brach Johann Friedrich im November 1679 zu einer längeren, fünften Italienreise auf, wo er, wie seine Schwägerin Sophie vermerkte, „ein irdisches Paradies“ erwartete.[8] Das Ziel seiner Sehnsucht erreichte er nicht mehr: Auf der Reise erlag er kurz vor Weihnachten in Augsburg einem Herzversagen.

1 Anna Eleonore an ihren Bruder am 19.6.1652, zitiert nach Köcher 1884, Bd. 1, S. 716.
2 Anna Eleonore an ihren Bruder am 28.3.1652, zitiert nach Köcher 1884, Bd. 1, S. 716.
3 Memoiren der Sophie von 1681, Geerds 1913 S. 46f.
4 Zitiert nach Vinage 2000, S. 47.
5 Am 18.3.1665, zitiert nach Stieglitz 1994, S. 23 Anm. 121.
6 Zitiert nach Vinage 2000, S. 49.
7 Alvensleben/Reuther 1966, S. 47.
8 „[…] se figure un paradis terestre“; Bodemann 1885, S. 387.

Herzogin von Braunschweig-Lüneburg (1668)

Geb. am 14. März 1652 in Paris, gest. am 12. August 1730 in Paris

1668 Heirat mit Johann Friedrich von Braunschweig-Lüneburg

Hübsch und bescheiden

Benedicta Henriette von Pfalz-Simmern

Spät entschloss sich Johann Friedrich zur Heirat – sehr zum Missfallen seines jüngeren Bruders Ernst August und seiner Schwägerin Sophie von der Pfalz, die hofften, dass Johann Friedrich ohne legitime Nachkommen sterben würde, damit sie bzw. ihr ältester Sohn ihn beerben und die Fürstentümer Calenberg und Grubenhagen übernehmen könnten. Tatsächlich ging dieser Wunsch in Erfüllung, denn Johann Friedrich hatte nur Töchter, die nach den welfischen Hausregeln nicht erbberechtigt waren, solange ein männlicher Anwärter bereit stand. Doch zunächst musste sich Sophie mit einer Nichte als Konkurrentin abfinden.

Johann Friedrichs Auserwählte war eine Tochter von Sophies Bruders Eduard von der Pfalz. Keine Protestantin, selbstverständlich: Eduard war bereits 1645 in Frankreich zum Katholizismus übergetreten und hatte seine Familie damit ähnlich schockiert wie sechs Jahre später der Konvertit Johann Friedrich das Haus Braunschweig-Lüneburg. Eduard heiratete sogleich eine Katholikin, Prinzessin Anna Gonzaga-Nevers, und ließ sich in Frankreich nieder. Auch Johann Friedrich bekräftigte durch seine Ehe seine engen Beziehungen zu Frankreich, welche seine Verwandten ohnehin äußerst kritisch beobachteten.

Benedicta Henriette war zum Zeitpunkt der Hochzeit sechzehn Jahre alt. Ihr Bräutigam war dreiundvierzig und überaus beleibt; übrigens schon seit seiner Jugend: „Mein Fritz ist abscheulich digk […] ist ganz klein darbey, viell korzter als die Andern“,[1] beschrieb seine Mutter den Zwanzigjährigen und meinte gar „wenn ich Ein freulein wehr, ich nem ihn gar schwerlich“.[2] Nach einem Leistenbruch trug er „seinen bauch in einer schlungen“,[3] wie Liselotte von der Pfalz zu berichten wusste. Auch galt Johann Friedrich seiner nächsten Umgebung zwar als aufrichtig, doch als „wenig offen und sehr reserviert“.[4]

Wie Benedicta über ihre Ehe dachte, ist nicht überliefert. Ihre Persönlichkeit wird fast ausschließlich in den scharfzüngigen Briefen ihrer Tante Sophie – der Kurfürstin von Hannover – und ihrer Kusine Liselotte von der Pfalz – der Herzogin von Orléans – erkennbar. Sophie notierte: „Unsere Nichte ist hübsch und bescheiden, aber nicht besonders unterhaltsam“[5] und sah sie milde herablassend als „gutes kleines Frauchen“.[6] Jahre später hielt Liselotte fest, Benedicta habe „das beste gemüthe von der welt“[7] und sie sei „woll die beste Fürstin von der Welt, den geringsten gefahlen, so man ihr thut, davor ist sie einem verobligirt“. Die Begegnung Benedictas mit dem französischen König Ludwig XIV. schilderte Liselotte ihrer Tante Sophie folgendermaßen: „Die arme hertzogin war so ambarassiert [eingeschüchtert], daß sie mich recht jammerte; sie wußte nicht was sie sagte und hieß den König immer monsieur“,[8] was diesen sehr amüsierte.

„Ich muss diesen Brief mit einer traurigen Geschichte beginnen, dass unsere gute Nichte nur ein Mädchen gemacht hat“,[9] schrieb Sophie im Februar 1670 mit unverhohlener Freude an ihren Bruder. Insgesamt vier Töchter gebar Benedicta, von denen zwei das Erwachsenenalter erreichten und überaus vorteilhafte Ehen eingingen: Die Ältere heiratete 1696 Rinaldo d'Este, den Herzog von Modena, die schöne Jüngste 1699 gar den habsburgischen Thronfolger und späteren Kaiser Joseph I. Auch katholische Welfinnen waren eine begehrte Partie, insbesondere, nachdem das Haus Braunschweig-Lüneburg durch die Erlangung der Kurfürstenwürde endgültig in die erste Riege der deutschen Fürsten aufgestiegen war.

Aufgewachsen waren die Töchter Johann Friedrichs jedoch nicht in Hannover, sondern in Frankreich. Nachdem er sich 1679 entschlossen hatte, nach Italien zu reisen, zog Benedicta mit großem Gefolge in ihre Heimat – „denn ihr Herz ist in Frankreich“,[10] wie Sophie notierte. Nachdem Ernst August sich im Zuge seiner Bemühungen um die Kurfürstenwürde mit Habsburg gegen Frankreich verbündet hatte, wurde ihre Lage dort zunehmend unhaltbar. Einige ihrer Bedienten waren im Januar 1692 sogar vor dem Theater verprügelt worden. Bis zum September 1693 harrte Benedicta noch in Paris aus, dann zog sie nach Hannover. Nach der Hochzeit ihrer älteren Tochter lebte sie zeitweilig in Modena, später auch wieder in Paris, wo sie 1730 starb.

Benedicta Henriette von Pfalz-Simmern
Jean Michelin (1623–1696, zwischen 1668 und 1686 in Hannover tätig)
Öl auf Kupfer, ca. 1668
S.K.H. Prinz Ernst August von Hannover
Herzog zu Braunschweig und Lüneburg
Schloss Marienburg

Kinder
* Anne Sophie (1670–1672)
* Charlotte Felicitas (1671–1710), heiratet 1696 Rinaldo d'Este, den Herzog von Modena und Reggio
* Henriette Marie (1672–?)
* Amalia Wilhelmine (1673–1742), heiratet 1699 Joseph von Habsburg, den späteren Kaiser Joseph I.

1 Anna Eleonore an ihren Bruder Georg am 10. Juni 1645; zitiert nach Köcher 1884, S. 714.
2 Anna Eleonore an ihren Bruder Johann am 12. Juni 1645; zitiert nach Köcher 1884, S. 720.
3 Brief vom 5.12.1711, s. Bodemann 1891, Brief Nr. 777, Bd. 2, S. 296.
4 „Peu ouvert et fort réservé“ in den Worten des französischen Gesandten Rousseau de Chamoy; zitiert nach Schnath Bd. 1, 1938, S. 23.
5 Zitiert nach Wendland 1901, S. 6.
6 „La bonne petite femme“, Brief vom 26.2.1670 an ihren Bruder Karl Ludwig, s. Bodemann 1885, Nr. 155, S. 147.
7 Brief vom 16.10.1696 an Sophie, s. Bodemann 1891, Nr. 256, Bd. 1, S. 259.
8 Brief vom 28.10.1679 an Sophie, s. Bodemann 1891, Nr. 28, Bd. 1, S. 30.
9 Brief vom 26.2.1670 an ihren Bruder Karl Ludwig, s. Bodemann 1885, Nr. 155, S. 147.
10 Brief vom 11.8.1680 an ihren Bruder Karl Ludwig, s. Bodemann 1885, Nr. 431, S. 434.

Ernst August

Der erste Edelmann Deutschlands

Herzog von Braunschweig-Lüneburg, Bischof von Osnabrück (1661–1698) mit Residenz auf der Iburg und in Osnabrück bis 1679, ab 1680 zunächst Fürst von Calenberg-Göttingen-Grubenhagen mit Residenz in Hannover, seit 1692 bis 1698 Kurfürst von Hannover

Geb. am 20. November 1629 auf Schloss Herzberg (Harz), gest. am 23. Januar 1698 in Hannover

1658 Heirat mit Sophie von der Pfalz, Enkelin Jakobs I. von England

Ernst August von Braunschweig-Lüneburg gilt als der größte Aufsteiger unter den barocken Fürsten des Alten Reiches. Als jüngster Sohn eines durch Erbteilungen zersplitterten Herrscherhauses hatte er zunächst keine Ansprüche auf ein eigenes Territorium. Zu Ende seines Lebens aber war er neben dem ebenfalls im Aufstieg begriffenen Kurfürsten von Brandenburg der wichtigste Fürst in Norddeutschland und hatte zudem eine entscheidende Rangerhöhung für sein Haus durchgesetzt. Diese steile Karriere verdankt er zahlreichen glücklichen Umständen (wenn man den frühen Tod zweier seiner Brüder so bezeichnen möchte), vor allem aber seinem unbeugsamen Machtwillen. Auf dem Weg nach oben ließ er sich von nichts und niemandem aufhalten, nicht von politischen Widrigkeiten und nicht von familiären und persönlichen Konflikten. „Unpersuadierlich",[1] also gegen alle Argumente verschlossen, sei sein Ehrgeiz, vermerkte der habsburgische Gesandte Franz Anton Graf von Berka bereits 1681 bei seinem ersten Dienstaufenthalt am hannoverschen Hof, kaum dass der neue Herzog die Regentschaft übernommen hatte.

Zu diesem Zeitpunkt hatte der Herzog schon mehr erreicht, als je möglich erschienen war. 1629 geboren, war er der jüngste der vier Söhne des Herzogs von Calenberg. Während die beiden ältesten Brüder gewiss sein konnten, das Fürstentum Calenberg mit

Ernst August, Herzog von Braunschweig-Lüneburg

Jacob-Ferdinand Voet (1639 – ca. 1700)

Das Porträt entstand vermutlich, als sich der Herzog in Rom aufhielt, wo der Niederländer Voet als gefragter Porträtist tätig war. Es hing im Schlafzimmer seiner Sophie im Leineschloss.

Öl auf Leinwand, um 1670

Niedersächsisches Landesmuseum Hannover (aus dem Besitz des Museum August Kestner), als Leihgabe im Historischen Museum Hannover

Medaille auf Ernst August, Herzog von Braunschweig-Lüneburg
Auf der Rückseite das Niedersachsenross, dass auf einer Rennbahn dem Ziel entgegen sprengt
Levin Zernemann (2. Hälfte 17. Jh., tätig für den Hof in Celle und Hannover), Silber, 1676
Museum August Kestner, Hannover

der Residenz Hannover und, nach dem Tod ihres kinderlosen Onkels, das Fürstentum Lüneburg mit der Residenz Celle zu erben, blieb ihm lediglich die Aussicht auf das Bistum in Osnabrück. Im Westfälischen Frieden von 1648, dessen Bestimmungen für die welfischen Lande nur wenige Vorteile brachten, war festgelegt worden, dass das Bistum abwechselnd mit einem katholischen und einem protestantischen Bischof besetzt werden sollte, wobei der protestantische jeweils ein welfischer Prinz sein sollte. Ende 1661 trat dieser Wechsel zum ersten Mal ein, als der bisherige Amtsinhaber, der katholische Bischof Franz Wilhelm von Wartenberg, starb. Ernst August wurde der erste Protestant in diesem Amt; seine Frau in Ermangelung eines für diese neue Rolle verfügbaren Titels zur „Madame d'Osnabruc".

Die prestigeträchtige Ehe mit der Tochter eines – allerdings ins Exil vertriebenen – Kurfürsten und einer britischen Prinzessin war er drei Jahre zuvor eingegangen. Als jüngstem Sohn hätte sich ihm diese Partie wohl nicht eröffnet. Doch er übernahm die Verlobte seines Bruders Georg Wilhelm, als dieser sich entschloss, auf die Heirat zu verzichten. Indem er die Verbindlichkeit seines Bruders einlöste, verbesserte Ernst August seine Aussichten entscheidend, denn Georg Wilhelm sicherte ihm zu, ehelos zu bleiben. Damit war Ernst August bzw. waren seine Nachkommen als Erben des Fürstentums Calenberg eingesetzt. Nachdem der älteste der Brüder, Christian Ludwig, 1665 kinderlos verstorben war, übernahm Georg Wilhelm das reichere Fürstentum Lüneburg. Damit verbesserte sich auch Ernst Augusts durch den Brauttausch erhandeltes Erbe. Und seine Aussichten nahmen noch zu, nachdem der dritte Bruder, Johann Friedrich, der nun in Hannover residierte, in seiner Ehe ausschließlich Töchter bekam, die nach dem welfischen Hausrecht nicht erbberechtigt waren. Als Johann Friedrich im Dezember 1679 starb, rückte Ernst August nach. Aus dem jüngsten Sohn und Bischof von Osnabrück war ein regierender Herzog geworden. „Unser Herr Gott gibt den seinigen schlaffendt",[2] kommentierte Sophies Bruder, Kurfürst Karl Ludwig von der Pfalz nicht ohne Spitze gegen seinen Schwager, obwohl er sich sehr über diesen Aufstieg seiner Schwester freute.

„Dieser Hof lebt mit solchem Glanz wie nur einer in Deutschland", vermerkte ein Mitglied der britischen Gesandtschaft in Hannover im Jahr 1689, „und man kann sagen, dass Geist und Bildung dort regieren."[3] Auch wenn „Geist und Bildung" von den meisten Beobachtern vor allem der Herzogin zugeschrieben wurden, der „Glanz" war das Werk beider und ein Widerschein ihres Machtanspruchs und ihres Strebens, Status und Ruhm der Familie zu mehren. In repräsentativen Bauprojekten verliehen sie diesem Anspruch greifbaren Ausdruck. In den ersten drei Jahren der Ehe, als Ernst August nichts weiter war als der jüngste Sohn des Hauses und Bischof im Wartestand, bot Georg Wilhelm dem Paar und dessen vierundzwanzigköpfigem Gefolge Unterkunft und Kost im Leineschloss in Hannover und entsprach damit dem Vertrag, der anlässlich

Ansicht des Leineschlosses mit Schlosskirche vor dem Umbau des 19. Jahrhunderts
Das Blatt ist Teil eines Albums mit Scherenschnitten, Ansichten und Genrebildern, das sich im Besitz der Königin Marie, der letzten Königin von Hannover, befand
Wilhelm Kretschmer (1806–1897), Gouache, um 1825
Historisches Museum Hannover

des Brauttauschs geschlossen worden war. Nachdem Ernst August 1661 sein Amt als Bischof von Osnabrück angetreten hatte, nahm das Paar zunächst auf der Iburg südlich von Osnabrück Residenz, die sein katholischer Vorgänger erst im Jahrzehnt zuvor wieder aufgebaut und repräsentativ ausgestattet hatte. Doch dem ersten protestantischen Bischofspaar genügte die Iburg nicht, denn dort fehlten Wohnräume für die Landesherrin (Fürst und Fürstin verfügten im Barock stets über eine getrennte Flucht von Empfangs-, Wohn und Schlafräumen) und für die Kinder. Auch der Gästeflügel erwies sich für ihre Bedürfnisse rasch als zu eng. So

Verherrlichung des
Kurfürsten Ernst August

Die Allegorie auf die Erlangung der Kurwürde zeigt Ernst August mit den Insignien seiner Macht: Ein Putto reicht ihm den Kurhut; auch der Bischofsstab darf nicht fehlen. Zahlreiche Figuren verkörpern u. a. Wohlstand, Ruhm, gute Regentschaft.

Unbekannter Maler, Öl auf Leinwand, 1692

Historisches Museum Hannover

ließ Ernst August in kürzester Bauzeit zwischen 1668 und 1673 in Osnabrück ein neues Bischofsschloss errichten. Die imposante, vierflügelige Anlage mit großem Garten bot alles, was für eine moderne und glanzvolle Hofhaltung nötig war.

So sehr seine Gemahlin Sophie es begrüßte, dass Ernst August seinen Bruder beerben und die Regierung in Hannover übernehmen konnte, so ungern zog sie um in das vergleichsweise „so schmutzige und schreckliche Haus“ [4] des Leineschlosses. Dabei war auch das Leineschloss, 1637 von Herzog Georg von Calenberg auf dem Gelände des aufgehobenen Minoritenklosters begonnen, nur wenige Jahre zuvor durch Herzog Johann Friedrich entscheidend um- und ausgebaut worden. Erst Ernst August jedoch verwandelte auch diese Anlage in eine zeitgemäße Residenz. Da das Schloss, wie einst das Kloster, eingezwängt war in die enge Bebauung der Altstadt, verfügte Ernst August sofort den Abriss von 37 Häusern auf der Insel gegenüber der Leinefront und die Umsiedelung der Bewohner auf seine Kosten. Den Abrissplan hatte schon Johann Friedrich entwickelt, sich aber gegen den städtischen Magistrat nicht durchsetzen können. Um den neu gewonnenen Platz, die so genannte „Schlossfreiheit“, vom Schloss aus zu erschließen, wurde ein neues Tor zur Leine und dazu eine Brücke angelegt. Diese Durchfahrt war tagsüber öffentlich zu nutzen, was allerdings bedeutete, dass auch die „Schlossfreiheit“ auf der Leineinsel ein öffentlicher Platz wurde. Bald wurde er als Lagerstatt – für Bauholz des Herzogs, aber auch der Anlieger wie Müller und Ratszimmermeister – und für verschiedene kleinere Gebäude genutzt, so dass er dem Schloss zwar Luft und Licht verschaffte, jedoch keinerlei repräsentativen Charakter gewinnen konnte.

Ganz anders dagegen Ernst Augusts Baumaßnahmen im Inneren. Im Obergeschoss des östlichen Querflügels ließ er 1685–88 mit dem Rittersaal einen aufwändigen Festsaal ausbauen. Ausgestattet war er – nach dem detaillierten Plan von Gottfried Wilhelm Leibniz – mit Porträts des Herzogspaars und seiner direkten Vorfahren. Der Porträtzyklus wurde wenig später noch durch Tapisserien ergänzt, die das Leben der Herzogsfamilie illustrierten. Kaum war der Festsaal fertig gestellt, nahm Ernst August die nächste, noch weit repräsentativere Bauaufgabe in Angriff. Alle Brüder waren auf ihren ausgedehnten Italienreisen zu begeisterten Opernliebhabern geworden. Georg Wilhelm war der erste, der in Celle ein festes Schlosstheater einrichtete, und Johann Friedrich hatte im Leineschloss ein Hoftheater mit mehr als 400 Plätzen installiert. Ernst August aber ließ nun innerhalb von nur einem Jahr ein Opern- und Theaterhaus errichten, für das er direkt neben dem Schloss eigens ein neues Grundstück erwarb. Die Landstände bewilligten ihm dafür eine beträchtliche Summe in der Hoffnung, Ernst August möge von weiteren teuren Lustreisen nach Italien absehen, sobald er sein eigenes Opernhaus habe. In vier halbkreisförmigen Rängen bot das Schlosstheater 1300 Sitzplätze und blieb bis zu seinem Abbruch Mitte des 19. Jahrhunderts eines der größten und prunkvollsten Theater Europas. Eröffnet wurde es im Januar 1689 mit der Uraufführung der Oper „Enrico Leone“ („Heinrich der Löwe“), die der neue herzogliche Kapellmeister Agostino Steffani eigens für diesen Anlass komponiert hatte und die die ruhmreiche Geschichte der Welfen in Erinnerung rufen sollte.

Er habe eine würdevolle, angenehme und erhabene Art

Auch die glanzvollen und luxuriösen Feste des hannoverschen Hofes dienten nicht allein dem Vergnügen und der Zerstreuung, sondern mindestens ebenso sehr der Repräsentation. So wurde z. B. der Karneval des Jahres 1693, nur wenige Wochen nach Verleihung der Kurfürstenwürde, besonders üppig gefeiert. Sechs Wochen lang reihten sich Galadiners und Bälle, Opernaufführungen und Maskeraden aneinander. Fest und Repräsentation verbanden sich auch im prestigeträchtigsten und aufwändigsten Bauprojekt des Herrscherpaars: dem Großen Garten in Herrenhausen. Schon Johann Friedrich hatte seine Sommerresidenz in Herrenhausen eingerichtet und dort einen Lustgarten mit Parterre, Gehölzen und Wasserspielen angelegt. Ernst August ließ diesen Garten entscheidend ausbauen und ihn

Ernst August im Dreiviertelporträt
nach David van der Plas (1647–1704)
Öl auf Leinwand, Kopie des 20. Jhs., Vorlage um 1670
Residenzmuseum im Celler Schloss

1696 gar auf die doppelte Fläche erweitern. Dabei wurde bewusst eine Mischung konventioneller und höchst moderner Elemente angestrebt: Einerseits sollte der Garten älter erscheinen als er war – schließlich wollte man sich nicht als Emporkömmling, sondern als traditionsreiches Herrscherhaus profilieren –, andererseits sollte er jedoch keineswegs altmodisch erscheinen, sondern die neuesten internationalen Entwicklungen spiegeln. So ist z. B. das ab 1689 angelegte Gartentheater das älteste barocke Heckentheater im deutschsprachigen Raum. Der Bau der großen Orangerie zur Überwinterung der empfindlichen mediterranen Pflanzen, der, üppig ausgemalt, im Sommer als Festsaal diente, wurde ebenfalls in Ernst Augusts Regierungszeit begonnen.

Kein Wunder, dass Ernst August als „der erste Edelmann Deutschlands“ [5] galt. Er konnte charmant und höchst gewinnend im Umgang sein – er habe „eine würdevolle, angenehme und erhabene Art“, [6] bescheinigte ein Beobachter – und wusste das Leben zu genießen. Und er war ein überaus fähiger Stratege und Politiker, geschickt in der Wahl seiner Berater und Diplomaten, der seine Ziele mit großer Energie und, wo er es für nötig fand, auch mit äußerster Unerbittlichkeit verfolgte. Er sei „ein sehr gut aussehender Mann von königlichem Geist, fähig zu den größten, aber auch den gewalttätigsten Plänen“, [7] notierte ein französischer Besucher im Jahr 1694. Diese Härte bewies er vor allem gegenüber seiner Schwiegertochter Sophie Dorothea in der Königsmarck-Affäre und gegenüber seinen jüngeren Söhnen in der Frage des Erstgeburtsrechts, der so genannten Primogenitur. Zeugnisse darüber, wie Ernst August dachte und fühlte, sind leider nur in sehr geringem Umfang erhalten. Dass er des Öfteren von Depressionen heimgesucht wurde, ist ebenso gewiss wie die Tatsache, dass er die meisten seiner Projekte mit großer Tatkraft umsetzte und zu Ende brachte. Vielleicht ist die Spärlichkeit der Quellen einer der Gründe dafür, dass ihm, trotz seiner wahrhaft überragenden Bedeutung für die hannoversche Geschichte, bis heute keine eigene Biografie gewidmet ist, auch wenn seine Politik in der umfassenden Monografie Schnaths ausführlich gewürdigt wurde. Über seine Gemahlin, die wortgewandte Herzogin Sophie, wissen wir sehr viel mehr als über die Person des Regenten, für das 17. Jahrhundert eine höchst ungewöhnliche Situation. „Das Haus Braunschweig wird allezeit diesen Herrn unter diejenigen setzen, mit denen es am meisten zu prangen Ursach hat.“[8] Dieser Satz aus dem Nachruf des Haushistoriographen Leibniz auf Ernst August scheint die Reaktion der Zeitgenossen wie der Historiker zu spiegeln: Man zollte ihm Achtung, doch in distanzierter Form.

Als regierender Bischof von Osnabrück und zugleich regierender Herzog im Fürstentum Calenberg-Göttingen nahm Ernst August eine Sonderstellung unter den Fürsten des Heiligen Römischen Reiches Deutscher Nation ein. Der geistliche Rang war der höhere, und entsprechend setzte er ihn, in einer vom strengen und auf Hierarchien gegründeten Zeremoniell geprägten Zeit, im Umgang mit anderen Landesfürsten ein. Innerhalb des welfischen Gesamthauses gewann er zunehmendes Gewicht, sowohl gegenüber seinem älteren Bruder Georg Wilhelm in Celle, dessen Erbe ihm seit dem „Brauttausch“ in Aussicht stand, als auch gegenüber seinem Vetter in Wolfenbüttel. Regierung und Verwaltung seines Herrschaftsgebiets hatte Ernst August grundlegend modernisiert. Sofort nach seinem Amtsantritt im Februar 1680 erließ er eine neue Regimentsordnung, die das gesamte 18. Jahrhundert hindurch in Kraft blieb. Den drei Fachgremien, die innerhalb des Regierungsorgans des Geheimen Rates entstanden waren und sich zu Vorläufern von Fachministerien entwickelt hatten (die Kanzlei war für Rechtsangelegenheiten zuständig, das Konsistorium für Schul- und Kirchenangelegenheiten und die Kammer für Forst- und Bergbau sowie das gesamte Domänenwesen), fügte Ernst August mit der Kriegskanzlei ein weiteres Organ hinzu. Vor allem aber begann er, mit dem „Kabinett“ zu regieren, also mit einem kleinen, persönlichen Beratergremium, und darüber hinaus in Einzelaudienzen mit den Geheimen Räten. Außerdem richtete er ständige diplomatische Vertretungen an den wichtigsten europäischen Höfen ein, statt, wie bislang üblich, nur bei Bedarf Sonderbotschafter zu schicken und sich ansonsten allenfalls halb offiziell über Agenten oder Korrespondenten über die Lage informieren zu lassen.

Die beiden wichtigsten und nachhaltigsten Ergebnisse der Politik Ernst Augusts waren die Vereinigung der beiden Landesteile des Herzogtums Braunschweig-Lüneburg und die Erlangung des Kurfürstenhutes für das Haus Hannover. Die Fürstentümer Lüneburg und Calenberg wurden durch die Hochzeit zwischen Ernst Augusts ältestem Sohn und Georg Wilhelms einziger Tochter im Jahr 1682 zusammengeführt. Und nachdem Ernst August gegen den erbitterten Widerstand seiner jüngeren Söhne die Primogenitur durchgesetzt und damit eine der Grundvoraussetzungen für die Kurfürstenwürde geschaffen hatte, war auch gesichert, dass es zu keinen weiteren Teilungen mehr kommen würde. Ernst August hatte alle Grundlagen für den neuen Staat Hannover geschaffen.

Uneheliche Kinder u. a.:
In Venedig
* Laura de Montecalvo (= Calenberg; gest. 1692), heiratet 1684 den hannoverschen Hofjunker Hans Christoph von Stubenvol

Mit Clara Elisabeth von Platen, geb. von Meysenbug:
* Sophia Charlotte (1675–1725), heiratet 1701 Johann Adolf Freiherr von Kielmansegg

1 Zitiert nach Schnath I, 1938, S. 175.
2 Karl Ludwig an seine Schwester Sophie am 6. Januar 1680, Bodemann 1885, Nr. 402, S. 397.
3 So notierte der Sekretär des englischen Botschafters 1689; zitiert bei Schnath I, 1938, S. 498.
4 Sophie an ihren Bruder im Januar und Februar 1680, Bodemann 1885, S. 403 und 410; zitiert nach Schnath 1962, S. 63 und von Rohr, 1980, S. 59.
5 „Le premier gentilhomme de l’Allemagne“, so ein schottischer (jakobitischer) Beobachter 1688; zitiert nach Schnath I, 1938, S. 134, Anm. 1.
6 Johann Wilhelm Heusch an Gottfried Wilhelm Leibniz, 1698; zitiert nach Schnath II, 1976, S. 484.
7 Zitiert nach Schnath II, 1976, S. 483 f.
8 Zitiert nach Schnath, NDB 1959, S. 609.

Herzogin von Braunschweig-Lüneburg 1658, Kurfürstin von Hannover 1692,
Thronerbin Englands 1701, geb. am 14. Oktober 1630 in Den Haag,
gest. am 8. Juni 1714 in Hannover (Herrenhausen)
1658 Heirat mit Ernst August von Braunschweig-Lüneburg

Eine unvergleichliche Persönlichkeit von einer entzückenden Lebhaftigkeit des Geistes

Sophie von der Pfalz

Ins Rennen um eine nach Rang und Status vorteilhafte Ehe – der einzigen Karrieremöglichkeit einer Prinzessin außerhalb des Klosters – startete Sophie mit einem hohen Handicap. Zwar stammte sie aus einer der ersten Familien des Reichs: Ihr Vater, Friedrich V. von Pfalz-Simmern (1596–1632), gehörte zur illustren Riege der Kurfürsten, ihre Mutter war eine Stuart und die Tochter Jakobs VI. von Schottland, der seit 1578 als Jakob I. in Personalunion auch England und Wales regierte. Über ihre Großmütter war sie mit dem Haus Nassau-Oranien und mit dem dänischen Königshaus verwandt. Im stolzen Bewusstsein ihres Ranges war Sophie auch erzogen worden; es gab „keine von höherer Geburt zu wählen als mich“,[1] notierte sie im Rückblick. Als sie als das zweitjüngste von dreizehn Kindern zur Welt kam, lebte die Familie jedoch bereits seit zehn Jahren verarmt im Exil. Ihr ehrgeiziger Vater hatte politisch viel riskiert und alles verloren. Kurz nach Beginn des Dreißigjährigen Krieges hatte er sich 1619 von der antihabsburgischen Union zum König von Böhmen wählen lassen. Nachdem die katholische Liga im Jahr darauf in der Schlacht am Weißen Berg den Sieg davon getragen hatte, verlor Friedrich nicht nur die böhmische Krone, sondern auch die Kurpfalz, die an das katholische Bayern fiel. Friedrich

Sophie von der Pfalz

Gerard van Honthorst (1592–1656) Öl auf Leinwand, um 1647

Hessisches Landesmuseum Darmstadt

ging unter dem Spottnamen „Winterkönig" in die Geschichte ein. Mit seiner Familie fand er Zuflucht in Den Haag, wo die Verwandten in den protestantischen Niederlanden und London ihre Hofhaltung finanzierten. Friedrich starb bereits 1632, zwei Jahre nach Sophies Geburt.

Die vier Töchter hatten damit außer ihrer vornehmen Abstammung kaum eine Mitgift vorzuweisen. Daran änderte sich auch nur wenig, als Sophies Bruder Karl Ludwig mit den Bestimmungen des Westfälischen Friedens die Kurpfalz zurückerhielt. So ist es bezeichnend, dass Sophies ältere Schwestern den kirchlichen Weg beschritten: Elisabeth (1618–1680) trat in das Damenstift Herford ein und wurde dort 1667 Fürstäbtissin, Luise Hollandine (1622–1709), die zunächst ebenfalls Kanonisse in Herford geworden, dann aber zum katholischen Glauben konvertiert war, wurde Äbtissin von Maubuisson in Frankreich. Die dritte Schwester, Henriette Marie (1626–1651), von der Sophie schrieb, „ihr Teint war ohne Übertreibung wie Lilien und Rosen",[2] wurde an den Fürsten von Siebenbürgen verheiratet, wo sie nach wenigen Monaten starb.

Sich selbst beschrieb Sophie später so: „Ich hatte hellbraune, natürlich gewellte Haare, ein munteres, ungezwungenes Ansehen, eine wohlgeformte, aber nicht sehr große Figur und die Haltung einer Prinzessin."[3] Sie vermerkte aber auch nüchtern, dass die Pocken „meiner Schönheit großen Schaden getan hatten".[4] Die Heiratsgespräche für Sophie begannen früh. Da die Geschehnisse die barocke Heiratspolitik aufs Farbigste illustrieren und sich zudem in ihren eigenen Worten erzählen lassen, sollen sie hier etwas ausführlicher geschildert werden. Ausnahmsweise nämlich sind wir auch über die Reaktionen und Gefühle der potentiellen Braut unterrichtet – oder zumindest über diejenigen Reaktionen und Gefühle, die sie preisgeben mochte. Als eine der ersten adeligen Frauen in Deutschland überhaupt schrieb Sophie ihre Memoiren. Sie folgte damit einer eben erst in Frankreich aufgekommenen Mode, und sie schrieb, ebenso wie in der Mehrzahl ihrer Briefe, französisch. Der Winter 1680/81 war eine Zeit der Krise für Sophie: In Hannover fühlte sie sich nach dem Umzug aus Osnabrück noch nicht wohl, ihr Mann war auf Lustreise in Italien und der Tod ihres Bruders, der sie stets „wie seine Tochter geliebt"[5] und mit dem sie wöchentlich Briefe gewechselt hatte, bedeutete einen schrecklichen Verlust für sie. Das Schreiben der

Sophie von der Pfalz
Nach Gerard van Honthorst (1592–1656),
vermutlich Kopie von Georg Osterwald (1803–1884)
Öl auf Leinwand, Vorlage um 1645
Historisches Museum Hannover

Memoiren bot eine Möglichkeit, ihrem „Geist […] Beschäftigung durch andere Gedanken“[6] zu geben. Eine Veröffentlichung plante sie nicht, doch dachte sie eine mögliche Leserschaft stets mit und die Memoiren sind ebenso Selbstreflexion wie Selbstdarstellung. Die Verhandlungen um einen standesgemäßen Ehepartner nehmen darin den breiten Raum ein, der ihrer Bedeutung für das Leben Sophies – und, wie sich zeigen wird, für die Geschichte des Welfenhauses – entspricht.

Als Sophie siebzehn war, wurde um ihre Verlobung mit dem britischen Thronfolger verhandelt, der im folgenden Jahr selbst nach Den Haag ins Exil flüchten musste, während sein Vater in London seiner Hinrichtung entgegen ging. Diese Heiratspläne zerschlugen sich jedoch. In ihren Memoiren drückte Sophie ihre Erleichterung darüber aus, denn sie hatte den Prinzen zwar „wohl gebildet an Geist und Körper“,[7] aber auch unangenehm berechnend gefunden. Dennoch muss sie das Scheitern dieses prestigeträchtigen Projekts in ihrer Ehre gekränkt haben. Wenig später zog Sophie vom Exilhof ihrer Mutter in Den Haag in das vom Krieg stark mitgenommene Heidelberg an den Hof ihres Bruders, der sich sehr um weitere Heiratskandidaten für seine Schwester bemühte. Einer davon war der verwitwete Pfalzgraf Johann von Zweibrücken, dessen Bruder als Karl X. Gustav König von Schweden war. Sophie mochte ihn nicht, sie fand, er habe „ein Kinn wie ein Schuhanzieher“, hatte auch gehört, dass er „so weit gegangen war, seine erste Gemahlin zu schlagen“ und empfand „eine Abneigung „gegen ihn, die sie „nur kraft der Tugend hätte überwinden können“.[8]

Während sich die Verhandlungen um die Heiratsbedingungen in die Länge zogen, schaltete sich ein weiterer Kandidat ein: Herzog Georg Wilhelm von Braunschweig-Lüneburg, zu dieser Zeit Fürst von Calenberg, den „die Stände seines Landes dazu drängten, sich zu verheiraten“.[9] Nach ersten Kontakten durch einen Unterhändler kam er 1656 selbst zusammen mit seinem Bruder Ernst August nach Heidelberg; beide befanden sich auf der Reise nach Venedig. Was folgte, beschrieb die mittlerweile sechsundzwanzigjährige Sophie in ihren Memoiren so: Georg Wilhelm „sagte mir tausend verbindliche Dinge, worauf ich, um die Wahrheit zu sagen, nicht gerade ungünstig antwortete. Endlich ließ er das große Wort fallen und fragte mich, ob es gütigst gestattet würde, dass er um mich bei dem Kurfürsten

Ich hatte hellbraune, natürlich gewellte Haare, ein munteres, ungezwungenes Ansehen, eine wohlgeformte, aber nicht sehr große Figur und die Haltung einer Prinzessin

Sophie von der Pfalz

Das Bild dürfte 1660 entstanden sein, als Sophie 1660 ihre Mutter in Den Haag besuchte, während Herzog Ernst August sich in Italien aufhielt

Adriaen Hanneman (1604–1671)

Öl auf Leinwand, um 1660

S.K.H. Prinz Ernst August von Hannover Herzog zu Braunschweig und Lüneburg

Schloss Marienburg

anhalte. Ich antwortete nicht wie eine Romanheldin; denn ich zögerte nicht, ja zu sagen. […] Ich wusste auch, dass der Kurfürst mich genug liebte, um meine Wahl zu billigen, bei der auch der Verstand auf meiner Seite stand; denn diese Partie war weit ansehnlicher als die andere.“ [10]

Die Prinzessin ließ sich von ihrer Neigung ebenso wie von ihrem Standesbewusstsein leiten und hatte das Glück, dass ihr Bruder, bei dem die Entscheidung lag, ihre Wünsche berücksichtigte. Ende gut, alles gut also? Mitnichten. Zuerst hatte der abgelehnte Bewerber aus Zweibrücken seinen Auftritt, der sich sowohl bei Sophies Bruder, dem Kurfürsten, als auch bei seinem eigenen Bruder, dem schwedischen König, um die Einhaltung des Brautversprechens bemühte und der in Heidelberg heftige Szenen machte: „Bald weinte er, und dann geriet er in Zorn und stieß tausend Flüche und Verwünschungen […] aus.“ [11] Kaum hatte sich dieser Sturm verzogen, brach Georg Wilhelm, der sich mittlerweile in Venedig vergnügte, 1658 seinerseits sein mündlich und schriftlich gegebenes Versprechen, nachdem er in den Verhandlungen mit seinen Landständen gescheitert war, die ihm keine höheren Einkünfte nach der Eheschließung bewilligen wollten.

Mit seinem Bruder Ernst August (und unter Umgehung des dritten Bruders Johann Friedrich, den er nicht mochte und stets verspottete) heckte er den Plan des Brauttauschs aus. Wenn Ernst August die Braut übernähme, würde Georg Wilhelm „für immer auf eine Heirat verzichten, die Einkünfte seines Herrn Bruders beträchtlich vergrößern und

Ansichten von Herrenhausen: „Die Mittelallee des Großen Gartens“
Joost van Sasse (1716–36 tätig in Amsterdam)
Kupferstich, um 1735
Historisches Museum Hannover

mir ein Wittum aussetzen […] gleichwie wenn ich ihn geheiratet hätte“. [12] Ernst August war zwar kein regierender Herzog, hatte aber immerhin die sichere Aussicht auf das Bistum Osnabrück, das nach den Bestimmungen des Westfälischen Friedens alternierend von einem katholischen Bischof und einem protestantischen, welfischen Bischof regiert werden sollte. Und nun sollte also vertraglich festgelegt werden, dass er bzw. seine Nachkommen Georg Wilhelm beerben sollten.

Der Kurfürst „erwies mir […] die Ehre“, notierte Sophie, sie um ihre Meinung zu diesem vorgeschlagenen Pakt zu fragen – er hätte durchaus auch einfach über sie entscheiden können. Sie antwortete, dass sie „niemals eine andere Neigung empfunden hätte als die für eine gute Versorgung.“ [13] Andere Gefühle vertraute sie ihren Memoiren jedenfalls nicht an, und eine andere Wahl blieb ihr nach den vorangegangenen Verwicklungen ohnehin kaum mehr, zumal sie bereits 28 und damit für die Vorstellungen der Zeit beinahe schon zu alt für eine Ehe war. Was ihren neuen Bräutigam betraf, war sie „sehr froh, ihn liebenswürdig zu finden, da ich entschlossen war, ihn zu lieben.“ [14] Und es dürfte immerhin geholfen haben, dass sie (wie sie zumindest in den Memoiren im Rückblick vermerkt) Ernst August schon bei ihrer ersten Begegnung und ehe Georg Wilhelm vorstellig geworden war, attraktiv gefunden hatte: „Sein schönes Aussehen hatte noch

Ansichten von Herrenhausen: „Das Königliche Haus von vorn gesehen“
Joost van Sasse (1716–36 tätig in Amsterdam)
Kupferstich, um 1735
Historisches Museum Hannover

zugenommen, er gefiel jedermann. [...] Wir spielten Gitarre zusammen, wobei er die schönsten Hände von der Welt zeigte, und auch beim Tanz tat er Wunderdinge," so notierte sie, doch „Da er der jüngste von vier Brüdern war, so sah man ihn nicht als einen zum Heiraten geeigneten Prinzen an." [15]

Diese Bedingungen hatten sich nun verbessert, Sophie wurde mit großen Ehrbezeugungen in Hannover empfangen und die unter solch merkwürdigen Umständen geschlossene Ehe erwies sich überraschenderweise zunächst als Liebesverbindung. „Ich erinnere mich noch mit Vergnügen [...] der Leidenschaft, die der Herzog für mich zeigte. Bevor er mich heiratete, hatte er geglaubt, ich sei ihm gleichgültig, da er mich nur aus Eigennutz heiratete; jetzt aber zeigte er sich derartig für mich eingenommen, dass ich mir einbildete, er würde mich sein ganzes Leben lang lieben, und ich betete ihn derartig an, dass ich mich verloren glaubte, wenn ich ihn nicht

Sophie von der Pfalz als „Indianerin"
Dieses Porträt malte Sophies ältere Schwester, Louise Hollandine (1622–1709), eine begabte und gut ausgebildete Malerin, die später Äbtissin von Maubuisson wurde
Öl auf Leinwand, um 1645
Fürst zu Salm-Salm
Museum Wasserburg Anholt

sah." [16] Eifersüchtig wachte Ernst August über seine Gemahlin, eine Eifersucht, die sich vor allem gegen seinen ihm so eng vertrauten Bruder richtete, der gerne in Sophies Gesellschaft war – eine Situation, die viel diplomatisches Geschick von ihr verlangte.

Dieses Liebesglück war ein unerwarteter Bonus der Vernunftehe, hielt jedoch nicht lange an. Schrieb Sophie zunächst noch an ihren Bruder, sie erlebe „das Wunder dieses Jahrhunderts: ihren Ehemann zu lieben", [17] so räsonierte sie wenige Monate darauf, man müsse sich bescheiden „wenn der Mensch, den man liebt, einen seiner Ansicht nach gut behandelt und einem seine Freundschaft in einer Weise, die er angemessen glaubt, erweist." [18] In ihren Memoiren klingt das später noch abgeklärter: „Das heilige Band der Ehe hatte den galanten Sinn des Herrn Herzogs nicht geändert; es langweilte ihn, immer eine und dieselbe Sache zu besitzen, und das zurückgezogene Leben war ihm lästig." [19]

Mehr als diese äußerst beherrschten Bemerkungen erlaubte Sophie sich nur in Ausnahmefällen. Dabei bedeutete der Verlust der uneingeschränkten Liebe des Herzogs weit mehr als nur persönlichen Schmerz, nämlich vor allem auch den Verlust von Status und Einfluss, denn in der Nähe zu ihrem Ehemann lag der Großteil der Macht einer Fürstin begründet. Der Hof kreiste stets um die Person des Fürsten, bei dem alle Entscheidungsgewalt lag, und Höflinge und Diplomaten wandten sich mit ihren Anliegen stets an die Frau, die über den direktesten Zugang zum Fürsten verfügte. Wirklich bedrohlich für Sophies Position waren darum nicht die zahlreichen Liebeleien, ohne die Ernst Augusts „galante Laune ihm nicht gestattete [...] zu sein", [20] sondern eine dauerhafte Mätresse, wie sie spätestens Mitte der siebziger Jahre in Madame Platen Gestalt annahm.

Um nicht ganz an den Rand gedrängt zu werden und jeglichen Einfluss zu verlieren, musste Sophie sich nun damit begnügen, „das Wohlwollen, das er für mich besaß" [21] zu erhalten. Das konnte nur bedeuten, Haltung zu bewahren, die Kränkung wegzustecken, weiterhin liebenswürdig zu bleiben, sich allenfalls ein wenig Ironie zu gestatten und absolut loyal zu erscheinen, selbst in der Korrespondenz mit den engsten Vertrauten wie ihrem Bruder und ihrer Nichte Liselotte, der Herzogin von Orléans. Am Hof ihres Bruders (der sich nach einigen Jahren und der Geburt des Thronfolgers von seiner Gattin trennte und später seine Mätresse hei-

Mittelstück eines Altarbehangs aus Kloster Loccum

Dargestellt ist ein Porzellankabinett nach der neuesten Mode, d.h. mit Schaustücken auf Konsolen vor einer Spiegelwand. Im Vordergrund der Kurhut und dem Sinnbild Sophies, einer hinter den Wolken hervorbrechenden Sonne

Sophie von der Pfalz (1630–1714)

Stickerei im Kreuzstich, 1691

Kloster Loccum

ratete) hatte Sophie schon früh gelernt, „dass es für ein Verbrechen galt, wenn eine Frau sich über ihren Mann beklagte, und dass man solche Törinnen lächerlich machte".[22] Auf das Wohlwollen Ernst Augusts und dass er „zufrieden mit meinem Verhalten war",[23] war Sophie angewiesen, denn wie alle anderen Höflinge war sie von seinen Entscheidungen abhängig, benötigte seine Zustimmung, wenn sie verreisen oder eine offizielle Einladung aussprechen wollte und hatte nur soviel Geld zur Verfügung, wie er ihr bewilligte. Die britischen Gesandten in Hannover beobachteten 1689 und 1690, als die Frage der Sukzession erstmals, wenn auch zunächst nur vage, im Raum stand: „Die Prinzessin Sophie ist eine unvergleichliche Persönlichkeit von einer entzückenden Lebhaftigkeit des Geistes, Güte und Leutseligkeit."[24] „Sie ist wirklich sehr fähig und eine Frau von großer Begabung, aber sehr stark dem Herzog unterworfen."[25]

Damals stand Sophie die größte Krise, die als „Prinzenstreit" in die Geschichte einging, noch bevor. Mit allen diplomatischen Mitteln arbeitete Ernst August daran, für sein Land die Kurfürstenwürde zu erlangen, ein Ehrgeiz, den Sophie, die Kurfürstentochter, durchaus teilte. Eine der Grundvoraussetzungen dafür war allerdings die Einführung der Primogenitur, also des Erstgeburtsrechts, das alle weiteren Söhne von der Erbfolge ausschloss. Bislang erbten nach welfischem Hausrecht alle Söhne, was immer wieder neue Verhandlungen und Bestimmungen nötig gemacht hatte, um das Territorium zusammenzuhalten. In der Auseinandersetzung um die Primogenitur hatte Sophie von Anfang an die Partei der jüngeren Söhne ergriffen, auch

Seite aus einem Album mit getrockneten Pflanzen aus dem Besitz der Kurfürstin Sophie
Gottfried Wilhelm Leibniz Bibliothek – Niedersächsische Landesbibliothek: CIM 1/5007:1,Bl.123r

wenn sie diese zunächst zur Besonnenheit mahnte. Für die Interessen des zweiten Sohnes, Friedrich August, hatte Sophie selbst in zahlreichen Gesprächen aktiv Diplomatie gegen die Politik ihres Mannes getrieben. Von der Verschwörung Prinz Maximilian Wilhelms im Jahr 1691 gegen seinen Vater hatte sie zumindest gewusst, wenn auch vermutlich seine genauen Pläne nicht gekannt. Durch ihr Stillschweigen hatte sie sich des Landesverrats mitschuldig gemacht. Sie wurde vom Geheimen Rat verhört, durfte längere Zeit ihre Gemächer nicht verlassen und niemanden empfangen. „Aus Furcht, an allem meinem Kummer zu ersticken, habe ich mich durch diese Schrift bei Ihnen davon befreien wollen; denn es ist gegenwärtig ein Verbrechen, mit mir zu sprechen, und ich habe es nicht mündlich tun wollen aus Furcht, Ihnen zu schaden,“ [26] schloss Sophie den verzweifelten Brief, in dem sie sich im Februar 1692 an den hannoverschen Minister Albrecht Philipp von dem Bussche wandte, um ihn um Vermittlung bei ihrem Mann und ihrem ältesten Sohn zu bitten.

In diesem Brief entschuldigt sie ihr Vorgehen damit, dass sie „zuviel Liebe für meine jüngeren Söhne gehabt“ [27] habe und zieht sich damit auf eine persönliche Begründung ihres Handelns zurück. Hinter ihrem wiederholten energischen Eintreten für die Interessen der jüngeren Söhne dürften, wie erst jüngst überzeugend argumentiert wurde, aber auch religiös begründete Rechtsvorstellungen der „billigmäßigen Gleichheit“ [28] aller Söhne gestanden haben, wie sie in vergleichbaren Auseinandersetzungen seit dem späteren 16. Jahrhundert immer wieder vorgebracht wurden. Im Primogeniturstreit vertrat Sophie die alte Rechtsauffassung gegenüber der neuen, obwohl sie damit in scharfen Widerspruch gegen die Politik ihres Mannes trat.

Die tief empfundene Liebe, die Sophie für alle ihre Kinder hegte, ist aus vielen Stellen ihrer Korrespondenz belegt. Während ihre eigene Mutter „alle ihre Kinder fern von sich erziehen ließ, denn der Anblick ihrer Affen und ihrer Hunde war ihr angenehmer“, [29] erkannte Sophie rasch, dass „ich lieber mit ihnen wollte spillen als alhier die statuen besehen“, [30] wie sie von der Italienreise 1664 an die Erzieherin der in Heidelberg zurückgebliebenen ältesten Söhne schrieb. Nach eigenem Bekenntnis war sie „ein Narr mit meinen Kindern“ [31] Dabei sah sie sie durchaus klar in allen ihren Schwächen. So schrieb sie an ihren vertrauten Bruder: „Die Kinder sind

Kurfürstinwitwe Sophie

Andreas Scheitz
(1655–1735)

Öl auf Leinwand,
um 1701

Historisches Museum
Hannover

Zur Feier der Verkündung der englischen Thronfolge für das Haus Hannover ließ Kurfürstin Sophie diese Medaille prägen. Sie zeigt auf der einen Seite ihr Brustbild, auf der anderen Seite ein Phantasieporträt der englischen Prinzessin Mathilde, Frau Heinrichs des Löwen

Salomon (andere Lesart: Samuel) Lambelet (1663–1727), Silber, 1701

Historisches Museum Hannover

nichts als Zufallstreffer; es ist weder ihr Fehler noch der unsere, wenn sie nicht so werden, wie man es sich wünschte, und man liebt sie darum nicht weniger, ich liebe jedes von meinen nach seiner Art.“ [32] Umso bitterer, dass sie drei ihrer sechs Söhne auf den Kriegsschauplätzen Europas verlor. Übrigens als direkte Folge der Primogenitur-Regelung: Den nachgeborenen Söhnen, die kein Herrschaftsgebiet erbten und deshalb auch keine standesgemäße Ehe eingehen konnten, blieb als Option nur das Militär oder, in wesentlich geringerem Umfang, die Kirche. Am tiefsten aber traf Sophie der frühe Tod ihrer einzigen Tochter Anfang 1705. „Ich habe verloren, was meine größte Freude in dieser Welt war“, schrieb sie dazu und „meine ganze Philosophie dient mir doch zu nichts“, [33] um mit diesem Schicksalsschlag fertig zu werden.

Sophies Position am Hof stabilisierte sich nach der großen Krise des Prinzenstreits allmählich wieder. Ganz an seine Seite holte Ernst August sie jedoch erst in seinem letzten Lebensjahr zurück, als er, vermutlich nach mehreren Schlaganfällen zunächst gehbehindert, dann halbseitig gelähmt und unfähig, klar zu artikulieren, fast nur noch Sophie um sich haben wollte und den ganzen Tag nach ihrer Gesellschaft verlangte. Die Regierungsgeschäfte lagen zu dieser Zeit bereits in den Händen des Kronprinzen Georg Ludwig. Da er nach seiner Scheidung nicht mehr geheiratet hatte, übernahm Sophie auch am Hof ihres Sohnes die Rolle und Repräsentationspflichten der ersten Dame.

Zumindest bis zum Dilemma der Primogenitur-Frage hatten Ernst August und Sophie zielstrebig und mit großem Erfolg ein gemeinsames Ziel verfolgt: Status und Ruhm der Familie und des Hauses Hannover zu mehren. Dieser Anspruch fand sinnfälligen Ausdruck in den Bauprojekten des Herzogspaars. Das wohl repräsentativste darunter – der Ausbau des Großen Gartens in Herrenhausen – war zugleich eine Herzensangelegenheit Sophies. Den Umzug aus Osnabrück, wo sie im neuen Schloss „wie eine Königin logiert" hatte, bezahlte sie „um den Preis eines Gartens",[34] denn das Leineschloss in der Altstadt bot kein Zipfelchen Grün. Allein der Gedanke an Herrenhausen konnte sie „ein wenig trösten".[35] Dort hatte bereits Johann Friedrich einen Lustgarten angelegt.

Für Sophie konnte eine Residenz ohne Garten nicht als vollständig gelten. Als Mittel der Repräsentation war der Garten für sie mindestens ebenso wichtig wie die Architektur. Nicht umsonst schrieb sie 1713 an ihre Enkelin in Berlin: „Nur mit dem Herrenhäuser Garten können wir prunken."[36] Vor allem aber bedeutete ihr der Garten ein ständiges Glück. Schon während ihrer Italienreise in den Jahren 1664 und 1665 besichtigte sie begeistert die vielen Gärten in Rom und meinte: „wenn diese […] mir gehörten, würde ich mich wie im Paradies fühlen".[37] Und gerade in ihren letzten Jahren drückte sie immer wieder ihre Freude aus, noch „auf dem großen Rundgang um den Garten" spazieren zu können, „ohne müde zu werden".[38] Wenn sie sich einen Tod hätte wünschen können, dann sicher den, den sie schließlich starb: Beim Spaziergang in ihrem Garten, in den Armen ihrer geliebten Schwiegerenkelin Caroline.

Zwei unterschiedliche Vorbilder prägten Sophies Vorstellung von einem idealen Garten: Zum einen die holländischen Gärten ihrer Kindheit, umfriedete Rechtecke in der Tradition der Renaissancegärten, die oft von Wasserläufen umzogen waren und in ihrer symmetrischen Anlage typischerweise Zier- und Nutzgarten verbanden. Zum anderen die kunstvoll terrassierte Anlage des berühmten Hortus Palatinus, des Schlossgartens in Heidelberg, mit seinen Grotten und Skulpturen nach römischem Vorbild. Den stark von Wasserspielen und anderer Maschinerie geprägten Gärten von Versailles, „wo das Geld größere Wunder getan hat als die Natur",[39] konnte sie während ihrer großen Frankreichreise 1679 dagegen wenig abgewinnen.

Ihr Interesse galt nicht allein der Anlage und Architektur der Gärten, sondern den einzelnen Pflanzen. „Alle meines schönen Blumen, die ich mir aus Italien mitgebracht habe, sind erfroren",[40] schrieb sie im Winter 1667 traurig aus der Iburg. Später trieb sie gerade auch den Ausbau des Berggartens voran, wo mit der Anzucht von Kräutern und besonderen Pflanzen experimentiert wurde, und sie und ihre Tochter stellten oft Geld zum Ankauf seltener Gewächse zur Verfügung. Zu den besonderen Schätzen der Gottfried Wilhelm Leibniz Bibliothek gehört noch heute das Buch mit sorgfältig gepressten und beschrifteten Pflanzen aus Sophies Nachlass.

Wie haben wir uns Sophies Tagesablauf jenseits der repräsentativen Pflichten, der Besuche, Empfänge und Feste, Reisen und Jagden vorzustellen – und jenseits der Schwangerschaften, auf die sie offenbar nie die geringste Rücksicht nahm, wie etliche Bemerkungen in den Memoiren und Briefen belegen? „Ich spaziere alle dag ihm garten undt arbeite, das ist all mein Zeitvertreib,"[41] schrieb sie 1693 an eine ihrer Nichten. Die Arbeit, mit der Sophie und ihre Hofdamen vor allem beschäftigt waren, waren aufwändige Stickereien. Damit erfüllte sie die Erwartungen der Zeit an die standesgemäße Beschäftigung einer Fürstin: Die Stickkunst war wichtiger Bestandteil des Bildungskanons hochadeliger Damen. In den Worten des vielfach angefeindeten irischen Philosophen John Toland (1670–1722), der 1701 bei Sophie und bei ihrer Tochter in Berlin freundliche Aufnahme fand, war Sophie „eine sehr fleißige Arbeiterin. In dem Schlosse mag man sich hinwenden, wo man will, so findet man Spuren ihres Fleißes."[42] Er zählt Stuhlbezüge und Altarbehänge in der Schlosskapelle und im Kloster Loccum auf, „anderer tausend Beispiele ganz zu geschweigen". Und Toland fährt fort: „Sie geht so fest und gerade als die jüngste Dame […] Sie ist die größte […] Spaziergängerin, die mir jemals vorgekommen ist. […] Sie macht alle ihre Diener müde, die ihr dabei aufwarten, außer die, denen sie die Ehre erzeigt, sie in angenehmem Gespräche zu unterhalten."[43]

Einen guten und lebendigen Eindruck davon, was für eine geistreiche und spottlustige, witzige und wohl informierte Gesprächspartnerin Sophie gewesen sein muss, vermitteln ihre Briefe. Vermutlich verging kaum ein Tag, an dem Sophie nicht mindestens einen Brief schrieb, und dank glücklicher Umstände sind ihre Briefe in ungewöhnlichem, ja einzigartigem Umfang erhalten geblieben. Die meisten dieser Briefe schrieb Sophie ebenso wie ihre Memoiren, auf Französisch. Erhalten (und publiziert) sind alle Briefe Sophies an ihren Bruder,

Kurfürst Karl Ludwig von der Pfalz, von Sophies Hochzeit 1658 bis zu Karl Ludwigs Tod im Jahr 1680; seine Seite der Korrespondenz liegt immerhin ab 1674 vor. Erhalten (und publiziert) sind Sophies Briefe an ihre Nichten, die Töchter Karl Ludwigs aus zweiter Ehe seit 1680, eine große Zahl ihrer Briefe an ihre Enkelin Sophie Dorothea, die wie bereits ihre Tochter an den preußischen Hof verheiratet worden war, sowie der gesamte Briefwechsel Sophies mit Gottfried Wilhelm Leibniz seid 1680. Erhalten (und publiziert) sind alle Briefe von Sophies Nichte Liselotte, der Herzogin von Orléans, die einen Teil ihrer Kindheit am Hof in Hannover verbracht hatte und ihrer Tante aufs Engste verbunden blieb, aus der Zeit zwischen 1672 und 1714, und erhalten sind zahlreiche Einzelstücke und kleinere Konvolute aus Sophies Briefwechsel mit ihrem Gatten Ernst August, ihren Söhnen und verschiedenen hannoversche Diplomaten. Der schmerzhafteste Verlust – neben Sophies Seite der Korrespondenz mit Liselotte – ist der des Briefwechsels zwischen Sophie und ihrer Tochter. Dennoch bildet der umfangreiche Briefbestand einen der großen historischen und literarischen Schätze der zweiten Hälfte des 17. Jahrhunderts. Auch wenn Sophie in manchen Dingen (wie beispielsweise in Sachen Mätressen oder auch der Königsmarck-Affäre) äußerst diskret blieb, vermitteln ihre Briefe einen unvergleich-lichen und zugleich höchst unterhaltsam formulierten Einblick in das höfische Leben der Zeit.

In ihren Briefen wird Sophie auch für die heutigen Leser wieder lebendig, so, wie sie sich selbst sah bzw. wie sie gerne gesehen werden wollte. Schon als kleines Mädchen war sie stolz darauf gewesen, dass „meine Lustigkeit und meine Witze [den Leuten] Spaß machten“,[44] und noch an der Dreiundsiebzigjährigen beeindruckte den Beobachter, dass sie „sehr munter […] fröhlichen Geistes und lustigen Wesens“[45] war. Diese Munterkeit setzte sie auch als Schutzschild ein, wenn sie sich in ironischen Kommentaren von den strikten gesellschaftlichen Zwängen distanzierte, denen sie in ihrer Rolle als Fürstin unterworfen war. Ihr Ziel war größtmögliche Selbstbeherrschung in jeder widrigen Lage und bei allen Schicksalsschlägen. Zum Abschluss der großen Maskerade beim Karneval 1693 trug ihre Tochter Sophie Charlotte folgendes Huldigungsgedicht an ihre Mutter vor: „Du besitzt eine unbeschränkte Herrschaft über Dich selbst, und einen so starken Geist, dass er aus einem Übel ein Gut zu machen weiß.“[46]

Diese Huldigungsverse hatte der Philosoph, Mathematiker und Universalgelehrte Gottfried Wilhelm Leibniz verfasst, der in Hannover – mehr gegen seinen Willen und in Ermangelung eines lukrativen Angebots aus einer der Metropolen wie London oder Paris – seit 1676 als Bibliothekar und Hofhistoriograph beschäftigt war. Bereits Ernst Augusts Vorgänger, Herzog Johann Friedrich, hatte ihn nach Hannover geholt, und er behielt seine Anstellung auch unter Georg Ludwig und bis zu seinem Tod

1 Zitiert nach von Rohr 1980, S. 30.
2 Memoiren, Geerds 1913, S. 20.
3 Memoiren, Geerds 1913, S. 21.
4 Memoiren, Geerds 1913, S. 37.
5 Memoiren, Geerds 1913, S. 176.
6 Memoiren, Geerds 1913, S. 176.
7 Memoiren, Geerds 1913, S. 23.
8 Memoiren, Geerds 1913, S. 40, 41 und 42.
9 Memoiren, Geerds 1913, S. 41.
10 Memoiren, Geerds 1913, S. 42.
11 Memoiren, Geerds 1913, S. 44.
12 Memoiren, Geerds 1913, S. 50.
13 Memoiren, Geerds 1913, S. 51.
14 Memoiren, Geerds 1913, S. 55.
15 Memoiren, Geerds 1913, S. 37.
16 Memoiren, Geerds 1913, S. 59 f.
17 An Karl Ludwig im Februar 1659, s. Bodemann 1885, S. 9, im franz. Original zitiert bei Hegeler 2002 S. 163.
18 An Karl Ludwig im November 1659, s. Bodemann 1885, S. 21, im franz. Original zitiert bei Hegeler 2002 S. 163.
19 Memoiren, Geerds 1913, S. 71.
20 Memoiren, Geerds 1913, S. 109.
21 Memoiren, Geerds 1913, S. 111.
22 Memoiren, Geerds 1913, S. 33; s. auch Daniel 1997, S. 214.
23 Memoiren, Geerds 1913, S. 169.
24 So der Sekretär des britischen Botschafters Sir William Dutton Colt, Larrocque, im Jahr 1689; zitiert nach Schnath 1, S. 498.
25 So Sir William Dutton Colt, seit 1689 britischer Botschafter an den welfischen Höfen, im Jahr 1690; zitiert nach Schnath 1, S. 498 (dort in Englisch).
26 Brief vom 15.2.1692, zitiert nach Geerds 1913, S. 255. Der Brief auch abgedruckt in ZS des hist. Vereins für NS 1882, S. 155 f. und in Auszügen bei Daniel 1997, S. 217.
27 Brief vom 15.2.1692 an Albrecht Philip von dem Bussche, zitiert nach Geerds 1913, S. 254.
28 Zitiert nach Schwark 2001, S. 66. Der Begriff stammt noch aus dem 16. Jahrhundert, s. Fichtner 1989, S. 23.

1716. Leibniz wurde für Sophie das, was eine Fürstin nur selten fand: „ein vorbehaltloser Freund“.[47] Er war einer ihrer wichtigsten Gesprächspartner, und wenn er auf Forschungsreisen unterwegs war oder sich am Hof von Sophies Tochter Sophie Charlotte in Berlin aufhielt, setzten sie die Gespräche brieflich fort. Und er war nach dem Tod ihres Bruders, des Kurfürsten Karl Ludwig, wohl ihr wichtigster politischer Berater. Entscheidende Unterstützung fand sie bei ihm insbesondere, als es galt, durch Verhandlungen den Anspruch auf den britischen Thron zu sichern. Hier wurde Sophie nach dem Tod ihres Mannes selbst politisch aktiv, wenn auch nicht immer auf glückliche Weise oder mit dem gewünschten Erfolg.

In der Frage der britischen Sukzession hatte Ernst August erstaunlich wenig Ambitionen entwickelt – vielleicht auch deshalb, weil seine Frau ihn als Thronfolgerin der Stuarts an Rang überflügelte und er in Großbritannien quasi zum Prinzgemahl geworden wäre? Zuvor hatte Ernst August ehrgeizig und zielstrebig, mit diplomatischem Geschick, reichlich eingesetzten finanziellen Mitteln und innen- und familienpolitischer Härte den Kurhut für sein Haus erlangt. Sophies Freude darüber hielt sich nach der zermürbenden Auseinandersetzung um die Primogenitur in Grenzen; einem Gratulanten antwortete sie mit einem abgewandelten Zitat aus einer der beliebten Komödien Thomas Corneilles: „Ich betaste mich und betaste mich wieder und ich fühle unter dem schönen Hut denselben Teig wie zuvor“.[48] Den Titel „Electrice“, Kurfürstin, führte sie jedoch fortan in jeder Briefunterschrift. Die Tochter des verbannten ehemaligen Kurfürsten von der Pfalz war nun selbst zur Kurfürstin geworden. Den größten Aufstieg des Hauses, der selbst den Ruhm der Kurfürstenwürde weit in den Schatten stellte, bedeutete jedoch die Erlangung der britischen Königskrone. Dieses Erbe verdanken die hannoverschen Welfen Sophie und ihrer königlichen Abstammung aus dem Hause Stuart. Sie hatte Recht behalten: es gab „keine von höherer Geburt zu wählen“[49] als sie. Brautwahl und Heirat hatten sich einmal mehr als äußerst wichtiges Mittel der Politik bewährt.

Kinder

* Georg Ludwig, Kurfürst von Hannover (1660–1727), heiratet 1682 Sophie Dorothea von Braunschweig-Lüneburg, geschieden 1694
* Friedrich August (1661–1690)
* Maximilian Wilhelm (1666–1690). Ein Zwilling wurde tot geboren.
* Sophie Charlotte (1668–1705), heiratet 1684 Friedrich II., Kurfürst von Brandenburg, als Friedrich I. König von Preußen
* Karl Philipp (1669–1690)
* Christian Heinrich (1671–1703)
* Ernst August II., Bischof von Osnabrück, Herzog von York und Albany (1674–1728)

29 Sophie in ihren Memoiren, Geerds 1913, S. 12.
30 Sophie an Frau von Harling, 31.10.1664, zitiert nach Knoop 1964, S. 63.
31 Sophie an Herzog Rudolf August von Braunschweig-Wolfenbüttel im November 1685, Geerds 1913, S. 206.
32 An Kurfürst Karl Ludwig von der Pfalz, 19.9.1675; Bodemann 1885, S. 249.
33 In zwei Briefen an ihren Schwiegersohn, Friedrich I. von Preußen, und an Hans Kaspar von Bothmer, den hannoverschen Gesandten in Den Haag; Geerds 1913 S. 402 und 403.
34 Sophie an ihren Bruder im Januar und Februar 1680, Bodemann 1885, S. 403; zitiert nach Schnath 1962, S. 63.
35 Sophie an ihren Bruder im Januar und Februar 1680, Bodemann 1885, S. 410; zitiert nach Schnath 1962, S. 63.
36 Schnath 1927, Brief Nr. 373, S. 269; vgl. von Rohr 1980, S. 72.
37 Zitiert nach von Rohr 1980, S. 65.
38 Schnath 1927, Brief Nr. 402, S. 293, ähnlich auch Nr. 398 und zahlreiche weitere.
39 Zitiert nach von Rohr 1980, S. 70.
40 Zitiert nach von Rohr 1980, S. 66.
41 An Raugräfin Luise, Bodemann 1888, Nr. 106, S. 101.
42 John Toland, 1703, zitiert nach Schmidt 1903, S. 186 (dort in deutscher Übersetzung, ohne näheren Beleg), auszugsweise zitiert bei von Rohr 1980, S. 81.
43 Zitiert nach Schmidt 1903, S. 186 f.
44 Memoiren, Geerds 1913, S. 16.
45 John Toland, 1703, zitiert nach Schmidt 1903, S. 186.
46 Übersetzt bei von Rohr 1980, S. 44; dort ohne Beleg. Vgl. Knoop 1964, S. 152, ebenfalls ohne Beleg.
47 So Sophies Tochter Sophie Charlotte, in einem Brief an Leibniz, Juli 1703; zitiert nach Knoop 1964, S. 135.
48 „Je me tate et retate/Et sou se beau bonnet je sans la mesme pate“; Sophie an den Minister Otto Grote, Januar 1693; Schnath I, 1938, S. 785, vgl. Knoop 1964, S. 132.
49 Zitiert nach von Rohr 1980, S. 30.

Herzog Ernst Augusts vornehmstes Ziel:

Die Kurwürde für das Welfenhaus

Im Dezember 1692 war es soweit: Der hannoversche Kammerpräsident Otto Grote konnte für Herzog Ernst August in Wien den Kurhut entgegennehmen. Langjährige diplomatische Bemühungen und viele „Präsente und Spesen“[1] waren nötig gewesen, um dieses ehrgeizige Ziel zu erreichen, und es bedurfte weiterer sechzehn Jahre und enormer Ausgaben, um die tatsächliche Einführung von Ernst Augusts Nachfolger, Georg Ludwig, ins Kurkollegium durchzusetzen.

Das Kurkollegium war das mächtigste politische Gremium des Heiligen Römischen Reiches Deutscher Nation, der Kurfürstentitel der höchste nach dem Kaiser. Dieses nicht zu überbietende Prestige verdankte sich sowohl der Funktion der Kurfürsten als auch ihrer geringen und genau festgelegten Zahl.

Im Begriff „Kurfürst“ steckt das Wort „küren“. Die Kurfürsten waren diejenigen unter den Reichsfürsten, die den Kaiser wählten. Die Karolinger und ihre Nachfolger verstanden sich als die Nachfolger der römischen Kaiser, ihr Herrschaftsgebiet hieß bis 1806 „Heiliges Römisches Reich Deutscher Nation“. Im Früh- und Hochmittelalter mit seinen relativ häufigen Dynastiewechseln war das Römisch-Deutsche Reich eine Wahlmonarchie; der neue Herrscher musste sich von den Reichsfürsten wählen lassen. Ursprünglich waren alle Reichsfürsten wahlberechtigt gewesen, doch stand einem illustren Kreis von Vorwählern eine Vorentscheidung zu. Im Verlauf des 13. Jahrhunderts bildete sich aus diesem Kreis das Kurfürstenkollegium, dessen Zusammensetzung, Rechte und Pflichten in der „Goldenen Bulle" von 1356 durch Kaiser Karl IV. festgelegt wurden.

Die Kurfürsten wählten den Kaiser, und auch wenn die Kaiserwürde seit dem 15. Jahrhundert stets an das Haus Habsburg ging, blieb die Kaiserwahl eine Zeremonie von höchster Bedeutung. Die Kurfürsten nahmen die Wahl-Kapitulation des Kaisers an, also quasi seinen Amtseid, sich an die Reichsverfassung zu halten. Ihre Zustimmung war zur Einberufung des Reichstags nötig, und der Kurfürstenrat bildete vor dem Reichsfürstenrat und dem Städterat das wichtigste Gremium in dieser Versammlung. Entsprechend saßen die Kurfürsten dort herausgehoben auf erhöhtem Platz, wie sie auch im kaiserlichen Hofzeremoniell besondere Rechte genossen. Außerdem konnte sich der Kurfürstenrat außerhalb der Reichstage versammeln und kam regelmäßig einmal jährlich im Frühjahr zusammen, um mit dem Kaiser über Frieden und Landeswohlfahrt zu beraten. Ohne die Kurfürsten konnte der Kaiser das Reich nicht regieren, selbst wenn er sich ihre Uneinigkeit zunutze machen und sie entsprechend gegeneinander ausspielen konnte.

Über Jahrhunderte hinweg gab es sieben Kurfürsten. Eine ungerade Zahl musste es sein, damit das Abstimmungsergebnis der Wahl eindeutig ausfiel. Die Siebenzahl hatte jedoch auch vielfältige symbolische Bedeutung. Stark verkürzt lässt sich sagen: In der christlichen Zahlensymbolik des Mittelalters stand die Drei für die Dreifaltigkeit Gottes und dementsprechend für die nach Gottes Ebenbild geschaffene Seele des Menschen und für alle geistigen Dinge. Die Vier war die Zahl der Elemente und bezeichnete damit quasi das Fundament der Welt und alle materiellen Dinge. Die Sieben vereinte also Geistseele und Körper und konnte so als Symbol des Menschlichen gelten. Das Kurfürstenkollegium reflektierte diese Vorstellung, denn es bestand ebenfalls aus drei geistlichen und vier weltlichen Teilen bzw. Teilnehmern. Das Kollegium setzte sich zusammen aus den drei geistlichen Fürsterzbischöfen des Reiches, d. h. den Erzbischöfen von Mainz, Köln und Trier, sowie aus vier weltlichen Fürsten: dem Pfalzgrafen bei Rhein, dem Herzog von Sachsen, dem Markgrafen von Brandenburg und dem König von Böhmen. Der König von Böhmen war seit dem sechzehnten Jahrhundert ein Habsburger; der Kaiser gehörte also mit zum Kurfürstenkollegium, war aber wegen dieser Doppelfunktion über Jahrhunderte von dessen Beratungen ausgeschlossen.

Erst im Westfälischen Frieden, der 1648 den Dreißigjährigen Krieg beendete und die konfessionellen Verhältnisse im Reich stabilisierte, wurde die Siebenzahl aufgehoben und eine achte Kur eingerichtet. Dies war ein Kompromiss, der von vornherein nur bedingt tragfähig erschien. Die Ausgangslage war Folgende: Einer der Kurfürsten, Friedrich V. von der Pfalz (der Vater der Herzogin Sophie, Gemahlin Ernst Augusts von Braunschweig-Lüneburg), hatte sich kurz nach Ausbruch des Dreißigjährigen Krieges von der antihabsburgischen, protestantischen Fraktion zum König von Böhmen wählen lassen. Nachdem er vertrieben und mit Reichsacht belegt worden war, verlor er selbstverständlich nicht nur den

Der Reichstag in Regensburg

Unter den Kurfürsten, die um den Thron des Kaisers versammelt sind, hat seit 1692 auch Hannover Platz genommen. Sein Wappen an der Wand ist jedoch nicht vollständig (der Aufleger im Schild ist leer), denn die Kurwürde wurde erst 1708 endgültig anerkannt.
Kupferstich, zwischen 1692 und 1708
Historisches Museum Hannover

Königstitel, sondern auch die Kurwürde. Diese beanspruchte und erhielt nun sein Wittelsbacher Vetter, Herzog Maximilian I. von Bayern. Nach langen Verhandlungen beschlossen die Verhandlungspartner des Westfälischen Friedens, die bayerische Kurwürde zu erhalten, dem wieder eingesetzten Pfalzgrafen – Sophies Bruder Karl Ludwig – jedoch eine neue, achte Kur zu verleihen. Damit taten sich neue Konflikte, aber zugleich auch neue Möglichkeiten auf: Das Kollegium musste, um seine Wahlfunktion wahrnehmen zu können, eigentlich eine ungerade Zahl haben. Außerdem waren die Protestanten mit drei von acht Stimmen deutlich unterrepräsentiert. Darum war der Versuch des Kaisers, im Westfälischen Frieden eine neunte Kur für Österreich durchzusetzen, von vornherein zum Scheitern verurteilt. Die Lage spitzte sich noch zu, als 1685 mit dem Tod des Pfalzgrafen Karls II. – Sophies Neffen – die protestantische Linie Pfalz-Simmern ausstarb und vom katholischen Pfalz-Neuburger Zweig beerbt wurde. Nun gab es sogar nur noch zwei Protestanten im Kollegium: die Kurfürsten von Brandenburg und von Sachsen.

Bereits im Jahr 1672 hatte ein Welfe, Ernst Augusts Bruder Johann Friedrich, damals regierender Herzog im Fürstentum Calenberg, einen Vorstoß gemacht, eine neunte Kur für sich zu erlangen. Als Katholik waren seine Chancen darauf in der bestehenden Konstellation jedoch gering, zumal er sich der Unterstützung des französischen Königs Ludwigs XIV. und damit eines Feindes des Reiches hätte bedienen müssen, um sein Projekt durchzusetzen.

Sein Bruder Ernst August hatte dank des konfessionellen Ungleichgewichts die besseren Karten. Gottfried Wilhelm Leibniz, den bereits Johann Friedrich als Hofhistoriographen der Welfen eingestellt hatte, lieferte in zahlreichen Denkschriften die Argumente, indem er zum einen die große Bedeutung und die altehrwürdige Tradition des Welfenhauses betonte, zum anderen vorhandene Ängste mit dem Hinweis schürte, dass gerade die kirchlichen Kurfürsten am Rhein deutlich unter französischem Einfluss stünden. Die neunte Kur, so folgerte er, sei demnach eine reichspatriotische Notwendigkeit.

Schon kurz nach seinem Regierungsantritt in Hannover legte Ernst August das Fundament für seine späteren Verhandlungen. Die Hochzeit seines ältesten Sohnes Georg Ludwig mit Sophie Dorothea, der einzigen Tochter seines Bruders Georg Wilhelm, im Jahr 1682 stellte endgültig sicher, dass die beiden Landesteile, das Fürstentum Lüneburg und das Fürstentum Calenberg-Grubenhagen, zu einem mächtigen Territorium vereint werden würden. Damit diese Vereinigung dauerhaft bliebe, bestimmte Ernst August in einem am 31. Oktober 1682 unterzeichneten Testament die Primogenitur, d.h. also das Erstgeburtsrecht, das alle jüngeren Söhne von der Erbschaft ausschloss. Töchter waren im Welfenhaus ohnehin nicht erbberechtigt. Mit der Form des Testaments knüpfte Ernst August an die familiäre Tradition an, denn auch sein Vater, Herzog Georg, hatte testamentarisch über die Zukunft der Territorien befunden. Während er jedoch festgelegt hatte, dass die Teilung zwischen Lüneburg und Calenberg bestehen bleiben solle, stellte Ernst August die Weichen nun anders. Die Gesetzesänderung per Testament festzulegen, ermöglichte es ihm, sie zunächst geheim zu halten, bis er in mit großer Verschwiegenheit geführten Verhandlungen die nötige Zustimmung des Kaisers dazu

erlangt hatte. Seiner Familie und besonders den davon betroffenen jüngeren Söhnen eröffnete er diesen Schritt erst zwei Jahre später, als alle Regelungen bereits getroffen waren.
Die Einführung der Primogenitur war die rechtliche Grundvoraussetzung zur Erlangung der Kurfürstenwürde, denn bereits in der Goldenen Bulle war die Unteilbarkeit der Kurfürstentümer (die für die geistlichen unter ihnen, die Erzbistümer, ja ohnehin bestand) festgeschrieben.

Ebenfalls schon im Jahr 1682 hatte sich Ernst August der grundsätzlichen Unterstützung des Kurfürsten von Brandenburg für seine Pläne vergewissert. Dieses Bündnis wurde durch eine weitere Heirat befestigt: Im Herbst 1684 wurde die einzige Tochter Ernst Augusts, Sophie Charlotte, mit dem brandenburgischen Kurprinzen Friedrich vermählt. Der Kurfürst von Brandenburg war es denn auch, der die Debatte um die neunte Kur begann.

Im Jahr 1689 gingen die Verhandlungen, die Ernst Augusts Diplomaten führten, allen voran Franz Ernst Freiherr von Platen in Wien, in ihre entscheidende Phase. Dafür nahm Ernst August auch den Konflikt mit seinem Bruder Georg Wilhelm in Celle in Kauf, obwohl die beiden sich seit ihren Jugendtagen besonders nahe gestanden hatten. Georg Wilhelm fühlte sich zutiefst verletzt, dass die Kurwürde nicht an ihn als den älteren Bruder gehen sollte, wandte sich unter anderem an den englischen König Wilhelm III. um Unterstützung und machte den Bruderzwist öffentlich. Doch Ernst August ließ sich von familiären Rücksichten, sei es seinem Bruder, sei es seinen jüngeren Söhnen gegenüber, nicht von seinem Plan abhalten. Den Streit mit dem Vetter, Herzog Anton Ulrich von Braunschweig-Wolfenbüttel, hatte er ohnehin mit ins Kalkül genommen.

Auch außenpolitisch fuhr Ernst August – ähnlich wie vor ihm sein Vater, Herzog Georg von Calenberg – einen Kurs, der widersprüchlich und prinzipienlos erscheinen mochte, doch stets auf sein großes Ziel hin ausgerichtet war. So ließ er sich von Frankreich mit großen Summen unterstützen, schloss aber wenig später eine Allianz mit Kurbrandenburg, Kursachsen und Hessen-Kassel zu einem gemeinsamen Vorgehen gegen die französischen Truppen am Rhein. Sein starkes Heer benutzte Ernst August als Druckmittel, um sich abwechselnd Ludwig XIV. von Frankreich und Kaiser Leopold I. als Bündnispartner anzubieten. Er vergewisserte sich der Unterstützung der protestantischen Kurfürsten, denen daran gelegen war, die protestantische Position im Kurfürstenkollegium zu stärken, und bot doch in Geheimverhandlungen mit dem Kaiser an, auf das Bistum von Osnabrück zu verzichten und gar die Konfession zu wechseln und selber katholisch zu werden. Ob er dieses Angebot ernst meinte oder ob es nur ein weiteres Pfand in seinem Schachspiel bedeutete, ist bis heute umstritten.

Ein wichtiger Schritt, um die Kurwürde auf diplomatischem Wege erlangen zu können, war, fest bestallte Gesandte an die wichtigsten europäischen Höfe zu entsenden. Ihre Besoldung machte jedoch nur einen kleinen Teil dessen aus, was der Kurhut tatsächlich kostete. Dazu kam die Bezahlung der Truppen, mithilfe derer sich Ernst August als Bündnispartner unentbehrlich gemacht hatte. Letztlich diente auch die überaus glanzvolle Hofhaltung, die Hannover in ganz Europa ins Gespräch brachte, dazu, den Anspruch des Hauses zu unterstreichen. Und wie viele

„Präsente" und „Handsalben", wie Bestechungsgelder in der plastischen Sprache der Zeit genannt wurden, nötig waren, um den Weg zum Kurhut zu ebnen, wird sich auch bei sorgfältigster Forschung nicht mehr ermitteln lassen. Dazu kamen noch die offiziell ausgehandelten Zahlungen. Im „Kurtraktat", d. h. dem Vertrag mit dem Kaiser über die Kurwürde, der im März 1692 unterzeichnet wurde, verpflichtete sich Ernst August u. a. zur Zahlung von 500 000 Talern (inoffiziell vom Kaiser auf 500 000 Gulden und damit etwa zwei Drittel der Summe reduziert), um sich von der zuvor versprochenen Abtretung Osnabrücks freizukaufen, und dazu, zwei Jahre lang 60 000 Mann für den Ungarnfeldzug und anschließend 20 000 für die westlichen Kriegsschauplätze bereit zu stellen. Außerdem räumte er den Katholiken freie Religionsausübung im zukünftigen Kurfürstentum ein. Im Juni 1692 schrieb Liselotte von der Pfalz, Herzogin von Orléans, an ihre Tante Sophie: „Der ambassadeur von Venedig hat [...] gesagt, dass oncle ein million ahn keyßer geben hette, umb Churfürst zu werden. Mich deucht, dass oncle es hette sollen wolfeiller haben [...] ich habe es gar nicht geglaubt."[2] Und im Dezember: „[...] zudem so hette ich lieber mein gelt behalten und mich lustig mitt gemacht, als solches vielen plackscheißern met verlöff met verlöff zu geben [...]".[3]

Im Dezember 1692 wurde Ernst August vom Kaiser offiziell mit der Kurwürde belehnt. Der Widerstand der Reichsfürsten erhob sich danach umso mehr. So unterschiedliche Mächte wie Dänemark, Sachsen-Gotha, Hessen-Kassel oder Baden-Baden und noch etliche mehr schlossen sich, unter Führung des Herzogs Anton Ulrich von Braunschweig-Wolfenbüttel, im Bündnis der so genannten „Korrespondierenden" gegen Ernst August und gegen die Eigenmächtigkeit des Kaisers bei der Verleihung zusammen. Als Ernst August Anfang 1698 nach langer Krankheit starb, war sein Titel noch keineswegs allgemein anerkannt, was sich in den Kondolenzschreiben deutlich abzeichnete. Die Gegner der hannoverschen Kur behalfen sich dabei mit Bezeichnungen wie „Euer Liebden Herr Bruder zu Hannover" oder benutzten den Bischofstitel, um den Verstorbenen nicht als Kurfürst bezeichnen zu müssen.[4]

Die offizielle Anerkennung des Titels erfolgte erst mit der Einführung von Ernst Augusts Nachfolger Georg Ludwig in das Kurfürstenkollegium im Jahr 1708. Bis dahin waren noch intensive weitere Verhandlungen und selbstverständlich umfangreiche weitere „Handsalben" erforderlich. Schätzungen beziffern die Gesamtkosten der Kurwürde bis 1708 auf etwa 2,5 Millionen Taler. Der Jahresetat Kurhannovers lag im Durchschnitt bei 500 000 Talern. Sechs Jahre später war „Kurfürst" zum zweitwichtigsten Titel der hannoverschen Welfen degradiert, denn von nun an führten sie 123 Jahre lang den Titel der Könige von Großbritannien und Irland.

1 So ist eine Aufstellung des hannoverschen Gesandten in Wien, Johann Christoph von Limbach, über bis September 1692 in Wien getätigte Ausgaben überschrieben; Stieglitz 2001, S. 78.

2 Bodemann 1891, Nr. 135 (8. Juni 1692), S. 153.

3 Bodemann 1891, Nr. 155 (17. Dezember 1692), S. 173.

4 Zitiert nach Schnath II, 1976, S. 536.

Clara Elisabeth von Platen, geb. von Meysenbug

Diß Weib muss die Ambition zur Passion haben

Clara Elisabeths Vater war Hofmeister des Grafen von Waldeck in Hessen. So lag es nahe, dass sie Kammerjungfrau wurde. 1671 (nach anderer Überlieferung bereits 1668) trat sie in die Dienste der „Madame d'Osnabruc", wie Herzogin Sophie in Ermangelung eines offiziellen Titels als Frau des ersten protestantischen Bischofs von Osnabrück genannt wurde. Die Position als Kammerjungfrau sicherte Clara Elisabeths Versorgung und bot ihr die Chance zu sozialem Aufstieg und Karriere. Diese Chance ergriff sie gleich doppelt: als Ehefrau und als Mätresse.

1673 heiratete sie Franz Ernst Freiherr von Platen (1631–1709). Damit bewies sie einen sicheren Instinkt dafür, wo der zukünftige gesellschaftliche Erfolg lag. Der Jurist von Platen mochte zwar – zunächst – nur ein Freiherr sein, doch er war der kommende Mann am Hof Ernst Augusts, in dessen Dienste er 1659 getreten war. Er war Kammerrat und später Hofmarschall in Osnabrück. Als Ernst August 1680 die Regierung in Hannover antrat, wurde Platen dort ebenfalls sein Hofmarschall. Die obersten Regierungsaufgaben musste er zunächst mit dem Kammerpräsidenten Otto Grote teilen, doch schon 1687 stieg er zum Oberhofmarschall, nach dem Tod Grotes 1689 auch zum Ersten Minister auf. Im selben Jahr wurde er in den Reichsgrafenstand erhoben und erhielt zusätzlich den Namen von Hallermund, den er allerdings erst ab 1706 führen durfte. Auch als Unternehmer war von Platen überaus erfolgreich. Er erwarb beträchtlichen Grundbesitz und gründete auf seinen Ländereien mehrere Wirtschaftsbetriebe, darunter eine Leinewebersiedlung, eine Bierbrauerei sowie einen Kalkbruch mit Brennerei. 1682 erwarb er das sehr einträgliche braunschweig-lüneburgische Postlehen. In Hannover residierte die Familie mietfrei im Hofmarschallhaus in der Nähe des Leineschlosses. In Linden ließ er ab 1688 innerhalb weniger Jahre eine große Sommerresidenz mit Garten anlegen, die aufwändig ausgestattet war und seinem neuen Repräsentationsanspruch als Reichsgraf entsprach. Die von Platens waren die „famille régnante",[1] die erste Familie unter den Adeligen Hannovers. Zu ihrem Hauswesen gehörten im Jahr 1689 vierunddreißig Bedienstete, mehr als doppelt so viele wie in den anderen vornehmen Familien der Stadt.

Seinen steilen Aufstieg verdankte von Platen seinen Fähigkeiten und seinem diplomatischen Geschick, aber auch der Tatsache, dass er hinnahm, auf welche Weise seine Frau ihrerseits Karriere machte. Spätestens 1674 nämlich wurde Clara Elisabeth die Mätresse des Herzogs. Nicht belegt, aber nach gängiger Praxis durchaus denkbar ist auch, dass die Beziehung zum Herzog bereits früher begann und die Ehe mit dem ambitionierten Platen unter diesen Voraussetzungen arrangiert wurde. Der 1674 geborene Sohn aus dieser Ehe, der nach dem Dienstherren von Platens Ernst August getauft wurde, wird als Spross des Ehemanns betrachtet, die 1675 geborene Tochter dagegen galt allgemein als Kind des Herzogs. Georg I. erkannte sie offiziell als solche an, als er ihr 1722 bei ihrer Erhebung in den britischen Adelsstand ein Wappen verlieh, das

Herkules am Spinnrad
Szene aus dem Gemäldezyklus des Gartensaales im Platenschen Schloss in Linden

Giovanni Segala (1663–1720)
Öl auf Leinwand, vermutlich Venedig, um 1690/1700

Leihgabe aus Privatbesitz an das Historische Museum Hannover

Geb. 1648 in Schloss Eilhausen (Waldeck), gest. am 30. Januar 1700 in Hannover, 1673 Heirat mit Franz Ernst Freiherr (später Reichsgraf) von Platen

Ihre Edelsteine schillern in der öffentlichen Meinung mehr als an ihren Ohren

das Wappen des Hauses Braunschweig-Lüneburg enthielt, mit einem heraldischen Hinweis auf ihre außereheliche Zeugung. Pikanterweise hieß diese Tochter Sophie Charlotte und erhielt damit denselben Namen wie die einzige Tochter des Herzogspaares.

Im Übrigen gelang nicht nur Clara Elisabeth der soziale Aufstieg in Hannover, auch ihre Schwester Maria Katharina (1655–1723) reüssierte durch Einheirat in vornehme niedersächsische Adelskreise. Zuvor war sie höchstwahrscheinlich die Mätresse des jungen Thronfolgers Georg Ludwig gewesen.

Rasch erwies sich, dass Clara Elisabeth mehr war als nur eine weitere Dame im Reigen der Liebeleien des Herzogs. Sie wurde zur offiziell anerkannten „Maitresse en titre“ und vermochte diese Stellung auch bis zum Tod des Herzogs 1698 zu wahren. Bereits im Jahr 1681 berichtete der kaiserliche Gesandte, Graf von Berka, nach Wien, dass die Gräfin von Platen „den Herzog völlig goubernieret [regiert]“.[2] Und der französische Botschafter d'Arcy-Martel notierte, Clara Elisabeth habe „viel Macht über diesen Prinzen“, während er über Sophie urteilte, sie habe „keinerlei Einfluss auf ihren Gatten“.[3] Für die Diplomaten war die richtige Einschätzung der Sachlage entscheidend, führte der direkteste Weg zu einem jeden Landesherrn doch stets über die Dame seines Herzens. Für die stolze Herzogin war die Situation bitter, zumal sie sie, um die Fassade zu wahren, klaglos hinzunehmen hatte. Einfach war dies gewiss nicht, denn Madame Platen trat alles andere als bescheiden auf. 1685/86 genoss sie ihren Triumph, zum Gefolge zu gehören, das Ernst August auf seiner letzten, ausgedehnten Lustreise nach Italien begleitete. Sophie blieb unter

Clara Elisabeth von Platen
Martin Bernigeroth (1670–1733)
Kupferstich
Historisches Museum Hannover

diesen Umständen lieber zuhause. Und 1696 klagte sie in einem Brief an eine ihrer Nichten in der Pfalz: „Die Gräfin Platen hat eine Tour Perlen von 7 000 Talern hiesiges Geld gekauft, schöner als die meine, und kann Notre Dame de Lorette nicht besser mit Diamanten geschmückt sein.“[4]

Auch die Reaktion auf den Skandal um das Verschwinden Graf Königsmarcks, des Liebhabers der Kronprinzessin Sophie Dorothea, im Jahr 1694 ist bezeichnend dafür, wie groß der Einfluss der Gräfin Platen allgemein eingeschätzt wurde. Vielen, allen voran Sophie Dorothea selbst sowie der Schwester Königsmarcks, galt Clara Elisabeth sofort als Drahtzieherin des Mordanschlags. Nun war es selbstverständlich ungefährlicher, öffentlich die Mätresse zu verdächtigen als den Kurfürsten selbst (ohne dessen Billigung die Tat nicht möglich gewesen wäre), aber es fällt auf, dass Sophie in der öffentlichen Meinung keine wichtige Rolle in diesem Drama zugewiesen wurde.

Sophie, die sich wortgewandt zu allem und jedem zu äußern wusste, erwähnt die Gräfin Platen in ihren Memoiren überhaupt nicht und in ihren in großer Zahl erhaltenen Briefen auffallend selten. Nur vereinzelt lässt sie sich zu einer kleinen ironischen Bemerkung hinreißen: „[…] ihre Edelsteine schillern in der öffentlichen Meinung mehr als an ihren Ohren".[5] Man kann allerdings davon ausgehen, dass sie die Kommentare anderer – so spottete Sophies Lieblingssohn Friedrich August etwa, die überaus dicke Clara Elisabeth habe die „tallie dune Venus",[6] die Taille einer Venus – nur zu gern hörte. Erst nach dem Tod Ernst Augusts erwähnt sie die Gräfin häufiger in ihrer Korrespondenz. Clara Elisabeth konnte den Verlust Ernst Augusts, der sie in seinem letzten Lebensjahr kaum mehr um sich haben wollte, und vor allem den Verlust ihrer Einkünfte und ihrer Macht nicht verwinden und erlitt einen Zusammenbruch. Im Februar 1699 schrieb Sophie, die ihre ehemalige Rivalin nun regelmäßig besuchte, an ihre Nichte Luise: „Was aber elent zu sehen ist, ist die Grefin Platen, die zwemal convulsionen hatt gehatt undt ein art von schlag, daß der linke arm undt handt wi lam undt das rechte aug und munt gans verzogen." Und fuhr fort: „Im letzten konnte sie sich nicht schicken, war kein Meister von ihrer Ambition."[7] Was hier so abgeklärt klingt, ist aus dem Mund der stets beherrschten und auf Haltung bedachten Sophie ein überaus scharfes Urteil. Sophies Nichte Liselotte von der Pfalz, die Herzogin von Orléans, formulierte ähnlich: „[…] diß Weib muß die ambition zur passion haben, undt wer das hatt, den kann nichts vergnügen als das regiren".[8]

Wie sah Franz Ernst von Platen, der „mari complaisant" seine Rolle in diesem Arrangement? Äußerungen seinerseits dazu gibt es nicht, war doch gerade seine stillschweigende Duldung Voraussetzung. Eine kleine These sei hier jedoch erlaubt: Möglicherweise nutzte er die Ausstattung seines Schlosses in Linden zu einem ironischen Kommentar. Für den Gartensaal erwarb er einen Zyklus von Gemälden, der antike Helden und ihre Herrschertugenden zum Thema hat. Indem er ein Bildthema wählte, das selbst dem Herzog angemessen gewesen wäre, unterstrich er seinen Rang als Reichsgraf. Es fällt jedoch auf, dass er dabei gleich mehrfach Szenen wählte, in denen der Held sich durch seine Großmut gegenüber Frauen auszeichnet. Typisch hierfür ist die „Enthaltsamkeit des Scipio", der darauf verzichtete, eine Frau, die ihm als Kriegsbeute zustand, in Besitz zu nehmen, und sie ihrem Verlobten überließ. Und dazwischen schiebt sich die Szene des Helden Herkules, der der Königin Omphale, die auch seine Geliebte war, drei Jahre als Sklave dienen und dabei Frauenkleider tragen und Frauenarbeit verrichten musste. Diese Szene kann als Illustration der tugendhaften Demut des Herkules gelesen werden. Nicht selten dient die Darstellung des Rollentauschs jedoch auch als spöttischer Kommentar auf Herkules, der sich durch seine Leidenschaft abhängig gemacht habe. Sah von Platen sich etwa in der Rolle des Scipio, den Herzog in der des Herkules?

Kinder

Mit Franz Ernst Freiherr von Platen:

- ∗ Ernst August (1674–1726), geht 1714 als Oberkammerherr im Gefolge Georgs I. nach London, heiratet 1697 Sophie Karoline von Offeln (vor 1714 getrennt)

Mit Ernst August Herzog von Braunschweig-Lüneburg:

- ∗ Sophie Charlotte (1675–1725), Gräfin von Leinster (1721), Gräfin von Darlington (1722), heiratet 1701 Johann Adolf Freiherr von Kielmansegg

1 Zitiert nach Lampe 1963, S. 176.
2 Schnath I, 1938, S. 175.
3 „Beyucoup de pouvoir sur l'esprit de ce prince" und „aucun credit sur l'esprit de son mari"; zitiert nach Hegeler 2002, S. 167.
4 Gemeint ist die Wallfahrtsmadonna in der Santa Casa in Loreto, die Sophie auf ihrer Italienreise 1664 selbst gesehen hatte. Zitat aus dem Brief an die Raugräfin Luise von der Pfalz vom 12.2.1696, Bodemann 1888, S. 132, hier zitiert in sprachlich leicht bereinigter Form nach Lampe 1963, S. 176.
5 „ses pierreries brilloient plus dans les gazettes que dans ses oreilles"; im Dezember 1676 an Karl Ludwig; Bodemann 1885, Nr. 289, S. 284.
6 Friedrich August an seine Mutter, undatiert, wahrscheinlich 1690, Wendland 1937, S. 30.
7 An die Raugräfin Luise, Bodemann 1888, Nr. 198, S. 189.
8 In einem Brief vom März 1699 an Sophie, Bodemann 1891, Nr. 376, S. 360.

Kurfürstin von Brandenburg (seit 1688), Königin in Preußen (seit 1701)

Geb. am 12. Oktober 1668 auf der Iburg, gest. am 1. Februar 1705 in Hannover

1684 Heirat mit Kurprinz Friedrich von Brandenburg (Kurfürst Friedrich III., als Friedrich I. seit 1701 König in Preußen)

Man admiriret ihren scharfen und geschwinden Geist

Sophie Charlotte von Braunschweig-Lüneburg

„Was Figuelotte betrifft […] Sie kann noch nicht einmal lesen, liebt es aber sehr, ihre Würde zu zeigen und die große Dame zu spielen – gerade so wie die Katze, wenn sie die Mäuse sieht. Denn sobald sie ihre Brüder vor sich hat, möchte sie alles genauso machen wie sie […].“[1] So beschrieb Herzogin Sophie liebevoll-amüsiert ihre fünfjährige Tochter, die alle Figuelotte nannten. Tatsächlich wurde Sophie Charlotte, die einzige Tochter unter lauter Söhnen, schon aus pragmatischen Gründen in vielen Fächern gemeinsam mit ihren Brüdern unterrichtet.

Nach der Geburt ihres jüngsten Sohnes im Jahr 1674, bei der sie beinahe gestorben wäre, schrieb Sophie, sie „finde [ihn] sehr schön […] (auch wenn ich lieber eine Tochter gehabt hätte).“[2] Andererseits meinte sie bitter: „Es gibt in Deutschland nichts unglücklicheres als Töchter aus gutem Hause, denn sie haben kein Geld, nicht einmal die Fürstentöchter, die man in der Regel dem Erstbesten gibt, der ihre Hand verlangt.“[3] Sie nannte zwei Beispiele aus der engeren Verwandtschaft, eine Fürstin, die als junge Witwe völlig verarmt dastand und eine weitere, die ihr Mann mit Syphillis infiziert hatte, weswegen sie nur tote Kinder gebar (und damit ihre wichtigste Aufgabe nicht erfüllen konnte), und fuhr fort: „Ich danke Gott dafür, dass ich nur eine einzige Tochter habe, denn die Männer sind in Deutschland sehr im Vorteil gegenüber unserem Geschlecht.“[4]

Das hinderte Sophie jedoch keineswegs daran, sich bei den Heiratsplänen, die sie für Sophie Charlotte schmiedete, allein von politischen und dynastischen Gesichtspunkten leiten zu lassen. Ihre große Reise nach Frankreich im September 1679 unternahm Sophie vor allem deshalb, um einer möglichen Verlobung ihrer zwölfjährigen Tochter – die sie selbstverständlich begleitete – mit dem französischen Kronprinzen den Weg zu ebnen. Ohne Erfolg allerdings: Auch wenn sich Ludwig XIV. ausgesprochen liebenswürdig gegenüber Sophie zeigte, scheiterten diese Hochzeitspläne ebenso wie der neuerliche Versuch vier Jahre später, Sophie Charlotte mit dem mittlerweile zum zweiten Mal verwitweten, dreißig Jahre älteren französischen König selbst zu verheiraten. Diesen Vorstoß unternahm man, obgleich Herzog Ernst August im Begriff stand, in den Krieg gegen Frankreich einzutreten, und entgegen der Warnung von Sophies Nichte Liselotte von der Pfalz. Als Herzogin von Orléans wusste sie, wovon sie sprach, wenn sie meinte: „Der platz ist von großem Rang und eclat; aber unter unß geredt, ich weiß

Sophie Charlotte
von Braunschweig-
Lüneburg

Staatsporträt anlässlich der Krönung zur Königin in Preußen

Friedrich Wilhelm Weidemann (1668–1750)
Öl auf Leinwand, 1701

Hessische Hausstiftung, Schloss Friedrichshof

Sophie Charlotte und Leibniz im Park von Lietzenburg/ Charlottenburg

Johann Philipp Albert Vogel (1814-1886) nach Adolph Menzel (1815–1905) Holzsstich, 1846

Historisches Museum Hannover

nicht, ob man ahm glücklichsten darinen lebet".[5] Sophie Charlotte selbst meinte dazu übrigens, dass sie sich wohl in jedem Fall „zwingen"[6] müsse, egal wohin die Ehe sie führe, und dass der französische Thron aller Mühen wert wäre.

Die Konfession spielte ganz offensichtlich im Kalkül des Herzogspaares für seine Tochter keine Rolle: Neben einer Ehe mit dem katholischen Dauphin und später dem König von Frankreich erwog man auch, Sophie Charlotte mit dem ebenfalls katholischen Kurfürsten Max Emmanuel von Bayern zu verheiraten. Sophie hatte extra dafür gesorgt, dass ihre Tochter zwar im Glauben, aber nicht in einer bestimmten Konfession erzogen wurde, um diesbezüglich alle Möglichkeiten offen zu halten.

Schließlich heiratete Sophie Charlotte aber doch einen Protestanten, und zwar den kurz zuvor verwitweten Kurprinzen von Brandenburg, der als Friedrich III. 1688 Kurfürst von Brandenburg, als Friedrich I. 1701 König in Preußen wurde. Die Verhandlungen dazu waren parallel mit denjenigen in Frankreich geführt worden. Mit der Verheiratung der Tochter nach Berlin war die Hoffnung verknüpft, Brandenburg werde Ernst Augusts Bemühungen um die Kurwürde tatkräftig unterstützen. Vor der Hochzeit wurde Sophie Charlotte noch für ein Jahr nach Frankreich geschickt, um ihrer Erziehung den letzten Schliff zu verleihen, war der französische Hof zu dieser Zeit doch unerreichtes Vorbild aller absolutistischen Fürstenhöfe. Dieser Bildungsaufenthalt bildete quasi eine weibliche Variante der Kavaliersreise, die man fürstlichen Söhnen zu ermöglichen pflegte. Eine Pariser Zeitschrift lieferte damals folgende Beschreibung der jungen Prinzessin: „Sie hat einen wunderschönen Hals und die zarteste Haut, die man sich vorstellen kann, große, sanfte blaue Augen, eine Fülle schwarzen Haares, [...] Sie ist sehr geistreich und von einer reizvollen Sanftheit."[7]

Die Betonung der „Sanftheit" Sophie Charlottes mag dem Klischeebild geschuldet sein, dem man mit diesem Lob entsprechen wollte, denn die Prinzessin hatte nicht nur den klaren Blick ihrer Mutter auf die Dinge, sondern durchaus auch deren spitze Zunge geerbt und ebenso die Fähigkeit, geschliffen und pointiert zu formulieren. Allerdings war sie auch genauso beherrscht und kontrolliert wie ihre Mutter, die ihrer Hoffnung Ausdruck verlieh, Sophie Charlotte werde in Berlin „die hannoversche mode in gewonheit bringen, da man von keinen intriguen weiß."[8] Und „geistreich" war Sophie Charlotte gewiss in weit größerem Maß als dem anonymen Pariser Autor bewusst war: Ihre Position als Kurfürstin von Brandenburg und Königin von Preußen nützte die Intellektuelle später äußerst fruchtbar, um die Wissenschaften, insbesondere Theologie und Philosophie, zu fördern.

Zunächst jedoch wurde Anfang Oktober 1684 in Herrenhausen die Hochzeit des Paares gefeiert, weitere Feste in Berlin folgten. Die Hochzeitskleider wurden nach der allerneuesten Mode geschneidert, außerdem ließ Ernst August eine aufwändige neue Staatskarosse anfertigen, die auch im ausführlichen Bericht des „Mercure galant" – des Journals, das das gesamte fürstliche Europa las – entsprechend gewürdigt wurde. Den veranschlagten Preis von 28 000 Talern für das geplante neue Brautbett mochte er allerdings dann doch nicht bezahlen. So erhielt Sophie Charlotte das Brautbett ihrer Schwägerin Sophie Dorothea, das noch nie benutzt worden war, weil es zu ihrer Hochzeit vor zwei Jahren nicht rechtzeitig fertiggestellt worden war.

„Sie waren einst traurig, als Sie von hier schieden, aber es ist doch alles gut geworden! [...] Sie hätten es in Bayern nie so gut gehabt und auch als Gemahlin des Dauphins nicht,"[9] schrieb Sophie vier Jahre später an ihre Tochter. Sie spielte damit aber wohl eher auf den Rang und Status Sophie Charlottes an als auf den Stand dieser Ehe, denn die Ehepartner hatten ein reichlich distanziertes Verhältnis. Friedrich legte vor allem Wert auf standesgemäße Repräsentation und die strikte Befolgung der steifen Hofetikette, während Sophie Charlotte ein tiefes Interesse für und Bedürfnis nach Philosophie, Wissenschaft und den schönen Künsten hatte. Im kleinen, elitären Kreis ihres „Salons" verzichtete sie bewusst auf jedes Zeremoniell und verkehrte auf vertrautem Fuß und nicht aus der Distanz einer Kurfürstin und Königin mit den entsprechenden Wissenschaftlern. 1699 konnte sie ihre neue Sommerresidenz, Schloss Lietzenburg vor den Toren Berlins, beziehen – nach ihrem Tod in Charlottenburg umbenannt. Dort pflegte sie einen wahren Musenhof. Hier verkehrten so unterschiedliche Geister wie John Toland (ein irischer Freidenker, der sich wegen seiner rationalistischen Bibelkritik mit der anglikanischen Kirche überworfen hatte), mehrere aus Frankreich vertriebene hugenottische Prediger sowie ein Jesuitenpater, der Beichtvater des verstorbenen polnischen Königs gewesen war. Sophie Charlotte war es, die die lebhaften Streitgespräche in diesem bunt gemischten Gesprächskreis provozierte und in Gang hielt. Ihr weitaus wichtigster Gesprächspartner aber war der Universalgelehrte Gottfried Wilhelm Leibniz, der sich zu ausgedehnten Besuchen in Lietzenburg aufhielt, so oft und so lange er in Hannover abkömmlich war. Sein religionsphilosophisches Hauptwerk, die „Essais de Théodicée", entwickelte er in wesentlichen Teilen in Gesprächen mit Sophie Charlotte, die ihn auch zur Niederschrift aufforderte. Außerdem unterstützte Sophie Charlotte mit ihrer Fürsprache beim Kurfürsten eines der Lieblingsprojekte des Gelehrten: 1700 stimmte Friedrich III. der Gründung der Berliner Akademie der Wissenschaften nach britischem und französischem Vorbild zu.

John Toland notierte über Sophie Charlotte: „Man admiriret sowohl ihren scharfen und geschwinden Geist, als ihre gründliche Wissenschaft, so sie in den schwersten Stücken der Weltweisheit erlangt hat." Und fuhr fort: „[…] dass man sie in ganz Deutschland nur die republikanische Königin zu nennen pfleget, oder die es nicht mit der absoluten, unbeschränkten Monarchie hält."[10] Sophie Charlottes Enkel Friedrich II. („der Große") resümierte in seinen „Denkwürdigkeiten des Hauses Brandenburg", Sophie Charlotte sei „eine Fürstin von hervorragendem Verdienst" gewesen, die die „Kenntnisse eines Gelehrten" besessen und „alle Reize ihres Geschlechtes mit geistiger Anmut und aufgeklärtem Verstand" verbunden habe. Wenn er sich, im krassen Kontrast zu seinem Vater, als „Roi philosophe" stilisierte, so diente ihm dabei seine Großmutter als eines seiner Vorbilder.

Die es nicht mit der absoluten, unbeschränkten Monarchie hält

Im Januar 1705 starb Sophie Charlotte, erst siebenunddreißigjährig, nach kurzer Krankheit während einer winterlichen Reise nach Hannover. Ihr ältester Bruder Georg, den viele Beobachter doch gerne als kalten Fisch beschrieben, war außer sich vor Trauer und zog sich für fünf Tage in seine Gemächer zurück. Und ihre Mutter Sophie klagte, sie wäre „lieber selber gestorben"[11] und: „Ich habe verloren, was meine größte Freude in dieser Welt war."[12]

Kinder

* Friedrich August (1685–1686)
* Ein tot geborener Sohn (1686?)
* Friedrich Wilhelm I., König von Preußen (1688–1740), heiratet 1706 Sophie Dorothea von Braunschweig-Lüneburg

1 Sophie an ihren Bruder im Dezember 1673, s. Bodemann 1885, Nr. 179, S. 169, hier zitiert in der deutschen Übersetzung von Susanne Tauss, Tauss 2006, S. 78.
2 Sophie an ihren Bruder im September 1674, s. Bodemann 1885, Nr. 215, S. 206, hier zitiert in der deutschen Übersetzung von Susanne Tauss, Tauss 2006, S. 47.
3 Sophie an ihren Bruder im November 1675, s. Bodemann 1885, Nr. 265, S. 256, hier zitiert in der deutschen Übersetzung von Susanne Tauss, Tauss 2006, S. 42.
4 Wie Anm. 3.
5 Liselotte an Sophie, August 1683, zitiert nach Knoop 1964, S. 112.
6 Zitiert nach Knoop 1964, S. 113, dort ohne Beleg.
7 Zitiert nach Tauss 2006, S. 80, dort ohne Beleg.
8 Sophie an Frau von Harling, die Erzieherin Sophie Charlottes, im Dezember 1684, zitiert nach Knoop 1964, S. 115.
9 Sophie an Sophie Charlotte, Mai 1688, Schnath 1927, Nr. 10, S. 9.
10 Zitiert nach ADB 34, 1892, S. 682.
11 An Friedrich I. von Preußen, 2. Februar 1705, s. Geerds 1913, S. 401.
12 An Friedrich I. von Preußen, 11. Februar 1705, s. Geerds 1913, S. 402.

Bischof von Osnabrück (1715), Herzog von York und Albany (1716)

Geb. am 7. September 1674 in Osnabrück,

gest. am 4. August 1728 in Osnabrück.

Das jüngste meiner Kinder, und das umgänglichste

Ernst August II.

Er ist „das jüngste meiner Kinder, und das umgänglichste [le plus commode]",[1] bemerkte Sophie von der Pfalz im Herbst 1677 in einem Brief an ihren Bruder. „Commode" – angenehm im Umgang, unkompliziert – blieb der Sohn Ernst August auch später. Der jüngste der Söhne, weit entfernt von jeder Machtposition, war als Einziger der Brüder gänzlich unbeteiligt am so genannten „Prinzenstreit", in dem die älteren die Primogeniturregelung anfochten. Effizient und unauffällig erfüllte er seine Repräsentationsaufgaben am hannoverschen Hof. Seine militärischen Pflichten, denen er als Herzogssohn nicht ausweichen konnte, erfüllte er mutig und ohne Murren, ohne jedoch eine Karriere bei der Armee anzustreben. Sein politisches Format und sein reformerisches Engagement konnte er erst unter Beweis stellen, nachdem er 1715 zum Bischof von Osnabrück ernannt wurde.

Im September 1674 schrieb Sophie von der Pfalz an ihren vertrauten Bruder, den Kurfürsten Karl Ludwig: „Ich bin zu entschuldigen, Euch nicht geschrieben zu haben, denn ich hatte sehr wichtige Geschäfte zu erledigen, die mich das Leben hätten kosten können […] ich habe einen Jungen zur Welt gebracht, über den ich mich nicht beklagen kann […] ich finde den letztgeborenen sehr schön."[2]

Ernst August wuchs in Osnabrück und Hannover auf. 1687 wurde er zusammen mit seinem drei Jahre älteren Bruder Christian Heinrich auf Kavaliersreise geschickt. Mehrere Monate hielten die beiden sich auch am Hof von Versailles und bei ihrer pfälzischen Cousine Liselotte, der Herzogin von Orléans, auf. Dabei stellte vor allem Ernst August seine besondere Begabung zu geistreicher Konversation unter Beweis. Liselotte berichtete in ihren regelmäßigen Briefen an Sophie von der Pfalz: „[die Brüder] seint beyde so raisonabel als wenn sie 30 jahr alt weren, und doch dabey lustig, von guttem Humor und gutter geselschaft", wobei Ernst August sich mehr auf „die plaisanterie" verstehe".[3] Christians Pech sei, so notierte sie, „dass sein brudergen so viel vivacität hatt, denn wenn [er] was sagen wollen und auff etwas gedencken, hatt es Printz Ernst Augustien schon ertapt und herausgesagt".[4]

Einige Jahre später antwortete sie offenbar auf eine entsprechende Bemerkung Sophies: „Dass er noch ein jungfer soll sein, kann ich schwerlich glauben, denn man sieht wenig mannsleutte in der welt, so nicht weiber oder männer lieben."[5] Im Falle Ernst Augusts waren es, wie Liselotte hier in für sie ungewohnter Zurückhaltung anzudeuten scheint, wohl eher Männer. Doch war er äußerst diskret; der

Ernst August II., Herzog von York

Schabkunstblatt, um 1710

Historisches Museum Hannover

Hofklatsch wusste noch nicht einmal Gerüchte zu verbreiten. Der ausführliche Briefwechsel zwischen Ernst August und einem befreundeten Offizier, Johann Franz Diedrich von Wendt, aus den Jahren 1703 bis 1726, lässt keine eindeutigen Rückschlüsse zu, belegt jedoch die anderen Beobachtungen Liselottes: Ernst August zeigt sich hier als kluger, scharfzüngiger und wortgewandter Beobachter.

Von Wendt hatte er bei einem seiner militärischen Einsätze kennen gelernt. 1693, 1702 und 1708 kämpfte er an der Seite seines Bruders Georg Ludwig. Mit Führungsaufgaben wurde er dabei nicht betraut. Seine gesellschaftlichen Pflichten am Hof in Herrenhausen erfüllte Ernst August dagegen mit Bravour. Sein besonderes Interesse galt der Musik, und offenbar war er es, der erste Kontakte zu Georg Friedrich Händel herstellte. 1709 bot Georg Ludwig dem Komponisten eine Stelle am Hof in Hannover. Bald jedoch zog Händel – dem hannoverschen Hof um mehrere Jahre voraus – nach London, wo er die Oper zu neuer Blüte führte.

Ernst Augusts Rolle änderte sich quasi über Nacht, nachdem sein älterer Bruder Georg Ludwig 1714 zum König von Großbritannien gekrönt wurde. Ernst August blieb als wichtigster erwachsener Vertreter der Herzogsfamilie in Hannover, gemeinsam mit seinem siebenjährigen Großneffen Friedrich Ludwig, dem Sohn des Thronfolgers und ranghöchsten Repräsentanten des Hauses im Mutterland. Im Jahr darauf trat Ernst August das Amt des Bischofs von Osnabrück an.

In Osnabrück regierte gemäß den Bestimmungen des Westfälischen Friedens jeweils abwechselnd ein katholischer Bischof und ein protestantischer Bischof aus dem Hause Braunschweig-Lüneburg. Als 1715 der Erbfall eintrat, bemühte sich auch der inzwischen zum katholischen Glauben konvertierte dritte Bruder Maximilian Wilhelm um das Bischofsamt. Dazu hatte er sich päpstlicher Unterstützung versichert, scheiterte jedoch sowohl am Widerstand des Domkapitels als auch und vor allem dem Georgs I., der die Bischofswürde auf jeden Fall seinem jüngsten Bruder, dem einzigen, dem er nach dem Prinzenstreit vertraute, übergeben wollte.

Mit dem Domkapitel stand Ernst August in seiner zwölfjährigen Amtszeit in ständigem Konflikt, da er sich (erfolglos) bemühte, die ausgedehnte Gerichtsbarkeit des Domkapitels wieder auf kirchliche Belange einzuschränken. Im Sinne eines aufgeklärten, reformerischen Absolutismus setzte sich Ernst August auf vielfältige Weise für das Wohl seines Landes ein. Am wirksamsten war seine Förderung der einheimischen Kohle-, Erz- und Salzgewinnung; letztere fand sogar in dem Nachruf Erwähnung, die das „London Journal" 1728 druckte.

In Großbritannien hatte Georg I. seinem jüngsten Bruder 1716 die Herzogstitel von York und Albany verliehen, die ihm Sitz und Stimme im britischen Oberhaus verliehen.

1 Sophie an ihren Bruder am 21.10.1677, zitiert nach Bodemann 1885, S. 307.
2 Sophie an ihren Bruder am 26.9.1674, zitiert nach Tauss 2006, S. 47.
3 Liselotte an Sophie am 26.9.1688, zitiert nach Kielmansegg 1902, S. 8.
4 Liselotte an Sophie am 19.7.1687, zitiert nach Kielmansegg 1902, S. 7.
5 Liselotte an Sophie am 15.9.1701, zitiert nach Kielmansegg 1902, S. 9.

Die jüngeren Söhne und der

Prinzenstreit

Sechs Söhne hatte das Herzogspaar Ernst August und Sophie, sechs Söhne und eine Tochter. Zahlreiche Kinder zu haben, war wichtig, um den Fortbestand des Hauses zu sichern – selbst wenn man der jüngste Sohn des Hauses und damit in der Erbfolge deutlich nachgeordnet war. Tatsächlich war es der älteste Sohn des Paares, Georg Ludwig, der später an der Spitze des Hauses Braunschweig-Lüneburg stand, dessen beide Teile durch seine Heirat vereinte und schließlich, als Erbe seiner Mutter, gar die Krone Englands erlangte.

Zahlreiche Kinder, Söhne zumal, bedeuteten aber auch Sorgen um deren Versorgung. Die Tochter konnte verheiratet werden; damit war sogar Politik zu machen, wie die Ehe der Tochter Sophie Charlotte mit dem Kurprinzen von Brandenburg illustriert. Aber was sollte aus den Söhnen werden, die kein Territorium erben konnten? Ihnen blieb als Laufbahn nur das Militär mit all seinen Risiken oder die Kirche. Wirkliche Karriere allerdings war nur in der katholischen Kirche zu machen, als reichsfreier Abt oder Bischof etwa, der als Landesherr regierte und im Reichstag saß. Dass Ernst August und später sein jüngster Sohn Ernst August II. als Protestanten ein Bistum regieren konnten, ist allein der Sonderregelung des Westfälischen Frieden zu verdanken, der für das Bistum Osnabrück eine alternierende Besetzung mit einem Katholiken und einem welfischen Protestanten bestimmte. Als protestantische Bischöfe nahmen die Welfen eine einzigartige Position im Reich ein. Vererben aber ließen sich dieses Amt und Territorium nicht.

Kein Wunder also, dass Sophie Anfang 1680 den Tod ihres Schwagers Johann Friedrich, den sie auf distanzierte Weise durchaus geschätzt hatte, kommentierte mit: „Nun sind meine Kinder in Sicherheit." [1] Nachdem Ernst August seinen Bruder beerbt und das Fürstentum Calenberg-Grubenhagen übernommen hatte, bestand z. B. die Möglichkeit, die jüngeren Söhne mit kleineren Herrschaftsbereichen, Schlössern und Ämtern zu versorgen, wie das im 16. Jahrhundert mehrfach geschehen war. Der Zweitälteste, Friedrich August (1661–1690), konnte sich sogar berechtigte Hoffnungen auf einen ganzen Landesteil machen. Schließlich sollten Ernst August bzw. seine Nachkommen auch das Fürstentum Lüneburg erben, und sein Großvater, Georg von Calenberg, hatte 1641 testamentarisch festgelegt, dass die beiden Landesteile Lüneburg und Calenberg getrennt regiert werden sollten, solange zwei männliche Erben zur Verfügung stünden. Tatsächlich hatten seit 1648, also seit über dreißig Jahren, stets ein Bruder in Celle und ein anderer in Hannover regiert.

Aber Ernst August dachte als moderner Staatsmann, der keine Probleme hatte, mit der Tradition zu brechen, sofern sie seine Pläne behinderte. Sein wichtigster Plan war die Erlangung der Kurfürstenwürde für das Haus Braunschweig-Lüneburg. Im Hinblick auf dieses Ziel legte er bereits 1682 testamentarisch fest, dass im Fürstentum von nun an das Erstgeburtsrecht – die Primogenitur – gelten und die beiden Landesteile vereint bleiben sollten. Ohne Primogenitur keine Kurwürde; der bittere Familienstreit jedoch, den diese Entscheidung auslöste, sollte sich fast zwanzig Jahre hinziehen.

Zunächst allerdings blieb die Katze im Sack, denn die Gesetzesänderung, da in die Form des Testaments gekleidet, wurde „secretiret und geheim gehalten“,[2] während Ernst August ihre Anerkennung durch den Kaiser erwirkte. Erst Anfang 1685 ließ er seinen Sohn davon in Kenntnis setzen, kurz bevor er selbst zum Karneval nach Venedig abreiste und Friedrich August an der Spitze eines dem Kaiser zur Verfügung gestellten Regimentes gegen die Türken ins Feld zog. Die Aufgabe musste der Geheime Rat Otto Grote übernehmen. In der Instruktion an seinen Minister erklärt Ernst August, dass er die „Fürstenthümer undt Lande nicht alß eine Erbschaft eines privati tractiren undt sie also unter unsern Söhnen theilen könten, sondern wir müssten hierunter den Maximen vernunftiger Regenten folgen und was hierunter die [...] Wollfahrt gesagter Lande [...] erforderte, verordnen.“[3] Als Entschädigung ließ Ernst August seinem Sohn größere Einkünfte versprechen als dessen jüngeren Brüdern, 60 000 Reichstaler jährlich, sowie „einen gewissen District Landes“ – gedacht war an die Grafschaft Hoya –, „dass er also seinen fürstlichen Stand gar reputirlich werde führen, auch in verheirahtetem Stande gar woll werde leben können“.[4]

Hatte Ernst August wirklich erwartet, dass sein Sohn – jener Sohn zumal – diese Bedingungen klaglos akzeptieren würde? Ein französischer Diplomat am hannoverschen Hof charakterisierte in einem zur selben Zeit, Anfang 1685, verfassten Bericht den ältesten Sohn Georg Ludwig als „ernst“, „reserviert und so verschlossen, dass man ihn kaum kennen könne“. Friedrich August dagegen beschreibt er als „ungezwungen, rasch, entschieden [...] er schätzt sein Vergnügen sehr“.[5] Schon 1663 bezeichnete Sophie ihren Ältesten als „Braunschweiger“, ihren wilden Zweiten, der sich manchmal aufführe wie ein „kleiner Teufel“, dagegen als „wahren Pfälzer“.[6] Zwölf Jahre später schrieb sie: „Armes Gustchen: Er ist dem Prinzen Rupert wie aus dem Gesicht geschnitten“.[7] Damit beschwor sie keineswegs nur eine äußerliche Ähnlichkeit zu ihrem schönen, kühnen,

Maximilian Wilhelm, Prinz zu Braunschweig und Lüneburg (1666–1726)

Unbekannter Maler Öl auf Leinwand, um 1685

Historisches Museum Hannover

stolzen und halsstarrigen Bruder Ruprecht (1619–1682), der im Dienste der Stuarts ein abenteuerlich bewegtes Leben führte, als Held und Frauenheld, Feldherr und Seeräuber, Verbannter und Erfinder.

Friedrich August also hörte „mit einer nicht geringen innerlichen douleur“[8] an, was Grote ihm zu sagen hatte – und setzte sofort dagegen. Er fühlte sich zutiefst gekränkt und in seiner Ehre verletzt, da diese Zurücksetzung doch „in der ganzen Welt“[9] nur als Strafe für ein Fehlverhalten verstanden werden könne, das er sich aber keineswegs habe zuschulden kommen lassen. Gegen die Gründe der Staatsräson, die sein Vater ins Feld geführt hatte, argumentierte er, indem er sich auf die alte Ordnung und das Testament seines Großvaters berief. Er wehrte sich mit allen Mitteln, die ihm zur Verfügung standen, wandte sich an die Vettern in Wolfenbüttel (wo das Erstgeburtsrecht zwar bereits seit 1535 bestand, die beiden Brüder Rudolf August und Anton Ulrich jedoch zeitweise gemeinsam regierten) und den Onkel in Celle. Ernst August drohte ihm brieflich aus Venedig an, ihn gänzlich zu enterben und zu verstoßen, sollte er nicht nachgeben, doch der Prinz blieb fest. Er kämpfte weiter im Dienst des Kaisers, nun aber ohne die zusätzlichen Mittel und die Patronage seines Hauses. „Man hat ihm zwar hier alles genommen, aber die Ehre muß man ihm wohl lassen“, schrieb Sophie 1686. „Wenn er wohl leben wollte und seine Prätention auf ein Fürstentum abschwören, würde der Herzog ihm genug nach seinem Stand zum Leben geben, er hält es aber vor schimpflich, hat mir geschrieben, er wollte lieber als ein simpel Soldat leben.“[10] Daneben versuchte Friedrich August unablässig weiter durchzusetzen, was er für sein Recht hielt, und wandte sich mit seinem Anliegen auch im Ausland um Hilfe: Herzog Anton Ulrich, der den Streit für sich zu instrumentalisieren suchte, setzte sich beim dänischen König Christian V. für ihn ein, und seine Tante Louise Hollandine von der Pfalz, Äbtissin von Maubuisson, vermittelte für ihn bei König Ludwig XIV. von Frankreich. Zudem ließ Friedrich August keine Gelegenheit aus, zwischen seinen Feldzügen in Berlin, in Augsburg, in Wien und wo immer möglich in seiner Sache zu antichambrieren.

Kurfürstin Sophie, die anfangs noch versucht hatte, Friedrich August zum Einlenken zu überreden, unterstützte ihn nicht allein mit Geld, soweit sie es vermochte, sondern verwendete sich persönlich für ihn. Auch sie nutzte ihre Kontakte nach Wolfenbüttel und Celle sowie zu ihrem Schwiegersohn in Brandenburg, und auch sie wandte sich an Dänemark. Sie suchte Verbündete, die sich, sollte Georg Wilhelm sterben, dafür einsetzen würden, dass Friedrich August Celle und das Fürstentum Lüneburg übernehmen könne. In anderen Worten: Da sie überzeugt war, dass die alte Ordnung Gültigkeit hatte und ihr Sohn im Recht war, wurde sie selbst politisch aktiv – eine Rolle, die der Fürstin nicht zugebilligt wurde. Aufgrund ihrer Überzeugungen machte sie Politik gegen ihren Mann und kam damit dem Hochverrat gefährlich nahe.

Doch der Erbfall in Celle trat noch lange nicht ein; vielmehr war es Friedrich August, der starb. Er fiel Ende Dezember 1690, nicht einmal zwölf Monate nach seinem lebenslustigen jüngeren Bruder Karl Philipp (1669–1690). In aller Stille, nur in Anwesenheit des Pastors und des Amtmanns, ließ Ernst August diesen „ungehorsamen und obstinaten und infolgedessen gänzlich anbandonirten“[11] Sohn im Erbbegräbnis auf Herzberg bestatten.

Friedrich Augusts Tod bedeutete jedoch keineswegs das Ende des „Prinzenstreits“, sondern läutete lediglich den Beginn seiner zweiten Phase ein. Maximilian Wilhelm (1666–1726), der dritte Sohn, hatte zwar 1687 einen feierlichen Eid geschworen, die Primogeniturordnung anzuerkennen. Das bedeutete jedoch nicht, dass er sich nun, da er in der Erbfolge einen Rang vorgerückt war, daran zu halten gedachte, zumal er den Eid gewiss nur aus pragmatischen Gründen und nicht aus Überzeugung geleistet hatte. Nur wenige Tage zuvor hatte er nämlich noch eine gemeinsam mit seinem nächstjüngeren Bruder Karl Philipp unterzeichnete Einspruchs- und Vorbehaltserklärung gegen die Primogenitur beim Reichshofrat in Wien eingereicht.

Auch Maximilian Wilhelm wurde früh ins Feld geschickt. Er kämpfte 1685 bis 1688 zunächst in hannoverschen, dann in venezianischen Diensten gegen die Türken. Seinen venezianischen Posten musste er 1690 abgeben, nachdem er bei einem Jagdunfall zwei Finger der linken Hand verloren hatte. 1693 gelang es Ernst August, ihn in kaiserliche Dienste einzukaufen, seitdem führte er ein kaiserliches Regiment, 1695 bis 1697 auch in etlichen Schlachten, und genoss die damit verbundenen Einkünfte. Damit wurde der aufrührerische Sohn versorgt, nachdem er der Rebellion abgeschworen hatte. Zuvor waren etliche, seit 1687 für ihn geschmiedete, finanziell und politisch opportune Heiratsprojekte gescheitert, die Ernst August auch deshalb energisch vorangetrieben hatte, um einen möglichen Konflikt mit Maximilian Wilhelm um die Primogenitur abzuwenden.

Vergebens. Während der Konflikt mit Friedrich August jahrelang geschwelt hatte, spitzten sich die Ereignisse nun dramatisch zu. Friedrich August war nach seinem Ausmarsch 1685 auch deshalb nicht mehr nach Hannover zurückgekehrt, weil er – wohl nicht zu unrecht – fürchtete, dort in Beugehaft genommen zu werden. Maximilian Wilhelm dagegen blieb vor Ort. Er und seine Komplizen verhandelten mit denselben Partnern wie bereits sein Bruder Friedrich August und, für ihn sprechend, seine Mutter Sophie. Einer dieser Komplizen war der ehemalige Sekretär Friedrich Augusts, August Wilhelm Blume, den nun Herzog Anton Ulrich von Braunschweig-Wolfenbüttel in seine Dienste genommen hatte. Anton Ulrich kam eine führende Rolle in der Verschwörung zu, denn er versuchte mit allen Mitteln zu verhindern, dass sein Vetter Ernst August sein Ziel erreiche und die Kurfürstenwürde erlange. Zu Anton Ulrich und nicht etwa nach Hannover waren übrigens auch die nachgelassenen Papiere Friedrich Augusts gelangt. In Wien spielte man möglicherweise (entscheidende Dokumente sind leider verloren gegangen) ebenfalls ein doppeltes Spiel: Während man mit Ernst August um die Kurwürde verhandelte, machte man zugleich seinen rebellierenden Söhnen Zusagen, sie im Falle der Celler Erbfolge zu unterstützen.

Doch aus Wien, jedenfalls vom hannoverschen Gesandten am Wiener Hof, Johann Christoph Limbach, kam offenbar auch die entscheidende Warnung. Limbach besprach sich Anfang November mit Ernst August im Jagdschloss in der Göhrde, und bereits dort stellte der Herzog die Haftbefehle gegen Maximilian Wilhelms Mitverschwörer aus, zu denen neben Blume noch sein Adjutant, Oberstleutnant Joachim von Moltke sowie dessen Vetter, Oberjägermeister Otto Friedrich von Moltke gehörten. Eine weitere Warnung erreichte Ernst August Anfang Dezember aus Berlin:

Seine Tochter Sophie Charlotte, Kurfürstin von Brandenburg, benachrichtigte ihn, nachdem sie von den geheimen Verhandlungen der Verschwörer um Unterstützung erfahren hatte. Ihre Mutter Sophie dagegen, die zumindest in groben Zügen informiert war, auch wenn sie diesmal nicht selbst eingriff, wahrte Stillschweigen und machte sich damit des Verrats mitschuldig. Allerdings wurde sie nicht inhaftiert, sondern lediglich für einige Zeit in ihren Räumen unter Arrest gestellt und isoliert.

Der Skandal war auch so groß genug. Ernst August hatte offenbar beschlossen, der Auseinandersetzung mit den Söhnen ein für allemal ein Ende zu bereiten, zumal die Verhandlungen um die Kurwürde zu dieser Zeit in ihre entscheidende Phase traten. Am liebsten wäre er auch militärisch gegen Herzog Anton Ulrich vorgegangen, doch verweigerte ihm sein Bruder Georg Wilhelm in Celle die dazu nötige militärische Unterstützung. So kam es nicht zu einem welfischen Hauskrieg, sondern lediglich zu einer dramatischen Verhaftungsaktion. Als sich Mitte Dezember die wichtigsten Komplizen Maximilian Wilhelms in Hannover aufhielten, schlug Ernst August zu. Blume wurde beim Abendessen bei Freunden verhaftet, Oberjägermeister Moltke sogar vor den Augen des Hofes, wo er in seiner Funktion als Hofbediensteter an der Abendgesellschaft teilnahm. Alle Verhafteten, auch Prinz Maximilian Wilhelm, wurden zuerst im Schloss festgesetzt, wo auch ein Großteil der Verhöre stattfand. Blume und die Moltkes brachte man kurz darauf in die öffentlichen Gefängnisse am Clever Tor und Calenberger Tor (wo sie „vor üblem Geruch fast crepiret“ [12] wären), den Prinzen standesgemäß nach Hameln in Festungshaft. Prinz Maximilian unterwarf sich rasch, schwor fortan Gehorsam und Treue und Anfang März in Celle auch erneut einen feierlichen Eid auf die Erstgeburtsordnung. Ernst August ließ Milde walten, viel mehr als zwei Jahre später gegenüber seiner Schwiegertochter Sophie Dorothea, die ihren staatsverräterischen Ehebruch mit lebenslanger Gefangenschaft bezahlte. Auch Blume und Oberstleutnant Moltke kamen mit Landesverweisung noch glimpflich davon, Oberjägermeister Moltke aber, der in direkten Diensten Ernst Augusts gestanden hatte, wurde hingerichtet, nachdem ihm ein dramatischer Fluchtversuch misslungen war.

Ernst Augusts Durchgreifen erzielte die erwünschte Wirkung: Bis zu seinem Tod herrschte Ruhe. Das hieß allerdings nicht, dass Maximilian Wilhelm seine Ansprüche aufgab, sondern nur, dass er abwartete. Als mit dem Tod Ernst Augusts die Erbfolge eintrat, flammte der Prinzenstreit noch einmal mit aller Heftigkeit auf. Diesmal tat Maximilian Wilhelm sich mit seinem zweitjüngsten Bruder Christian Heinrich (1671–1703) zusammen, der ebenso wie er ein kaiserliches Regiment führte und in Wien lebte. Beide weigerten sich, das Testament ihres Vaters anzuerkennen, in dem nicht nur die Primogenitur und die Unteilbarkeit der braunschweig-lüneburgischen Lande erneut bekräftigt, sondern auch die (durchaus üppige) finanzielle Ausstattung der jüngeren Söhne detailliert festgelegt wurde. Unterstützung ihrer Ansprüche fanden die Brüder erneut in denjenigen Staaten, denen daran lag, die Macht Hannovers zu beschränken: in Wolfenbüttel und Dänemark, in Brandenburg und diesmal sogar in Frankreich. Im April 1699 reichten die Prinzen formell Klage beim Reichshofrat ein, die sich allerdings nicht gegen die Primogeniturordnung richtete, sondern gegen das Ausbleiben der Apanagen-Zahlungen aus

Hannover – die solange zurückgehalten wurden, wie die Prinzen das Testament ihres Vaters nicht anerkannten. Sophie, die das Testament ihres Mannes mit unterzeichnet hatte, dachte längst nicht mehr daran, die Primogeniturordnung in Frage zu stellen. Doch setzte sie sich bei ihrem Schwager Georg Wilhelm in Celle, der seinem Neffen Maximilian sehr zugetan war, vehement um eine Erhöhung der Apanage vor allem für Maximilian Wilhelm ein. Seine enormen Schulden beglich sie in derselben Zeit aus ihrem privaten Vermögen. Einen Höhepunkt erreichte die Krise im Sommer 1699, als man ernsthaft einen Erbfolgekrieg um Celle mit Unterstützung ausländischer Mächte befürchtete. Wie tief der Riss innerhalb der Familie ging, zeigt sich auch daran, dass Kurfürst Georg Ludwig sich in dieser Zeit gezwungen sah, den Briefwechsel seiner Mutter mit seinen jüngeren Brüdern überwachen zu lassen. Sein Schwager, Kurfürst Friedrich III. von Brandenburg, schürte den Zwist im Winter 1699 noch weiter.

Tatsächlich ging es Maximilian Wilhelm zu diesem Zeitpunkt nicht mehr um eine tatsächliche Aufteilung des Erbes, sondern nur noch um eine entscheidende Erhöhung der Apanagen. Mit der durchaus beträchtlichen Erhöhung seiner Bezüge auf 30 000 Taler jährlich, die ihm im Lauf des Jahres 1699 angeboten wurde, zeigte er sich jedoch noch nicht zufrieden. Der Streit zog sich hin, bis die beiden Prinzen im Herbst 1700 mit ihrer Klage vor dem Reichshofrat endgültig scheiterten. Es sei „ohnverantwortlich vor Recht und Gewissen“,[13] vom Testament ihres Vaters abzugehen, so wurde befunden. Maximilian Wilhelm allerdings bekräftigte zunächst seine Forderungen und kapitulierte erst Ende 1701. Georg Ludwig hatte sich durchgesetzt: Er zahlte seinem Bruder nicht mehr als die 12 000 Taler, die sein Vater Ernst August testamentarisch bestimmt hatte. Georg Wilhelm und Sophie legten gemeinsam für zwei Jahre noch 18 000 Taler, danach 13 000 Taler darauf.

1 Sophie an ihren Bruder, den Kurfürsten Karl Ludwig von der Pfalz im Januar 1680, Bodemann 1885, Nr. 403, S. 399.
2 Weisung des Herzogs Ernst August an die Geheimen Räte Platen und Grote betr. Der Bekanntgabe des Primogeniturgesetzes, Ende 1684/Anfang 1685, abgedruckt bei Schnath I, 1938, S. 731–737, dort S. 731.
3 Wie Anm. 2, S. 731f.
4 Wie Anm. 2, S. 733.
5 Bericht des französischen Gesandten Marquis d'Arcy-Martel, Anfang 1685, Schnath I, 1938, S. 726.
6 An ihren Bruder Karl Ludwig, August 1663, s. Bodemann 1885, Nr. 66, S. 61; vgl. dazu Schnath I, 1938, S. 275, Hatton 1982, S. 26 und von Rohr 1980, S. 43.
7 An ihren Bruder Karl Ludwig, September 1675, s. Bodemann 1885, Nr. 258 S. 249.
8 Bericht des Geheimen Rates Otto Grote über seine Unterredung mit dem Prinzen Friedrich August, Januar 1685, s. Schnath I, 1938, S. 737–741, dort S. 738.

Der jüngere Bruder Christian Heinrich blieb bei seiner Weigerung, das Testament seines Vaters anzuerkennen, gab sich aber ohne weitere Auseinandersetzungen mit den 6000 Talern jährlich zufrieden, die ihm als jüngerem Sohn ohnehin zustanden. Er, von dem der britische Gesandte in Hannover 1692 geschrieben hatte, dass sich große Hoffnungen auf ihn richteten und dass er „außerordentlich höflich und in keiner Weise ausschweifend [… dazu] sehr talentiert“ [14] sei, interessierte sich für Wissenschaft, insbesondere Geschichte, und war einer der fleißigsten Nutzer der welfischen Hausbibliothek in Hannover gewesen. Doch es blieb ihm nur die militärische Laufbahn. Bei Kampfhandlungen im Rahmen des Spanischen Erbfolgekrieges ertrank er Ende Juli 1703 bei Munderkingen in der Donau. Wie sein Bruder Friedrich August wurde er in aller Stille auf Herzberg beigesetzt.

Prinz Maximilian lebte weiterhin in Wien und trat zu einem nicht näher bestimmbaren Zeitpunkt zum katholischen Glauben über, was die Verhandlungen um die hannoversche Sukzession in Großbritannien belastete. Dem Kaiserhaus war er verwandtschaftlich verbunden; seine Tante Amalie, eine der Töchter Herzog Johann Friedrichs, war mit Kaiser Joseph I. verheiratet. Maximilian Wilhelm – dem man in Wiener Hofkreisen den Spitznamen „Prinz Schuri-Muri“ [15] verpasst hatte – lebte weiterhin auf großem Fuß, hielt sich zahlreiche Bedienstete und 60 Pferde. Er war es auch, der die höchst anspruchsvollen und kostspieligen Silbermöbel in Auftrag gab, die heute zu den wichtigsten Ausstellungsstücken der Marienburg gehören. Stets lebte er über seine Verhältnisse, noch häufig musste seine Mutter ihm aus seinen Schulden helfen. Nach Hannover kehrte er nie mehr zurück, so sehr Sophie auch darauf gehofft hatte. „Die Eltern haben alzeit die Kinder lieber als sie ihnen“, [16] resignierte sie und beklagte: „Ich habe zu viele Kinder verloren […] Derjenige, der noch am Leben ist, will mich nicht mehr sehen.“ [17]

9 Wie Anm. 8.
10 Sophie an ihre Nichte Karoline, verheiratete Gräfin von Schönburg, November 1686, s. Bodemann 1888, Nr. 54, S. 52 und Schnath I, 1938, S. 297.
11 So Ernst August im Oktober 1687 an Freiherrn von Bothmer, als es um mögliche Heiratspläne für Friedrich August ging; zitiert nach Schnath I, 1938, S. 567.
12 So in Blumes Bericht, zitiert nach Schnath I, 1938, S. 578.
13 Bericht der hannoverschen Gesandten an Georg Ludwig, zitiert nach Schnath III, 1978, S. 134.
14 Sir William Dutton Colt, zitiert nach Schnath II, 1976, S. 512.
15 Zitiert nach Schnath III, 1976, S. 118
16 An ihre Nichte Louise im Januar 1703, s. Bodemann 1888, Nr. 264, S. 243 und Schnath III, 1978, S. 147.
17 An Leibniz im Mai 1713, s. Heilemann 2005, S. 123.

Herzog von Braunschweig-Lüneburg, Kurfürst von Hannover (1698), König von Großbritannien und Irland (1714)

Geb. am 28. Mai 1660 in Hannover, gest. am 21. Juni 1727 in Osnabrück

1682 Heirat mit Sophia-Dorothea von Braunschweig-Lüneburg; geschieden am 28.12.1694

Gerechtigkeit, Mut und Mäßigung

Georg Ludwig von Braunschweig-Lüneburg, Georg I.

Am 29. September 1714 war der englische Hochadel nahezu vollzählig in Greenwich versammelt, um seinen neuen König zu empfangen. Ein ungewöhnliches Ereignis: Georg Ludwig war kein junger Prinz, sondern ein gestandener Herr von Mitte Fünfzig und brachte bereits anderthalb Jahrzehnte Regierungserfahrung als Kurfürst von Hannover mit. Und er war Ausländer, ein Fremder. Anders als Wilhelm von Oranien, den man 1688 als König berufen hatte, war er nicht der Ehemann, sondern nur der Enkel einer britischen Prinzessin. Eine Gattin brachte er ohnehin nicht mit – doch das ist eine andere Geschichte.

Georg Ludwigs Thronanspruch gründete sich auf seine Großmutter, auf seine Konfession – und auf den Beschluss des britischen Parlaments von 1701, den „Act of Settlement". Georg kannte sein neues Land kaum, und kaum jemand kannte ihn: Nur als junger Mann hatte er 1680/81 einige Monate am Hof Karls II. verbracht. Georgs Vorgängerin, Königin Anne, hatte keine Besuche aus Hannover geduldet.

Georgs hohes Amt bedeutete nicht nur Ehre, sondern auch Bürde und sogar Gefahr. Die Briten hatten zwei blutige Bürgerkriege hinter sich; einen König hatten sie 26 Jahre zuvor gestürzt, einen anderen geköpft – auch das war erst 56 Jahre her und ein unvorstellbarer Skandal gewesen. Der durch den „Act of Settlement" von der Thronfolge ausgeschlossene Jakob Stuart, der so genannte „Alte Thronanwärter", hatte noch viele Anhänger im Land und wartete nur auf seine Chance. Tatsächlich versuchte er wenige Monate nach Georgs Thronbesteigung eine Invasion, um den neuen König zu stürzen.

Selbst wenn Jakob dabei auf die erhoffte offizielle Rückendeckung aus Frankreich verzichten musste, stand auch der internationale Friede, kaum ein Jahr alt, auf wackligen Beinen. Sowohl Frankreich als auch Spanien, die Erbfeinde Britanniens, sannen auf Rache, denn der Friede von Utrecht, der den Spanischen Erbfolgekrieg 1713 beendete, hatte Großbritannien entscheidende Vorteile gebracht. Es stand im Begriff, zur führenden See- und Koloni-

Georg I. im Krönungsornat

Nach Godfrey Kneller
Sir Godfrey Kneller (1646–1723)
Öl auf Leinwand, nach 1714

Historisches Museum Hannover

Minuten-Sonnenuhr Georgs I.
Mithilfe solcher Minuten-Sonnenuhren konnten mechanische Uhren präzise eingestellt werden.
John Rowley (nachweisbar zwischen 1698–1728)
Messing, teilvergoldet und versilbert, Glas, vor 1727
Historisches Museum Hannover

almacht aufzusteigen. Das bedeutete eine große wirtschaftliche Chance, zog aber auch massive gesellschaftliche Veränderungen nach sich. Die Kaufleute und Bankiers, die u. a. im Tabak- und Sklavenhandel ihre Geschäfte machten, entwickelten sich zu einer wich-tigen politischen Macht. Ihre Interessen vertrat die Partei der Whigs, die sich für wirtschaftliche Reformen, für die Stärkung des Parlaments und die weitere Einschränkung der Macht der Krone einsetzte.

Auf die Unterstützung dieser Partei, deren erklärtes Ziel es war, den König an die kurze Leine zu nehmen, war Georg I. angewiesen, um regieren zu können. In der Gegenpartei der Tories saßen zu viele Anhänger der vertriebenen Stuarts. Mit der Einschränkung seiner Macht durch das Parlament hatte Georg I. sich in seinem neuen Amt zu arrangieren. In seinem Krönungseid hatte er geschworen, „gemäß der im Parlament beschlossenen Statuten zu regieren“.[1] Im Kurfürstentum Hannover war er dagegen an absolutistische Machtfülle gewohnt gewesen. So hatte er z. B. 1699, ein Jahr nach seinem Regierungsantritt, den Rat der Residenzstadt Hannover abgesetzt und eine neue Stadtverfassung erzwungen, die die letzten Reste mittelalterlicher Stadtfreiheiten abschaffte.

Das neue, königliche Amt bedeutete eine weitere Stufe im Aufstieg des „glücklichen Georg“.[2] Als er 1660 geboren wurde, war er nicht mehr als der älteste Sohn des jüngsten Sprosses des Hauses Braunschweig-Lüneburg. Dann wurde sein Vater Ernst August zunächst Bischof von Osnabrück, später Herzog von Calenberg und erlangte schließlich die Kurfürstenwürde. Eine Voraussetzung dafür war die Einführung der Primogenitur, des Erstgeborenenrechts, das Georg zum Alleinerben machte. Bis dahin mussten die Erbansprüche im Haus Braunschweig-Lüneburg stets zwischen allen Brüdern verhandelt werden. Durch die Ehe mit seiner Celler Kusine erwarb Georg Ludwig zudem das Fürstentum Lüneburg und vereinte die beiden getrennten Landesteile.

Auch beim Militär hatte Georg Karriere gemacht und sich als fähiger Befehlshaber erwiesen. Bereits 1675 kämpfte er während des Holländischen Krieges erstmals an der Seite seines Vaters. 1683–85 war er bei Wien und in Ungarn an mehreren Kampagnen der Türkenkriege beteiligt; während des Pfälzischen Erbfolgekrieges entkam er in der Schlacht von Neerwinden 1693 knapp dem Tod. 1702, als Herzog Anton Ulrich Ansprüche auf Celle erhob, nahm er nahezu unblutig Wolfenbüttel ein. Seine Kampagnen als Feldmarschall der schlecht ausgestatteten kaiserlichen Armee 1708 und 1709 waren weniger erfolgreich. Der holländische Diplomat Albert van der Meer, der mehrere Jahre in Hannover verbrachte, meinte: „Er hält gute Disziplin bei seinen Truppen und gute Ordnung in seinen Finanzen“, und weiter: “Er hat ein besonderes Talent zu den Staatsgeschäften […] hat gesunden Menschenverstand und ein ebensolches Urteilsvermögen“.[3]

Politisches Geschick und Durchsetzungsfähigkeit kamen Georg in seiner neuen Rolle zupass. Seine Arbeit wurde zusätzlich dadurch erschwert, dass er Englisch zwar verstand, es aber zeitlebens schlecht und darum ungern sprach; mit seinen Ministern konferierte er auf Französisch. Die hannoverschen

Geschäfte führte er über die „Deutsche Kanzlei“, die er zu diesem Zweck in London einrichtete, insbesondere über die Minister Andreas Gottlieb von Bernstorff, Hans Kaspar von Bothmer und Friedrich Wilhelm von Görtz.

Dass die Personalunion zu Interessenkonflikten führen würde, war abzusehen. Gleich zu Beginn seiner britischen Regentschaft nutzte Georg seine neue Rolle zugunsten Hannovers: Während des Nordischen Krieges erreichte er durch die Präsenz

Jedweder Ungerechtigkeit Feind

britischer Kampfschiffe in der Ostsee, dass Schweden die Herzogtümer Bremen und Verden an das Kurfürstentum abtrat. Einige Jahre später dagegen setzte Georg, zögernd und ungern, zum Vorteil Großbritanniens die Sicherheit des Kurfürstentums aufs Spiel, als er – in Hannover – eine Allianz Frankreichs, Preußens und Großbritanniens gegen Spanien und den Kaiser unterzeichnete.

Ein mutiger Befehlshaber, ein kluger Taktiker, ein sparsamer Wirtschafter: Selbst der Satiriker William Thackeray, der ein äußerst kritisches Bild der hannoverschen Könige zeichnete, sprach Georg I. „Gerechtigkeit, Mut und Mäßigung“ zu.[4] Zahlreiche zeitgenössische Beobachter hoben vor allem seinen ausgeprägten Gerechtigkeitssinn hervor; in den Worten seiner Mutter Sophie war er „jedweder Ungerechtigkeit Feind“.[5]

Ein idealer Herrscher also? Dennoch erschien Georg I. in der Geschichtsschreibung lange Zeit als dröge, geizig und unnahbar, wurden eher das Drama seiner Ehe und das schlechte Verhältnis zu seinem Sohn thematisiert als seine politischen Erfolge. Das hat zum einen damit zu tun, dass seine britischen Untertanen seine ‚fremdländischen‘ Angewohnheiten und seinen deutschen Hofstaat ohnehin kritisch beäugten, auch wenn letzterer nach 1716 kaum mehr als zwanzig Personen umfasste. Zum anderen ist seine schlechte Presse darauf zurückzuführen, dass Georg die unvermeidlichen öffentlichen Auftritte zwar pflichtbewusst absolvierte, im Übrigen aber Wert darauf legte, seine Privatsphäre zu wahren. Dies war ungewöhnlich, denn nach französischem Vorbild hatte sich das Leben eines Herrschers vor den Augen der (höfischen) Öffentlichkeit abzuspielen. Das barocke Schloss bot dafür eine perfekte Bühne: Die Flucht der königlichen Räume erlaubte vom Audienzzimmer bis zum Schlafgemach zunehmende Exklusivität. Auch Hampton Court und Kensington Palace, die Georg I. vor allem nutzte, bilden hier keine Ausnahme. Er jedoch empfing seine Minister vorzugsweise einzeln, speiste am liebsten im kleinen Kreis und ließ den Zutritt für offizielle Besucher zu seinem Schlafzimmer gänzlich verwehren.

Außerhalb seines engsten Kreises, bei öffentlichen Anlässen zumal, wirkte Georg ungemein wortkarg, verschlossen und damit herablassend. Seine Kusine, Liselotte von der Pfalz, notierte nach einem entsprechenden Auftritt: „Hier hat der Kurfürst […] nicht zu bereuen über die Wörter, so [er] zu viel gesprochen haben, denn ich habe kaum „ja“ und „nein“ drauß ziehen können.“[6] Auch sein sparsames Wirtschaften trug zum eher grauen Ruf Georgs I. bei. Als Mäzen trat er nicht hervor, Baumaßnahmen beschränkte er auf das Notwendige. Eine Herzensangelegenheit bedeutete ihm die Musik. 1710 hatte er Georg Friedrich Händel nach Hannover geholt; in London förderte er dessen Arbeit ebenfalls entscheidend.

Der „Act of Settlement“ hatte auch vorgeschrieben, dass der hannoversche Monarch nur mit Zustimmung des Parlaments außer Landes reisen dürfe. Diese Regel wurde 1716 widerrufen. Im selben Sommer besuchte Georg seine Stammlande zum ersten Mal, bis 1727 folgten fünf weitere Reisen. Insgesamt verbrachte er knapp drei seiner dreizehn britischen Regierungsjahre in Hannover. Auf der letzten Reise erlitt er einen Schlaganfall und starb in Osnabrück, wo er seine Kindheit verbracht hatte.

1 Zitiert nach ODNB 2004 Bd. 21, S. 810.
2 So nannten ihn einige seiner hannoverschen Höflinge, zitiert nach Hatton 1982 S. 317.
3 Zitiert nach Hatton 1982, S. 331.
4 Thackeray 1879, S. 29.
5 Zitiert nach Hatton 1982, S. 320.
6 Brief vom 11.1.1699; Bodemann 1891, Nr. 367, S. 353f..

Tausend Unglück

Sophie Dorothea von Braunschweig-Lüneburg

Die verbannte Prinzessin Sophie Dorothea und ihr ermordeter Geliebter, Graf von Königsmarck – die Geschichte einer unmöglichen Liebe mit tragischem Ausgang hat viele Erzähler gefunden, sogar in Hollywood.[1] Das Liebesdrama ist jedoch auch ein Lehrstück über die Rolle, welche die Ehe in der Territorial- und Außenpolitik barocker Landesregierungen spielte. Der Bund fürs Leben war ein politischer Pakt. Wenn im Einzelfall dennoch der Anspruch auf Liebe in einer Partnerschaft gelebt wurde, so konnte dies eher dem Landesherrn als der Landesherrin gelingen. Als Beispiel können Sophie Dorotheas Eltern gelten. Georg Wilhelm lehnte die bereits arrangierte, politisch opportune Ehe mit Prinzessin Sophie von der Pfalz ab. Dafür verzichtete er schriftlich zugunsten seines jüngsten Bruders Ernst August, der die Braut an seiner Stelle übernahm, auf legitime Nachkommen. Dann jedoch gelang es Georg Wilhelm, 1676 die Standeserhöhung seiner Geliebten durchzusetzen, so dass er sie offiziell heiraten konnte. Sophie Dorothea, die einzige überlebende Tochter aus der Verbindung, hatte er bereits im Jahr zuvor vom Kaiser legitimieren lassen; sie verwandelte sich damit vom Bastard zur begehrten Partie.

Sofort wurde sie damit auch Unterpfand in den politischen Verhandlungen ihres Vaters. Georg Wilhelm verlobte die erst Neunjährige mit dem ältesten Sohn des Thronfolgers Anton Ulrich von Braunschweig-Wolfenbüttel. Das bedeutete einen Schlag ins Gesicht für seinen Bruder Ernst August, bekräftigte der Herzog von Braunschweig-Wolfenbüttel durch die Verlobung doch seine Ansprüche auf Celle und das Fürstentum Lüneburg, das Ernst August einst zu übernehmen hoffte. Zu einem offenen Konflikt unter den verschiedenen welfischen Zweigen kam es nur deshalb nicht, weil der Verlobte bereits wenige Monate später starb. Die Verhandlungen um Sophie Dorothea konnten damit neu beginnen.

Ernst Augusts Gemahlin Sophie brachte ihrem Schwager und einstigen Bräutigam Georg Wilhelm wenig Sympathie entgegen; seine unstandesgemäße Frau lehnte sie ohnehin ab. Dennoch erklärte sie sich 1679 bereit, einen ihrer sechs Söhne an Sophie Dorothea zu verheiraten, sofern Georg Wilhelm sich im Gegenzug verpflichtete, den fünf anderen, die nur ein unbedeutendes Erbe erwarten konnten, eine entsprechende Apanage zu zahlen. „Es ist eine bittere Pille," kommentierte sie, „aber wenn sie mit 100 000 Talern vergoldet wird, macht man die Augen zu und schluckt sie hinunter".[2] Sophie mochte zur Absicherung ihrer Söhne dazu bereit sein, Ernst August war es nicht. Und in Celle standen die Bewerber mittlerweile ohnehin Schlange: Dänemark, Württemberg, Ostfriesland und ein weiteres Mal Wolfenbüttel interessierten sich für die anmutige Sophie Dorothea, vor allem aber für deren stattliches Erbe.

Letztlich jedoch blieb alles in der Familie: 1682 machte der Antrag aus Hannover das Rennen, Sophie Dorothea mit ihrem Vetter, dem ältesten Sohn Ernst Augusts, zu verheiraten. Damit war das Celler Erbe für das Haus gesichert. Die Verhandlungen über die Höhe der Mitgift gestalteten sich zäh, doch zumindest zeigte sich Georg Ludwig zunächst sehr verliebt.

Dieses private Glück währte nicht lange, zu grundverschieden waren die beiden im Temperament. Georg Ludwig wirkte kühl bis frostig, war stets

Sophie Dorothea von Braunschweig-Lüneburg vor ihrer Heirat

Unbekannter Maler Öl auf Leinwand, vor 1682

Historisches Museum Hannover

Herzogin von Braunschweig-Lüneburg (1682), sog. Prinzessin von Ahlden (1694)

Geb. am 15. September 1666 in Celle, gest. am 13. November 1726 in Ahlden

1682 Heirat mit Georg Ludwig, später Georg I.; geschieden 1694

Sophie Dorothea von Braunschweig-Lüneburg als Flora
Auf der Reise nach Venedig ließ Sophie Dorothea sich als Flora, die römische Göttin der Blüte und des Frühlings, malen.
Nach Henri Gascar (1635–1701)
Öl auf Leinwand, 1686
Historisches Museum Hannover

beherrscht und sehr verschlossen. Seine Kusine, die Herzogin von Orléans, besser bekannt als Liselotte von der Pfalz, sah ihn als „drucken und kalt wie Eis“ [3] und als „gar zu verborgen“. [4] Sophie Dorothea dagegen war lebenslustig, impulsiv und temperamentvoll. Über sie notierte die Herzogin von Orléans: „Sich lieb haben, sich gern im Spiegel betrachten und sich bewundern lassen – wo das die Koketterie nicht selber ist, ist es doch gewiss ihre Schwester“; [5] Aurora von Königsmarck sah die Geliebte ihres Bruders gar als „beauté tyrannique“ [6].

„Weiß [sie] nicht“, notierte wiederum die Herzogin von Orléans nach Bekanntwerden der Affäre, „dass der Weiber Ehre darin liegt, mit Niemandem, als ihren Männern zu thun zu haben, und dass es den Männern keine Schande ist, Mätressen zu haben, aber wohl, Hahnrei zu sein? Dass sie es also wenig leiden und die Weiber sich tausend Unglück auf den Hals ziehen, wenn sie Solches unterfangen?“ [7] Georg Ludwigs Verhältnis mit der Hofdame Melusine von der Schulenburg seit 1690 bot nur Anlass für den üblichen Klatsch. Ganz anders lagen die Dinge für seine Frau: Nur ihre offenkundige Treue garantierte die Legitimität der Nachkommen. Bewunderer durfte sie gerne haben – als Sophie Dorothea bei der Venedigreise des Hofs 1686 von allen Seiten umschwärmt wurde, nahm ihr Mann das gelassen. Ein Liebesverhältnis dagegen erforderte einen Grad an Diskretion, der im Alltag bei Hof kaum durchzuhalten war.

Zunächst war auch Graf Philipp Christoph von Königsmarck (1665–1694) nur ein weiterer Bewunderer für Sophie Dorothea, dem sie im Juli 1690 gestattete, ihr Briefe zu schreiben, ohne zunächst zu antworten. Bald jedoch waren beide bereit, für ihre Liebe alles aufs Spiel zu setzen.

Graf Philipp entstammte einer bemerkenswerten Familie. Die Junker von Königsmarck gehörten zum brandenburgischen Uradel. Einen kometenhaften Aufstieg nahmen sie mit Philipps Großvater, Hans Christoph von Königsmarck, der im Dreißigjährigen Krieg in schwedischen Diensten militärischen Ruhm und überwältigenden Reichtum erlangte. In den 1670er Jahren verarmte die Familie allerdings ebenso abrupt, als die schwedische Krone die verliehenen Güter wieder an sich zog. Philipp und seine Geschwister waren demnach mit großen Erwartungen aufgewachsen und besaßen wichtige Verbindungen, aber nicht den nötigen Rang und bald auch nicht mehr das nötige Geld, um ihren Ansprüchen gemäß leben zu können. Schön, kühn und abenteuerlustig scheinen sie alle gewesen zu sein. Philipps Bruder Johann machte zuerst am französischen, dann am britischen Hof Karriere, entging 1682, nachdem er zum Mord an einem Nebenbuhler angestiftet hatte, jedoch nur dank der Fürsprache der Könige von Schweden und Frankreich der Hinrichtung und fiel 1686 als Soldat. Seine Schwester Aurora galt Voltaire als „die berühmteste Frau zweier Jahrhunderte“ [8]. Sie wurde 1694 die Mätresse Augusts des Starken von Sachsen; nachdem er die Beziehung beendet hatte, gelang ihr als Pröpstin der Abtei Quedlinburg eine zweite Karriere.

Graf Philipp Christoph von Königsmarck selbst trat nach ausgedehnten Aufenthalten in Paris und London in kaiserliche Dienste und kämpfte 1684–87 gegen die Osmanen. Ab 1689 setzte er seine Laufbahn bei den hannoverschen Truppen fort. Er sah blendend aus, war charmant, redegewandt und temperamentvoll, und er versicherte Sophie Dorothea, dass er „à la follie“ – bis zum Wahnsinn – in sie verliebt sei.[9] Für beide war die Beziehung, die nicht lange platonisch blieb, keine „kleine Galanterie à la mode“, sondern eine „seriöse Affaire“[10], für die sie bereit waren, „ins tiefste Elend zu wandern“.[11] „Meine Liebe gibt mir so viel Mut, dass ich allen Qualen der Welt widerstehen würde“,[12] versicherte Sophie Dorothea.

Die Gefühle der beiden füreinander werden noch heute in ihren Briefen lebendig. Sie schrieben sich, wenn sie getrennt waren, weil Philipp an einer militärischen Kampagne teilnahm oder weil Sophie Dorothea mit dem Hof verreiste, und sie schrieben sich, wenn sie beide in Hannover waren, um sich ihrer Gefühle zu versichern und um sich an geheimen Orten zu verabreden. Allein der Austausch dieser Briefe, über Deckadressen und Zwischenträger gesendet oder an verabredeten Orten versteckt, war gefährlich. Die Korrespondenz nicht sofort zu vernichten, vergrößerte das Risiko noch. Graf Königsmarck gab einen Teil seiner Schwester Aurora zur Aufbewahrung; andere fanden sich, nachdem die Affäre entdeckt war, z. B. bei Sophie Dorothea in Vorhangsäume eingenäht oder unter die Spielkarten gemischt. Der in Hannover aufgefundene Teil der Korrespondenz wurde vernichtet, der andere blieb auf verschlungenen Wegen erhalten. Noch weit gefährlicher als die Briefe war, sich zu „embrassades divines“,[13] zu göttlichen Umarmungen, zu treffen, dennoch gelang es immer wieder.

Trotz aller Vorsichtsmaßnahmen konnte die Affäre auf Dauer nicht geheim bleiben. Sophie Dorotheas Mutter wusste davon und unterstützte ihre Tochter. Andere, darunter Kurfürstin Sophie und ihre Tochter, versuchten, sie zu warnen. Auch Königsmarck erhielt zahlreiche wohlgemeinte Warnungen. Doch die beiden dachten nicht an ein Ende ihrer Beziehung, sie drängten vielmehr auf ein dauerhaftes Zusammenleben. Wie aber hätte eine Scheidung begründet werden sollen? Untreue des Ehemanns zählte nicht als Argument. Misshandelt hatte Georg seine Frau nicht, auch wenn ihm dies in gegnerischen Polemiken später manchmal unterstellt wurde. Außerdem bot selbst das keinen hinreichenden Scheidungsgrund, war doch die Auffassung weit verbreitet, dass „Frauen in der Zucht gehalten werden müssten“.[14] Ein Schuldeingeständnis Sophie Dorotheas kam aus politischen Gründen ebenfalls

Meine Liebe gibt mir so viel Mut, dass ich allen Qualen der Welt widerstehen würde

Sophie Dorothea mit ihren Kindern Georg August (dem späteren Georg II.) und Sophie Dorothea (der späteren Königin in Preußen)
Jacques Vaillant (1625–1691)
Öl auf Leinwand, um 1690
Residenzmuseum im Celler Schloss

nicht in Frage. Schließlich waren die Verhandlungen um die Anerkennung der Kurfürstenwürde noch in vollem Gange, während man zugleich in der britischen Thronfolge auf einen der vordersten Ränge vorgerückt war. In diesem Zusammenhang durfte auch nicht der Schatten eines Zweifels auftauchen, Georg sei nicht der Vater des Thronfolgers. Tatsächlich war man, als die Ehe nach dem Mord an Königsmarck doch geschieden wurde, sorgsam darauf bedacht, nicht von einem Ehebruch Sophie Dorotheas zu reden, obwohl die Briefe dafür genügend Beweise lieferten.

Keine Scheidung also, und aus finanziellen Gründen war auch an eine Flucht kaum zu denken. Königsmarck liebte das Glücksspiel, modische Kleider und kostbare Möbel. Der Hausstand des Obersten umfasste bei seinem Tod 29 Diener (während die hannoverschen Minister weniger als 20 beschäftigten) und 52 Pferde. Er war hoch verschuldet und Sophie Dorothea verfügte über kein eigenes Geld: Der Ehevertrag, den Georg Wilhelm für seine Tochter ausgehandelt hatte, gewährte ihr keinen Zugriff auf das in die Ehe eingebrachte Vermögen.

Doch dann schien sich eine neue Möglichkeit aufzutun: Friedrich August I., später bekannt als „der Starke“, wurde 1694 neuer Kurfürst von Sachsen und bot seinem Freund Königsmarck den Befehl über ein sächsisches Regiment an. In Hannover befürchtete man daraufhin die Flucht des Paares. Im Juli kehrte Königsmarck nach Hannover zurück, um seine Abreise vorzubereiten. Am Abend begab er sich ins Leineschloss. Bei seiner Geliebten kam Königsmarck nie an. In dieser Nacht verschwand er spurlos.

In Hannover hatte man eine drastische Methode gewählt, um die Affäre zu beenden, und der Klatsch an den Höfen Europas wollte wochenlang nicht verstummen. Unzählige Gerüchte waren im Umlauf, was denn nun wirklich geschehen sei. Den zuverlässigsten Bericht scheinen die Spione des verfeindeten Braunschweig-Wolfenbütteler Vetters, des Herzogs Anton Ulrich, abgeliefert zu haben. Demnach hatten vier Adlige aus dem engen Umkreis Ernst Augusts Königsmarck im Schloss aufgelauert, ihn erstochen und seine Leiche in der Leine versenkt. Auffällig ist, dass zwei der in diesem Bericht Genannten später hohe politische Ämter bei Hof bekleideten. Derjenige aber, der den tödlichen Stich geführt haben soll, ein hoch verschuldeter italienischer Geistlicher, erhielt eine stattliche Bezahlung in Höhe von 15 000 Talern: Diese Summe taucht als

Philipp Christoph Graf von Königsmarck
Unbekannter Maler
Öl auf Leinwand, um 1690
Historisches Museum Hannover

Schuldverschreibung in den Rechnungen der hannoverschen Kammer auf und wurde in Form von ‚Zinsen‘ offenbar als Lohn und Schweigegeld ausbezahlt.

Wer den Mord angewiesen hatte, lässt sich nicht belegen. Sophie Dorothea verdächtigte die Gräfin von Platen, die Mätresse Ernst Augusts, der selbst eine kurze Affäre mit Königsmarck nachgesagt wurde. Auch die Berichte an Herzog Anton Ulrich nennen sie als Drahtzieherin. Sie dürfte jedoch kaum ohne Kenntnis und Zustimmung Ernst Augusts gehandelt haben, der sich übrigens, ganz gegen seine Gewohnheit, in der betreffenden Sommernacht nicht in Herrenhausen, sondern im Leineschloss aufhielt. Georg Ludwig selbst, der betrogene Ehemann, war zum Zeitpunkt des Mordes bei seiner Schwester und zu politischen Verhandlungen am Hof in Berlin und hatte möglicherweise tatsächlich keinen Anteil am Geschehen.

Zahlreiche Freunde und Verwandte bemühten sich um Aufklärung des Verbrechens; Königsmarcks

Schwester Aurora ersuchte den Kurfürsten von Sachsen um Hilfe (und wurde seine Mätresse). Doch es gelang der hannoverschen Regierung, den Fall im Dunkeln zu halten. Die anti-hannoversche Propaganda in Großbritannien allerdings bediente sich der Geschichte immer wieder und erklärte dabei Georg I. zum Schuldigen.

Mit der Leiche Königsmarcks war das Problem jedoch noch nicht aus der Welt: Was sollte mit Sophie Dorothea geschehen? „Weil die Churprintzessin ihren Herrn nicht hat leiden können, haben beyde Väter gut gefunden, sie von ihm zu thun“,[15] schrieb Kurfürstin Sophie an eine ihrer Schwestern. Die Scheidung, nun unvermeidlich, war – mehr noch als zuvor die Eheschließung – Gegenstand intensiver politischer Verhandlungen zwischen Hannover und Celle. Als Scheidungsgrund galt die Weigerung Sophie Dorotheas, ihrem Mann je wieder beizuwohnen. Nach Celle, wie sie gehofft hatte, durfte sie nicht zurückkehren. Im Gegenteil, sie wurde offiziell aus der Familie ausgeschlossen; weder ihren Vater, der sich strikt weigerte, noch ihre Kinder hat sie je wieder gesehen. Eine Wiederverheiratung war ausdrücklich untersagt. Sie wurde in das auf Celler Gebiet gelegene Wasserschlösschen Ahlden gebracht, und ihr Vater verpflichtete sich, dort für ihre Bewachung zu sorgen. Ihre Verbannung, wenn auch finanziell wohl versorgt und mit eigenem Hofstaat, war tatsächlich eine Gefangenschaft. Auch als „Prinzessin von Ahlden“ blieb Sophie Dorothea Spielball der Politik. Man fürchtete nicht ohne Grund, einer der zahlreichen Gegner Hannovers würde ihr Asyl gewähren und ihre Person für seine Zwecke nutzen. Dänemark und Sachsen, dem Vetter in Wolfenbüttel und dem Schwager in Brandenburg waren alle Mittel Recht, um die Anerkennung der Kurwürde zu verhindern, die erst 1708 besiegelt war. Und auch die Jakobiten, die Anhänger der katholischen Stuarts in Großbritannien, bemühten sich, politisches Kapital aus ihrer Person zu schlagen. Noch 1718 versuchten drei schottische Adlige, in Ahlden bis zu Sophie Dorothea vorzudringen. Als sich ihre Tochter, mittlerweile Königin von Preußen, 1725 auf Bitten ihrer Mutter um eine Amnestie bemühte, scheiterte das Anliegen schon im Ansatz an den Forderungen der „Prinzessin von Ahlden“: Sophie Dorothea erwartete nicht einen Gnadenakt, sondern Rehabilitierung. So blieb sie in Ahlden bis zu ihrem Tod, 32 Jahre lang. Dort sollte sie auf Anweisung Georgs I. auch beerdigt werden; erst nach einigen Monaten wurde ihr Leichnam in seinem Bleisarg ohne weitere Zeremonie in die fürstliche Gruft in Celle überführt. In Hannover war jede Art von Trauerbezeugung untersagt.

Kinder

* Georg August (1683–1760), heiratet 1705 Caroline von Ansbach, seit 1727 König von Großbritannien und Irland, Kurfürst von Hannover
* Sophie Dorothea (1687–1757), heiratet 1706 Friedrich Wilhelm, später Kurfürst von Brandenburg und König von Preußen, seit 1713 Königin in Preußen

1 Als „Saraband for Dead Lovers“, 1948, mit Steward Granger und Joanne Woodward in den Hauptrollen, nach dem gleichnamigen Roman von Helen Simpson von 1935. Literarisch verarbeitete z. B. Arno Schmidt in seinem 1956 erschienenen Roman „Das steinerne Herz“ die Geschichte.
2 Zitiert nach Schnath II, 1976, S. 127.
3 Zitiert nach Schnath II, 1976, S. 130, dort ohne Beleg.
4 Brief vom 22.5.1695 an Sophie; zitiert nach Schnath II, 1976, S. 134, Anm. 20.
5 Brief vom 6.11.1692 an Sophie, Bodemann 1891, Nr. 151; zitiert nach Schnath II, 1976, S. 131.
6 Zitiert nach Hatton 1982, S. 49.
7 Bodemann 1891, Nr. 195, Bd. 1, S. 208; zitiert in der sprachlich modernisierten Fassung des Auszugs im Register, s. Bd. 2, S. 367.
8 Zitiert nach Schnath II, 1976, S. 135.
9 Brief vom 3.9.1692; zitiert nach Schnath II, 1976, S. 142.
10 So Königsmarck, im Original Französisch, zitiert nach Schnath II, 1976, S. 154.
11 Sophie Dorothea, zitiert nach Schnath II, 1976, S. 155.
12 Rischbieter 1975, S. 38.
13 Zitiert nach Schnath II, 1976, S. 151.
14 So der „Soldatenkönig“ Friedrich Wilhelm I. von Preußen, verheiratet mit der Tochter Sophie Dorotheas; zitiert nach Leitner 1993, S. 136.
15 Zitiert nach Schnath II, 1976, S. 183.

Wer beständig unter dem Druck lebt

Sophie Dorothea von Braunschweig-Lüneburg, Königin in Preußen

Zwei Jahre, nachdem er die Regierung in Großbritannien angetreten hatte, konnte Georg I. erstmals wieder nach Hannover reisen. Im September besuchte ihn dort auch seine Tochter Sophie Dorothea gemeinsam mit ihrem Mann, König Friedrich Wilhelm von Preußen. Das Verhältnis zwischen Friedrich Wilhelm und Georg (im übrigen Neffe und Onkel) war durch die politische Lage in dieser Zeit reichlich angespannt. Das konnte Georgs Glück über das Wiedersehen mit seiner Tochter jedoch nicht trüben. Ein englischer Beobachter notierte über die Begegnung: „Die Freude des Königs, als er sie sah, fiel jedermann auf, ihre Majestät, die für gewöhnlich so ernst und gedankenschwer ist, war fröhlich und ausgelassen wie ein junger Mann von zwanzig, er lief durch den Salon, scherzte und lachte mit allen.“ [1]

Seine Tochter gehörte offenbar zu den wenigen Menschen, die Georg I. aus seiner Reserve zu locken vermochten. Auch in seinen Briefen an „ma chere fillie“, wie er sie in leicht unorthographischem Französisch nennt, zeigt er sich herzlich und besorgt wie sonst kaum in seiner Korrespondenz. Seine Mutter Sophie berichtete ihrer Enkelin: „Man hat mir im Vertrauen gesagt, dass der Kurfürst sehr gewünscht hat, [sein Sohn Georg August] hätte Ihre Gemüthsart.“ [2]

Sophie Dorothea muss eine bemerkenswert starke Persönlichkeit gewesen sein. Umso bedauerlicher ist es, dass bislang keine ernst zu nehmende Monografie über sie vorliegt und die Geschichtsschreibung sie stets im Schatten ihrer Verwandten sah. Als Tochter ihrer durch die „Königsmarck-Affäre berühmten, gleichnamigen Mutter Sophie Dorothea und als Mutter Friedrichs des Großen findet sie meist eher beiläufige Erwähnung.

Es wäre ein Leichtes, Sophie Dorothea als Opfer darzustellen: Das Kind einer unglücklichen, allein aus dynastischen Interessen geschlossenen Ehe musste mit sieben Jahren die Trennung der Eltern unter schwierigsten Umständen erleben; danach war ihr über viele Jahre jeder Kontakt zur Mutter verboten. Später wurde sie zur Festigung eines politischen Bündnisses selbst mit einem jähzornigen, zur Gewalt neigenden Mann verheiratet, der lieber seine Armee finanzierte als die von ihr geschätzten Künste und sich mit dem ältesten Sohn auf dramatische Weise überwarf. Doch Sophie Dorothea ließ sich nicht zum Opfer machen. Sie wahrte stets Haltung und nutzte jeden Freiraum, der sich ihr im Rahmen des Zeremoniells bot. In ihrer Sommerresidenz Schloss Monbijou führte sie ihren eigenen Hof, legte eine Bibliothek an, vermehrte ihre Kunstsammlung und ließ die Gartenanlagen ausbauen. Sie förderte den Maler Antoine Pesne durch Aufträge und stellte 1728 den Flötisten Johann Joachim Quantz als Lehrer ihres musikbegabten Sohnes Friedrich ein (mit durchschlagendem Erfolg, denn auch als dieser längst „der Große“ war, ließ er sich noch von Quantz unterrichten und komponierte auch selbst). Während ihr Mann ein äußerst gespanntes Verhältnis zu den Geisteswissenschaften hatte – seinen Berater, den Historiker Jacob Paul Freiherr von Gundlach berief er zwar zum Präsidenten

Sophie Dorothea als preußische Königin

Unbekannter Maler
Öl auf Leinwand,
nach 1713

Historisches Museum Hannover

Königin in Preußen (1713)

Geb. am 27. März 1687 in Hannover, gest. am 28. Juni 1757 in Berlin

1706 Heirat mit Friedrich Wilhelm von Preußen

der Berliner Akademie der Wissenschaften, machte ihn jedoch auch zum „Lustigen Rat", also zum Hofnarren, und die Männerrunde, in der er sich abends entspannte, taufte er im Spott auf gelehrte Veranstaltungen sein „Tabakskollegium" – setzte Sophie Dorothea die Tradition ihrer Tante Sophie Charlotte fort. In ihrem Salon trafen sich Vertreter von Wissenschaft und Kunst zum Gespräch. Wie Sophie Dorothea ihre Situation sah, wird allerdings in einer Äußerung deutlich, die sie im Hinblick auf Kaiserin Elisabeth (Gemahlin Karls VI. und eine Kusine aus dem Haus Braunschweig-Wolfenbüttel) machte: „Wem der Geist frei und zufrieden bleibt, wem die Welt lachte, der kann die Dinge ganz anders ansehen, als wer beständig unter dem Druck lebt." [3]

Ich hatte keine Zweifel, dass Eure Königliche Hoheit von dem vollen Glanz des Königsthrons überrascht sein würden

Der Druck, unter dem Sophie Dorothea lebte, ging von ihrem aufbrausenden, in höchstem Maße autokratischen Mann aus. Friedrich Wilhelm I. ging als „Soldatenkönig", aber auch als „Vater Preußens" in die Geschichte ein. Schon kurz nach seiner Thronbesteigung wandte sich Kurfürstin Sophie entsetzt an ihre Enkelin: „Man hat mir gesagt, der König von Preußen wolle all die schönen Kostbarkeiten seiner Kunstkammer an den König von Polen gegen 80 Kanonen in Tausch geben." [4] Friedrich Wilhelm machte Preußen zur viertstärksten Militärmacht Europas (nach Frankreich, den Niederlanden und Russland); etwa 85 % der Staatsausgaben flossen in die Armee. Allerdings nutzte er, anders als sein Sohn Friedrich II., den Krieg nie als Mittel der Politik, so dass der französische Publizist und Politiker Mirabeau ihn sinngemäß als pazifistischen Militaristen bezeichnen konnte. Der Ausbau der Truppen wurde durch strikte Sparmaßnahmen ermöglicht. Das Land und die Landesverwaltung organisierte Friedrich Wilhelm I. ebenfalls nach militärischen Gesichtspunkten. Seine Reformen der Verwaltung, des Steuerwesens und der Landwirtschaft sowie seine erfolgreiche Wirtschafts- und Gewerbeförderung legten die Grundlagen für den modernen preußischen Staat. Als pietistisch geprägter Protestant sah er sein Königtum als Amt und sich selbst als fürsorglichen Landesvater.

Seine Fürsorge allerdings war im Land wie innerhalb der Familie gleichermaßen rabiat und despotisch. Er selbst bezeichnete sich als „der alte Menschenquäler". Eindrücklich beschreibt seine Tochter Wilhelmine, Markgräfin von Bayreuth, in ihren ursprünglich nicht zur Veröffentlichung vorgesehenen Memoiren, in welcher Furcht vor Friedrich Wilhelm seine Familie lebte. Mehrfach beschreibt sie Szenen ähnlich der folgenden: Ihr Vater, von einem längeren Jagdaufenthalt zurück, ignorierte die Mutter zunächst und benahm sich „bei Tisch [...] sehr nachdenkend, so dass seine ganze Art zu handeln meinen Bruder, mich und die ganze Gesellschaft in grausamste Furcht setzte". Offenbar war seine heftige, jedoch völlig unbegründete Eifersucht einmal mehr durch höfische Intrigen angestachelt worden, und als seine Frau ihn schließlich „auf das Zärtlichste" ansprach, „geriet [er] in eine so ungeheure Wut, dass er sich ohne die Vorsicht der Oberhofmeisterin [...] zu sehr unangenehmen Ausschreitungen hätte hinreißen lassen". [5]

Dabei liebte und schätzte Friedrich Wilhelm sein „Fiekchen", wie er Sophie Dorothea nannte, auf seine Weise durchaus. Er kannte seine Cousine aus Kindertagen, denn ab 1689 hatte er selbst für einige Jahre am hannoverschen Hof gelebt. Dass er ihr die eheliche Treue hielt und keine Mätressen nahm, mag mehr seiner spartanisch-puritanischen Lebens-auffassung geschuldet sein als ein Indiz seiner Zuneigung. Mehrfach aber setzte er sie während seiner Abwesenheit bzw. einer Krankheit zur Regentin ein. Die Ehe mit ihr hatte er gegen den anfänglichen Widerstand seines Vaters erreicht, der ein Ehebündnis mit dem schwedischen Königshaus bevorzugt hätte, seine Schwiegertochter dann allerdings außerordentlich schätzte. Preußen und Hannover, die beiden aufstrebenden Rivalen im Norden, bekräftigten durch diese zweite Ehe erneut ihr Einvernehmen – was spätere politische Konflikte jedoch keineswegs verhinderte. Preußen konnte 1706 zudem bereits die mögliche englische Thronfolge des Hauses Hannover mit ins politische Kalkül nehmen. Für Sophie Dorothea bedeutete die Ehe mit dem zukünftigen König von Preußen einen entscheidenden Aufstieg. Nicht umsonst meinte ihre Großmutter Sophie: „Ich hatte keine Zweifel, dass Eure Königliche Hoheit von dem vollen Glanz des Königsthrons überrascht sein würden, denn in der Tat übersteigt er alle Vorstellung, und ich glaube kaum, dass irgendein anderer Hof an ihn heranreicht.“ [6]

Ein großes Konvolut von Briefen Sophies an Sophie Dorothea ist erhalten, denn nach dem Tod ihrer Tochter wurde ihre nun ebenfalls nach Berlin verheiratete Enkelin eine wichtige Korrespondenzpartnerin für sie. Allerdings enthalten diese Briefe, die auch Friedrich Wilhelm jederzeit lesen konnte, vorwiegend unverfängliches Geplauder, Gesellschaftsklatsch und Kommentare zur politischen Situation. Nur selten spricht Sophie die Ehekonflikte ihrer Enkelin und ihres Enkels so deutlich an, wie im folgenden, nach einem Besuch der beiden in Hannover im Mai 1709 geschriebenen Brief: „Wir […] schätzen Sie glücklich, einen so reizenden Prinzen zu haben. Jede Uhr geht manchmal falsch, auch wenn sie von einem guten Meister ist […] Der Prinz wird nie das gute Geblüt verleugnen, aus dem er hervorgegangen ist und das hoffentlich die Oberhand behalten wird über die Fieberhitze, die bisweilen die Organe in Unordnung bringt.“ [7] Das hört sich eher beschwörend als wirklich überzeugt an.

Für Sophie Dorothea blieb das Haus Hannover stets ein wichtiger Bezugspunkt, und das Projekt, das ihr privat wie politisch am meisten am Herzen lag, war eine doppelte Hochzeit: die des preußischen Kronprinzen Friedrich (später Friedrich II., „der Große“) mit der ältesten Tochter des britischen Kronprinzen Georg August (später Georg II.), Anne, und die des nächsten britischen Kronprinzen, Georg Augusts Sohn Friedrich Ludwig mit der ältesten preußischen Prinzessin, Wilhelmine. Mit dieser Doppelhochzeit sollte nicht nur die enge Verbindung der Familien weiter bekräftigt werden, sondern auch der Allianzvertrag zwischen Großbritannien und Preußen, der 1723 in Charlottenburg beschlossen worden war. Zunächst wurden diese Pläne jedoch noch nicht publik gemacht. Vier Jahre später, als es soweit war, starb Georg I. plötzlich, und sein Sohn Georg II. und Sophie Dorotheas Gemahl Friedrich Wilhelm von Preußen konnten sich, auch vor dem Hintergrund der veränderten politischen Lage und des unsicheren Bündnisses zwischen den beiden Ländern, nicht auf Termin und Konditionen einigen. Stattdessen kam es etliche Jahre später zu mehreren Ehen zwischen Preußen und anderen Zweigen des Welfenhauses.

Kinder

* Friedrich Ludwig, Prinz von Oranien (1707–1708)
* Wilhelmine (1709–1758), heiratet Friedrich, Markgraf von Brandenburg-Bayreuth
* Friedrich Wilhelm, Prinz von Oranien (1710–1711)
* Friedrich II. von Preußen (1712–1786), heiratet 1733 Elisabeth Christine, Prinzessin von Braunschweig-Bevern
* Charlotte Albertine (1713–1714)
* Friederike Luise (1714–1784), heiratet 1729 Carl Wilhelm Friedrich, Markgraf von Brandenburg-Ansbach
* Philippine Charlotte (1716–1801), heiratet 1733 Karl I., Herzog von Braunschweig-Wolfenbüttel
* Karl (1717–1719)
* Sophie Dorothea Marie (1719–1765), heiratet Friedrich Wilhelm, Markgraf von Brandenburg-Schwedt
* Luise Ulrike (1720–1782), heiratet 1744 Adolf Friedrich, König von Schweden
* August Wilhelm (1722–1758), heiratet 1742 Luise Amalie, Prinzessin von Braunschweig-Wolfenbüttel
* Anna Amalie (1723–1787), Äbtissin von Quedlinburg
* Heinrich (1726–1802), heiratet 1752 Wilhelmine, Landgräfin von Hessen-Kassel
* August Ferdinand (1730–1813), heiratet 1755 Anna Elisabeth Luise, Markgräfin von Brandenburg-Schwedt

1 John Clavering am 28.9.1716, zitiert nach Hatton 1978, Kap. 6, Anm. 50, S. 346.
2 Sophie an Sophie Dorothea am 23.02.1707, s. Schnath 1927, S. 117.
3 Zitiert nach ADB, 34, 1892, S. 686.
4 Sophie an Sophie Dorothea am 24.1.1714, s. Schnath 1927, S. 279.
5 Armbruster 1913, S. 57 f.
6 Sophie an Sophie Dorothea am 4.12.1706, s. Schnath 1927, S. 105.
7 Sophie an Sophie Dorothea am 15.5.1709, s. Schnath 1927, S. 166.

Herzogin von Munster in Irland (seit 1716), Herzogin von Kendal (seit 1719)

Geb. am 25. Dezember 1667 in Emden (Brandenburg),

gest. am 10. Mai 1743 in Isleworth (Middlesex)

1690 Mätresse Georg Ludwigs von Braunschweig-Lüneburg

So gut Königin von England wie je eine

Ehrengard Melusine von der Schulenburg

Als Georg Ludwig 1714 nach Großbritannien reiste, um Thron und Reich in Besitz zu nehmen, brachte er einen deutschen Hofstaat mit, der vom Kammerdiener über den Koch bis zum Politiker etwa 100 Personen umfasste. Die Ankunft der Fremden wurde kritisch beäugt, und innerhalb von zwei Jahren reduzierte Georg I. seine deutsche ‚Hoffamilie' auf knapp 25 Vertraute und Bedienstete. Der wichtigste Posten in dieser Runde blieb unbesetzt – eine Königin gab es nicht. Sophie Dorothea lebte in Verbannung auf Schloss Ahlden. Statt ihrer gehörten zwei adelige Damen zum engsten Kreis des neuen Königs: Ehrengard Melusine von der Schulenburg und Sophia Charlotte von Kielmansegg. Dem bissigen Volksmund galten sie bald als „the elephant and the maypole", der Elefant und der Maibaum".[1] Die Rolle der Elefantin kam der Kielmansegg, die des Maibaums der Schulenburg zu. Beide wurden weithin als Mätressen Georgs wahrgenommen, eine Fehleinschätzung, die sich bis weit ins zwanzigste Jahrhundert hinein hielt, nachdem sowohl Lord Hervey als auch Horace Walpole sie in ihren einflussreichen Memoiren als solche kolportiert hatten. Tatsächlich war Sophia Charlotte die Halbschwester Georgs, sie entstammte der Verbindung Ernst Augusts mit Clara Elisabeth von Platen. Georgs Mätresse war, 36 Jahre lang, Melusine von der Schulenburg.

Melusine stammte aus einer traditionsreichen Adelsfamilie; ihr Vater gehörte dem Rat des brandenburgischen Kurfürsten an, ihr Bruder machte militärische Karriere u. a. in Braunschweig-Wolfenbüttel und Venedig. Sie selbst trat 1690 als Hofdame in die Dienste Sophies am hannoverschen Hof. Dort wurde sie offenbar rasch die Geliebte des

Thronfolgers. Bereits im Januar 1692 kam die erste gemeinsame Tochter zur Welt, die offiziell jedoch (wie später die beiden anderen) als Tochter einer verheirateten Schwester Melusines geführt wurde.

Melusine war Georg Ludwig aufrichtig zugetan, darüber herrschte in ihrer wie in seiner nächsten Umgebung kein Zweifel. Den unfreundlichen Titel der Hopfenstange verliehen ihr dennoch nicht erst die Briten: Bereits Kurfürstin Sophie, verärgert über die Liaison ihres Sohnes, bezeichnete die junge Hofdame so.[2] Die hoch gewachsene Melusine unterschied sich nicht nur figürlich von Sophie Dorothea, der attraktiv gerundeten, stürmisch temperamentvollen Gattin Georg Ludwigs. Melusine galt als sanft und geduldig und als eifrig bemüht, „alles an Gutem zu tun, das sie vermag",[3] wie die Gräfin zu Schaumburg-Lippe notierte.

Das sollte jedoch keineswegs dazu führen, sie selbst als harmlos-naiv und ihre Rolle als untergeordnet zu verkennen. Nachdem Georg Ludwig als Erbe seines Vaters zum Kurfürsten geworden war, nahm Melusine offiziell die Rolle der Frau an seiner Seite ein, die allen Damen des Hofes außer Kurfürstinwitwe Sophie im Rang übergeordnet war. Und spätestens in Großbritannien gewann Melusine auch wesentlichen politischen Einfluss. Wer ein Anliegen hatte, das er dem König nicht direkt vortragen konnte, verließ sich auf ihre Vermittlung. Wie der preußische Gesandte in London 1720 notierte, war es häufig sie, „die das erste Eis brach",[4] wenn es darum ging, den König für eine Sache oder eine Person zu gewinnen. Der französische König Ludwig XV. wies seinen Gesandten an: „Versäumen Sie nichts, um einen Anteil an ihrem Vertrauen zu gewinnen", denn „nichts kann für meine Interessen förderlicher sein".[5] Und auch der einflussreiche Robert Walpole versicherte sich ihrer Unterstützung; er betonte, sie sei „faktisch so gut Königin von England wie je eine" und er „regle alles durch sie".[6]

Melusine von der Schulenburg
Unbekannter Maler
Öl auf Leinwand, um 1720
Residenzmuseum im Celler Schloss

Kinder

* Anna Louise Sophia (1692–1773), heiratet 1707 Freiherr Ernst August von dem Bussche-Ippenburg, geschieden vor 1714. 1722 zur Reichsgräfin von Delitz ernannt
* Petronella Melusine (1693–1778), heiratet 1733 Philip Dormer Stanhope, den 4. Grafen von Chesterfield. 1722 zur Gräfin von Walsingham ernannt
* Margarete Gertrud (1701–1726), heiratet 1722 Graf Albrecht Wolfgang zu Schaumburg-Lippe

1 Hatton 1982, S. 50.
2 Wörtlich als „malkin", was sowohl Hopfenstange als auch Vogelscheuche bedeuten konnte; Hatton 1982, S. 50.
3 Zitiert nach Hatton 1982, S. 51.
4 Beattie 1967, S. 242.
5 Beattie 1967, S. 247.
6 Aus dem Tagebuch der Mary, Countess Cowper, zitiert nach Beattie 1967, S. 248; ODNB 2004 Bd. 49, S. 276.

Der Sprung

Dass die hannoverschen Welfen 1714 den britischen Thron einnehmen konnten, verdanken sie, um eine britische Formulierung anzuwenden, einer Mischung von „good luck and good management“ – im englischen Wort für Glück steckt noch die alte Vorstellung der Fortuna, des Schicksals, das erst durch das Adjektiv zum guten oder üblen wird. Einige der Beteiligten, die von Fortunas Rad nach unten gerissen wurden, hätten sicher nicht von „Glück“ gesprochen, doch die Welfen wurden ganz nach oben gehoben.

Um zu erklären, wie sie dorthin gelangen konnten, muss man mehr als ein halbes Jahrhundert in der britischen Geschichte zurückblicken. 1649 ließ das englische Parlament König Karl I. aus dem Hause Stuart als Staatsverräter hinrichten. Dieses beispiellose Ereignis schockierte die europäischen Monarchien, rüttelte es doch an der Grundvorstellung, dass der Herrscher seine Legitimation direkt von Gott habe und darum durch Menschen nicht absetzbar sei – von Hinrichtung ganz zu schweigen. Vorausgegangen waren jahrelange erbitterte Auseinandersetzungen zwischen König und Parlament und schließlich ein Bürgerkrieg. Dabei ging es um Machtbefugnisse, vor allem um die Frage, wer das Recht habe Steuern festzusetzen, und um die Religion. Karl I. hatte eine katholische Prinzessin aus dem französischen Königshaus geheiratet, und sowohl die Vertreter der Kirche von England als auch die Puritaner in Schottland (seit 1603 in Personalunion mit England vereint) und in England befürchteten eine Rückkehr zum „Papismus“. Nach der Hinrichtung des Königs und der Abschaffung des Königtums errichtete Oliver Cromwell (1599–1658), einer der Führer der puritanischen Bürgerkriegspartei, eine Art Gottesstaat unter seinem Protektorat.

Nach Cromwells Tod zerfiel diese Konstruktion rasch und mit Karl II. kehrten die Stuarts 1660 auf den Thron zurück. Da Karl II. (1630–1685) keine legitimen Nachkommen hatte, folgte ihm sein jüngerer Bruder Jakob (1633–1701) als Jakob II. von England bzw. Jakob VII. von Schottland. Damit begannen die Konflikte erneut, da Jakob katholisch und nicht bereit war, seinem Glauben abzuschwören, und da er versuchte, die Rechte des Parlaments zu beschneiden. Diesmal war die Lösung allerdings weniger blutig, denn 1688, nach nur drei Jahren an der Regierung, wurde Jakob in der sogenannten „Glorreichen Revolution" abgesetzt. Ein Auslöser dafür war die Geburt eines Sohnes, Jakob Franz Eduard Stuart (1688–1766), aus der zweiten, katholischen Ehe des Königs. Auf den Thron berief das Parlament nun seine ältere, protestantische Tochter Maria (1662–1694) und deren Ehemann, Wilhelm von Oranien (1650–1702), den Statthalter der protestantischen Niederlande. Wilhelm war mütterlicherseits ebenfalls ein Stuart; seine Mutter war eine Schwester von Karl und Jakob gewesen. Als erklärter Feind Frankreichs galt er als einer der wichtigsten Verteidiger des protestantischen Glaubens. Sein Eingreifen machte die Vertreibung seines Schwiegervaters, Jakobs II., erst möglich: Im November 1688 landete Wilhelm mit einer Armee von ca. 11 000 Mann in Südengland – eine Invasion auf Einladung der politischen Opposition.

Als Maria II. und Wilhelm III. regierte das Königspaar seit 1689 gemeinsam, wobei sie durch die „Bill of Rights", die das Parlament im selben Jahr verabschiedet hatte, an die Verfassung und an eine enge Zusammenarbeit mit dem Parlament gebunden wurden. Die „Bill of Rights" legte auch fest, dass nur Protestanten Könige oder Königinnen von England werden konnten. Da Maria und Wilhelm keine Kinder hatten, ging die Krone nach Wilhelms Tod an Marias ebenfalls protestantische Schwester Anna (1665–1714) über. Anna hatte zwar 17 Kinder geboren, die jedoch fast alle entweder tot zur Welt kamen oder nach nur wenigen Tagen oder Monaten starben. Einzig ihr Sohn Wilhelm, Herzog von Gloucester (1689–1700) gab eine Zeitlang Hoffung auf einen Nachfolger, doch auch er starb schon als Kind.

Damit musste die Thronfolge erneut geregelt werden. Es gab zwar zahlreiche Anwärter der Stuart-Familie auf die Krone, doch die nächste Protestantin in direkter Linie war Sophie von der Pfalz. Ihre Mutter Elisabeth Stuart (1596–1662) war eine Tochter des ersten der schottischen Stuarts auf dem englischen Thron, Jakob I. (Jakob VI. von Schottland). Von Sophies elf älteren Geschwistern lebte im Jahr 1700 nur noch eine Schwester, Louise Hollandine (1622–1709), die katholisch geworden und Äbtissin eines französischen Klosters war. Auch die (nicht sehr zahlreichen) Nachkommen ihrer älteren Geschwister waren katholisch.

Grob verkürzt kann man also sagen: Eine Hinrichtung, zwei Revolutionen, eine grundlegende Gesetzeserklärung, mehrere Konversionen,

nach England

zahlreiche früh verstorbene Kinder und eine kluge Heirat öffneten den hannoverschen Welfen den Weg auf den britischen Thron. Umfangreiche Verhandlungen und weitere Erlasse und Gesetze waren zusätzlich nötig.

❧ Bereits der „Glorreichen Revolution", oder genauer gesagt, der Invasion Wilhelms III. im November 1688, waren umfangreiche diplomatische Verhandlungen vorausgegangen. Wilhelm hatte sich nicht nur der Unterstützung britischer Politiker versichert, sondern auch Verbündete unter den protestantischen Landesherren in Norddeutschland gesucht. Georg Wilhelm, den regierenden Herzog in Celle, konnte er rasch gewinnen, denn die beiden waren befreundet, seit Georg Wilhelm auf Seiten der Protestanten im Holländischen Krieg gekämpft hatte. Doch nicht nur Ernst Augusts Bruder, auch sein Schwiegersohn Friedrich III., Kurfürst von Brandenburg, sagte seine Unterstützung zu. Nur Herzog Ernst August selbst, zu dieser Zeit noch mit Frankreich verbündet, hielt sich zunächst mit Zusagen zurück.

❧ Die „Bill of Rights" von 1689 sicherte nicht nur die Entscheidungsgewalt des Parlaments in Fragen der Besteuerung, der Gesetzgebung und der Landesverteidigung und legte die protestantische Erbfolge grundsätzlich fest, sondern sie nannte auch die nächsten Thronanwärter: Maria und Wilhelm, danach Anna. Sophies Name tauchte noch nicht auf, obwohl sich Ernst Augusts Unterhändler intensiv darum bemüht hatten. Das Parlament wollte nicht von vornherein die katholischen Nachkommen Jakobs II. ausschließen, die die Thronfolge hätten antreten können, wenn sie zu einem Konfessionswechsel bereit gewesen wären. Überhaupt fanden die Unterhändler ihre Aufgabe unerwartet schwierig, denn die britischen Verhältnisse entsprachen so gar nicht denen auf dem Kontinent: Hier genügte es nicht, sich (mit Argumenten und nötigenfalls mit Geld) an Minister und den Landesherrn zu wenden, sondern man musste ganz unterschiedliche Fraktionen und Parteien, Ämter und Einrichtungen berücksichtigen. So hatte das Oberhaus dem Zusatz zur „Bill of Rights" zwar zugestimmt, der Sophie und ihre Söhne als weitere nächste Nachkommen nannte, das Unterhaus aber lehnte ab.

❧ Wilhelm III. selbst war damit beschäftigt, rasch seine Anerkennung in Schottland zu erreichen und seine neuen Länder hinter sich zu bringen. Mit Habsburg, Schweden, den norddeutschen Fürstentümern (darunter allen drei welfischen Gebieten) und zahlreichen weiteren Ländern in der „Großen Allianz" verbündet, rüstete er gegen Frankreich zum Krieg, denn Ludwig XIV. begann, seine fragwürdigen Erbansprüche auf die Pfalz mit Waffengewalt durchzusetzen, um so sein Machtgebiet nach Osten zu erweitern. „Die Frau Herzogin ist der Krone ziemlich nahe",[1] erklärte Wilhelm III. Ernst Augusts Unterhändler, doch für eine gesetzliche Regelung sei es zu früh. Immerhin schrieb er – wie sie sofort ihrem Berater Leibniz berichtete – persönlich an Sophie, sie habe „allen Grund, sich für das Wohl Englands zu interessieren",[2] da ihre Söhne Aussicht hätten, einmal sein Erbe dort anzutreten.

❧ Dann jedoch wurde im Sommer 1689 Annas Sohn Wilhelm geboren, und alle Verhandlungen ruhten. Gottfried Wilhelm Leibniz allerdings pflegte weiter seine Kontakte zu Gelehrten in Großbritannien und machte sich dabei stets zum Fürsprecher Sophies. Weitgehend auf seine Initiative ging wohl auch zurück, dass es 1698 zu einem persönlichen Gespräch zwischen

Medaille zur Krönung Georgs I. im Jahr 1714

Auf der Vorderseite ist das Profilporträt des Königs, auf der Rückseite das Niedersachsenross, das zum wichtigsten Wappentier der Welfen geworden war, im Sprung vom Kurfürstentum auf die britische Insel. Die lateinische Umschrift besagt: „Es kommt ein Würdiger zu den in einer eigenen Welt lebenden Briten" und „Eine Welt allein ist nicht genug".

Georg Wilhelm Vestner (1677–1740) zugeschrieben, Silber, 1714

Historisches Museum Hannover

Wilhelm III. und Sophie über die Frage der Sukzession kam. Im Oktober 1698 kam Wilhelm III. auf Einladung seines Bündnispartners und Freundes, des Herzogs Georg Wilhelm, nach Celle, um in der Heide zu jagen. Auch wenn diese Reise keineswegs als offizieller Staatsbesuch angelegt war, wurde deren Ablauf von welfischer Seite bis ins Detail vorbereitet. Unter anderem sollte Wilhelm bei dieser Gelegenheit den Kurprinzen Georg August (den späteren Georg II.) kennen lernen. Die Frage der englischen Thronfolge allerdings sollte nicht zum Thema gemacht werden. Leibniz aber hatte die Celler Herzogin Eleonore gebeten, mit Wilhelm unter vier Augen genau darüber zu reden und zu betonen, wie wichtig es sei, Sophies Namen offiziell in die Erbfolgeliste aufzunehmen. Welch seltsame Allianz! Ausgerechnet die d'Olbreuse, für die Sophie immer nur Herablassung übrig gehabt hatte, sollte sich nun für sie einsetzen. Eleonore ging allerdings davon aus, Leibniz habe ihr diesen Auftrag auf Anweisung seines Dienstherrn Ernst August erteilt. Und sie verfolgte durchaus ihre eigenen Ziele: Sie wollte sich bei Wilhelm III. für die Freilassung ihrer nach der Scheidung von Georg Ludwig in Ahlden gefangenen Tochter Sophie Dorothea einsetzen. Dies befürchtend, hatte Ernst August eigens einen Unterhändler nach Celle geschickt, um Wilhelm III. sofort nach seiner Ankunft genau gegen diesen Vorstoß zu warnen – Verwicklungen der Diplomatie. Der Vorstoß von Leibniz und Eleonore jedenfalls hatte Erfolg: Als Sophie auf besondere Einladung Georg Wilhelms ebenfalls nach Celle kam, ergab sich ein längeres Gespräch zwischen ihr und Wilhelm III., über das sie anschließend berichtete, es sei „recht wol abgelauffen undt hett mir der König gar viel amitié bezeugt, ist sehr fründtlich gegen mich gewesen“.[3] Auch das allerdings war wohl weitgehend Diplomatie. Tatsächlich mochte Wilhelm seine Großkusine offenbar nicht besonders: An seinem Hof war sie unter dem hässlichen und zudem völlig unzutreffenden Spitznamen „old strumpet“,[4] „alte Dirne“ bekannt.

Waren die Aussichten Hannovers auf London bislang noch vage geblieben, so trat im Juli 1700 eine entscheidende Veränderung ein, als Annas einziger überlebender Sohn mit nur elf Jahren starb. Nun war eine neue Regelung erforderlich. Erstaunlicherweise hielten sich sowohl Sophie als auch ihr Sohn, Kurfürst Georg Ludwig, in dieser Frage nach wie vor außerordentlich bedeckt. Sie selbst, so betonte Sophie immer wieder, sei ja ohnehin zu alt und „dencke [...] mer ans Himelreich als an das von Englant“.[5] Sie scheint tatsächlich hin und her gerissen gewesen zu sein, ob der Thron nicht rechtmäßig doch dem katholischen Sohn Jakobs II. gebühre, ob also Geburtsrecht nicht mehr gelte als ein von Abgeordneten beschlossenes Gesetz. Zudem war sie offenbar nachhaltig verunsichert, denn „das Parlament hat mich auch zur succesion nicht genent“.[6] Auch schien sie überzeugt: „Mein Sohn, der Courfürst, verlangt die Cron nicht.“[7] Tatsächlich lässt sich Georg Ludwigs Haltung in der Frage der Sukzession heute nur noch schwer rekonstruieren, da er wenige schriftliche Dokumente hinterließ und vor allem fast seine gesamte private Korrespondenz vernichtete. Nach bitteren Erfahrungen im Prinzenstreit und der Königsmarck-Affäre war er gerade im persönlichen Umfeld außerordentlich misstrauisch und verschlossen geworden. Und politisch legte er seine Karten ohnehin nur ungern auf den Tisch. Indem er sich wenig deutlich positionierte, bot er z. B. der jakobitischen Propaganda, also den Anhängern Jakob Eduard Stuarts, keine Angriffsfläche.

Es scheint allerdings, dass Wilhelm III. mit den beiden Hannoveranern die Geduld verlor. Zum Jahreswechsel 1700/1701 unterbreitete er dem Kurfürsten den Vorschlag, unter Umgehung Sophies und Georg Ludwigs direkt den Kurprinzen Georg August zum englischen Thronfolger zu ernennen. Der Prinz solle zu diesem Zweck rasch nach England kommen. Unter den britischen Politikern stand eine große Mehrheit diesem Vorschlag positiv gegenüber und erwartete, noch darüber hinausgehend, sogar, dass Georg August für die Krone Englands auf seine Ansprüche in Hannover verzichten solle. Daraufhin musste Georg Ludwig selbstverständlich Stellung beziehen; er verteidigte sowohl die Ansprüche seiner Mutter als auch seine eigenen.

Ebenfalls im Januar kamen im Celler Schloss Georg Wilhelm, Sophie, Leibniz und der englische Gesandte James Cresset zusammen, um über die mögliche Thronfolge zu beraten; Kurfürst Georg Ludwig nahm an dieser Runde nicht teil. Als Ergebnis der Beratungen verfasste man einen Brief an Wilhelm III., in dem Sophie jedoch immer noch lediglich um Rat in der Erbfolgefrage bat. Der zweite Beschluss dieser Zusammenkunft – einen Vertrauten nach England zu schicken, um dort für die hannoversche Sukzession zu werben – wurde nicht umgesetzt, gewiss zum großen Bedauern von Leibniz, der sich Hoffnung auf diese Aufgabe gemacht hatte und nur zu gerne in die Metropole an der Themse gezogen wäre.

❧ Ende Februar desselben Jahres kam das britische Parlament wieder zusammen. Nachdem man zunächst die außenpolitische Lage besprochen hatte (in Spanien war ein Bourbone auf den Thron gekommen, Habsburg aber hatte einen Gegenkönig aufgestellt und damit den Spanischen Erbfolgekrieg ausgelöst), wurde ausführlich über die innenpolitische Frage der Erbfolge im eigenen Land beraten. Das Ergebnis war der „Act of Settlement". Er setzte Sophie und ihre Nachkommen als Erben der Krone ein. Mit der Annahme der Krone waren allerdings weitgehende Bedingungen verknüpft, die die Königin bzw. den König stärker als je zuvor an die Verfassung und die Entscheidungen des Parlaments banden. Da man mit Wilhelm III. bereits Erfahrungen mit einem ausländischen Staatsoberhaupt auf dem englischen Thron gesammelt hatte, fügte man auch strenge Bestimmungen dahingehend ein, dass kein Ausländer Mitglied der Regierung werden oder Krongüter zum Geschenk erhalten dürfe und dass keine Kriege zum Schutz fremder, dem Herrscher gehörenden Länder geführt werden dürften. Ja, der Landesherr erhielt sogar die Auflage, ohne Genehmigung des Parlaments nicht ausreisen zu dürfen; eine Regelung, die Georg I. nach seinem Regierungsantritt allerdings abschaffen konnte.

❧ Der hannoversche Gesandte am preußischen Hof musste sich den missgünstigen Kommentar des preußischen Premierministers Graf Wartenberg anhören, dass unter diesen Bedingungen mancher Fürst wohl überlegen würde, die Sukzessionsregelung anzunehmen. Auch wenn sich hier Neid in die Häme gemischt haben dürfte, Georg Ludwig plagten offenbar ähnliche Bedenken. Kurzfristig erwog er gar, zu verzichten, was seine Minister zu einer ausführlichen schriftlichen Stellungnahme veranlasste, in der sie ihn dringend beschworen, die Kronanwartschaft anzunehmen. Kurfürstinwitwe Sophie aber schien nach all ihren vorherigen Bedenken nun sehr zufrieden mit der Regelung und bedauerte nur wiederholt: „Es ist ein Elent vor mir, daß ich zu alt tharzu bin". [8]

❧ Am 15. August 1701 überreichte Lord Macclesfield als britischer Gesandter feierlich die Urkunde des „Acts of Settlement". Zwei Wochen später wurde Georg Ludwig, wie es sich für ein männliches Mitglied des englischen Königshauses gebührte, in den illustren Hosenbandorden aufgenommen. Mit reichen Gastgeschenken bedacht, reiste die britische Delegation danach wieder ab.

❧ In Hannover konnte man nun beginnen, sich auf die Thronfolge einzustellen. Es kamen viele englische Besucher, aus Neugier oder um eilfertig ihre Dienste anzubieten. „Zu bestimmten Zeiten", notierte Sophie später, erschienen sie „wie die Schwalben". [9] Die Kurfürstinwitwe beschäftigte auch einen englischen und einen schottischen Hofjunker. Allerdings galt noch für lange Zeit, was Leibniz 1701 in einem Brief vermerkte: „Außer der Frau Kurfürstin und mir selbst gibt es hier so gut wie niemanden, der Englisch versteht". [10] Das bedeutete natürlich auch, dass keiner der hannoverschen Politiker in der Lage war, die britische Diskussion in Zeitungen und Pamphleten zu verfolgen oder beispielsweise das Buch über die britische Verfassung zu verstehen, das ein Captain Smyth Sophie 1702 überreichte und das sie interessiert las, u. a. auch mit dem Ziel, „sich in der englischen Sprache zu rüsten". [11] Um diesem Notstand abzuhelfen, erhielt Sophies Enkel, Kurprinz Georg August, auf ihre Veranlassung ab November 1701

Kleines Flugblatt mit der Darstellung der Landung des Kurfürsten Georg Ludwig in Großbritannien im Jahr 1714
Kupferstich, 1714
Historisches Museum Hannover

Englischunterricht. Auch seine Frau, Kurprinzessin Caroline, lernte die Sprache später mit großem Erfolg. Britische Besucher „geben der Kurprinzessin Anlaß, keck englisch zu sprechen, was sie schon wundervoll kann," notierte Sophie 1713.[12]

Der „Act of Settlement" regelte die Thronfolge und kam damit keineswegs zu früh, denn bereits im folgenden Jahr starb Wilhelm III. völlig überraschend in Folge eines Reitunfalls. Damit änderte sich das Verhältnis zwischen dem Londoner und dem Hannoverschen Herrscherhaus grundlegend. Wilhelm III. hatte zwar, außer zu seinem Freund Georg Wilhelm in Celle, keine herzlichen Beziehungen zu den hannoverschen Welfen unterhalten, aber durchaus diplomatisch-höfliche, weitgehend spannungsfreie. Anna dagegen stand ihren Nachfolgern ablehnend gegenüber. Ob dahinter wirklich, wie schon etliche Zeitgenossen und einige Historiker annahmen, die gekränkten Gefühle einer Frau standen, weil Georg Ludwig ihr bei seinem Besuch in London 1680 nicht den von beiden Familien erwünschten Heiratsantrag gemacht hatte, muss fraglich bleiben; immerhin ging gleichzeitig das umgekehrte Gerücht um, Anna habe damals Georg Ludwig abgelehnt. In jedem Fall machte Königin Anna unmissverständlich deutlich, dass sie keinen Welfen in Großbritannien zu sehen wünsche. Das, so klagte sie, würde für sie bedeuten, „jeden Tag, der ihr noch vom Leben bliebe, ihren Sarg zu betrachten",[13] von dem ihres toten Sohnes nicht zu reden. Zudem hatte die Königin nicht nur außenpolitisch, sondern auch innenpolitisch mehr als genug Probleme zu meistern, und konnte schon deshalb keinerlei Interesse daran haben,

Kurfürstinwitwe Sophie oder den Kurprinzen Georg August mit jeweils ihrer eigenen Entourage in London etabliert zu sehen und der Opposition damit einen Kristallisationspunkt zu bieten.

Genau dieses Projekt eines eigenen Etablissements in London allerdings verfolgte Sophie dickköpfig und mit tatkräftiger Hilfe ihres Beraters Leibniz. Anfang November 1705 schrieb Sophie, ohne Rücksprache mit ihrem Sohn, dem Kurfürsten, zu halten, einen Brief an den Erzbischof von Canterbury und in Abschrift an Lord Stamford, in dem sie ihre Bereitwilligkeit bekräftigte, nach Großbritannien zu reisen und ihn bat, sich für diese Möglichkeit einzusetzen. Beide Adressaten waren prominente Vertreter der fortschrittlichen Whigs und damit der Partei, die die hannoversche Sukzession befürwortete, und beide rieten ihr dringend von einem entsprechenden Schritt ab. Stattdessen brachte die Gegenpartei der Tories, in der sich durchaus eine ganze Reihe so genannter Jakobiten, also Anhänger der katholischen Stuarts befanden, Ende November im Oberhaus einen Antrag ein, Sophie offiziell nach London einzuladen. Nicht etwa, weil die Tories eine solche Reise wünschten, sondern weil sie die hannoverfreundlichen Whigs in das Dilemma stürzen wollten, entweder mit Königin Anna oder mit den Anhängern der hannoverschen Sukzession und mit Hannover in Konflikt zu geraten. Dieses taktische Manöver misslang und führte sogar zu einer Annäherung der Whigs an Königin Anna; die Einladung an Sophie aber war mit der offiziellen Ablehnung durch das Oberhaus fürs Erste definitiv unmöglich geworden.

Umso empörter reagierte die britische Öffentlichkeit, als wenige Wochen später, im Januar 1706, ein offener Brief an Lord Stamford im Druck erschien, in dem die Ablehnung der Einladung Sophies durch das Parlament heftig kritisiert und eine solche Einladung mit Nachdruck befürwortet wurde. Als Verfasser dieses Briefes war ein Sir Rowland Gwynne angegeben, ein englischer Adliger, der seit einiger Zeit in Hannover lebte. Allerdings stammte das Schreiben nicht von ihm, sondern aus der Feder von Leibniz. Es hatte desaströse Folgen für Gwynne, der nur seinen Namen dafür hergegeben hatte, nun aber den hannoverschen Hof verlassen musste und keineswegs nach Großbritannien zurückkehren konnte, wo ihm gar die Inhaftierung drohte. In dieser Angelegenheit kam es zu einer ernsthaften Krise zwischen Kurfürstinwitwe Sophie und ihrem Sohn, Kurfürst Georg Ludwig, der im Gegensatz zu ihr nichts von Leibniz' Aktion gewusst hatte und durch sein Vorpreschen in ernsthafte politische Schwierigkeiten geriet.

Eine Einladung Sophies nach Großbritannien war nach all dem völlig ausgeschlossen, doch unternahm das Parlament im April desselben Jahres zwei dringend nötige weitere Schritte zur Sicherung und vor allem zur Umsetzung der Sukzession: Es verabschiedete den „Act of Regency", der die Durchführung der Regierungsübernahme regelte, und den „Act of Naturalization", der Sophie und ihre direkten Nachkommen zu britischen Staatsbürgern machte. Erneut kam eine große englische Delegation zur feierlichen Übergabe nach Hannover, und bei dieser Gelegenheit wurde nun auch Kurprinz Georg August in den Hosenbandorden aufgenommen. Außerdem erhielt er mehrere britische Adelstitel, u. a. den des Herzogs von Cambridge. Im folgenden Jahr wurde die verfassungsgemäße Verbindung der bislang nur durch Personalunion vereinigten Königreiche Schottland und England beschlossen und durch den „Act of Union“ besiegelt. Er trug ebenfalls dazu bei, den Hannoveranern den Weg auf die Insel zu ebnen: Die meisten Anhänger der katholischen Stuarts saßen in Schottland und hätten andernfalls bei Regierungsübernahme der Welfen möglicherweise eine Spaltung betrieben.

Nun schien alles in ruhigem Fahrwasser. Doch dann änderte sich die politische Lage, als im britischen Parlament die konservativen Tories die welfenfreundliche Whig-Partei ablösten. 1712 trat Großbritannien aus der „Großen Allianz“ der Frankreichgegner – zu denen ja auch die welfischen Lande gehörten – aus. Hannover sah in Großbritannien also plötzlich nicht mehr einen Verbündeten, sondern einen übermächtigen politischen Gegenspieler. Die neue Politik brachte Großbritannien große Vorteile im Frieden von Utrecht, der 1713 den Spanischen Erbfolgekrieg beendete. Hannover hätte mit den Bestimmungen dieses Friedensschlusses ebenfalls zufrieden sein können, denn Frankreich erkannte darin endgültig die welfische Thronfolge in Großbritannien an und gab seine Unterstützung der katholischen Stuarts auf. Noch fünf Jahre zuvor hatte Ludwig XIV. den katholischen Thronanwärter Jakob Eduard Stuart mit 6 000 Soldaten und 30 Kriegsschiffen ausgerüstet, damit er bei Edinburgh landen und seine Ansprüche in Großbritannien durchsetzen könne; die britische Marine hatte den Angriff allerdings abgeschlagen. Tatsächlich machte man sich in Hannover – in Fehleinschätzung der Lage – jedoch weiterhin ernsthafte Sorgen um die Sukzession. Man argwöhnte einerseits, Frankreich könne sein Wort brechen und trotz des Friedens wieder für die Stuarts Partei ergreifen, und fürchtete andererseits, Königin Anna könnte möglicherweise doch statt der Welfen ihren katholischen Halbbruder unterstützen.

Zu einer großen Krise kam es Ende des Jahres 1713: Königin Anna erkrankte so schwer, dass mit ihrem baldigen Tod gerechnet wurde. In Frankreich begann Jakob Eduard Stuart erneut zum Angriff zu rüsten. Kurfürst Georg Ludwig verhielt sich weitgehend passiv und verprellte damit nicht nur diejenigen einflussreichen britischen Politiker, die sich vehement für seine Sache eingesetzt hatten, sondern auch die protestantischen Niederlande, die bereit gewesen wären, ihn militärisch zu unterstützen, um eine Rekatholisierung Großbritanniens zu verhindern.

1 „Madame la Duchess est bien près de la couronne“; zitiert nach Schnath I, 1938, S. 495.
2 Sophie an Leibniz im Juni 1689; zitiert nach Fricke 1957, S. 9.
3 Sophie an ihre Nichte Luise, Oktober 1698; s. Bodemann 1888, Nr. 192, S. 183.
4 Siehe Schnath IV, 1982, S. 22.
5 Im Brief an ihre Nichte Luise im August 1700; Bodemann 1888, Nr. 219, S. 205 und Schnath IV, 1982, S. 17.
6 Wie Anm. 5.
7 Wie Anm. 5.
8 Sophie an ihre Nichte Luise im April 1701; Bodemann 1888, Nr. 225, S. 209; Fricke 1957, S. 10, Schnath IV, 1982, S. 35 (mit weiteren Zitaten in ähnlicher Formulierung an andere Adressaten).

Ausgerechnet in dieser ohnehin kritischen Situation preschte Sophie ein weiteres Mal vor, um die Reise des Kurprinzen nach London zu erzwingen. Ob sie sich diesmal mit dem Kurfürsten abgesprochen hatte oder erneut ohne Wissen ihres Sohnes handelte, lässt sich nicht mehr mit Sicherheit belegen. Im April 1714 wies Sophie den neuen hannoverschen Gesandten in London, Georg Wilhelm Schütz, an, beim Parlament den „writ" einzufordern, d. h., die offizielle Einladung an Kurprinz Georg August ins Oberhaus des Parlamentes. Dort stand ihm ein Sitz zu, seit er 1706 zum Herzog von Cambridge ernannt worden war. Königin Anna war außer sich vor Wut, und die diplomatische Karriere des Gesandten, den sie sofort vom Hof verwies und der in Hannover beim Kurfürsten nicht mehr empfangen wurde, war zu Ende, noch ehe sie recht begonnen hatte.

Pikanterweise hielt sich zur selben Zeit ein Sondergesandter der Königin Anna in Hannover auf, dessen Aufgabe es war, in ihrem Namen die Sukzessionsregelung zu bekräftigen und um Vorschläge zu bitten, welche Punkte noch eingehender geklärt werden sollten. Hannovers Antwort war ein Memorandum, in dem erstmals auch amtlich eine vom Parlament bewilligte Jahresrente (wie sie zu Zeiten Wilhelms III. an Anna bezahlt worden war) für Thronfolgerin Sophie gefordert wurde und ebenso mit Nachdruck der dauernde Aufenthalt eines Mitgliedes des Hauses Hannover in London. Königin Annas postwendende Reaktion darauf waren die so genannten „bösen Briefe" an Kurfürst Georg Ludwig, Kurprinz Georg August und Kurfürstinwitwe Sophie, in denen sie betonte, dass alles, „was meine Macht schmälert, eine Gefahr für den Anspruch Ihrer Familie" bedeute.[14] Das war vordergründig als Warnung vor der Gefahr einer jakobitischen Rebellion gemeint, aber durchaus auch als Drohung grundsätzlicher Art zu verstehen. Über diese Briefe wiederum regte sich Sophie so auf, dass manche Beobachter meinten, sie hätten zu ihrem plötzlichen Tod nur eine Woche später beigetragen.

Königin Anna überlebte die Kurfürstinwitwe nur um gut zwei Monate. Im September trat Kurfürst Georg Ludwig sein neues Amt in Großbritannien an. Das Welfenross war, wie es eine Gedenkmedaille eindrücklich ins Bild setzte, auf die Insel gesprungen.

9 Brief der Kurfürstin Sophie an ihre Enkelin, die preußische Königin Sophie Dorothea im August 1713; Schnath 1927, Nr. 374, S. 270.

10 Leibniz 1701 an einen schottischen Briefpartner; das Originalzitat ist französisch; Schnath IV, 1982, S. 38.

11 Im französischen Original: „fortifier"; Schnath IV, 1982, S. 61.

12 Brief der Kurfürstin Sophie an ihre Enkelin, die preußische Königin Sophie Dorothea im August 1713; Schnath 1927, Nr. 374, S. 270.

13 Siehe Hatton 1982, S. 80.

14 Im englischen Vorentwurf von der Hand des Großschatzmeisters, des Grafen von Oxford: „[Any thing] which disturbs my possession, weathers the title of your familiy"; die Endfassung der Briefe war Französisch; zitiert nach Schnath IV, 1982, S. 735.

König von Großbritannien und Irland, Kurfürst von Hannover (seit 1727)

Geb. am 30. Oktober [10. November] 1683 in Hannover,

gest. am 25. Oktober 1760 in London,

1705 Heirat mit Caroline von Brandenburg-Ansbach

Er war immer, was er schien

Georg II.

„... er hatte etwas Menschliches und neben vielen anderen königlichen und männlichen Tugenden besaß er Gerechtigkeitssinn, Wahrheitsliebe und Ehrlichkeit in hohem Maße." So beschrieb William Pitt, sein letzter leitender Minister, den König. Dieses Urteil hat umso mehr Gewicht, als die beiden zwar konstruktiv zusammen arbeiteten, sich aber persönlich nicht ausstehen konnten. In einer anderen Quelle heißt es: „Er war immer, was er schien: Er mochte beleidigen, aber er täuschte nie."[1] Dass er sich nicht verstellen konnte, wäre einer Karriere Georg Augusts als Höfling gewiss abträglich gewesen; am König jedoch schätzten seine Untertanen seine Gradlinigkeit ebenso als Tugend wie seinen Mut.

Mut, geradezu Tollkühnheit, hatte Georg August vor allem als Offizier bewiesen. Kaum war sein Sohn geboren und damit die Erbfolge auf's Erste gesichert, zog der Kronprinz 1708 im Rahmen des Spanischen Erbfolgekrieges in Flandern in die Schlacht. Entgegen der strikten Weisung seines Vaters, nichts zu riskieren, stürzte er sich ins Kampfgetümmel, in dem sein Pferd unter ihm erschossen wurde. In Großbritannien genoss der „young Hanoverian brave" (so der Dichter Jonathan Swift) danach große Beliebtheit. Sein Vater, dessen Anwartschaft auf den britischen Thron in weiten Kreisen auf Ablehnung stieß, missgönnte ihm den Triumph.

Das schwierige Verhältnis von Vater und ältestem Sohn begann sich im Haus Hannover ohnehin zur Familientradition zu entwickeln. Zum großen Zerwürfnis zwischen Georg I. und Georg August kam es im Dezember 1717 anlässlich der Taufe von dessen fünftem Kind und zweitem Sohn, Georg Wilhelm, aufgrund der Ernennung eines Taufpaten. Erst 1720 konnte der Streit, der auch einen großen politischen Skandal bedeutete, einigermaßen beigelegt werden. Georg Augusts Verhältnis zu seinem eigenen ältesten Sohn, Friedrich Ludwig, war ebenso schlecht wie das seines Vaters zu ihm und spaltete später den Hof in ähnlicher Weise.

Als letzter britischer Monarch, der seine Truppen noch selbst in die Schlacht führte, kämpfte Georg II. auch im Österreichischen Erbfolgekrieg nochmals

Georg II. mit dem Hosenbandorden und den Kroninsignien

Unbekannter Maler
Öl auf Leinwand, um 1750

Historisches Museum Hannover

aktiv und schlug 1743, als Sechzigjähriger, die französischen Truppen bei Dettingen.

Pitts Formulierung, der König habe „etwas Menschliches" gehabt, lässt sich indes durchaus als Anspielung auf Georgs zahlreiche unangenehme – allzu menschliche – Eigenschaften verstehen. Dass er knauserig bis hin zum Geiz war, konnte immerhin als Vorteil der Sparsamkeit ausgelegt werden. Berüchtigt waren vor allem seine Wutanfälle. Richtig in Fahrt, riss er sich die Perücke ab und trat gegen Möbelstücke. Er konnte ausgesprochen ausfallend und verletzend werden. Doch war seine erste Reaktion auch häufig heftig, fiel sein durchdachtes Urteil meist gemäßigt aus. Zudem verfügte er offenbar über ein sicheres Urteilsvermögen, was den Charakter und die Fähigkeiten seiner Mitmenschen anging, und er war klug genug, seinem Urteil entsprechend zu handeln.

Das gilt gerade auch für die Arbeit mit seinen leitenden Ministern in Großbritannien. Die maßgeblichen Politiker während seiner Regierungszeit waren Robert Walpole (bis 1742), Lord Carteret, die Brüder Henry und Thomas Pelham und William Pitt d. Ä. Ihnen gelang es, das Land innenpolitisch zu einen: Der jahrzehntelange Parteienstreit zwischen Whigs und Tories wurde zugunsten der Whigs entschieden; das in Teilen nach wie vor Stuart-treue Schottland wurde befriedet (oder zumindest mit drastischen Methoden ruhig gestellt). Wirtschaftlich erlebte Großbritannien einen enormen Aufschwung. Außenpolitisch wurden die Grundlagen für die Vormachtstellung des Kolonialreichs gelegt. Sind diese Entwicklungen auch weitgehend das Verdienst der Minister, so hat Georg II. ihre Politik zumindest ermöglicht. Viel eigener politischer Handlungsspielraum blieb ihm, zumal im Vergleich zu den absolutistisch regierenden Landesherren auf dem Kontinent, nicht, denn die britische Verfassung der konstitutionellen Monarchie räumte dem Parlament weit reichende Befugnisse ein. Die immer wieder kolportierte Behauptung, Georg II. habe sich wenig um die Regierungsgeschäfte gekümmert, ist ungerechtfertigt und vermutlich vor allem aufgrund der Tatsache aufgekommen, dass die meisten Papiere des Königs verloren gingen. Im Gegenteil: Er schöpfte alle seine Möglichkeiten aus, doch erkannte er, wenn auch oft zähneknirschend, die Beschränkung seiner Macht im Rahmen der Verfassung an und trug damit seinen Teil zur Stabilisierung bei.

Neben vielen anderen königlichen und männlichen Tugenden besaß er Gerechtigkeitssinn, Wahrheitsliebe und Ehrlichkeit

Georg II. als Kronprinz in Rüstung
Johann Leonhard Hirschmann (1672–1750) zugeschrieben, Öl auf Leinwand, um 1704/06
Niedersächsisches Landesmuseum Hannover

Georg II.

John Michael Rysbrack (1694–1770), Terracotta, 1739

The Royal Collection © 2008 Her Majesty Queen Elizabeth II

Anders war die politische Situation in seinem kleineren Stammland, dem Kurfürstentum Hannover, und viel lieber als in London hätte Georg II. dort residiert. Zumindest einmal, 1736, fürchtete die britische Politik tatsächlich, er käme nicht von seinem Besuch zurück – damals bot auch seine neue Mätresse, die Gräfin Wallmoden, einen zusätzlichen Anreiz zum Bleiben.

In Hannover war Georg geboren und aufgewachsen, und dort hatte er mehr als ein Drittel seines Lebens verbracht. Zur Thronbesteigung seines Vaters übersiedelte er mit seiner Familie nach London, sein erst siebenjähriger ältester Sohn Friedrich Ludwig aber musste auf Befehl Georgs I. als Vertreter der Familie in Hannover zurückbleiben. Dem Thronfolger untersagte Georg I. aus Sorge um seinen eigenen Einfluss jegliche Reise auf den Kontinent. Nach seinem Regierungsantritt im Jahr 1727 reiste Georg II. dann insgesamt zwölf Mal zu ausgedehnten Besuchen in seine Heimat. Seine Aufenthalte, zumeist im Sommer, waren stets Anlass zu Festen, großen Jagden und militärischen Musterungen.

Die Regierungsgeschäfte in seinem Stammland steuerte Georg II. wie bereits sein Vater über die Deutsche Kanzlei in London, die von den Ministern Johann Philipp von Hattorf (bis 1737), Ernst von Steinberg (bis 1748) und Philipp Adolf von Münchhausen (bis 1762) geführt wurde. An der Spitze der örtlichen Regierung in Hannover stand vierzig Jahre lang, von 1730 bis 1770, dessen Bruder, Gerlach Adolf von Münchhausen.

Münchhausen war es auch, der, nicht zuletzt durch eine kluge Personalpolitik, den Grundstein für den Erfolg der Georg-August-Universität in Göttingen legte. Ihre Gründung im Jahr 1737 verschaffte dem Kurfürstentum seine erste Landesuniversität. Ganz dem Geist der Aufklärung verpflichtet, zählt Göttingen zu den ersten Universitäten Deutschlands, die die Vorherrschaft der Theologie abschafften und alle Wissenschaften gleichberechtigt förderten. Rasch stieg sie zu einer der beliebtesten und fortschrittlichsten Universitäten Deutschlands auf.

Den inneren Landesausbau trieb Georg II. durch die Gründung von zwei weiteren wichtigen Einrichtungen voran: der Landschaftlichen Brandkasse und des Landgestüts in Celle. Das Gestüt etablierte er 1735 „zum Wohle seiner Untertanen"; mit der Landespferdezucht wollte er die einheimische Wirtschaft fördern.

Außenpolitisch allerdings geriet das Kurfürstentum Hannover, oft gegen den Willen des Landesherrn, mehr und mehr zum kontinentalen ‚Anhängsel' und Satelliten Großbritanniens. Im Siebenjährigen Krieg kämpfte man, der britischen Politik folgend, an der Seite Preußens gegen Österreich – d. h., zusammen mit dem eigenen Rivalen gegen den traditionellen Verbündeten. Im ersten Drittel des 18. Jahrhunderts konkurrierten Preußen und Hannover noch um die Vormachtstellung in Norddeutschland, doch dann war der Machtzuwachs Preußens nicht mehr aufzuhalten.

1 Beide Zitate nach Trench 1975, S. 299.

Königin von Großbritannien und Irland, Kurfürstin von Hannover (seit 1727)

Geb. am 1. [11.] März 1683 in Ansbach, gest. am 20. November 1737 in London

1705 Heirat mit dem späteren Georg II.

Eine entzückende Philosophin auf dem Thron

Caroline von Brandenburg-Ansbach

In den ersten Jahren des 18. Jahrhunderts galt Caroline – groß gewachsen, flachsblond und blauäugig – als eine der schönsten Prinzessinnen Europas und an den wichtigsten Höfen als überaus attraktive, zudem standesgemäße „Partie". Dabei war ihre Kindheit geradezu tragisch verlaufen. Ihr Vater, Markgraf Johann Friedrich von Brandenburg-Ansbach, starb bereits drei Jahre nach ihrer Geburt an den Pocken. Ihre Mutter, Eleonore von Sachsen-Eisenach, heiratete daraufhin 1692 Kurfürst Johann Georg IV. von Sachsen. Die überaus unglückliche Ehe währte nicht lange, denn bereits 1694 erlag Johann Georg den Blattern. Nur zwei Jahre später starb auch Carolines Mutter.

Tatsächlich begann für Caroline damit jedoch eine glückliche Zeit: Die Vormundschaft für die junge Verwandte übernahmen Kurfürst Friedrich III. von Brandenburg, der spätere König Friedrich I., und seine Gemahlin Sophie Charlotte aus dem Haus Hannover. Am Hof der klugen, geistreichen und gebildeten Sophie Charlotte gingen wichtige Denker der Aufklärung ein und aus, allen voran Gottfried Wilhelm Leibniz. Man diskutierte über philosophische, ethische und religiöse Fragen und Sophie Charlotte kümmerte sich um die Erziehung der jungen Prinzessin, die zuvor keine geregelte Ausbildung erfahren hatte.

Eine begehrte Partie also: Karl XII. von Schweden bekundete sein Interesse, vor allem aber nahmen die Habsburger 1703 die Verhandlungen auf. Erzherzog Karl, der jüngere Bruder Josephs I. und spätere Kaiser Karl VI., war soeben in Wien zum König von Spanien ausgerufen worden. Der Spanische Erbfolgekrieg zwischen den europäischen Großmächten sollte sich noch bis 1713/14 hinziehen und schließlich den Bourbonen den Thron sichern, doch zunächst war Karl auf der Suche nach einer standesgemäßen Braut für den spanischen Hof. Die Ehe mit ihm hätte für Caroline aber den Übertritt zum Katholizismus bedeutet, und dazu konnte sie sich nicht entschließen – sehr zum Ärger ihres Vormunds, denn der preußische König hatte sich Vorteile von der familiären Bindung an das Kaiserhaus erhofft. Caroline aber war stolz auf ihre Standhaftigkeit, und

Caroline von Brandenburg-Ansbach als Kronprinzessin in Staatsrobe

Sir Godfrey Kneller (1646?–1723), Öl auf Leinwand, 1716

The Royal Collection © 2008 Her Majesty Queen Elizabeth II

in Großbritannien wurde sie deswegen noch zwanzig Jahre später als Heldin des Protestantismus gefeiert.

Statt der Habsburger und Spanien wählte Caroline die Welfen und (die Aussicht auf) den Hof in London. Der hannoversche Thronfolger Georg August – im Übrigen der Neffe ihrer jüngst verstorbenen Mentorin Sophie Charlotte – begab sich 1705 auf Brautschau und wurde, zunächst „ganz inkognito",[1] bei Caroline vorstellig. Ob sie tatsächlich nicht wusste, wen sie vor sich hatte, mag dahingestellt bleiben, schließlich war Georg der Neffe ihrer verstorbenen Mentorin Sophie Charlotte. Jedenfalls war man sich rasch einig, und zumindest von Seiten des Bräutigams war es nicht nur eine politisch opportune Wahl, sondern eine echte Liebesheirat.

Das stellte er zum Beispiel zwei Jahre später unter Beweis, als Caroline lebensgefährlich an den Pocken erkrankt war und Georg entgegen aller Warnungen so lange nicht von ihrer Seite wich, bis er sich selbst ansteckte. Diese Fürsorge rechnete sie ihm hoch an. Einfach kann das Leben an Georgs Seite für Caroline dennoch nicht gewesen sein. Er teilte keine ihrer vielseitigen geistigen Interessen und warf ihr vielmehr vor, ihre Zeit lieber wie eine Lehrerin denn wie eine Königin zuzubringen; er konnte ungemein stur, ungeduldig und aufbrausend sein und liebte es, sie zugleich grob und herablassend zurechtzuweisen. Dies vermutlich eben weil er sich ihrer geistigen Überlegenheit immer bewusst war, auch wenn sie diese nie ausspielte, sondern sich geduldig in ihre Rolle als gehorsame Ehefrau fügte. Gerade dadurch gewann sie Einfluss und politische Macht, denn Georg vertraute ihrem Urteil und beriet sich stets mit ihr.

Der Prinz & ich arbeiten wie die Hunde

Caroline von Brandenburg-Ansbach

John Michael Rysbrack (1694–1770), Terracotta, 1739

The Royal Collection © 2008 Her Majesty Queen Elizabeth II

Zunächst bedeutete die Ehe mit Georg jedoch nicht London, sondern Hannover. Für Kurfürstinwitwe Sophie, die in Herrenhausen einen ähnlich künstlerisch-intellektuellen Kreis versammelte wie ihre Tochter in Berlin, wurde Caroline eine wichtige Vertraute. In Carolines Armen starb Sophie im Park von Herrenhausen.

In London angekommen, versammelte Caroline ebenfalls rasch Wissenschaftler und vor allem Theologen als Gesprächspartner um sich. Sie unterstützte fortschrittliche Ideen wie zum Beispiel die neue Pockenimpfung und verdiente sich früh das Urteil Voltaires, sie sei „eine entzückende Philosophin auf dem Thron".[2] Auch politisch begann sie sich bereits in der Regierungszeit ihres Schwiegervaters zu betätigen. So wird die Ernennung von William Wake zum neuen Erzbischof von Canterbury (dem wichtigsten Amt in der anglikanischen Kirche) im Jahr 1715 ihrem Einfluss zugeschrieben. Als Königin spielte sie später noch bei der Ernennung etlicher weiterer Bischöfe eine entscheidende Rolle; in kirchlicher Hinsicht nahm sie mehr Einfluss als jeder der Monarchen aus dem Haus Hannover.

Als Georg August 1717 nach dem Bruch mit seinem Vater des Hofs in St. James verwiesen wurde, folgte sie ihm, wie stets loyal – sehr zur Überraschung

Georgs I. und obwohl sie ihre Kinder zurücklassen musste (die sie später allerdings nahezu täglich und nur quasi heimlich besuchen konnte). Die politische Opposition, allen voran Robert Walpole, scharte sich um das Thronfolgerpaar in Leicester House, und an den politischen Kampagnen der nächsten Jahre war Caroline an der Seite ihres Mannes aktiv beteiligt. „Der Prinz & ich arbeiten wie die Hunde" vermerkte sie 1719 in einem Brief.[3]

Nach der Krönung 1727 galt die Königin zeitweilig als die eigentliche Regentin, sowohl im Volk, wie vor allem aus den zahlreich kursierenden anti-hannoverschen Spottgedichten abzulesen ist, als auch bei Hof, wo sich führende Politiker gerne ihrer Fürsprache versicherten. Insbesondere den mächtigen Robert Walpole sahen viele als „Minister der Königin". Dass der König selbst häufig unterschätzt und als politisch schwächer gesehen wurde als er war, trug gewiss mit zum Urteil über die Macht der Königin bei. Wie wichtig aber Georg selbst die politische Rolle Carolines sah, zeigt sich daran, dass er sie immer, wenn er auf mehrere Monate nach Hannover fuhr (also 1729, 1732, 1735 und 1736/7), in seiner Abwesenheit zum „Guardian of the Realm" einsetzte, also zur Regentin in allen innenpolitischen Angelegenheiten. Sicher ist, dass Caroline die politisch einflussreichste Königin des Hauses Hannover war, möglicherweise sogar die einflussreichste Frau auf dem britischen Thron seit Elisabeth I.

Die Königin starb bereits 1737 an den Folgen eines jahrelang verschleppten Nabelbruchs. Über die Umstände ihres Sterbens berichtete – wie im Übrigen über das Leben am Hof seit 1727 – Lord Hervey in seinen Memoiren so lebendig und mit so spitzer Feder, dass der Leser sich beinahe als beteiligter Zuschauer fühlen kann. Das Testament des Königs ist zugleich ein Testament seiner Liebe: Er ordnete den Bau einer neuen Grabkapelle in Westminster Abbey an und bestimmte, dass nach seinem Tod beide Särge nebeneinander stehen und die trennenden Seitenwände entfernt werden sollten.

Medaille mit den Profilporträts von Georg II. und Caroline von Brandenburg-Ansbach, auf der Rückseite die Porträts ihrer sieben Kinder
Stempelschneider „T", Silber, 1732
Historisches Museum Hannover

Kinder
* Friedrich Ludwig, Prince of Wales (1707–1751), heiratet 1736 Augusta von Sachsen-Gotha
* Anne (1709–1759), heiratet 1734 Wilhelm IV., Fürst von Nassau-Dietz
* Amelia Sophie (1711–1768)
* Carolina Elisabeth (1713–1757)
* Augustus Georg (1716, tot geboren)
* Georg Wilhelm (1717–1718)
* Wilhelm August, Herzog von Cumberland (1721–1765)
* Maria (1722–1772), heiratet 1740 Friedrich II., Landgraf von Hessen-Kassel
* Louisa (1724–1751), heiratet 1743 Friedrich V., König von Dänemark

1 Kurfürstin Sophie an ihren verwitweten Schwiegersohn Friedrich I., Schnath 1927, Brief Nr. 83, S. 72.
2 Voltaire, Lettre philosophique, 1734, zitiert nach ODNB 2004

Was das Herz angeht, ist sie gewiss das wunderbarste Geschöpf der Welt

Amalia Sophie Marianne von Wallmoden, geb. von Wendt, Gräfin Yarmouth

Sie sei zwar „keine wirkliche Schönheit, habe aber sehr angenehme Züge" und sei „nicht funkelnd geistreich, aber munter und amüsant, und was das Herz angeht, ist sie gewiss das wunderbarste Geschöpf der Welt", beschrieb Georg II. seine neue Mätresse, die Gräfin von Wallmoden, in einem Brief – einem Brief an seine Frau Caroline. Seltsam? Perfide gar? Nein, nur charakteristisch für das Verhältnis des Königs zu seiner Frau. Während seiner Aufenthalte in Hannover schrieb er wöchentlich vierzig- bis sechzigseitige Briefe an die Königin, die zuhause in London die Regierungsgeschäfte leitete. Darin war alles enthalten, von politischen Anweisungen – mit der Bitte, den Brief auch dem leitenden Minister Robert Walpole vorzulegen – bis zu detaillierten Beschreibungen unwichtig erscheinender Alltagsereignisse. Die Schilderung seiner neuen Liebe gehörte selbstverständlich ebenso dazu, zumal sie in seinen Augen die Zuneigung zu seiner Frau ja nicht schmälerte.

Wer war die Dame, die Einzige übrigens, die Caroline je in Unruhe versetzte und um ihren Einfluss fürchten ließ? Amalia Sophie Marianne von Wallmoden dürfte mit der Hälfte der hannoverschen Adelsfamilien verwandt gewesen sein. Ihr Vater war Johann Franz Dietrich von Wendt, General der hannoverschen Armee, ihre Mutter Friederike Charlotte von dem Bussche. Ihre Großmutter mütterlicherseits, Katharina Elisabeth von Meysenbug, gilt als eine der Mätressen Georgs I. Als Georg II. Amalia bei seinem Besuch im Jahr 1735 kennen lernte, war sie seit acht Jahren mit Gottlieb Adam von Wallmoden verheiratet, der wie ihr Vater im militärischen Dienst stand, und hatte zwei Kinder. Ein drittes wurde 1736 geboren. Dass es sich dabei um einen Sohn Georgs II. handelte, bezweifelte niemand, am wenigsten er selbst, auch wenn er ihn offiziell nie anerkannte.

Dass er jedoch in Amalia von Wallmoden keine kurze Liebschaft sah, sondern seine neue Mätresse (deren Vorgängerin dieses inoffizielle Amt dreizehn Jahre lang innehatte), zeigt sich schon daran, dass er bereits im nächsten Jahr und nicht, seiner üblichen Routine folgend, erst drei Jahre später wieder nach Hannover reiste. Darüber war nicht nur seine Frau unglücklich, auch die britischen Politiker wurden unruhig, denn die lange Abwesenheit des Königs – er fuhr im Mai und reiste erst im Dezember

Amalie Sophie Marianne von Wallmoden, Gräfin Yarmouth

Unbekannter Maler
Öl auf Leinwand,
um 1745

Historisches Museum Hannover

Mätresse Georgs II. (seit 1735)

Geb. am 1. April 1704 [nach anderer Literatur: 1710], gest. am 19. Oktober 1765 in Hannover, 1727 Heirat mit Gottlieb Adam von Wallmoden; geschieden 1740

zurück, wobei er nur knapp einem winterlichen Sturm entging – brachte ihre Arbeit ins Stocken. Und was, wenn der König entscheiden würde, ganz in Hannover zu bleiben? Da wäre es doch besser, die Gräfin nach London zu holen. Als Georg seine Frau beauftragte, das Appartement von Lady Suffolk, seiner vorigen Mätresse, im St. James-Palast für Amalia vorbereiten zu lassen, riet Walpole darum dringend zu. Doch die Königin zögerte lange, und auch Frau von Wallmoden muss dieser Vorschlag mit Sorge erfüllt haben. Anders als Lady Suffolk hatte sie am britischen Hof ja kein Netzwerk aus Verwandtschaft und Freunden, dafür aber Mann und Kinder in Hannover.

Zunächst erfolgte nichts und dann geschah etwas, das die ganze Situation veränderte, denn im November 1737 starb nach kurzer Krankheit und unerwartet die Königin. Im Jahr darauf übersiedelte Amalia von Wallmoden nach London, bezog Wohnungen in St. James und Kensington Palace und übernahm fortan auch die Repräsentationsaufgaben der „First Lady" bei Hof. Ob ihr Mann zunächst

Sänfte der Gräfin Yarmouth

London, um 1740

Historisches Museum Hannover

sogar mitkam oder nicht, lässt sich nicht mehr mit Sicherheit sagen. Anfang 1740 wurde Amalias Scheidung rechtskräftig.

Die Situation in London muss für Amalia anfangs sehr schwierig gewesen sein. Sich in das Beziehungsgeflecht, die Hierarchien und Intrigen eines fremden Hofes zu fügen, bedurfte in jedem Fall großen Geschicks, auch wenn man sich nicht in so herausgehobener und zugleich stets gefährdeter Position befand wie sie. Und auch wenn das Mätressenwesen längst als gegeben hingenommen wurde, galt sie zumindest im Volk doch auch als die deutsche Hure, für die der König britisches Geld ausgab. Doch ihr sicheres, elegantes und dabei zurückhaltendes Auftreten überzeugte zumindest die Höflinge rasch. Und nach den ersten Jahren, in denen sie versuchte, sich politisch nicht einzumischen, verließen sich Politiker, Höflinge und sogar Familienangehörige des Königs immer mehr auf ihre Vermittlung, wenn sie dem König Menschen vorstellen oder Ideen unterbreiten wollten und seine Ablehnung befürchteten. Der König beklagte sich denn auch (1758, gegenüber Thomas Pelham, Lord Newcastle): „Sie haben Lady Yarmouth damit behelligt. Warum belästigen Sie sie so? Was hat sie mit diesen Dingen zu tun? Die einzigen beiden angenehmen Stunden meines ganzen Tages sind diejenigen, die ich mit ihr verbringe, und Sie reizen sie immer mit diesen Dingen.“ [1]

Gräfin von Wallmoden war mittlerweile zur Lady Yarmouth geworden. Kurz nach ihrer Scheidung im Jahr 1740 hatte Georg ihr diesen nicht-erblichen Titel verliehen, um ihre Position abzusichern, und ihr zugleich eine jährlich Pension von 4.000 Pfund im Jahr ausgesetzt. Zur weiteren Versorgung, quasi als „Witwensitz“, schenkte er ihr ein Haus in Hannover (ehemals Leinstraße 19, Kriegsverlust) und finanzierte Baumaterial. Amalia erwarb das Nachbargrundstück und, nachdem bei Arbeiten am Fundament ein Nebengebäude eingestürzt war, zusätzlich auch dieses. Der Entwurf für den Neubau unter Einbeziehung des bestehenden Hauses stammte vom hannoverschen Hofarchitekten Johann Paul Heumann. Während die Fassade betont schlicht gehalten war, genügte die Innenausstattung des Hauses allen repräsentativen Ansprüchen und bot

Die einzigen beiden angenehmen Stunden meines ganzen Tages sind diejenigen, die ich mit ihr verbringe

einen der größten Festsäle der Stadt. Wichtig war zudem die Verwalterwohnung, denn zu Lebzeiten des Königs hielt sich Lady Yarmouth ja so gut wie nie dort auf. Wenn sie ihn auf seinen Reisen nach Hannover begleitete, stand ihr ein Appartement in Herrenhausen zur Verfügung.

Im Prinzip spielte Lady Yarmouth die Rolle der zweiten Ehefrau Georgs II., ohne als Mätresse jedoch je deren Status erreichen zu können. In den „Fortgesetzten Neuen Genealogisch-historischen Nachrichten“ aus Leipzig wurde sie ein Jahr nach ihrem Tod so charakterisiert: „Bei einem scharfsinnigen und munteren Verstande besaß sie zugleich eine gewisse Bescheidenheit, die sie hinderte, sich auf eine stolze Art hervorzutun und ihre Munterkeit in Ausschweifung fallen zu lassen […] Sie war weder rachsüchtig noch eitel noch hochmütig, ob man ihr gleich zu Hannover alle möglichen Ehrbezeugungen widerfahren ließ.“ [2]

Kinder

* Franz Ernst (1728–1776)
* Friederike (1729–?)
* Johann Ludwig, Graf von Wallmoden-Gimborn (1736–1811)

1 Zitiert nach Trench 1973, S. 296.

2 Fortgesetzte Neue Genealogisch-historischen Nachrichten, Band 56, Leipzig 1766, S. 580; zitiert nach Adam 2004, S. 24

Eine besondere Rolle bei Hofe: Die Mätresse

Im Hochmittelalter änderte sich das höfische Leben entscheidend: Man wurde „sesshaft". Waren Regent und Hofstaat zuvor von einem Ort zum anderen gezogen, um die Regierungsgeschäfte wahrzunehmen und das Land bis in alle entlegenen Winkel unter Kontrolle zu halten, bildeten sich nun Residenzen. Die Residenz war Wohnort des Landesherrn und Regierungssitz zugleich, denn Politik und höfisches Leben blieben auch nach der Ausbildung eines umfangreichen Verwaltungsapparats untrennbar vermengt. Politische Entscheidungen mochten am Beratungstisch fallen – die Weichen dafür konnten am Kartentisch gestellt worden sein, auf der Jagd, beim Spaziergang im Park, beim Ball oder in der Theaterloge.

Der Hofstaat der Renaissance und mehr noch der des Absolutismus waren ein überaus komplexes Gebilde. Die Hierarchien waren klar festgelegt, die Regeln der Etikette und des Zeremoniells bis ins Detail streng formuliert. Die Tiefe einer Verbeugung, ja selbst die Handhaltung bei offiziellen Anlässen folgte bestimmten Regeln. Der barocke Garten mit seiner fest gefügten Ordnung erscheint wie ein sinnfälliges Abbild dieser Struktur. Dennoch – oder vielleicht gerade deswegen – blieb dem oder der Einzelnen ein beachtlicher Handlungsspielraum. Wer seine oder ihre Rolle klug zu spielen, sich innerhalb des Netzes von Beziehungen geschickt zu positionieren wusste, konnte Einfluss gewinnen und Macht ausüben, auch ohne ein politisches Amt inne zu haben.

Zugespitzt formuliert: Am absolutistischen Hof können nicht nur die Amtsträger, sondern muss jeder Höfling als potentieller Politiker angesehen werden. Letztlich lagen alle im Wettbewerb um die fürstliche Gunst. Die „Favoriten" konnten in besonderer Weise das Vertrauen des Fürsten gewinnen und monopolisieren und daraus sowohl materielle Vorteile ziehen als auch politische Macht erlangen. Die Favoriten waren zunächst und in der Mehrzahl männlich, doch es versteht sich von selbst, dass im Rahmen dieses Systems auch Frauen eine bedeutende Rolle spielen konnten. Die mächtigste Frau war diejenige, die dem Landesherrn am nächsten stand: die „Favoritin" per se, die Mätresse. An sie wandten sich im Zweifel alle, die nicht darauf hoffen konnten, mit ihrem Anliegen beim Herrscher persönlich Gehör zu finden – selbst hohe Amts- und Würdenträger.

„Das Herz eines Fürsten ist Angriffen ausgesetzt wie eine Festung", schrieb Ludwig XIV.[1] In keinem Moment, auch nicht im Privatesten, war er Privatperson. Die Ehe wurde aus politischen und dynastischen Erwägungen geschlossen, häufig, ohne dass Braut und Bräutigam sich zuvor gesehen hatten. Liebe passte nicht in dieses Konzept. Während allerdings die Fürstin für den rechtmäßigen Thronfolger zu sorgen und darum keine sexuellen Freiräume hatte, konnte der Fürst sich Liebe oder zumindest Lust auch anderweitig verschaffen. Geheim bleiben konnte sein amouröses

Abenteuer oder gar eine längere Affäre jedoch nicht. Nach dem französischen Hofzeremoniell, dem alle anderen nacheiferten, war das ganze Leben des Fürsten und der Fürstin bis ins Detail öffentlich: Aufstehen und Schlafen gehen fanden ebenso vor Publikum statt wie Geburt und Tod. Und Klatsch war gewissermaßen das Lebenselixier der Hofgesellschaft. Aus dieser Situation entwickelte sich die Institution der Mätresse: Die Beziehung des Fürsten wurde öffentlich gelebt und ein selbstverständlicher, ja geradezu „ein nothwendiger Bestandteil jeder fürstlichen Hofhaltung", so dass „ihre Abwesenheit als ein fühlbarer Mangel erschien."[2]

Die Mätressen der Landesherren stammten fast ausnahmslos aus dem niederen Adel. Oft gehörten sie zu den Hofdamen der Fürstin. Ihre gewandelte Rolle am Hof lässt sich seit dem 17. Jahrhundert auch am architektonischen Grundriss der Residenz ablesen. Die Geliebte erhält nun eigene, repräsentative Räume. Am Ende dieser Entwicklung steht im 18. Jahrhundert die „Maitresse en titre" oder auch „Maitresse déclarée" – (fast) ein offizielles Amt am Hof. In Versailles, aber keineswegs nur dort, wurde die Mätresse zur wichtigsten Frau am Hof. Sie bestimmte nicht nur Modetrends, sondern konnte oft auch politische Entwicklungen entscheidend mitbestimmen. An Status und Macht war sie den höchsten Ministern vergleichbar. Sie steuerte, wer zum Regenten vorgelassen wurde, und nutzte ihren Einfluss auf seine Meinung. Liebe passte also auch in dieses Konzept nur bedingt; nie konnte der Fürst sich sicher sein, ob die Geliebte die Festung seines Herzens nur eingenommen hatte, weil dies der einzige Weg zu Macht und Einfluss war.

Das Leben am Hof war für alle Beteiligten ein ständiger Balanceakt, doch die Position der Mätresse blieb besonders prekär. Anders als die Fürstin hatte sie ihre Position nicht auf Lebenszeit inne. So lange sie sich die Zuneigung des Fürsten erhalten konnte, genoss die Mätresse eine einzigartige Stellung, bewegte sich dabei aber auch stets in einem Minenfeld aus Bewunderung, Neid und latenter Verachtung. Ihre Rolle definierte sich ganz über die Gunstbeweise des Fürsten, und jederzeit konnte sie durch eine Jüngere ersetzt werden. Auch wenn der Fürst starb, war kein Platz mehr für seine Mätresse im Gefüge der höfischen Hierarchie. Gut versorgt war nur, wer rechtzeitig eine Apanage auf Lebenszeit erhalten und sich nach Möglichkeit Grundbesitz gesichert hatte.

Was dem Fürsten recht war, war selbstverständlich auch dem Adel billig (bzw. teuer): Die Geliebte war im 17. und 18. Jahrhundert hier ebenfalls eine Selbstverständlichkeit. Allerdings wurde das Verhältnis weniger demonstrativ offiziell gelebt, denn oft handelte es sich dabei um die Ehefrau eines anderen Adligen. Erst mit der Aufklärung änderte sich der Moralkodex, zunächst im Bürgertum, dann auch für den Adel. Vom Landesherrn wurde nun eine – zumindest nach außen hin – vorbildliche Ehe erwartet. Der Begriff „Mätresse" entwickelte sich zur abfälligen Bezeichnung einer Geliebten, die „sich aushalten" ließ und keinen Zugang zu den gesellschaftlichen Kreisen hatte, in denen ihr Liebhaber verkehrte.

1 Im Jahr 1667 an seinen Sohn; zitiert nach Hanken 1999, S. 13.
2 Karl Biedermann: Deutschland im 18. Jahrhundert, Bd. 2.1, Leipzig 1858, S. 101 ff.

Prince of Wales (seit 1729), Herzog von Edinburgh, Herzog von Cornwall

Geb. am 20. [31.] Januar 1707 in Hannover, gest. am 20. März 1751 in London

1736 Heirat mit Augusta von Sachsen-Coburg

Der liebe Erstgeborene

Friedrich Ludwig

„... mein lieber Erstgeborener ist der größte Esel, und der größte Lügner, und die größte Canaille, und das größte Biest der ganzen Welt, und ich wünschte mir von Herzen, dass er daraus verschwände.“ [1] So heftig urteilte ausgerechnet die stets so beherrschte Caroline über ihren Ältesten. Wie konnte es zu einem solch tiefen Zerwürfnis zwischen Friedrich und seinen Eltern kommen?

Als Kurfürst Georg Ludwig 1714 nach London übersiedelte, um als Georg I. die britische Krone zu übernehmen, ordnete er an, dass sein ältester Sohn samt Familie mitzukommen habe. Das war sinnvoll, war Georg August doch der Thronfolger und musste als solcher eingeführt werden und die Verhältnisse im Land kennen lernen. Georg I. wollte seinen Sohn aber auch deshalb nicht als Repräsentanten des Hauses in Hannover zurücklassen, weil er ihn stets als Rivalen sah und den eigenen Einfluss auf seine Stammlande sicherstellen wollte. Aus diesem Grund untersagte er ihm auch, auf den Kontinent zu reisen. Ganz verwaist sollte der Hof in Hannover jedoch nicht bleiben. Darum verfügte Georg I., dass sein Enkel, Georg Augusts ältester Sohn Friedrich Ludwig, in Hannover zu bleiben und alle offiziellen Repräsentationspflichten zu übernehmen habe. Zu diesem Zeitpunkt war Friedrich Ludwig sieben Jahre alt.

Langfristig konnte diese Regelung nur zu Problemen führen. In Hannover trat Friedrich Ludwig quasi als jugendlicher Landesherr auf – und erntete viel Lob. Er habe „alle Fertigkeiten, die man in seinem Alter nur haben könne, sei lebhaft, verständig und so angenehm und umgänglich in seinem Verhalten, dass er des königlichen Ranges nicht bedürfe, um charmant und gewinnend zu sein“, schrieb Lady Mary Wortley Montagu. [2] Gleichzeitig aber wurde in London bereits sein erst dort geborener, 14 Jahre jüngerer Bruder Wilhelm August als wichtiger männlicher Nachkomme präsentiert (alle weiteren überlebenden Geschwister waren Mädchen). Georg II. ließ sogar Möglichkeiten prüfen, Friedrich zugunsten von Wilhelm in der britischen Thronfolge zu übergehen. Nach diesem Plan sollte Friedrich die Erbfolge in Hannover antreten, während Wilhelm den Thron in London übernommen hätte.

Einer von Friedrich Ludwigs ersten Versuchen, ohne Wissen oder gar Zustimmung seiner Eltern diplomatisch aktiv zu werden, erwies sich als Desaster, zumal für Hannover: Während die Verhandlungen für seine eigene Ehe mit seiner Kusine, Prinzessin Wilhelmine von Preußen, nach dem Tod Georgs I. ruhten, mischte sich Friedrich als Heiratsvermittler für eine andere preußische Kusine, Prinzessin Friederike, und seinen Vetter Wilhelm Friedrich, Markgraf von Brandenburg-Ansbach, ein. Georg II. war empört, dass in dieser auch territorial wichtigen Frage ohne ihn verhandelt worden war. Als direkte Folge wurden die bislang stets sorgfältig gepflegten

Friedrich Ludwig als Prince of Wales mit dem Hosenbandorden

Unbekannter Maler
Öl auf Leinwand, um 1750

Historisches Museum Hannover

Angenehm und umgänglich in seinem Verhalten

Wappen des Prince of Wales

Das hannoversch-britische Wappen wurde in dieser Form von 1714 bis 1801 verwendet. „Honi soit qui mal y pense" (Wehe dem, der Arges dabei denkt) ist das Motto des Hosenbandordens, „Ich dien" das Motto der Prinzen von Wales

Holz, vermutlich um 1725/30

Historisches Museum Hannover

Beziehungen Großbritanniens und damit auch Hannovers zu Preußen frostig, während Preußen seine territoriale Vormachtstellung in Norddeutschland auf Kosten Hannovers ausbaute. Nach diesem Vorfall ließ Georg II. seinen Sohn unangekündigt nach Großbritannien holen. Die Reise, im Anschluss an einen Ball angeordnet, kam fast einer Entführung gleich.

In Großbritannien tat Friedrich Ludwig, nun Prince Fred(erick), bald alles, um seine Unabhängigkeit unter Beweis zu stellen. Dies erst recht, da er sich heftig zurückgesetzt fühlte, als sein Vater 1729 (wie auch während jeder seiner späteren Reisen nach Hannover) seiner Mutter Caroline und nicht etwa ihm, dem Thronfolger, die Regentschaft übertrug. Zunächst profilierte er sich vor allem im Bereich der Künste. Er unterstützte ein zweites Opernhaus, das er als Konkurrenz zur Königlichen Oper etablierte, ohne allerdings dem vom König favorisierten Georg Friedrich Händel seine Unterstützung gänzlich zu entziehen. Vor allem aber trat er als wichtiger Bauherr auf, beauftragte als Mäzen bedeutende zeitgenössische Maler und Bildhauer und baute eine umfassende Kunstsammlung auf, wobei er vor allem die holländische Malerei des 17. Jahrhunderts schätzte. Dies war ebenfalls eine gute Möglichkeit, sich von seinen Eltern abzugrenzen. Georgs Kunstinteresse galt ausschließlich der Musik, und Caroline trat zwar auch als Auftraggeberin für Architekten und Bildhauer auf, ihre eigentliche Leidenschaft waren aber Philosophie und Theologie.

Dass Friedrich Ludwig bei all dem hohe Schulden ansammelte, zumal ihn sein Vater finanziell ohnehin sehr knapp hielt, versteht sich fast von selbst. Sein Versuch allerdings, den König zur Zahlung einer höheren Apanage zu zwingen, indem er das Parlament einschaltete, scheiterte 1737 kläglich. Selbst die Abgeordneten, die ihm zunächst ihre Unterstützung zugesagt hatten, mochten in dieser Angelegenheit letztlich nicht gegen den König stimmen. Hier hatte sich Georg II. als der geschicktere Taktiker erwiesen. Und Caroline war zutiefst verletzt, wie das eingangs zitierte Urteil belegt.

Vor dieser Krise hatte der Prinz jedoch mit einer anderen Forderung Erfolg gehabt: Seine Eltern – deren Vermittlung für diesen Schritt politisch notwendig war – suchten ihm endlich die für die Regelung der Erbfolge nötige standesgemäße Braut. Eine Deutsche sollte es natürlich sein, an dieser Tradition hielten alle britischen Könige aus dem Hause

Hannover fest. Die Wahl Georgs II. fiel auf die erst sechzehnjährige Augusta von Sachsen-Gotha (1719–1772), der wohl kaum jemand Chancen auf eine so hochrangige Verbindung eingeräumt hätte. Augusta brachte das Kunststück fertig, ihrem Mann gegenüber loyal zu sein, ohne sich je völlig mit ihrem königlichen Schwiegervater zu überwerfen.

Kein kleiner Triumph, denn – der unseligen Familientradition folgend – gelang es Friedrich Ludwig rasch, vom Hof ausgeschlossen zu werden. Während sein Vater Georg sich als Kronprinz über die Ernennung eines Taufpaten mit dem König überworfen hatte, brach der Streit zwischen Friedrich und seinem Vater anlässlich der Geburt von Friedrichs erstem Kind aus. Die gesamte königliche Familie hielt sich in Hampton Court, einer der Residenzen außerhalb Londons, auf, als bei Augusta die Wehen einsetzten. Königin Caroline hatte darauf bestanden, bei der Geburt dabei zu sein. Friedrich aber hatte sich in den Kopf gesetzt, dass das Kind in London, im königlichen St. James-Palast, zur Welt kommen solle und auf keinen Fall in Anwesenheit seiner Eltern. So verfrachtete er seine Frau kurzerhand in die Stadt, ohne sich um die Gefahr zu kümmern, die das für sie und das Kind bedeutete.

Wie schon eine Generation zuvor sammelte sich die Opposition um den Kronprinzen, doch gelang es Friedrich Ludwig nicht nachhaltig, politischen Einfluss geltend zu machen. Besonders öffentlichkeitswirksam waren seine Bemühungen, die nationale Textilindustrie zu fördern. Dabei wurde er von der Prinzessin tatkräftig unterstützt. Beide trugen nur Stoffe aus heimischer Fertigung und setzten sich damit einmal mehr in Kontrast zum Hof, wo französisches Dessin modisch den Ton angab.

Der Versuch der Aussöhnung Friedrichs mit Georg II. im Jahr 1741 war weder auf politischer noch auf privater Ebene dauerhaft erfolgreich. Politisch an den Rand gedrängt, sicherte sich das Prinzenpaar dynastische Bedeutung: Neun Kinder kamen zwischen 1736 und 1751 zur Welt, das letzte wurde erst nach dem frühen Tod des Vater geboren. Bewusst pflegten die beiden das Bild eines glücklichen, harmonischen und moralisch vorbildlichen Privatlebens. Die meisten Porträts zeigen den Prinzen und die Prinzessin von Wales im Kreis der Familie, umgeben von ihren Kindern.

Friedrich Ludwig als Prinz in Hannover
Dieses Porträt schenkte Georg IV. für „welfentreue Dienste“ an Christian Philipp Iffland (1750–1835), Bürgermeister und Stadtgerichtsdirektor von Hannover
Georg Wilhelm Lafontaine (1680–1745) zugeschrieben, Öl auf Leinwand, um 1720/25
Historisches Museum Hannover

1 Zitiert nach Sedgwick, Lord Hervey's memoirs, 1963, S. 229.
2 Zitiert nach Groom / Prosser 2006, S. 41.

Prinzessin Vernunft und Vorsicht

Augusta von Sachsen-Gotha

Friedrich Ludwig war der erste Thronfolger unter den hannoverschen Welfen, der erst heiratete, als er bereits in Großbritannien lebte. Für seine Ehe kam (den britischen Bestimmungen entsprechend) nur eine Protestantin aus dem Hochadel und (den welfischen Hausregeln folgend) nur eine Prinzessin mindestens fürstlicher Abstammung in Frage. Das schränkte die Zahl der potentiellen Kandidatinnen stark ein, eröffnete jedoch andererseits einer ganzen Reihe von deutschen Prinzessinnen eine bislang ungeahnte Chance auf dem Heiratsmarkt. Im territorial zersplitterten deutschen Sprachraum nämlich gab es zahlreiche kleinere, politisch eher bedeutungslose Höfe, die genau diese Anforderungen erfüllten: fürstlichen Ranges und protestantisch zu sein. Und dass Friedrich Ludwig, der in Hannover aufgewachsen war, eher eine deutsche als eine skandinavische protestantische Prinzessin heiraten mochte, verstand sich fast von selbst.

Die Wahl allerdings lag nicht bei ihm. Vielmehr war es sein Vater Georg II., der 1735 während einer seiner Aufenthalte in den hannoverschen Stammlanden auf Brautschau ging. Dieses Vorgehen war durchaus üblich; Georg II. selbst allerdings hatte seinerzeit seine Braut inkognito inspiziert, ehe er den formellen Antrag stellte. Seinem Sohn dagegen verwehrte er jede Reise auf den Kontinent. Friedrich Ludwig blieb nur die Möglichkeit, vor Ort über einen vertrauten Diener Erkundigungen über die für ihn ins Auge gefasste Braut einzuziehen. Der König hatte die mögliche Kandidatin, Prinzessin Augusta von Sachsen-Coburg, nach Hannover einbestellt. Und es gelang ihr, ihn schon beim ersten Gespräch zu überzeugen. Die Sechzehnjährige erschien ihm vernunftbegabt sowie von geziemender Unschuld und vor allem Ehrerbietung.

Tatsächlich erwies sich die Wahl als ausgesprochen klug und passend. Das zeigte sich gerade in der ersten, für Augusta gewiss äußerst schwierigen Zeit. Ihre Erziehung, zurückgezogen auf dem Landsitz ihrer verwitweten Mutter, konnte sie kaum auch nur annähernd angemessen auf das Leben in der Metropole London und auf ihre repräsentativen Pflichten als Frau des Thronfolgers vorbereitet haben. Selbst nach ihrer Verlobung hielt ihre Mutter es nicht einmal für nötig, dass Augusta Englisch lerne, denn, so glaubte sie sehr weltfern, gewiss sprächen doch, nachdem die Hannoveraner seit über zwanzig Jahren auf dem Thron saßen, am britischen Hof fast alle Deutsch. Um so mehr ist das

Kronprinzessin von Großbritannien und Irland (seit 1736)

Geb. am 19. November 1719 in Gotha, gest. am 8. Februar 1772 in London,

1736 Heirat mit Friedrich Ludwig von Großbritannien und Hannover

Augusta von Sachsen-Gotha als Witwe

diplomatische Geschick der jungen Prinzessin zu bewundern. Trotz der heftigen Konflikte zwischen Eltern und Sohn gelang Augusta das Kunststück, ihrem Ehemann gegenüber loyal zu sein, ohne aber den König je völlig zu verärgern.

Am barocken Hof hatte jeder und jede den zugewiesenen Part möglichst gut zu spielen, und wie Augusta ihre Rolle anlegen würde, zeigte sich bereits bei ihrer Ankunft. „Sie sagte ihm, sie würde ihn nur dieses eine Mal um etwas bitten, nämlich ihrer Gouvernante zu erlauben, herzukommen" und ihr in der fremden Umgebung Beistand zu leisten.[1] In anderen Worten, sie führte sich ein als gefügige Ehefrau, die bereit war, sich den Wünschen ihres Gatten unterzuordnen. Zugleich setzte sie ihr wichtigstes Anliegen durch und ermöglichte zudem ihrem Mann, sich gegen die Order des Königs aufzulehnen, der ihr diesen Wunsch zuvor abgeschlagen hatte, und sich damit – auch der Öffentlichkeit gegenüber – als der Großzügigere von beiden zu zeigen.

Nachdem Friedrich Ludwig vom Hof ausgeschlossen worden war, wurde Augusta vollends zu seinem wichtigsten Trumpf im Wettbewerb um Popularität. Während der König und der Prinz gegeneinander gifteten, verkehrte sie weiterhin und mit aller gebotenen Ehrerbietung mit der Königin. Letztlich präsentierte sich Augusta als Gegenbild zu Caroline, als häuslich und unpolitisch, als harmlos und sogar ein wenig naiv. Es bedurfte eines scharfsinnigen Politikers wie Robert Walpole, die intelligente und klug taktierende Frau hinter diesem Rollenbild zu erkennen. Er nämlich konstatierte bald, „auf keine andere Weise lässt sich der Prinz innerhalb erträglicher Schranken halten als durch die Prinzessin".[2] Später versuchten auch Friedrichs politische Freunde, einmal sogar der König selbst, über sie Einfluss auf Friedrich Ludwig zu gewinnen.

Friedrich Ludwig, zuvor nicht nur politisch, sondern auch privat häufig ungezügelt, wurde, wie Horace Walpole notierte, „ein guter Ehemann", denn auch wenn er weiterhin Mätressen unterhielt, so bewahrte doch die Prinzessin stets den wichtigsten Einfluss auf ihn.[3] Das traute Familienglück des Thronfolgerpaares war echt und keineswegs nur Fassade, doch verstanden beide, dies auch geschickt zu propagieren und sich damit in Kontrast zum König zu setzen, der als Witwer eine Mätresse zur Seite hatte.

Nicht nur in den offiziellen Gemälden ist häufig die gesamte Familie zu sehen. Die Kinder nahmen

Augusta von Sachsen-Gotha in Staatsrobe
Unbekannter Maler, Öl auf Leinwand, um 1736/40
Residenzmuseum im Celler Schloss

Auf keine andere Weise lässt sich der Prinz innerhalb erträglicher Schranken halten als durch die Prinzessin

nicht nur Teil an den vielen Vergnügungen des prinzlichen Haushalts, zu denen Theateraufführungen ebenso zählten wie Kegeln, Rudern oder Cricket, sondern begleiteten ihre Eltern auch bei vielen öffentlichen Auftritten. Dazu gehörten z. B. Besuche in den Häuschen von Seidenwebern und Wollkämmern. Die demonstrative Unterstützung der heimischen Textilindustrie gegenüber der (von Georg II. und dem Hof bevorzugten) modischen französischen Importware war Teil des politischen Programms des Thronfolgerpaares.

Unter den Interessen, die das Thronfolgerpaar teilte, nahmen seit Ende der 1740er Jahre Botanik, Gartenbau und -architektur einen wichtigen Raum ein. Den entscheidenden Ausbau der Gärten in Kew, die die Grundlage für die ein Jahrhundert später gegründeten Royal Botanical Gardens legten, betrieb Augusta allerdings allein: 1751 starb Prinz Friedrich nämlich völlig unerwartet.

Einmal mehr stellte Augusta unter Beweis, dass sie den Spitznamen „Prinzessin Vernunft und Vorsicht zu recht trug: Sofort verbrannte sie die politischen Papiere ihres Mannes, distanzierte sich von der Opposition und berief sich auf die „väterliche Liebe und den königlichen Schutz" Georgs II.[4] Ihr Hauptanliegen war es nun, ihre Kinder weiter bei sich behalten und ihre Erziehung bestimmen zu können – keine Selbstverständlichkeit, gerade im Hinblick auf den Thronfolger. Tatsächlich setzte Georg II. sie für den Fall, dass er starb, ehe Georg volljährig war, sogar zur Regentin ein, wenn auch mit gewissen Einschränkungen durch einen beigeordneten Rat.

Auch die Aufsicht über die Erziehung der Kinder lag weiterhin bei ihr und es gelang ihr, Georg so weit wie möglich im ruhigen Kew und entfernt von den Einflüssen der Stadt und des Hofes zu halten, wo es gewiss schwieriger gewesen wäre, ihn von Versuchungen politischer und anderer Art fernzuhalten. Auf die Ernennung seiner Lehrer und Tutoren hatte sie allerdings nur bedingt Einfluss. Georgs wichtigsten Lehrer installierte sie 1755 darum im Geheimen: John Stuart, den dritten Herzog von Bute, einen engen Freund ihres verstorbenen Mannes. Tatsächlich gewann er entscheidenden Einfluss auf den Prinzen. Augusta allerdings bezahlte einen hohen Preis. Da Lord Bute nicht offiziell der Lehrer ihres Sohnes war, hieß es bald – und weder sie noch er stritten das ab – seine Besuche gälten ihr selbst. Die Gerüchte kochten noch weiter hoch, nachdem Georg, kaum volljährig, den Herzog in wichtige Ämter, schließlich sogar das des Premierministers, hob.

Sowohl im Hinblick auf den Charakter des Herzogs als auch und erst recht den der Prinzessin gilt es heute als höchst unwahrscheinlich, dass die üble Nachrede auf Tatsachen beruhte. Es liegt jedoch eine bittere Ironie darin, dass sie ausgerechnet Augusta mit ihren hohen moralischen Grundsätzen traf. Der Umschwung in der öffentlichen Meinung war vollständig: Anstelle der liebenden Gattin und patriotischen zukünftigen Königin sah man in Augusta nun die machtgierige Intrigantin und Ehebrecherin (Lord Bute war selbstverständlich verheiratet). Selbst ihre Beerdigung – sie starb Anfang 1772 an Kehlkopfkrebs – geriet zu einer Demonstration dieser Abneigung. Dabei war sie es gewesen, die ihrem ältesten Sohn den Wert eines untadeligen Familienlebens, ehelicher Treue und nicht nachlassenden Pflichtbewusstseins sowie eine tiefe Religiosität vermittelte – Tugenden, die der höfischen Gesellschaft (nicht nur) um die Jahrhundertmitte langweilig erschienen, die aber entscheidend zu seiner späteren Popularität beitrugen, als der revolutionäre Furor die Grundfesten des alten Gesellschaftssystems zum Einsturz brachte.

Kinder

* Augusta Charlotte (1737–1813), heiratet 1764 Karl Wilhelm Ferdinand, Herzog von Braunschweig-Wolfenbüttel
* Georg III. (1738–1820), heiratet 1761 Charlotte Sophie, Herzogin von Mecklenburg-Strelitz
* Edward, Herzog von York (1739–1767)
* Elizabeth Caroline (1740–1759)
* William, Herzog von Gloucester (1743–1805), heiratet 1766 Maria Gräfin Waldegrave
* Henry, Herzog von Cumberland (1743–1805), heiratet 1771 Lady Anne Luttrell
* Luisa Anne (1749–1768)
* Frederick William (1750–1765)
* Caroline Mathilde (1751–1775), heiratet 1766 Christian VII., König von Dänemark und Norwegen

1 Tagebuch des Viscount Percival, des späteren Herzogs von Egmont, zitiert nach Bullion 2002, S. 213 f.
2 Zitiert nach Bullion 2002, S. 217 und ODNB 2004 Bd. 1, S. 944.
3 Zitiert nach Bullion 2002, S. 220.
4 Zitiert nach Groom/Prosser 2006, S. 57.

Herzog von Cumberland (seit 1726)

Geb. am 15. April 1721 in London, gest. am 31. Oktober 1765 in London

Der Schlächter

Wilhelm August, Herzog von Cumberland

Als jüngerer Sohn – den seine Eltern aber stets dem älteren, Thronfolger Friedrich Ludwig, vorzogen – strebte Wilhelm August eine Laufbahn in der Armee an. 1742 wurde er zum Generalmajor ernannt. Seine wahre Feuertaufe erlebte er ein Jahr später bei der Schlacht von Dettingen unter dem Kommando seines Vaters. Wie sein Vater zeichnete sich auch Wilhelm August durch großen Mut im Kampf aus. Schließlich erhielt er eine Schussverletzung unterhalb des Knies, die eine dauerhafte Gehbehinderung zurückließ. Zwei Jahre später kommandierte der Herzog bereits die britischen Truppen in Flandern. Bei Fontenoy musste er im April 1745 gegen die Franzosen eine blutige Niederlage einstecken, erntete jedoch wiederum viel Respekt für seine Tapferkeit. Einer seiner Offiziere notierte: „Er war überall, ermutigte die Schwankenden, lobte die Tapferen, bedrohte die Feigen – hätte die Nation ihn gesehen, sie hätte ihn angebetet“. [1]

Ein Jahr später galt der Held von Flandern als „der Schlächter“. Wie konnte es dazu kommen? Mittlerweile war Dramatisches geschehen: ein massiver Versuch, die Hannoveraner vom Thron zu vertreiben. Während die britische Armee im Österreichischen Erbfolgekrieg auf dem Kontinent kämpfte, witterten die Anhänger der Stuarts ihre Chance. Der letzte der Stuarts auf dem britischen Thron, Jakob II., war 1688 in der so genannten „Glorreichen Revolution“ abgesetzt worden. Die Familie hatte zunächst in Frankreich, später in Rom Zuflucht gefunden. Die Anhänger der Stuarts, die „Jacobites“, betrachteten noch immer die Nachkommen Jakobs aus männlicher Linie als die rechtmäßigen Könige von Großbritannien. Der Sohn Jakobs II., ebenfalls Jakob genannt (1688-1766), hieß darum auch „the Old Pretender“, also „der alte Thronanwärter“. Er hatte bereits zwei Anläufe genommen, „seinen“ Thron wieder in Besitz zu nehmen. 1708 versuchte er erfolglos, in Schottland, dem Stammland der Stuarts, zu landen. Im Jahr zuvor waren Schottland und England offiziell vereinigt worden, nachdem gut hundert Jahre lang Personalunion bestanden hatte, und in Schottland gärte noch Unzufriedenheit über diesen Verlust an Unabhängigkeit. 1715 gelang Jakob tatsächlich die Landung. Diesmal hatte die Thronbesteigung der Hannoveraner nachhaltig für Unruhe gesorgt und ihn auf mehr Unterstützung hoffen lassen, als er dann schließlich fand.

Nun aber war sein Sohn Karl Eduard (1720–1788) auf den Plan getreten, der „Young Pretender“. Der

Wilhelm August, Herzog von Cumberland in der Schlacht von Dettingen

Das Bild wurde im Auftrag seines Bruders, des Kronprinzen Friedrich Ludwig, gemalt.

John Wootton (1686?–1764) und Thomas Hudson (1701–1779), der Kopf und Schultern des Herzogs malte, Öl auf Leinwand, 1744

Miniaturporträt des Herzogs Wilhelm August von Cumberland
Andreas Henry Groth
Email auf Goldblech im vergoldeten Messingrahmen, 1744
Museum August Kestner

junge Stuart-Prinz war galant, charmant, und sah strahlend gut aus – „bonnie" auf schottisch. Bonnie Prince Charlie fand überraschend großen Zulauf, konnte Edinburgh einnehmen und feierte zunächst schnelle militärische Erfolge. Ziel seines Feldzugs waren London und die britische Krone. Erst in Mittelengland stoppte ihn der nun schleunigst aus Flandern zurückbeorderte Wilhelm August. Obwohl zahlenmäßig weit unterlegen, konnten die Rebellen selbst auf ihrem Rückzug nach Schottland noch mehrfach unerwartete militärische Erfolge verzeichnen. Es erwies sich als gar nicht so einfach, „die Unverschämtheit einer Horde von Dieben und Plünderern niederzuschlagen, die von ihren Vätern gelernt haben, jede Regierung, unter der sie lebten, zu bekämpfen", wie Wilhelm August in einer Ansprache an seine Truppen ankündigt hatte.[2]

Am 25. Geburtstag des Herzogs kam es im Moor von Culloden, zwischen Inverness und Nairn gelegen, zur blutigen Entscheidungsschlacht. Bei Tagesanbruch standen etwa 5.000 erschöpfte, schlecht ausgerüstete Rebellen einer Übermacht von nahezu doppelt so vielen regulären britischen Truppen gegenüber. Am Abend waren weniger als 1.500 von ihnen noch am Leben. Verwundete wurden nicht versorgt, den Fliehenden setzten die Dragoner bis nach Inverness nach. Es gab keine Gefangenen, sondern ausschließlich Tote.

Auch in den nächsten Monaten verfolgte Wilhelm August eine Politik der verbrannten Erde, um den Widerstand ein für alle Mal zu brechen. Die Anführer der Rebellion wurden hingerichtet, ihr Besitz enteignet, ihre Söhne zwangsweise nach England zur Erziehung geschickt. Wer bewaffnet, und sei es mit einem Messer, angetroffen wurde, wurde erschossen. Wer auch nur im Verdacht stand, den Aufstand unterstützt zu haben, fand sein Haus in Flammen, sein Vieh konfisziert. Gälisch – die Muttersprache im Hochland, nördlich von Glasgow, Stirling und Dundee – wurde bei Strafe verboten. Nur Prince Charlie selbst gelang es auf abenteuerliche Weise zu entkommen. Seine Flucht wurde ebenso wie der Aufstand selbst schon wenige Jahrzehnte später zur heroisch-romantischen Geschichte stilisiert, zum Kampf Davids gegen Goliath, der alten feudalen Clanordnung gegen die neue vorindustrielle Gesellschaft. Mit „Waverley" begründete Sir Walter Scott das Genre des historischen Romans; die Geschichte, die er darin erzählt, spielt vor dem Hintergrund der Rebellion von 1745. Das nationale

Trauma blieb und prägt noch heute das Verhältnis von Schotten und Engländern.

Die Rebellion war beendet, doch auch Wilhelm August bezahlte einen hohen Preis für seinen Sieg. In London wurde er im Sommer offiziell als Held empfangen. In der Zeitung jedoch kursierte die Satire, der Herzog werde nun in die Zunft der Metzger aufgenommen. Den Ruch des „Schlächters" wurde er nicht mehr los. Als sein Bruder Friedrich Ludwig 1751 überraschend starb, hieß es auf Flugblättern: „Oh, wenn es nur stattdessen der Schlächter wäre!" [3] Da Friedrich Ludwigs ältester Sohn Georg, der Thronfolger, erst 12 war, Georg II. aber schon 67, mussten Regelungen für eine mögliche Regentschaft getroffen werden. Georg II. hätte gern Wilhelm August in dieser Rolle gesehen, seine Anwartschaft hatte im Parlament jedoch keine Chance.

Im Siebenjährigen Krieg betraute Georg II. seinen Sohn 1757 mit dem Oberbefehl über die hannoverschen Truppen. Wilhelm Augusts Mission auf dem Kontinent war schwierig, denn die Interessen Großbritanniens und Hannovers waren in diesem Krieg kaum zu vereinbaren. Großbritannien war bestrebt, seinen Bündnispartner Preußen gegen die Franzosen zu unterstützen und damit den Erbfeind Frankreich zu schwächen. Das Kurfürstentum Hannover dagegen sah sich als Spielball zwischen den Mächten und hätte um der eigenen Sicherheit willen um Neutralität bemüht sein müssen. Nie stellte die Personalunion den König und Kurfürsten Georg vor größere Probleme, hier schlugen wahrlich zwei Seelen in seiner Brust. Unter Umgehung des britischen Parlaments gab er seinem Sohn volle Verhandlungsfreiheit, für Hannover einen Separatfrieden mit Frankreich zu schließen „um mich, meine tapfere Armee und meine geliebten Untertanen aus diesem Elend ... zu befreien". Er fuhr fort: „Ich vertraue meine Angelegenheiten ganz Dir an. ... Wenn Du alles geregelt hast, komme zu einem Vater der Dich innig schätzt und liebt." [4]

Ehe er die Verhandlungen eröffnen konnte, erlitt der Herzog jedoch bei Hastenbeck (südlich von Hameln) eine blutige Niederlage gegen die französische Armee, ausgelöst durch seinen verfrühten Befehl zum Rückzug. Aus dieser stark geschwächten Position schloss Wilhelm August in Kloster Zeven tatsächlich einen Separatfrieden mit Frankreich, der Hannover jedoch keinerlei Vorteile brachte, sondern es vielmehr der Besetzung preisgab. Georg II. fand später ein juristisches Schlupfloch, den Vertrag nicht anzuerkennen. Das änderte nichts daran, dass er sich durch die Bedingungen zutiefst beschämt fühlte. Sein Sohn habe ihn – so sagte er in dessen Anwesenheit – „ruiniert und entehrt" [5]. Dass er selbst dazu beigetragen hatte, ihn in diese Situation zu bringen, indem er den politisch Unerfahrenen bevollmächtigt hatte, gegen die Interessen Großbritanniens zu verhandeln, sah Georg nicht. Sein Rücktrittsgesuch reichte der Herzog nicht bei seinem Vater direkt ein, sondern wählte den Umweg über Lady Yarmouths Vermittlung. Danach spielte er weiter eine aktive Rolle in der britischen Politik, ohne aber je seinen alten Einfluss wiederzugewinnen.

Hätte die Nation ihn gesehen, sie hätte ihn angebetet

Kinder
Keine legitimen

1 Zitiert nach Treasure 1992, S. 207.
2 Zitiert nach ODNB 2004 Bd. 59, S. 108.
3 Zitiert nach ODNB 2004 Bd. 59, S. 111.
4 Brief Georgs II. vom 9.8.1757, zitiert nach Trench 1975, S. 283.
5 Horace Walpole in seinen Memoiren; zitiert nach Trench 1975, S. 286.

Georg III.

Der Vater seines Volkes

König von Großbritannien und Irland (1760);

Kurfürst, seit 1814 König von Hannover.

Seit 1811 vertritt sein Sohn als Prinzregent Land und Krone.

Geb. am 4. Juni 1738 in London, gest. am 29. Januar 1820 in Windsor

1761 Heirat mit Charlotte von Mecklenburg-Strelitz

Nur seine Enkelin Viktoria regierte länger als Georg III. Und die 60 Jahre seiner Regierungszeit umfassen umwälzende epochale Veränderungen: das Zeitalter der Aufklärung und die Erklärung der Menschenrechte, die französische und die industrielle Revolution, das Ende des Absolutismus und die Anfänge des Kapitalismus, die Ablösung des Ständesystems durch den Bürgerstaat. Als Georg III. die Regierung antrat, steckte das Land mitten im Siebenjährigen Krieg. In seine Regierungszeit fallen der amerikanische Unabhängigkeitskrieg und der Verlust der nordamerikanischen Kolonien – den er als große Niederlage empfand –, ebenso wie der Aufbau des Kolonialreiches in Indien und die Kolonisation Australiens und Neuseelands. In die Regierungszeit des „Farmer George", wie Georg wegen seines intensiven Interesses für landwirtschaftliche Reformen teils liebevoll, teils überaus spöttisch tituliert wurde, fallen tief greifende Veränderungen in der Landwirtschaft ebenso wie der Beginn und die erste Hochphase der industriellen Revolution mit allen sich daraus ergebenden sozialen Veränderungen. Und in seine Regierungszeit fallen die Französische Revolution, d. h. die Forderung nach „Freiheit, Gleichheit, Brüderlichkeit", ebenso wie die napoleonischen Kriege, aus denen die Alliierten als Sieger hervorgingen und an deren Ende das Kurfürstentum Hannover zum Königreich erhoben wurde.

Für Hannover bedeutete der Regierungsantritt Georgs III., des ersten in Großbritannien geborenen Welfen, einen deutlichen Einschnitt. Georg I. hatte den Großteil seines Lebens in Hannover verbracht. Auch Georg II. empfand das Kurfürstentum als seine eigentliche Heimat – und das nicht nur dann, wenn er sich wieder einmal über die Macht der britischen Politiker ärgerte. Der Schriftsteller Samuel Johnson, der ihn nicht mochte, beschrieb ihn bissig als Mann, der „seine Augen königlich auf den Boden gerichtet hielt und Brocken deutscher Nachrichten fallen ließ". [1]

Ganz anders Georg III.: Er setzte nie einen Fuß auf hannoverschen Boden. In seiner ersten

Georg III. im
Krönungsornat

Es handelt sich um eine der zahlreichen Kopien nach dem Staatsporträt von Allan Ramsay, wobei die Kopfhaltung gegenüber der Vorlage verändert ist.

Unbekannter Maler
Öl auf Leinwand,
nach 1761

Historisches Museum Hannover

Tasche für das Staatssiegel Georgs III., die vom Lord Chancellor bei zeremoniellen Anlässen getragen wurde.

Im Zentrum das hannoversche Staatswappen, eine Kombination des hannoverschen und des britischen Wappens, gehalten von Löwe und Einhorn und, umgeben vom Motto des Hosenbandordens und der Devise des Prince of Wales, unter der britischen Krone Zwischen 1801 und 1814

Historisches Museum Hannover

Eröffnungsrede vor dem Parlament 1761 verkündete er programmatisch: „Ich bin stolz, Brite zu sein" („I glory in the name of Britain."). Als Kronprinz hatte er zwei Jahre zuvor gar an seinen Freund und engsten Berater, den Herzog von Bute, über Hannover geschrieben, dass „dieses schreckliche Kurfürstentum […] stets vom Lebensmark unseres armen Landes gezehrt hat".[2] Doch seine negative Einstellung änderte sich offensichtlich, und die Ansicht, Georg III. habe sich nie intensiv um die Angelegenheiten Hannovers gekümmert, wird von der neuesten Forschung widerlegt. Die klare Trennung der Politik der beiden Länder allerdings entsprach seinem Wunsch. Damit machte er Hannover im Rahmen der britischen Politik quasi zu seiner Privatangelegenheit, auch wenn sich damit Interessenskonflikte, zumal während der Napoleonischen Kriege, nicht grundsätzlich vermeiden ließen. Die Regierungsgeschäfte regelte Georg wie seine Vorgänger über die Deutsche Kanzlei, die von den Herren von Münchhausen, von Behr, von Alvensleben, von Lenthe und seit 1805 besonders effizient vom Grafen Münster geleitet wurde. Georgs wichtigstes Ziel war, das Kurfürstentum ökonomisch zu stabilisieren und dazu vor allem die Landwirtschaft zu reformieren und zu stärken. In diesem Zusammenhang steht auch die Gründung der Tierärztlichen Hochschule in Hannover im Jahr 1778, die Georg gegen zahlreiche Schwierigkeiten durchsetzte. Sie gehört zu den ältesten tierärztlichen Instituten überhaupt. In Hannover sind der Georgsplatz und die Georgstraße nach ihm benannt, die 1787 nach der Niederlegung der Stadtwälle angelegt wurden und für deren Bau und Bebauung Georg Zuschüsse zahlte.

Nach der Hochzeit seiner Schwester Augusta mit dem Herzog von Braunschweig-Wolfenbüttel im Jahr 1764 war Georg auch durch ihre Briefe und aus persönlichem Blickwinkel über die Situation in Norddeutschland informiert. Darüber hinaus entstanden weitere familiäre Kontakte, denn Georg schickte alle seine Söhne außer dem Thronfolger zur militärischen bzw. universitären Ausbildung in das Kurfürstentum. Den zweitältesten, Frederick, bestimmte er zudem bereits kurz nach dessen Geburt zum Bischof von Osnabrück. Dieses Amt fiel seit dem Westfälischen Frieden abwechselnd einem gewählten katholischen Bischof und einem weltlichen, lutherischen Vertreter aus dem Haus Braunschweig-Lüneburg zu.

Auch wenn Georg III. nie nach Hannover reiste: Die Residenz wurde verwaltet, als könne er jederzeit eintreffen. Dazu gehörte eine repräsentative Ausstattung. Besonders bezeichnend ist die sorgfältig geplante Anschaffung eines neuen silbernen Tafelservices. Entwürfe dafür wurden in Wien, Rom und Paris eingeholt, schließlich wurde es in Paris bestellt. Das Service war moderner und aufwändiger als alles Tafelsilber, das Georg III. in London zur Verfügung stand. Weitere Teile wurden später in Hannover nach den vorliegenden Entwürfen ergänzt. Um dieses teure Repräsentationsprojekt finanzieren zu können, wurden 1767 über 5000 kg Silber aus der reichen welfischen Silberkammer eingeschmolzen und ein Teil des so erlösten Geldes über mehrere Jahre zinsträchtig angelegt.

Die kluge Finanzierung entsprach dem sparsamen und haushälterischen Wesen Georgs III. Eigenschaften, die er mit seinen beiden Vorgängern teilte. Anders als diese förderte Georg III. jedoch nicht nur Musik und Theater, sondern auch die anderen Künste und trat als Sammler und Auftraggeber hervor. Insbesondere sein Interesse an der Architektur ging weit über das übliche Maß hinaus, denn er war selbst ein begabter und gut ausgebildeter Zeichner architektonischer Ansichten. 1762 erwarb er Buckingham House in der Nachbarschaft der offiziellen Residenz St. James, dass er „nicht […] als Palast, sondern als Rückzugsort“[3] für seine stetig wachsende Familie ausbauen und ausstatten ließ. Das Ergebnis war, in den Worten Thackerays, „ein bescheiden-unprätentiöses, aber elegant wirkendes Haus“,[4] der Vorgängerbau des heutigen Buckingham Palace. Georg III. war der erste britische Monarch, der klar zwischen seinem offiziellen Amtssitz und seinem privaten Wohnsitz unterschied. Seit der Mitte der 1770er Jahre ließ er die mittelalterliche Königsresidenz in Windsor, die seit den Zeiten von Queen Anne nicht mehr genutzt worden war, umgestalten und erweitern, wozu er offenbar auch selbst erste Entwürfe beisteuerte.

Für die königlichen Kunstsammlungen bedeutete die Thronbesteigung Georgs III. einen Wendepunkt. Allerdings scheint er weitgehend zielgerichtet für die Ausstattung bestimmter Räume gesammelt zu haben und nicht aus reiner Leidenschaft an sich. Sein Hauptinteresse galt der Historienmalerei, wobei er lange Zeit besonders den amerikanischen Maler Benjamin West förderte, und der Porträtmalerei. Im Lauf der Jahre arbeiteten die wichtigsten britischen Porträtmaler der Zeit für Georg III. und seine Familie: Thomas Gainsborough, Allan Ramsay, Francis Cotes, William Beechey, Thomas Lawrence und Johann Zoffany. Nur Joshua Reynolds, den Georg nicht mochte, fehlt in dieser Liste. Der König sah die Förderung der Künste als nationale Aufgabe und unterstützte darum maßgeblich die Gründung der Royal Academy im Jahr 1768.

Georgs eigentliche Passion aber waren Bücher, die er im größten Umfang und herausragender Qualität sammelte. Im Lauf seines Lebens trugen er bzw. seine Bibliothekare über 65.000 Bände und 450 Manuskripte zusammen und darüber hinaus die erste große britische Sammlung von Karten. Diese Bibliothek stand allen Forschern offen und war als Kern einer Nationalbibliothek gedacht. In diesem Sinne übergab Georg IV. die Bibliothek seines Vaters später dem British Museum; heute ist sie Teil der British Library.

Georgs wissenschaftliches Interesse konzentrierte sich auf alle Arten von mechanischen Instrumenten.

Kommen Sie, ich will Ihnen den Weg zum Himmel zeigen

Georg III.

Johann Georg Ziesenis (1716–1776) zugeschrieben, Pastell auf Karton, um 1770

Historisches Museum Hannover

Insbesondere sammelte er Uhren, deren Mechanismus er im Detail studierte. Vor allem aber faszinierte ihn die Astronomie, die seine naturwissenschaftliche Neugier gleichermaßen befriedigte wie seine tiefe Religiosität. In Kew unterhielt er sein eigenes Observatorium und auch nach dem Umzug nach Windsor ließ er sofort ein Observatorium einrichten. Das große und nach modernsten Gesichtspunkten gebaute Teleskop dafür bestellte er bei Wilhelm Herschel. Der aus Hannover stammende Musiker, im selben Jahr wie der König geboren, und seine Schwester Caroline waren die wichtigsten Astronomen ihrer Zeit. Die großzügige finanzielle Unterstützung des Königs förderte ihre Forschungen maßgeblich. Er zahlte ihnen nicht nur ein jährliches Gehalt, sondern vor allem den Bau des bei weitem größten Teleskops jener Tage, das etliche ihrer Entdeckungen erst ermöglichte. Bevor die Spiegel eingesetzt wurden, spazierte der König durch die gut 13 Meter lange Röhre und forderte den ebenfalls anwesenden Erzbischof von Canterbury auf, ihm zu folgen: „Kommen Sie [...], ich will Ihnen den Weg zum Himmel zeigen“[5]. Georgs Sammlung an wissenschaftlichen Instrumenten, die heute im Science Museum in London bewahrt wird, gilt als die umfassendste Sammlung ihrer Art des 18. Jahrhunderts.

Die Historiker im 19. und in der ersten Hälfte des 20. Jahrhunderts sahen die Regentschaft und politische Tätigkeit Georgs III. weitgehend äußerst kritisch; eine Neubewertung setzte erst mit den 1970er Jahren ein. Das liegt möglicherweise vor allem darin begründet, dass die meisten Quellen, die schon früh gedruckt zur Verfügung standen – allen voran Horace Walpoles Memoiren – ein negatives Bild des Königs zeichnen. In der Einschätzung seiner Person und seines Charakters war lange Zeit die Herablassung prägend, die der Satiriker William Thackeray in seinem 1861 erstmals erschienen, populären Band über „The Four Georges“ formulierte. Er schilderte den König als „einfach im Geiste, dickköpfig, liebevoll, bigott“,[6] als jemanden, der im Rahmen seiner beschränkten Möglichkeiten sein Bestes zu geben versuchte, und das Leben an seinem Hof als ruhig, geordnet, freundlich – und über alle Maßen langweilig.

Zu seinen Lebzeiten dagegen erfreute sich Georg III. bei seinen Untertanen größter Beliebtheit – gerade wegen einiger der von Thackeray verspotteten Eigenschaften und ganz im Gegensatz sowohl zu seinen beiden welfischen Vorgängern als auch

„Ein Kenner studiert einen Cooper“
Im „Kenner“ ist unverkennbar Georg III. karikiert, die dargestellte Miniatur des Malers Samuel Cooper (1609–1672) zeigt den „Königsmörder“ Oliver Cromwell. Mit der heruntergebrannten Kerze verspottete der Karikaturist die notorische Sparsamkeit Georgs III.
James Gillray (1757–1815), kolorierte Radierung, 1792
Historisches Museum Hannover

zu seinem Nachfolger. Zu seiner Popularität trug gewiss auch bei, dass er die Formalität des repräsentativen Hoflebens in London hasste. Viel lieber lebte er in Windsor wie ein einfacher Landadliger, der bei seinen Ausritten bei der einen oder anderen Bauernfamilie vorbeischaute oder gemeinsam mit der übrigen Kundschaft im örtlichen Buchladen stöberte, „ein stiller, gutmütiger Herr im blauen Gehrock“, der „jeden kannte“[7] und mit jedem redete. Besonders seit den 1790er Jahren – der Zeit der Französischen Revolution, die manchen Monarchen um seinen Thron fürchten ließ – wurde er als „Vater seines Volkes“[8] und als moralisches Vorbild verehrt. Das traf sich offenbar mit seiner eigenen Einschätzung seiner Aufgabe und Rolle, wie im folgenden Zitat deutlich wird:

Surtout de table

Blumen- und Früchtekörbe, Konfekt-Etageren, Vasen und große Leuchter reflektierten wirkungsvoll in der Spiegelfläche dieses Tafelaufsatzes.

Ignatius Sebastian Würth (tätig 1770–1815 in Wien) und Johann Daniel Bunsen (tätig 1796–1816 in Hannover), 1799 und 1813/14

Historisches Museum Hannover, Leihgabe der e.on Energie AG

„Ich gebe nicht vor, irgendwelche herausragenden Fähigkeiten zu haben, aber ich werde nicht nachgeben in meinem Bemühen, die Freiheit, das Glück und den Ruhm meiner Länder und all ihrer Einwohner zu erhalten und meine Pflicht gegenüber Gott und meinem Nächsten in vollem Umfang zu erfüllen.“ [9]

Vorbildlich war vor allem das Familienleben Georgs III. Nach jugendlicher Verliebtheit in ein oder zwei politisch und standesgemäß ungeeignete Kandidatinnen fügte er sich in die Pflicht, eine passende deutsche Prinzessin zu heiraten. Die Wahl fiel auf Charlotte von Mecklenburg-Strelitz. Die Eheleute waren sich ausgesprochen zugetan und, anders als alle seine Vorgänger, verzichtete Georg III. auf Mätressen, was bei Hof eher mit spöttischen Bemerkungen hinter vorgehaltener Hand quittiert wurde, aber zu seiner allgemeinen Popularität wesentlich beitrug.

Auch um die Kinder – 15 wurden zwischen 1762 und 1783 geboren, eine so große Zahl von Prinzen und Prinzessinnen hatte es noch in keiner britischen Königsfamilie gegeben – kümmerte sich das Paar gemeinsam liebevoll: „… ihre Kinder spielen die ganze Zeit um sie herum“, heißt es in einer zeitgenössischen Quelle. [10] Als 1783 sein erst vierjähriger Sohn gestorben war, schrieb der König: „Es wird keinen Himmel für mich geben, sollte Octavius nicht dort sein.“ [11] – eine Aussage, die angesichts der tiefen Frömmigkeit des Königs umso schwerer wiegt. Eine solch innige Beziehung zu Kindern war zu dieser Zeit noch sehr ungewöhnlich, zumal in den Kreisen des Hochadels. In der Erziehung der dem Kindesalter entwachsenen Söhne allerdings war der König ausgesprochen streng und stellte das Staatswohl stets an erste Stelle. „Wie sehr ich meine Kinder auch liebe, kann mich das nie auch nur für einen Moment meine Pflicht als Monarch dieses Landes vergessen lassen.“ [12]

Seine Töchter, die er auch als Erwachsene immer in seiner Nähe haben wollte, nannte Georg „all Cordelias“ [13], nach der jüngsten Tochter des Königs Lear in Shakespeares Drama, die ihren Vater bedingungslos liebt. Im Alter sollte Georg III. selbst zu einer tragischen Figur Lear'schen Ausmaßes werden und Schloss Windsor zu einem Rückzugsort der anderen Art.

Den ersten großen Krankheitsschub erlebte Georg III. im Herbst und Winter 1788/89. Er ging als „Regency Crisis“ in die Geschichte ein, denn er

führte beinahe dazu, dass der Thronfolger als Regent eingesetzt wurde. Der König genas nur wenige Tage, ehe der betreffende Antrag das Parlament passierte. Die Symptome seiner Krankheit waren erschreckend. Sie begann mit Magenkrämpfen. Es folgten Schlaflosigkeit, Seh- und Hörstörungen und ein Schwächegefühl in den Armen und Beinen. Bald war der König geistig verwirrt und übererregt, mit heiserer Stimme redete er fast ohne Unterbrechung, machte ganz gegen seine Natur obszöne Bemerkungen und wurde hin und wieder sogar gewalttätig. Zu Anfang der Erkrankung, bevor er vom Hof isoliert wurde, würgte er während einer abendlichen Veranstaltung den Kronprinzen. Die medizinischen Behandlungsmethoden der Zeit waren drastisch: Schröpfen, die Zwangsjacke, ein Zwangsstuhl blieben auch dem König nicht erspart. „The Madness of King George“: Alan Bennetts Theaterstück, 1994 verfilmt und mehrfach preisgekrönt, zeichnet ein eindrückliches Bild dieser Monate.

Georgs Genesung schien vollständig, und seine Popularität nahm sogar noch zu. Doch im Frühjahr 1801 traf ihn die Krankheit erneut. Als er die ersten Symptome fühlte, schrieb er: „Ich betete die ganze Nacht zu Gott, mich sterben zu lassen oder meinen Verstand zu bewahren“. [14] Der Anfall ging rascher vorüber als beim letzten Mal, aber von nun an lebten alle – er selbst, die Familie und die Politiker – in Angst vor einem neuen Schub. Er ereignete sich im Anfang 1804, dauerte jedoch nur gut eine Woche. Seine Sehkraft allerdings blieb nachhaltig gestört, und im Lauf der nächsten Jahre erblindete Georg zunehmend.

Im Oktober 1810 wurde das fünfzigjährige Krönungsjubiläum des Königs mit großen Feierlichkeiten begangen, die einmal mehr seine außerordentliche Popularität unter Beweis stellten. Es war der letzte öffentliche Auftritt des „guten Königs“, wie er von immer mehr Menschen genannt wurde, und bedeutete das Ende seiner Regierung: Wenige Tage darauf brach die Krankheit erneut aus, und diesmal erholte er sich nicht mehr. Das letzte Jahrzehnt seines Lebens verbrachte Georg in Windsor, blind, zunehmend schwerhörig, kaum mehr erreichbar. Er erkannte die Anwesenden nicht, führte Gespräche mit Abwesenden und Toten und spielte stundenlang auf der Harfe.

Die Diagnose der vielfältigen Krankheitssymptome des Königs war erst im 20. Jahrhundert möglich: Georg III. litt an einer erblichen Stoffwechselerkrankung, der Porphyrie. Durch ein eingeschränkt arbeitendes Enzym wird dabei zu wenig roter Blutfarbstoff (Häm) produziert, die Zwischenprodukte der unvoll-ständigen Hämsynthese reichern sich in verschiedenen Organen an und verursachen die Krankheitssymptome. Die Krankheit tritt in Schüben auf, oft ausgelöst durch Stress, Hormone, chemische Substanzen und Medikamente. Charakteristisch ist der rot bis purpurfarben verfärbte Urin, den die Ärzte auch im Fall Georgs III. notierten. Die Krankheit, die die Stuarts quasi mit der Krone weitergegeben hatten, lässt sich im Rückblick und im Studium der entsprechenden Quellen auch bei zahlreichen anderen Familienmitgliedern nachweisen oder zumindest vermuten, z. B. auch bei Georgs Ältestem sowie weiteren Söhnen und seiner Tochter Sophia, bei seiner Schwester Caroline Mathilde und seiner Nichte Caroline. Bei ihm trat die Krankheit jedoch in einer besonders heftigen Form auf, was – wie erst jüngst nach der Untersuchung einer Locke des Königs nachgewiesen werden konnte – vermutlich auf die medizinische Behandlung zurückzuführen ist. Georg III. erhielt regelmäßig ein arsenhaltiges „Kräftigungspulver", und Arsen ist einer der Auslöser der Krankheit und hat deren Symptome mit Sicherheit verschlimmert.

Die Regierungszeit Georgs überspannt eine Epochenschwelle. Das Ende des Absolutismus vollzog sich in Großbritannien nicht revolutionär wie auf dem Kontinent, denn die Macht des Monarchen wurde hier schon lange durch das Parlament in Grenzen gehalten, und die Veränderung vollzog sich graduell. Was der König an realer politischer Macht einbüßte, gewann er als patriotisches Symbol und als Identifikationsfigur des Landes. Georg III., der ein vorbildhaftes Familienleben führte, jeden leutselig und ohne Standesdünkel ansprach und in seinen Pflichten als Landesvater aufging, war die ideale Besetzung für diese neue Rolle und kann so als der erste moderne Monarch auf dem britischen Thron gelten.

Georg III. als kranker, alter Mann

Charles Turner (1773–1857), Schabkunstblatt, 1820

Historisches Museum Hannover

1 The Letters of Samuel Johnson. Hrsg. R.W. Chapman 1952, Bd. 1, S. 133 f.; zitiert nach Millar 1969, S. 11.
2 Beide Zitate nach Riotte 2007, S. 58.
3 Brief an Lord Bute, zitiert nach Watkin 2004, S. 81.
4 Thackeray 1879, S. 70.
5 Zitiert nach Black 2006, S. 182.
6 Thackeray 1879, S. 74 und S. 78.
7 Charles Knight, zitiert nach Brooke 1972, S. 285.
8 Zitiert nach Roberts 2004, S. 10.
9 Zitiert nach Brooke 1972, Frontispiz.
10 Zitiert nach Millar 1969, S. XIV und Hibbert 1998, S. 98 f.
11 Zitiert nach Brooke 1972, S. 266.
12 Brief an einen seiner jüngeren Söhne, zitiert nach Fulford 1973, S. 33.
13 Zitiert nach Treasure 1992, S. 317.
14 Zitiert nach Brooke 1972, S. 370.

Königin von Großbritannien und Irland (seit 1761);

Kurfürstin, seit 1814 Königin von Hannover

Geb. am 19. Mai 1744 in Mirow, gest. am 17. November 1818 in Kew bei London

1761 Heirat mit Georg III.

Mich nach besten Kräften zu vervollkommnen

Charlotte von Mecklenburg-Strelitz

Georg III. mochte sich als Brite fühlen – für die Heirat kam nur eine deutsche Prinzessin in Frage. Das hatte nicht zuletzt mit den Regeln zu tun, an die er gebunden war: Als König von Großbritannien konnte er keine Katholikin heiraten und als Kurfürst von Hannover nur eine Braut aus (mindestens) fürstlichem Haus. Die zahlreichen, oft kleinen und politisch wenig bedeutenden, aber dynastisch hochrangigen Fürstenhöfe des Heiligen Römischen Reichs Deutscher Nation boten dafür die besten Möglichkeiten.

Nach Georgs Thronbesteigung wurde die Angelegenheit dringend. Unter strengster Geheimhaltung wurden Baron Münchhausen, der Leiter der Deutschen Kanzlei, und sein Bruder, Minister in Hannover, beauftragt, geeignete Kandidatinnen vorzuschlagen. Ihre erste Liste umfasste sechs Namen. Prinzessin Charlotte befand sich noch nicht darunter, denn der Hof von Mecklenburg-Strelitz erschien zu provinziell, als dass ihm die angemessene Erziehung einer künftigen Königin zugetraut worden wäre. Doch Charlotte war es, auf die Georgs Wahl schließlich fiel, nachdem die übrigen Kandidatinnen teils aus dynastischen Gründen (wie beispielsweise einer Mésaillance des Großvaters), teils wegen nachteiliger Berichte über ihren Charakter ausgeschieden waren.

Georg III. hatte eine klare Vorstellung, was er von der zukünftigen Königin erwartete: Schön musste sie nicht sein, aber von angenehmem, anpassungsfähigem Wesen; verständig und vernünftig sollte sie sein, aber nicht intellektuell und vor allem ohne jede politische Ambition.

Anfang Juni wurde der Heiratsantrag des Königs überbracht. Im folgenden Monat starb Charlottes Mutter, doch ihre Abreise wurde selbst aus diesem Grund nur um wenige Wochen verschoben. Begleitet von einer vornehmen Entourage britischer und weniger ihr vertrauter deutscher Hofdamen trat die Siebzehnjährige die Reise in ihr neues Leben an. Noch sprach sie kein Wort Englisch. Am Nachmittag des 8. September 1761 begegnete sich das junge Paar zum ersten Mal, am selben Abend wurde geheiratet, und zwei Wochen später fand die Krönung in Westminster statt. Bald schrieb der König: „Jede Stunde überzeugt mich mehr und mehr davon, was für einen Schatz ich erhalten habe.“ [1]

Für Charlotte bedeutete die Ehe mit dem führen-den protestantischen Monarchen Europas eine Karriere, die ihre höchsten Erwartungen bei Weitem übertraf. Für die Tochter des jüngeren, nicht-regierenden Sohnes eines kleinen Fürstenhofs standen die Chancen keineswegs gut. Darum war sie vorsorglich

Charlotte von Mecklenburg-Strelitz

Johann Georg Ziesenis (1716–1776) zugeschrieben, Pastell auf Karton, um 1770

Historisches Museum Hannover

Charlotte von Mecklenburg-Strelitz

Das Kopfporträt ist ein Ausschnitt nach dem Staatsporträt von Allan Ramsay, wobei die Kopfhaltung gegenüber der Vorlage verändert ist.

Unbekannter Maler Öl auf Leinwand, nach 1761

Historisches Museum Hannover

Je mehr ich von der Welt sehe, desto glücklicher bin ich, dass sie in England ist

bereits als Stiftsdame in der Abtei Herford eingetragen, um ihr ein standesgemäßes Leben zu sichern, falls sie unverheiratet bleiben sollte. Und nun: der König von Großbritannien und Kurfürst von Hannover! Dass Georg noch dazu jung und stattlich war, war allein schon ein Bonus; erst recht, dass er sich als freundlich, aufmerksam und zuverlässig erwies. Vor allem aber teilten die beiden gemeinsame Interessen, insbesondere an Musik und an Büchern, und gemeinsame Ideale. Beide erfüllte ein ausgeprägtes Pflichtbewusstsein und ein tiefer Glaube. Der König „glaubt die Bibel […] fürchtet Gott und liebt die Königin“, bemerkte der Methodist John Wesley. Und noch nach zwanzig Jahren Ehe notierte die Schriftstellerin Fanny Burney, damals eine der Hofdamen der Königin: „Das Verhalten [der beiden] zueinander zeigt das herzlichste Vertrauen und Glück. […] Der König scheint ihre Unterhaltung ebenso zu bewundern wie sich daran zu erfreuen […] Die Königin scheint die dankbarste Achtung für ihn zu fühlen.“[2] Georgs Schwester Augusta, seit 1764 Herzogin von Braunschweig-Wolfenbüttel, drückte es so aus: „Je mehr ich von der Welt sehe, desto glücklicher bin ich, dass sie in England ist“, schrieb sie 1770 an ihren Bruder, „denn keine dieser Damen wäre für Dich die Richtige gewesen“.[3]

Erst im Verlauf der wiederholten Krankheitsschübe des Königs verschlechterte sich das Verhältnis der Eheleute zunehmend. 1804 blieb die Königin auch nach seiner Genesung „äußerst kurz angebunden und spitz“ mit dem König und „sah ihn stets nur in Gesellschaft anderer“.[4] Vor allem ihre Töchter mussten nun als Vermittlerinnen herhalten.

Georg III. war der erste britische Monarch, der seinen Amts- vom Wohnsitz unterschied. Die zunehmende Trennung von privatem und politischem Leben entsprach nicht nur seiner Neigung, sondern auch der allgemeinen Entwicklung. Solange Politik noch häufig im Salon gemacht wurde, hatten auch Frauen die Möglichkeit gehabt und genutzt, zumindest informell an Entscheidungsprozessen teilzunehmen. Zu Königin Carolines Zeiten war darum bissig vom „petticoat government“, der Regierung der Unterröcke, die Rede. Georg III. dagegen wünschte eine häusliche Königin, und er bekam sie.

Tatsächlich passten Charlottes Tugenden bereits perfekt in die Zeit seiner Enkelin Viktoria. Die Königin konnte zwar nicht verhindern, dass manche ihrer Handlungen zwangsläufig politische Konsequenzen hatten. Doch als sie sich zum Beispiel während der Regency Crisis 1788/89 für die Rechte des Königs einsetzte, tat sie dies nicht aus politischen Erwägungen, sondern als besorgte Ehefrau. Im Übrigen fügte sie sich ganz dem Wunsch ihres Mannes, und sich „in die Politik einzumischen“ erschien ihr, in ihren eigenen Worten, als „einer Sünde gleichbedeutend“.[5] Das bedeutete allerdings auch, kaum Freundschaften einzugehen, um nicht dadurch der einen oder anderen politischen Gruppierung zu viel Aufmerksamkeit zukommen zu lassen.

Nicht politisch, sondern als Wohltäterin trat Charlotte hervor. In der Methodisten- und Evangelikalen-Bewegung galt sie als großes Vorbild, doch begann ihr Engagement schon lange vor dem Aufstieg dieser religiösen Gruppen. Sie unterstützte u. a. Krankenhäuser, Einrichtungen für verarmte alte

Damen vornehmer Herkunft, eine Stickschule für Londoner Bürgertöchter und eine Spinnschule für mittellose Mädchen.

Charlotte schätzte ein häusliches Leben. In verschiedenen Tagebüchern, auch ihren eigenen, entsteht ein lebendiges Bild dieses Alltags. Georg ritt täglich, meist schon vor dem Frühstück, im Gelände oder der Halle, doch an dieser standesgemäßen sportlichen Zerstreuung hatte Charlotte kein Interesse. Musik war ihr wichtig. Wie der König spielte sie Harfe, und in jungen Jahren nahm sie Gesangsunterricht bei Johann Christian Bach. Zumindest in den ersten Jahren ihrer Ehe musizierten der König und sie oft zusammen oder füreinander. Zu Charlottes liebsten Beschäftigungen gehörten Sticken und andere Nadelarbeiten. Manchmal brachte der König vor dem Abendessen die letzten Schriftstücke mit ins Zimmer der Königin, las und unterzeichnete sie dort, während sie stickte und er ab und zu das Feuer nachlegte, ohne nach den Dienstboten zu klingeln. Im Übrigen ließ Charlotte sich viel vorlesen, nicht nur, während sie stickte, sondern z. B. auch, wenn sie sich in Vorbereitung auf einen Empfang aufwändig frisieren lassen musste. Sie legte Wert darauf, jede Minute sinnvoll zu nutzen und beschäftigte einen französischen Vorleser sowie eine deutsche und eine englische Vorleserin, die alle selbst schriftstellerisch tätig waren. Lesen war für die Königin eines der Mittel zu ihrem Ziel, „mich nach besten Kräften zu vervollkommnen in allem, was Gut ist, für das Wohlergehen meiner Kinder und vor allem meiner Töchter“.[6] Unter anderem beschäftigte sie sich mit den Schriften Rousseaus und anderen pädagogischen Werken. Auch an Botanik und Gartenkunst war sie interessiert. Ihre private Bibliothek umfasste bei ihrem Tod über 4.000 Bände. Abgesehen von Büchern galt ihre Leidenschaft dem Schmuck. Neben dem offiziellen Schmuck des Hauses Hannover besaß sie eine große private Sammlung. Ebenso wie ihre Bücher wurde diese nach ihrem Tod versteigert, um angefallene Schulden zu begleichen.

Ring mit dem Porträt Georgs III.

Diesen Ring schenkte Georg Charlotte zur Hochzeit.

Jeremiah Meyer (1735–1789)
Gold, Diamanten, Miniatur auf Elfenbein, 1761

The Royal Collection © 2008 Her Majesty Queen Elizabeth II

Kinder

* Georg, Prince of Wales, später Georg IV. (1762–1830), heiratet 1795 Caroline von Braunschweig-Wolfenbüttel
* Friedrich, Herzog von York (1763–1827), heiratet 1791 Friederike von Preußen
* Wilhelm, Herzog von Clarence, später Wilhelm IV. (1765–1837), heiratet 1818 Adelheid von Sachsen-Meiningen
* Charlotte (1766–1828), heiratet 1797 Friedrich Herzog, später König von Württemberg
* Eduard, Herzog von Kent (1767–1820), heiratet 1818 Victoria von Sachsen-Coburg-Saalfeld, verwitwete Prinzessin von Leiningen
* Augusta (1768–1840)
* Elisabeth (1770–1840), heiratet 1818 Friedrich VI., Landgraf von Hessen-Homburg
* Ernst August, Herzog von Cumberland, später König von Hannover (1771–1851), heiratet 1815 Friederike von Mecklenburg-Strelitz
* Augustus, Herzog von Sussex (1773–1843)
* Adolph Friedrich, Herzog von Cambridge, später Gouverneur und Vizekönig von Hannover, heiratet 1818 Augusta von Hessen-Kassel
* Maria (1776–1857), heiratet 1816 Wilhelm Friedrich, Herzog von Gloucester
* Sophia (1777–1848)
* Octavius (1779–1783)
* Alfred (1780–1782)
* Amelia (1783–1810)

1 An Lord Bute, zitiert nach Hibbert 1998, S. 47.
2 Alle Zitate nach Hibbert 1998, S. 103.
3 Zitiert nach Brooke 1972, S. 262.
4 Lord Glenbervie, zitiert nach Hibbert 1998, S. 346 f.
5 Zitiert nach Hibbert 1998, S. 48.
6 Brief an ihren Bruder im Februar 1772, zitiert nach ODNB 2004, S. 181.

Herzogin von Braunschweig-Wolfenbüttel

Geb. am 31. Juli 1737 in London, gest. am 23. März 1813 in London

1764 Heirat mit Erbprinz Karl Wilhelm Ferdinand von Braunschweig-Wolfenbüttel

Eine glückliche Frau?

Augusta, Prinzessin von Großbritannien und Irland

Die Geburt der ältesten Schwester Georgs III. verlief dramatisch. Daran waren allerdings keine gynäkologischen Komplikationen schuld, sondern die Dickköpfigkeit ihres Vaters, des Kronprinzen Friedrich Ludwig. Aus Opposition gegen seine Eltern packte er seine Frau in eine Kutsche und auf die Landstraße, nachdem die Wehen bereits eingesetzt hatten. So kam das Kind tatsächlich im St. James-Palast zur Welt, wie er es sich in den Kopf gesetzt hatte. Als die Königin es am nächsten Tag in Augenschein nahm, meinte sie „Gott segne Dich, Du armes kleines Wesen. Du bist in eine unerfreuliche Welt gekommen.“ [1]

Augusta hätte ihr später wohl zugestimmt. Sie wuchs in Kew bei Richmond vor den Toren Londons auf, wo ihre Mutter Augusta nach dem Tod des Kronprinzen Friedrich Ludwig 1751 mit der Familie ein sehr zurückgezogenes Leben führte. Vergleichsweise spät heiratete Augusta 1764 einen ihrer welfischen Verwandten, den Erbprinzen Karl Ferdinand von Braunschweig-Wolfenbüttel (1735–1806). Der gut aussehende Prinz hatte sich im Siebenjährigen Krieg in preußischen Diensten durch Tapferkeit und militärische Erfolge großen Ruhm erworben. Er griff schon zu Lebzeiten seines Vaters in die Regierung ein und erwies sich als kluger, wenn auch oft unentschlossener Politiker, der zahlreiche liberale Reformen durchführte und die Finanzen seines Landes durch drastische Sparmaßnahmen sanierte.

Die Ehe wurde aus dynastischen und gewiss auch aus finanziellen Erwägungen geschlossen; eine britische Prinzessin wurde mit einer stattlichen Mitgift ausgestattet. Karl Ferdinand klagte im Rückblick: „Nur Privatleute leben in der Ehe glücklich! Das kömmt daher, weil ihnen die Wahl frei stehet. Unser Einer muß nach gewissen Konvenienzen heirathen; das ist sehr unglücklich! Das Herz hat keinen Anteil an diesen Verbindungen, und das verbittert nicht nur das Leben, sondern hat auch den nachtheiligsten Einfluß auf die Nachkommenschaft. Die Kinder werden größtentheils Krüppel an Seele und Körper.“ [2]

Karl Ferdinand, dem seine Frau offenbar weder intellektuell noch hübsch genug war, investierte sein

Augusta von Braunschweig-Lüneburg

Werkstatt des Johann Georg Ziesenis (1716–1776) Öl auf Leinwand, nach 1764

Herzog Anton Ulrich-Museum, Braunschweig

Herz von Anfang an in seine Mätressen; die wichtigsten waren ab 1766 Maria Antonia von Branconi und seit 1777 Luise von Hertefeld. Die in allen anderen Dingen sehr geschwätzige Augusta versuchte zunächst, den Schein zu wahren. An ihren Bruder schrieb sie: „Du weißt, er ist vernünftig und klug. Kurz und gut, er hat mich ungeheuer gern und ich bin eine glückliche Frau.“ [3] Doch Georg ließ sich nicht täuschen: “Nach ihrer ganzen Art zu urteilen, denke ich, dass es zwischen ihr und dem Erbprinzen sehr kalt einhergeht, auch wenn sie nicht die leiseste Anmerkung in dieser Richtung fallen ließ“, meinte er 1771 zu seinem Bruder. [4]

Die britische Prinzessin deutscher Abstammung fühlte sich von Anfang an unglücklich in der deutschen Provinz. In den ersten Jahren hielt sie sich häufig und lange in Großbritannien auf, während ihr Mann teils mit ihr in London, teils in Braunschweig lebte und teils auf der „Grand Tour“, der für Adelige üblichen Bildungsreise durch Frankreich und Italien, unterwegs war. Ihre beiden ältesten Kinder wurden in London geboren, und auch ihrer Mutter stand sie 1771 in den letzten Monaten vor dem Tod bei. Noch 1788 bemerkte Mirabeau (der damals, vor seiner politischen Karriere, im Exil und weitgehend in England lebte), sie erscheine „vollkommen Englisch, in ihrem Geschmack, ihren Prinzipien und ihrem Benehmen. Das geht so weit, dass ihre beinahe zynische Unabhängigkeit in einem einzigartigen Kontrast zur Etikette eines deutschen Hofes steht.“ [5] Ihre „Unabhängigkeit“, von den Braunschweigern als Arroganz gedeutet, war wohl stets defensiv, ein zunehmender Rückzug aus der für sie „unerfreulichen“ Welt des Braunschweiger Hofes.

Der Glanz, der dort zu Herzog Anton Ulrichs (1633–1714) Zeiten geherrscht hatte, war inzwischen verblasst. Nur ein Jahrzehnt vor der Hochzeit Augustas war die Residenz zudem von Wolfenbüttel nach Braunschweig verlegt worden. Das Schloss, der so genannte „Graue Hof“, war seit dem frühen 18. Jahrhundert in verschiedenen Bauabschnitten errichtet und uneinheitlich teils in Stein, teils in Fachwerk ausgeführt worden. Der Mittelbau als Herzstück der Anlage wurde erst 1790 vollendet. Architektonisch gesehen war es also kein Wunder, dass Augusta sich in die Provinz verschlagen fühlte. 1768/69 wurde darum eigens für sie im Süden der Stadt ein elegantes, kleines Schloss im Stil des englischen Klassizismus errichtet, das die Prinzessin nostalgisch „Little

Vollkommen Englisch, in ihrem Geschmack, ihren Prinzipien und ihrem Benehmen

Teekanne mit Ansicht des Schlösschens Richmond
Heinrich Christian Brüning (1779–1855)
Manufaktur Fürstenberg, Porzellan, 1823
Herzog Anton Ulrich-Museum, Braunschweig

Richmond“ nannte. Den zugehörigen Park entwarf einer der führenden englischen Gartenarchitekten der Zeit, Lancelot „Capability“ Brown. Er entsprach der aktuellsten Mode und gehört zu den frühesten englischen Landschaftsgärten auf deutschem Boden.

Dieses Schloss, finanziert aus der Mitgift Augustas, war die einzige repräsentative Geste, die sich das Erbprinzenpaar in der finanziell angespannten Situation des Braunschweiger Hofes gestattete. Dorthin lud Augusta nun ihre Gäste zum Tanz, Kartenspiel und zur geselligen Runde. Später wurde das Schloss mehr und mehr zu ihrem Rückzugsort. Das Hofleben wurde zumindest bis zum Tod ihres Schwiegervaters im Jahr 1780 von ihrer Schwiegermutter Philippine Charlotte, einer Schwester Friedrichs des Großen, bestimmt. An den regelmäßigen Gesprächskreisen mit Vertretern aus Philosophie und Wissenschaft – u. a. machten Lavater, Gottsched und Goethe ihre Aufwartung – nahm Augusta nicht teil. Auch ihren repräsentativen Pflichten verweigerte sie sich so weit als irgend möglich, worüber es zum heftigen Streit mit ihrem Mann kam.

Ihr Rückzug war nicht nur eine Reaktion auf die ständige Präsenz der auch von der Schwiegermutter gern gesehenen Mätresse ihres Gemahls, sondern vor allem auf das Drama um die Kinder. Letztlich hatte Augusta, zumindest in den Augen des Braunschweiger Hofes und der Bevölkerung, in ihrer Hauptaufgabe versagt. Ihr nämlich machte man zum Vorwurf, dass die drei ältesten Söhne behindert waren, in unterschiedlichen Graden geistig zurückgeblieben und schwer sehbehindert. Nur der jüngste Sohn blieb verschont; er war von ungebärdigem, draufgängerischem Temperament und machte militärische Karriere wie sein Vater, der ihn zu seinem Nachfolger einsetzte. Auch die Töchter waren nicht von der genetischen Folge der Verwandtenheirat betroffen. Allerdings hatte die jüngere, Caroline, offenbar die Stoffwechselerkrankung geerbt, an der König Georg III. litt. Bei ihr äußerte sie sich früh durch Anfälle von Krämpfen und Übererregtheit.

Lange hatte sich Augusta danach gesehnt, nach Großbritannien zurückkehren zu können, doch ihr Wunsch erfüllte sich auf traurige Weise. 1806 erklärte Preußen Frankreich den Krieg. Karl Ferdinand, obwohl schon 71 und bei seinem letzten Feldzug in den 1790er Jahren wenig erfolgreich, wurde zum Oberkommandanten des preußischen Heeres ernannt. In der Schlacht bei Auerstädt im Oktober wurde er schwer am Kopf verletzt und starb wenige Wochen später. Zu diesem Zeitpunkt hatte die französische Armee Braunschweig bereits eingenommen. Augusta, ihre beiden behinderten Söhne, die Witwe des Ältesten mit ihren Kindern und die Frau des Jüngsten, der ebenfalls in militärischen Diensten stand, hatten nur wenige tragbare Habe zusammenpacken können und waren mehr oder minder mittellos zu verschiedenen Verwandten geflohen. Augusta gelangte nach Dänemark zu ihrer Nichte, der Tochter ihrer Schwester Caroline Mathilde. Im folgenden Herbst erreichte sie schließlich London, wo ihr Bruder sie und ihre beiden Söhne mit Pensionen ausstattete (die wie stets vom Parlament bewilligt werden mussten). Sie bezog ein Haus in der Nachbarschaft ihrer Tochter Caroline, der Prinzessin von Wales, doch das Verhältnis zu ihr war gespannt, und der Skandal um Caroline erschwerte die Situation Augustas, die keinen Weg mehr in die Hofgesellschaft fand. Vor seiner Erkrankung besuchte ihr Bruder sie ab und an, wobei sie ihm deutsche Gerichte zubereiten ließ. Augusta starb 1813, „eine traurige Vertreterin vergangenen Glanzes“, wie ein Beobachter sich erinnerte.[6]

Kinder

* Auguste Caroline (1764–88), heiratet 1780 Friedrich Erbprinz von Württemberg
* Karl Georg August (1766–1806), heiratet 1790 Friederika Louise Wilhelmina von Oranien
* Caroline Amalie (1768–1821), heiratet 1795 Georg, Prince of Wales, den späteren Georg IV.
* Georg (1769–1811)
* August (1770–1822)
* Friedrich Wilhelm (1771–1815), seit 1806/13 Herzog von Braunschweig-Wolfenbüttel, heiratet 1802 Prinzessin Marie von Baden
* Amelie Karoline Dorothea Luise (1772–73)

1 Zitiert nach Hibbert 1998, S. 7.
2 1793 zu Christian Karl August Ludwig von Massenbach, s. Massenbach 1809, Band 1, S. 233.
3 Dezember 1769, zitiert nach Brooke 1972, S. 267.
4 Zitiert nach Brooke 1972, S. 267.
5 Zitiert nach Fraser 1996, S. 10 f.
6 Zitiert nach Fraser 1996, S. 214.

Prinzessin von Großbritannien und Irland, Königin von Dänemark (seit 1766),

Man sieht ihr Mut und

Geb. am 22. Juli 1751 in London; gest. am 10. Mai 1775 in Celle

Entschlossenheit an

1766 Heirat mit Christian VII., König von Dänemark, geschieden 1772

Caroline Mathilde

Diese Geschichte hat alles zu bieten, was sonst in Hollywood in ein Drehbuch gepackt wird: Einen schönen, unglücklichen jungen Ehemann, der seiner Lebensaufgabe nicht gewachsen ist, sich in wilde Ausschweifungen flüchtet und dessen Geisteskrankheit zunehmend zutage tritt. Eine noch jüngere, zutiefst einsame Ehefrau, die versuchen muss, sich in einem fremden Land und einer feindlich gesinnten Familie zurechtzufinden. Einen klugen, einfühlsamen, nach den modernsten Methoden agierenden, dabei überaus lebensfrohen und politisch ehrgeizigen Arzt, der für die Frau zugleich Rettung und Verderben bedeutet. Und eine böse Stief- und Schwiegermutter, die durch ihre Intrigen dem eigenen Sohn und sich selbst zur Macht verhelfen will und dabei bereit ist, über Leichen zu gehen. Beide Frauenrollen sind mit Welfinnen besetzt, die Ehefrau mit Caroline Mathilde, Prinzessin von Großbritannien, die Schwiegermutter mit Juliane Marie von Braunschweig-Wolfenbüttel. Der Schauplatz: Kopenhagen, 1769 bis 1772.

Caroline Mathilde war die jüngste Tochter des Kronprinzen Friedrich Ludwig und wurde erst mehrere Monate nach dessen Tod geboren. Am Hof ihrer Mutter Augusta in Kew erlebte sie eine behütete Kindheit fern der Einflüsse der Londoner Gesellschaft. Als sie neun Jahre alt war, wurde ihr ältester Bruder Georg zum König von Großbritannien und Kurfürsten von Hannover. Und als sie vierzehn Jahre alt war, wurde sie dem dänischen Kronprinzen versprochen. Der Antrag aus Kopenhagen kam weder unerwartet noch unerwünscht. Die beiden protestantischen Herrscherhäuser waren schon länger verbunden: Kronprinz Christian, der im Jahr darauf mit nur knapp siebzehn Jahren als Christian VII. die Regierung antrat, war ein Cousin ersten Grades, seine

Prinzessin Louisa und Prinzessin Caroline Mathilde

Prinzessin Augusta ließ ihre beiden jüngsten Töchter kurz vor Caroline Mathildes Hochzeit malen; als das Gemälde fertig war, war Caroline bereits in Dänemark. Prinzessin Louisa (links) starb im Jahr darauf.

Francis Cotes (1726–1770), Öl auf Leinwand, 1767

The Royal Collection © 2008 Her Majesty Queen Elizabeth II

Mutter Louise war eine Schwester Friedrich Ludwigs gewesen. Sie war allerdings früh gestorben. Die zweite Frau seines Vaters Friedrichs V., Juliane Marie, war eine Welfin aus dem Haus Braunschweig-Wolfenbüttel.

Die dänische Ehe bekräftigte eine wichtige politische Allianz. Johann Hartwig Ernst von Bernstorff, ein gebürtiger Hannoveraner und der mächtigste der dänischen Minister, strebte gegen die Übermacht Frankreichs und Habsburgs ein enges Bündnis der skandinavischen Länder und Russlands unter Einbeziehung Großbritanniens an. Dass Carolines neue Rolle nicht einfach sein würde, zumal sie sich neben der Witwe und der Mutter Friedrichs V. zu positionieren hatte, war abzusehen, und Georg III. versuchte sie in seinem Abschiedsbrief auf die „Dornen Deiner Situation“ [1] vorzubereiten. Dabei konnte er das Hauptproblem, mit dem sie sich konfrontiert sah, gar nicht kennen. Dass Christian geisteskrank war – nach heutigen Erkenntnissen litt er an Schizophrenie –, war zum Zeitpunkt der Eheverhandlungen noch nicht abzusehen, zumindest nicht in Großbritannien.

In seinen sprunghaften Stimmungsschwankungen war Christian unberechenbar bis zur Gewalttätigkeit, dabei leicht zu beeinflussen, wenn er jemandem seine Gunst geschenkt hatte. Seine Frau gehörte nicht dazu. „Jeder ist entzückt über ihre Sanftheit und die Lebhaftigkeit ihres Geistes“, [2] notierte Minister Bernstorff nach ihrer Ankunft und fuhr fort: „Es wäre ein ganz besonderes Glück, wenn diese junge Prinzessin das [...] unbeständige Temperament des Königs unter Kontrolle halten könnte“. [3] Viele teilten diese hohe Erwartung, auch Georg III. Nachdem er Christian 1768 kennen gelernt hatte, sah er jedoch auch die Schwierigkeiten der Situation: „[Christian] hat Angst, von irgendjemandem beeinflusst zu werden und demütigt jeden, der [...] versucht, Einfluss auf ihn zu gewinnen. Darum kann Caroline nicht vorsichtig genug sein“. [4]

Vielleicht allein schon aus Auflehnung gegen diese Erwartungen zeigte sich Christian von Anfang an uninteressiert bis ablehnend. Er verließ sich lieber auf einen seiner besonderen Günstlinge, Graf Conrad Holck, den er zum Impresario aller höfischen Vergnügungen ernannt hatte. Holck betrieb im Frühjahr 1768 auch die Entlassung der einzigen Vertrauten, die Caroline in Kopenhagen gefunden hatte, der Hofdame Louise von Plessen. Sie sollten sich erst in Celle wieder sehen.

Karikatur der Königin Caroline Mathilde als ‚männliche' Reiterin im Herrensitz
Kopenhagen, Holzschnitt (Flugblatt), um 1770/72
Residenzmuseum im Celler Schloss

Kein Wunder, dass Caroline zunehmend unter Depressionen litt. Ihr Mann beauftragte seinen neuen Hofmedikus, sich um sie zu kümmern. Johann Friedrich Struensee, der aufklärerische Stadtarzt von Altona, hatte Christian 1768 auf einer Auslandsreise erfolgreich behandelt und begann mittlerweile, am Hof in Kopenhagen eine wichtige Rolle zu spielen. „Der Kummer, die Langeweile und die sitzende Lebensweise sind die Ursache allen Übels“,[5] diagnostizierte er. Seine Behandlungsmethoden waren für die Zeit ungewöhnlich, aber sehr wirkungsvoll: Als Therapie empfahl er Sport, Reiten vor allem.

Reiten war eine der Fertigkeiten, die ein Adeliger beherrschen musste, wenn er bei Hof reüssieren wollte. Sattelfest musste u. a. sein, wer an der Jagd teilnehmen wollte, einer der wichtigsten höfischen Vergnügungen. Frauen ritten ebenfalls, allerdings nur, sofern sie Neigung dazu verspürten. So wurde Carolines Bruder Georg, der jeden Morgen mindestens eine Stunde zu Pferd verbrachte, häufig nicht nur von seinen Söhnen, sondern auch von seinen Töchtern begleitet. Frauen allerdings hatten der barocken Etikette folgend im Damensitz zu reiten, d. h. mit beiden Beinen züchtig auf derselben Seite des Sattels. Caroline jedoch brach, von Struensee ermuntert, mit der Etikette, ritt im Herrensitz (der einen entschieden besseren Halt erlaubt) – und in Hosen. Ihrer Gesundheit tat dieses sportliche Reiten gut, und ihrem Mann, der deutlich homoerotische Neigungen hatte, gefiel es sogar. Carolines Ansehen in der Bevölkerung jedoch nahm irreparablen Schaden. Die Spottpamphlete waren ätzend. Ihr ‚männlicher‘ Reitstil wurde als Symbol gesehen: Man warf ihr vor, den König zu entmachten. Dabei hatte der seine Macht ohnehin von Anfang an an die Politiker abgegeben.

Zum mächtigsten Politiker war innerhalb kürzester Zeit der Arzt Struensee aufgestiegen. Nach der Entlassung Bernstorffs im Herbst 1770 entfachte er ein „Feuerwerk an Reformen“,[6] die in einem beispiellosen Tempo durchgeführt wurden. Die Pressefreiheit wurde garantiert, die Folter abgeschafft, der Titel- und Ämterkauf unterbunden, Abgaben vermindert, Getreide aus den königlichen Speichern an Bedürftige verbilligt abgegeben, Amtsärzte und amtliche Geburtshelfer eingesetzt. Die freie Presse diskutierte Themen wie religiöse Toleranz und eine Agrarreform. Kein Wunder, dass sich bei Hochadel und Klerus bald Widerstand regte.

Doch auch beim Volk, dem diese Maßnahmen schließlich zugute kamen, erfreute sich Struensee keiner Beliebtheit. Dazu trug auch seine Beziehung zur Königin bei, die ein offenes Geheimnis war. Die im Sommer 1771 geborene Tochter erkannte der König zwar an, doch galt allgemein Struensee als ihr Vater. Im Zug des Scheidungsprozesses 1772 betonte Caroline ihrem Pflichtverteidiger Peter Uldall gegenüber: „Ich möchte erklären dass sie der [königlichen] Familie nicht zusteht. Kann ich sie nicht behalten?“[7] Nur mit Mühe konnte er sie davon abhalten, diese Erklärung, die einem Schuldeingeständnis gleichkam, in die öffentliche Verteidigungsschrift aufzunehmen.

Jeder ist entzückt über ihre Sanftheit und die Lebhaftigkeit ihres Geistes

Caroline scheint sich rasch in den Mann verliebt zu haben, der ihr so entscheidend geholfen hatte. Was Struensee für die Königin empfand, ist nicht mit derselben Eindeutigkeit zu belegen. Dass er sich nach seiner Verhaftung nicht mehr für ihre Lage oder ihre Gefühle für ihn interessierte, wie Uldall berichtet, mag ein Hinweis darauf sein, dass er sie vor allem auch für seine politischen Zwecke benutzt hatte. Zunächst mochten Struensees nächtliche Besuche bei der Königin allenfalls den Kammerjungfern aufgefallen sein. Als sich der Hof im Sommer 1770 in Schloss Gottorf und im holsteinischen Traventhal aufhielt, waren die öffentlichen Spekulationen schon weit ins Kraut geschossen. Caroline und Struensee ließen kaum Vorsicht walten und unternahmen z. B. noch vor dem Frühstück Kutschfahrten, „ohne einen Menschen mit sich zu nehmen“.[8]

Carolines Mutter Augusta hielt sich in diesem Sommer bei ihrer ältesten Tochter am Braunschweiger

Königin Caroline Mathilde

Jens Juel, Öl auf Leinwand, 1771

Residenzmuseum im Celler Schloss

Hof auf. Über Wochen erwartete man dort den Besuch des dänischen Königspaares, der jedoch immer wieder verschoben wurde. Schließlich fand das Wiedersehen auf der Rückreise Augustas in Lüneburg statt. Die Unterredung war nur kurz und die vorgebrachten Ermahnungen fruchtlos. Im folgenden Jahr wurde Carolines Tochter auf der Sommerresidenz Hirschholm geboren.

Dort blieb der Hof bis November, vermutlich auch, um den immer prekärer werdenden Geisteszustand des Königs geheim zu halten. Gefährlich für Struensee, denn Flugblätter hetzten, er halte „den König gefangen und lasse niemand zu ihm".[9] Im Januar 1772 schlugen seine Gegner mit Unterstützung der Königinwitwe Juliane Marie zu: Struensee wurde in nächtlicher Aktion verhaftet und nach einem Schauprozess hingerichtet. Das Rad der Reformen wurde selbstverständlich sofort zurückgedreht.

Die Königin wurde auf Schloss Kronborg gefangen gesetzt, ihre Ehe geschieden. Wer weiß, was ihr noch geschehen wäre; auf den Ehebruch einer Königin stand theoretisch noch immer die Todesstrafe. Doch Caroline war die Schwester des britischen Königs. Nach zähen diplomatischen Verhandlungen über ihr weiteres Geschick sandte er mehrere Kriegsschiffe, um sie abholen zu lassen. Über Stade ging es zunächst ins königliche Jagdschloss auf die Göhrde. Dort verbrachte Caroline den Sommer, bis die entsprechenden Räume im Ostflügel des Celler Schlosses für sie renoviert und eingerichtet waren.

In Celle wurde Caroline begeistert empfangen. Der Göttinger Professor Georg Christoph Lichtenberg notierte: „Sie scheint da sehr vergnügt und ist außerordentlich beliebt. [..] Wenn es die Witterung nur etwas erlaubt […] so geht sie durch die Strasen der Stadt spatzieren, grüßt die Leute sehr freundlich und läßt sich von den Kindern die Hand küssen." Und an anderer Stelle: „Die Königin ist nicht sehr groß, dabey recht, was man ausgestopft nennt, alles ist dick […] aus ihren Augen leuchtet, zumal so bald sie aufhört zu lächeln, etwas trotziges bey vielem Feuer hervor. […] ihr Gesicht [ist] überhaupt nicht was man schön nennt. Man sieht ihr, meiner Meinung nach, Muth und Entschlossenheit an, den sie auch würcklich bey ihrer Arretierung gezeigt hat."[10]

Caroline ließ das Hoftheater renovieren, den Schlosspark im englischen Stil umgestalten und ein Lusthaus darin errichten. „Vergnügt" war sie allerdings nur bedingt. Schmerzlich vermisste sie ihre Kinder, die sie am Hof ihrer Schwiegermutter hatte zurücklassen müssen, und sorgte sich auch um deren Sicherheit. In Dänemark gab es politische Bestrebungen, sie wieder einzusetzen, doch darauf mochte sie sich nicht einlassen, zumal sie nicht auf die Unterstützung Georgs III. hätte rechnen können. Als Caroline 1775 nach kurzer, heftiger Krankheit starb, kamen sofort Gerüchte auf, der dänische Hof habe sie vergiften lassen. Tatsächlich grassierte im Frühjahr 1775 in Celle eine Infektionskrankheit, vermutlich Scharlach. Möglicherweise litt Caroline auch an derselben erblichen Stoffwechselerkrankung wie ihr Bruder Georg (dem sie im Übrigen im Aussehen wie im Sprechduktus ausgesprochen ähnlich war), und die Porphyrie führte zu Komplikation und Organversagen.

Kinder

* Friedrich VI., König von Dänemark (1768–1839, Regent seit 1784, König seit 1808), heiratet 1790 Maria von Hessen-Kassel
* Louise Augusta (1771–1849), heiratet 1768 Friedrich Christian von Schleswig-Holstein-Sonderburg-Augustenburg

1 Zitiert nach ODNB Bd. 10, S. 211.
2 Zitiert nach Philipps 2005, S. 43.
3 Zitiert nach Philipps 2005, S. 44.
4 In einem Brief an seine ältere Schwester Augusta in Braunschweig; zitiert nach Philipps 2005, S. 46.
5 Zitiert nach Schmieglitz-Otten, Königliche Fluchten, 2001, S. 115.
6 Voltaire; zitiert nach Winkle 1983, S. 201.
7 Zitiert nach Hattendorf 2001, S. 65 f.
8 So berichtete eine der Kammerjungfrauen laut Anklageschrift; zitiert nach Hattendorf 2001, S. 42.
9 Zitiert nach Winkle 1983, S. 242.
10 Zitiert nach Leinau 2001, S. 133 f.

Im Kloster

Die Töchter Georgs III. und Königin Charlottes

Zu den wichtigsten Aufgaben einer Königin gehörte, die Nachkommenschaft zu sichern. Auch in dieser Hinsicht schien Georg III. mit Charlotte von Mecklenburg-Strelitz eine glückliche Wahl getroffen zu haben. Der Thronfolger wurde im Jahr nach der Hochzeit geboren, und dann folgten fast ohne Pause vierzehn weitere Kinder. In einer Zeit hoher Geburts- und Kindersterblichkeit verliefen ihre Schwangerschaften und Geburten ohne Komplikationen, und nur zwei der Söhne, die beiden jüngsten, starben im Kleinkindalter. Die Thronfolge blieb dennoch prekär, denn die zu erwartende Enkelschar blieb aus: Nur eine legitime Enkelin wurde zu Lebzeiten Charlottes geboren (die Zahl der illegitimen wird allerdings auf über fünfzig geschätzt).

Zahlreiche Briefe und Memoiren berichten vom überaus liebevollen und für die Zeit höchst ungewöhnlichen Umgang des Königspaares mit ihren kleinen Kindern. Während die Königin wie in allen Lebensbereichen auch hier stets auf die Wahrung der Form sah, setzte sich der König gern zwanglos mit den Kleinen und zwischen deren Spielsachen auf den Fußboden oder krabbelte mit ihnen herum. Schwieriger wurde das Verhältnis erst, als die Kinder älter wurden. Die Söhne erhielten eine strenge Er-ziehung durch verschiedene Tutoren, zu der durchaus auch Schläge mit der Peitsche gehörten, und endlose Ermahnungen ihres Vaters zu einem

rechtschaffenen und gottgefälligen Lebenswandel. Keiner hat sich daran gehalten, schon gar nicht der Prince of Wales, auf dem selbstverständlich der größte Erwartungsdruck lastete.

Die Töchter wurden weniger streng erzogen und weit weniger gut ausgebildet, denn ihre Aufgabe war eine andere: dynastisch wünschenswerte Ehen einzugehen und selbst Kinder zu bekommen. Doch es kam anders. Selbstverständlich konnte es für die Prinzessinnen nur arrangierte Ehen geben, und weder Georg noch Charlotte setzten sich dafür ein. Beide wollten ihre Töchter offenbar weiterhin um sich haben. Eine Ehe in Großbritannien lehnte Georg aus politischen Erwägungen ab, und eine kontinentale Heirat bedeutete im Zweifel einen Abschied auf immer, zumal in den Jahrzehnten der Napoleonischen Kriege. Georg hatte seine Töchter den Söhnen stets vorgezogen, nun erwies sich seine Liebe als Besitz ergreifend. Oder wollte er ihnen das Schicksal seiner beiden unglücklich verheirateten Schwestern ersparen? Auch Charlotte, die wenig andere Vertraute besaß, mochte die Töchter nicht gehen lassen, auch wenn sie ihnen zunehmend mit Strenge begegnete. Nach 1801 befürchtete sie wohl zudem, die mit der Planung einer Ehe verbundene Aufregung könne einen neuen Krankheitsschub bei Georg auslösen. Außerdem mochte sie die Last seiner Erkrankung nicht allein tragen.

Die drei ältesten Töchter Georgs III.

Gemalt im Auftrag des Thronfolgers, ursprünglich ganzfigurig.

Thomas Gainsborough (1727–1788), Öl auf Leinwand, 1784

The Royal Collection © 2008 Her Majesty Queen Elizabeth II

Einzig die älteste Tochter, Charlotte, heiratete 1797, als sie selbst schon 33 und damit für damalige Vorstellung schon beinahe zu alt für eine Braut war. Der Antrag kam vom verwitweten Erbprinzen und späteren Kurfürsten und König, Friedrich von Württemberg (1754–1816). Eine Familienangelegenheit sozusagen, denn in erster Ehe war Friedrich mit der ältesten Tochter von Georgs Schwester Augusta, der Herzogin von Braunschweig-Wolfenbüttel, verheiratet gewesen. Diese Verbindung hatte sich als höchst unglücklich erwiesen; die Prinzessin hatte schließlich die Trennung erwirkt, nachdem Friedrich sie auch körperlich misshandelt hatte. Georg III. hatte seine Zustimmung zu der Verbindung daher nur ausgesprochen widerwillig erteilt, doch entgegen aller Befürchtungen wurde die Ehe durchaus ein Erfolg. Charlotte genoss ganz offensichtlich ihren neuen Status als Gemahlin eines Landesherrn und redete ihre Mutter in Briefen nun als „meine liebste Mutter und Schwester" an. [1]

Damit hatten sich für die übrigen fünf Töchter aber keineswegs die Tore geöffnet. Eher war das Gegenteil der Fall, denn Georg III. war sehr unglücklich über den Abschied von seiner Ältesten, die tatsächlich nur noch einmal nach 30 Jahren auf einen kurzen Besuch nach London kam. Ihre Schwestern führten weiterhin ein sehr zurückgezogenes und streng reguliertes Leben und begleiteten ihre Eltern von Windsor nach London und zurück sowie jährlich im Sommer zur Kur nach Weymouth. „Die Prinzessinnen sind einander offenbar sehr zugetan, auch wenn sie deutlich auf gewissen Hierarchien wie der des Alters etc. bestehen. Ihr Verhältnis zur Königin scheint weniger herzlich als das zum König. Sie verhält sich mehr wie eine Gouvernante, die Verbote erteilt", beobachtete der Porträtmaler Henry Edridge 1804. [2] Aufgaben hatten sie keine, ihre Tage waren erfüllt mit Spaziergängen und -fahrten, Musik, Spiel und ihren „Arbeiten", vor allem Sticken, Zeichnen und Malen. Aufwändige Projekte waren darunter wie das liebevoll ausgestattete Puppenhaus, das die Prinzessinnen für die Kinder eines königlichen Marineoffiziers im Seebad Weymouth fertigten, wohin sie im Sommer häufig reisten. Und zumindest im Zeichnen und Malen hatten sie hervorragenden Unterricht, u. a. von dem hannoverschen Maler Johann Heinrich Ramberg, der während seines Studienaufenthaltes in London am Hof vorstellig geworden war. Vor allem Prinzessin Elisabeth zeigte beträchtliches Talent.

Ewig langweiliges und eingeschlossenes Leben

Doch die Prinzessinnen beklagten ihr „ewig langweiliges und eingeschlossenes Leben" [3] und litten darunter bis zur Depression. Sie selbst bezeichneten ihre Abgeschiedenheit als „the nunnery", [4] das Kloster. Gänzlich klösterlich blieb ihr Leben aber offenbar nicht. Männliche Gesellschaft hatten sie allerdings ausgesprochen wenig. Sieht man von ihren Brüdern ab, zu denen sie in fast durchweg gutem Verhältnis standen, hatten sie regelmäßigen Umgang

Blumenstilleben mit Vogelnest

Elisabeth war die künstlerisch Begabteste der Prinzessinnen und Margaret Meen eine ihrer Lehrerinnen. Prinzessin Elisabeth (1770–1840) nach Margaret Meen (nachweisbar zwischen 1775–1822), Aquarell und Gouache auf Pergament, 1792

The Royal Collection © 2008 Her Majesty Queen Elizabeth II

vor allem mit den persönlichen Bediensteten des Königs, den so genannten „equerries". Diese waren, wie die Hofdamen der Königin, meist adeliger Abstammung, aber selbstverständlich keine auch nur annähernd standesgemäßen Partner für die Prinzessinnen. Augusta verliebte sich in einen von ihnen, Generalmajor Sir Brent Spencer, der auch bis zu seinem Tod ein Medaillon mit ihrem Bild getragen haben soll. Georg III. schätzte Spencer, aber eine Ehe kam nicht in Frage. Amelia, das Nesthäkchen und Liebling ihres Vaters, verliebte sich heftig und ohne die angebrachte diskrete Verschwiegenheit in Colonel Charles Fitzroy, einen jüngeren Sohn von Lord Southampton. Ihrem Bruder, dem Herzog von York, schrieb sie, dass sie sich im Herzen als verheiratet betrachte. Ihr früher Tod verhinderte alle weiteren Pläne, die wohl ohnehin zum Scheitern verurteilt gewesen wären. Und auch Sophia hatte eine Beziehung mit einem der „equerries", General-Major Thomas Garth. Es war ein offenes Geheimnis bei Hof, dass sie im Sommer 1800 einen Sohn gebar. Böse Zungen behaupteten gar, dass Kind stamme aus einer inzestuösen Verbindung mit ihrem Bruder Ernst August, dem Herzog von Cumberland (und späteren König von Hannover), doch diese Form der Verleumdung zeugte vor allem davon, wie unbeliebt der Herzog war. Offiziell wurde die Version verbreitet, Sophia habe an Wassersucht gelitten und sei durch den Verzehr von Roast Beef geheilt worden. König Georg erzählte allen von dieser glücklichen Fügung, und da er vorgab, an die Geschichte zu glauben, konnte eine Ausweitung des Skandals vermieden werden.

1812 probten die vier verbliebenen Schwestern (Amelia war zwei Jahre zuvor gestorben) den Aufstand: In vier Briefen wandten sie sich an ihre Mutter und verlangten größere Unabhängigkeit. Nur durch die Vermittlung des Prinzregenten konnte eine Versöhnung und Einigung erreicht werden. Aufgrund ihrer anhaltenden finanziellen Abhängigkeit war ein wirklicher Aus- und Aufbruch aber nach wie vor nur durch eine Ehe möglich. Mary heiratete 1816 ihren gleichaltrigen Vetter William Frederick, Herzog von Gloucester (1776–1834), den Sohn des

Prinzessin Mary,
Herzogin von Gloucester

William Say (1768–1834) nach Sir William Beechey (1753–1839) Schabkunstblatt, 1819

Historisches Museum Hannover

Lieblingsbruders ihres Vaters. Die Verbindung mit dem selbstgerechten Herzog, der politisch mit ihrem geliebten Bruder, dem Prinzregenten, zerstritten war, dürfte für Mary nur mäßig glücklich gewesen sein. Elisabeth erhielt 1818 den Antrag des Prinzen Friedrich Joseph Ludwig von Hessen-Homburg (1769–1829), der in der österreichischen Armee Karriere gemacht hatte und 1820 als Landgraf die Regierung übernahm. Ausgesprochen widerwillig gab Charlotte ihre Zustimmung. Diese Ehe scheint für beide Partner ein gutes Arrangement gewesen zu sein. Elisabeth genoss ganz offensichtlich, endlich ihren eigenen Tätigkeitsbereich zu haben. Sie ließ eine Muster-Meierei anlegen und das Schloss in Homburg umfangreich sanieren und umbauen; der „Englische Flügel" geht ebenso auf sie zurück wie die Errichtung des „Gotischen Hauses" im Schlosspark.

1 Zitiert nach ODNB 2004 Bd. 21, S. 854.
2 Zitiert nach Fraser 2005, S. 227.
3 Charlotte, zitiert nach Hibbert 1998, S. 379.
4 Zitiert nach Fulford 1973, S. 39.

Des Soldaten Freund

Friedrich, Herzog von York und Albany, Bischof von Osnabrück

Bereits im zarten Alter von sechs Monaten wurde Friedrich, der zweite Sohn von Georg III. und Königin Charlotte, zum Bischof von Osnabrück gewählt. Dieses Bistum wurde gemäß den Bestimmungen des Friedensvertrags von Münster und Osnabrück seit 1648 wechselweise mit einem geistlichen katholischen und einem weltlichen protestantischen Bischof besetzt, der stets aus dem Haus Braunschweig-Lüneburg stammte. Georg III. strebte an, das Hochstift Osnabrück auf Dauer dem Kurfürstentum Hannover einzuverleiben. Die bereits im Frühjahr 1761 fällige Wahl hatte er darum, u.a. mit der militärischen Hilfe seines zukünftigen Schwagers, des Erbprinzen Karl Ferdinand von Braunschweig, während des Siebenjährigen Krieges erfolgreich so lange verzögert, bis ihm in seinem zweiten Sohn ein passender Kandidat zur Verfügung stand. Die Wahl eines Säuglings in dieses Amt widersprach allen Koventionen. Schon 1802, ein Jahr vor dem Reichsdeputationshauptschluss, verzichtete Friedrich auf die Bischofswürde und trat das Hochstift an das Kurfürstentum Hannover ab, dem es nach dem Ende der Napoleonischen Kriege auch zugeschlagen wurde.

Der protestantische Bischof hatte keine kirchlichen Funktionen zu erfüllen, sondern fungierte als Landesherr des reichsfreien Bistums und empfing das entsprechende Einkommen. Es belief sich auf umgerechnet rund 20 000 Pfund im Jahr, unabhängig vom und zusätzlich zum vom britischen Parlament gebilligten Einkommen eines Königssohns; eine Summe um den sein älterer Bruder Georg den jüngeren beneidete.

Seinem Bruder, dem Thronfolger, stand Friedrich lange Zeit nahe. Die beiden waren gemeinsam erzogen worden. Als es während der ersten Erkrankung Georgs III. 1788/89 zur Regentschaftskrise kam, unterstützte Friedrich die Ansprüche seines Bruders, was seinen Vater, der den Zweiten dem Ältesten stets vorgezogen hatte, besonders verletzte.

Öffentliches Aufsehen erregte allerdings nicht nur die Rede, die Friedrich in diesem Zusammenhang im Dezember 1788 im Oberhaus hielt. Wenige Monate später nämlich stellte sich der Herzog einem Duell. Scheinbar ungerührt wartete er den Schuss seines Herausforderers ab und feuerte dann selbst in die Luft. Dass er sich dem Duell, das er aufgrund seines Ranges leicht hätte ablehnen können, nicht entzog, brachte ihm große Achtung ein.

Auch sein militärischer Mut ließ nichts zu wünschen übrig, wohl aber seine taktischen Fähigkeiten als Feldherr. Dennoch machte er seine Karriere – die einzige, die ihm in seiner Position offen stand – bei der Armee. Bereits 1780 wurde er zum Obersten ernannt. Im Jahr darauf sandte man ihn nach Han-

Prinz Friedrich,
Herzog von York und
Bischof von Osnabrück

Unbekannter Maler
Öl auf Holz, um 1785

Historisches Museum
Hannover

Bischof von Osnabrück (1764–1802), Herzog von York und Albany,
Fürst von Ulster (1784), Oberbefehlshaber der britischen Armee (1798)
Geb. am 16.8.1763 in London, gest. am 5. Januar 1827 in London
1791 Heirat mit Prinzessin Friederike Charlotte Ulrike Katharina von Preußen

Friedrich, Herzog von York in der Uniform eines Königlich Großbritannischen General-Feldmarschalls

Unbekannter Maler Gouache auf Elfenbein, um 1820

Historisches Museum Hannover

nover, wo er begeistert empfangen wurde. Mit ihm residierte endlich wieder ein Vertreter des Herrscherhauses in der Landeshauptstadt, und der liebenswürdige, unbekümmerte junge Prinz eroberte rasch die Herzen und insbesondere das einer Freifrau von dem Bussche. In kurzer Zeit modernisierte Friedrich das vom strikten barocken Zeremoniell bestimmte Hofleben nach englischem Vorbild, schaffte den Zwang zur Hofkleidung ab, lies die Kapelle in anderer Aufstellung spielen und führte neue Tischsitten und Speisen ein. Auch andere sportliche Vergnügungen wie Cricket lernten die Hannoveraner durch ihn kennen, und „keiner kann dem Bischof gleichkommen in Schnelligkeit und agilité", [1] wie eine Beobachterin notierte. In die Jahre seines Aufenthalts in Hannover fiel die Niederlegung der Stadtwälle und der Ausbau der entsprechenden Alleen; die Friedrichsstraße (heute Friedrichswall) ist nach ihm benannt. Auch das bischöfliche Schloss in Osnabrück ließ Friedrich modernisieren und neu ausstatten, ohne aber je dauerhaft dort einzuziehen. Die Regierungsgeschäfte in Osnabrück führte weiterhin wie bereits seit 1763 der Jurist Justus Möser (1720–1794).

Während der nächsten Jahre blieb Hannover der Ausgangspunkt für zahlreiche und ausgedehnte Reisen Friedrichs. Selbstverständlich war er häufig Gast am Hof seines Onkels, des Herzogs Karl Ferdinand von Braunschweig-Wolfenbüttel, der sich als Feldherr in preußischen Diensten ausgezeichnet hatte. Häufig war er in Berlin und mehrfach in Wien. Außerdem besuchte er zahlreiche der kleineren Höfe. Dabei war er zwar keineswegs in diplomatischer Mission unterwegs, doch ohne Frage spielte die Politik auch bei seinen gesellschaftlichen Besuchen eine Rolle, denn jeder hoffte und erwartete, durch Friedrich das Ohr seines Vaters zu gewinnen. Und die politische Lage war angespannt, gerade zwischen

Wien und Berlin. 1785 initiierte Friedrich der Große die Gründung des Fürstenbundes als antihabsburgisches Gegengewicht unter den Reichsständen und gegen die Expansionspolitik Kaiser Josephs II. in Süddeutschland. Als Kurfürst von Hannover trat Georg III. dem Fürstenbund bei und verließ sich dabei maßgeblich auf die Berichte und die Vermittlung seines Sohnes.

Eigentliche Aufgabe Friedrichs war jedoch nicht die Politik, sondern vielmehr, die österreichische und preußische Militärtechnik zu studieren. Während er die preußische Armee ebenso bewunderte wie den preußischen König, war er weder vom Kaiser – der nach seiner Beobachtung „in einem Maße grausam zu seinen Untergebenen war, das unfassbar ist“ [2] – noch von dessen Truppen sonderlich beeindruckt. Über Friedrichs eigene militärische Fähigkeiten notierte damals ein ranghoher britischer Soldat, er gäbe militärisch gesehen „nicht viel Anlass zur Hoffnung, außer dass er über ein freundliches Gemüt und ein gutes Herz verfügt. Seine militärischen Ideen sind die eines wilden Jungen“. [3] Dennoch erhielt er rasch weitere militärische Ämter. In Friedenszeiten mochten diese Ämter vor allem Titel gewesen sein. Das änderte sich 1793, als Georg III. seinem Sohn den Oberbefehl über die britischen Truppen in Flandern übertrug. Dort kämpfte er bis zum Rückzug der britischen Armee im Winter 1794/95 mit mäßigem Erfolg gegen die Truppen des revolutionären Frankreich, die so gar nicht den militärischen Taktiken folgten, die er in Berlin erlernt hatte. Obwohl er sich auch bei der zweiten Flandernoffensive 1798 nicht als Stratege auszeichnete, ernannte ihn sein Vater nach seiner Rückkehr zum Oberbefehlshaber der britischen Armee. Mit ganzer Kraft widmete er sich nun der dringend nötigen Reform des Heeres. Bis dahin war es üblich gewesen, dass man sich Offiziersposten erkaufen konnte. Dieses System hielt sich zwar noch bis weit in die zweite Hälfte des 19. Jahrhunderts, doch Friedrich dagegen legte Wert darauf, dass Beförderungen aufgrund von Talent und Verdiensten erfolgten, und sorgte dafür, die Ausbildung grundlegend zu verbessern. Auch das Wohl der gemeinen Soldaten lag ihm am Herzen. Als er 1827 unter großen Trauerbezeugungen der Öffentlichkeit zu Grabe getragen wurde, war sein Trauerzug von Bannern mit der Aufschrift „des Soldaten Freund“ begleitet. [4]

In Anbetracht seiner Bemühungen erscheint es geradezu als Ironie, dass ausgerechnet er 1809 in einen großen Skandal um Ämterkauf verwickelt wurde. Seine vormalige Mätresse, Mary Ann Clarke, hatte ihre Position genutzt, um gegen Bezahlung Beförderungen zu versprechen. Im Unterhaus wurde ein Untersuchungsausschuss gebildet, der Mrs. Clarke für schuldig befand, den Herzog aber vom Vorwurf der Korruption freisprach. Dennoch trat er von seinem Posten zurück, wurde aber 1811, nachdem sein Bruder die Regentschaft übernommen hatte, unter großer Zustimmung wieder eingesetzt.

Seine militärischen Ideen sind die eines wilden Jungen

Als erster seiner Brüder war Friedrich bereits 1791 eine standesgemäße Ehe eingegangen. Er heiratete Friederike Charlotte Ulrike Katharina von Preußen (1767–1820). Als Tochter des preußischen Königs Friedrich Wilhelms II. und seiner ersten Frau, Elisabeth von Braunschweig-Wolfenbüttel, war sie eine Großnichte Friedrichs des Großen, den der Herzog so sehr bewundert hatte, und zugleich eine weitläufige Kusine. Während Friedrich etliche illegitime Kinder nachgesagt werden, blieb das Ehepaar kinderlos und ging auch bald getrennte Wege. Friederike zog sich auf den Landsitz ihres Mannes in Surrey zurück, wo er sie an manchen Wochenenden besuchte und wo sie sich für die Armen einsetzte und als „Lady Bountiful“, als großherzige Dame, geliebt und verehrt wurde.

1 Zitiert nach ODNB 2004 Bd. 21, S. 854.
2 Zitiert nach Fraser 2005, S. 227.
3 Charlotte, zitiert nach Hibbert 1998, S. 379.
4 Zitiert nach Fulford 1973, S. 39.

Herzog von Kent und Strathearn (1799), geb. am 2. November 1767 in London, gest. am 23. Januar 1820 in Devonshire, 1818 Heirat mit Viktoria von Sachsen-Coburg-Saalfeld, verwitwete Fürstin von Leiningen

Joseph Surface?

Eduard, Herzog von Kent und Strathearn

Er ist der Vater der Königin Viktoria. Eduard kommt damit eine traditionell weiblich besetzte Rolle zu, Bedeutung vor allem durch seine Nachkommen zu erlangen. Eine Fußnote ist ihm damit auch in der hannoverschen Geschichte sicher: Wäre Viktoria ein Viktor geworden, hätte die Personalunion nach 1837 fortbestanden. Zur Annexion durch Preußen wäre es unter dieser Voraussetzung wohl nicht gekommen. Man kann die Gedanken auch weiter spinnen: Wäre Eduard seinen dynastischen Pflichten gar nicht erst nachgekommen, sondern hätte seiner unstandesgemäßen Partnerin die Treue gehalten, dann hätte Ernst August den britischen Thron geerbt. Nicht umsonst erhielten sowohl sein Sohn als auch der nur wenige Wochen ältere Sohn Adolph Friedrichs den Namen Georg.

Die kleine Tochter des Herzogs von Kent dagegen durfte nicht Georgiana heißen und schon gar nicht Elisabeth, wie ihre Eltern das wünschten, sondern Alexandrina Viktoria, nach ihrem Taufpaten, Zar Alexander, und ihrer Mutter Viktoria von Sachsen-Coburg-Saalfeld. So bestimmte es der Prinzregent, der seinen politisch liberal gesinnten jüngeren Bruder nicht mochte, ihm die kleine Thronerbin missgönnte und ihr deshalb keinen traditionsreichen Namen zugestehen wollte.

Eduard war das fünfte Kind und der vierte Sohn Georgs III. Zunächst wurde er gemeinsam mit seinem Bruder Wilhelm erzogen. Doch während dieser bereits 1779 zur Marine kam, sandte man Eduard 1785 – als immerhin schon Siebzehnjährigen – zur weiteren Ausbildung in das Kurfürstentum. Zu seinem Erzieher wurde auf den Rat seines älteren Bruders Friedrich, des Bischofs von Osnabrück, Oberstleutnant Georg von Wangenheim ernannt. Friedrich war es auch, der vorschlug, Eduard lieber in Lüneburg zu installieren als an der Universität von Göttingen, damit er nicht durch die „großen Exzesse“ dort, das übermütige Studentenleben also, in Versuchung geriete.[1] Friedrich selbst ließ kein Vergnügen aus, sah sich, was seinen Bruder anging, aber in der Verantwortung gegenüber seinem strengen Vater. Die Lehrer Eduards immerhin wurden aus Göttingen engagiert. Außerdem trat der junge Prinz der Hannoverschen Garde zu Fuß bei.

Im Sommer 1786 wechselte er nach Hannover, nachdem er militärisch befördert worden war. Noch besaß er die Gunst seines Vaters, doch das änderte sich bald nachhaltig. Es zeigte sich nämlich, dass man auch in Lüneburg und Hannover kräftig Schulden machen konnte, zumal wenn man einerseits nur einen knapp bemessenen Unterhalt zur Verfügung, andererseits aber überall Kredit hatte. „Die Leute waren so absurd, Edward für jeden gewünschten Betrag Kredit zu geben“,[2] versuchte Friedrich, den Bruder in Schutz zu nehmen.

Und womit machte Eduard Schulden? „Er trinkt weder, noch spielt er“,[3] notierte ein Angehöriger

Prinz Eduard

Unbekannter Maler
Öl auf Holz, um 1785

Historisches Museum
Hannover

Phaeton des Prinzen Eduard

Lionel Lukin (1742–834) oder William Leader zugeschrieben, London, 1783

S.K.H. Prinz Ernst August von Hannover Herzog zu Braunschweig und Lüneburg

Leihgabe an das Historische Museum Hannover

Die Leute waren so absurd, Eduard für jeden gewünschten Betrag Kredit zu geben

seines Stabes einige Jahre später. Dafür unterhielt er seine eigene Militärkapelle und musste stets die flottesten Kutschen und Pferde haben. Zu seinen modischen Anschaffungen gehörte auch der Phaeton oder „Selbstfahrer" – eine Art Sportcoupé also – der sich noch heute im Besitz des Hauses Hannover befindet und im Historischen Museum Hannover zu sehen ist. Georg III. hielt ihm eine briefliche Standpauke, in der er seine „höchste Missbilligung" ausdrückte.[4]

Als Folge des väterlichen Zorns wurde Eduard unter strengsten Auflagen zur weiteren Ausbildung nach Genf geschickt, das ihm als „der langweiligste und unerträglichste aller Orte"[5] erschien. Doch er wusste sich Ablenkung zu verschaffen: Zwei Kinder (zweier Mütter) wurden in dieser Zeit geboren; den Sohn protegierte er später, indem er ihm eine Stelle in der britischen Verwaltung verschaffte.

1789 schließlich kehrte Eduard ohne Erlaubnis nach London zurück, worauf er postwendend nach Gibraltar versetzt wurde. Von diesem Fels im Meer war eine unbemerkte Abreise nicht zu bewerkstelligen, und Eduard sah sich „in einem grausamen Zustand der Verbannung",[6] tröstete sich jedoch auch hier mit einer Musikkapelle, Möbeln, Kutschen und Pferden. Die folgenden Jahre lesen sich als weitere Stationen des Exils: ab 1791 in Quebec („der düsterste Fleck auf dem Angesicht der Erde"),[7] 1794 in Westindien, danach bis 1800 in Halifax. Allerdings standen auch die meisten seiner Brüder in diesen Jahren in den verschiedenen Kriegsgebieten.

Eduards einziger aktiver Einsatz in Westindien kam auf Vermittlung des Kronprinzen zustande; dabei erlangte er einige Anerkennung. Sonst verlief seine militärische Karriere unrühmlich. Vor allem in Gibraltar galt er als Leuteschinder. 1802 wurde er erneut dorthin entsandt, um die mangelnde Disziplin zu verbessern. Stattdessen lösten seine Maßnahmen eine Meuterei aus. Drei der Anführer ließ er erschießen. Wütend berief ihn der Herzog von York, Oberbefehlshaber der Armee, zurück; nach dem folgenden Disziplinargespräch waren die Brüder nachhaltig zerstritten.

Privat hatte Edward sein Glück schon lange in Thérèse Bernadine Julie Montgenêt de Saint-Laurent – kurz: Madame – gefunden. Trotz des präzise klingenden Namens kursierten lange die unterschiedlichsten Theorien zu ihrer Herkunft. Tatsächlich schickte Eduard, der sich auf Gibraltar einsam fühlte, einen Beauftragten nach Frankreich, um eine Mätresse für ihn zu finden. Der adelig klingende Titel ist ein späterer Schnörkel, „Madame" war eine Bürgerliche aus Besançon und 1790 auf der Suche nach einem neuen Sponsor, da ihr bisheriger Partner, ein Marquis, nach der Revolution kaum mehr sich selbst ernähren konnte. Dass aus dem geschäftsmäßigen Arrangement eine jahrzehntelange Liebesbeziehung entstehen würde, war zunächst keineswegs abzusehen. 1818 jedenfalls, als es galt, zur Sicherung der Thronfolge zu heiraten, versicherte Eduard: „Seit 27 Jahren leben Madame St. Laurent und ich zusammen […] und Sie können sich vorstellen […] welchen Schmerz es mir bereiten wird, mich von ihr zu trennen.“ [8]

Einen Schmerz, den er gedachte, sich durch die bei Heirat fällige Erhöhung seines Jahreseinkommens zumindest gut bezahlen zu lassen. Das war auch dringend nötig, denn seine Schulden beliefen sich mittlerweile auf über 200 000 Pfund, gut das Zehnfache seines Jahreseinkommens. Um zu sparen, war er bereits von London nach Brüssel gezogen.

Die Ehe mit Prinzessin Viktoria von Sachsen-Coburg, verwitweter Fürstin von Leiningen, kam auf Vermittlung ihres Bruders Leopold (seinerseits Witwer der Thronfolgerin Charlotte) zustande. Zehn Monate nach der Hochzeit kam Prinzessin Viktoria zur Welt. Lange allerdings konnte sich der stolze Vater nicht an ihr freuen. Eduard, der stets gesund war und sich berechtigte Hoffnungen gemacht hatte, seine älteren Brüder zu überleben, starb im Januar 1820, zwei Wochen vor seinem Vater, an einer Lungenentzündung. Erkältet hatte er sich bei einem Spaziergang an der Küste Devons, wohin die Familie gezogen war, um seinen Gläubigern auszuweichen.

Welches Bild bleibt von Eduard? Die Berichte sind widersprüchlich: Als Leuteschinder ordnete er zahlreiche Auspeitschungen an und verkündete etwa die Begnadigung eines Verurteilten erst direkt vor der geplanten Hinrichtung. Als Pedant auch im Zivilleben prüfte er jeden Morgen das Erscheinungsbild seiner Diener und belehrte einen jungen Offizier, der ihn besuchte: „Seien sie sich niemals zu fein, sich um Details zu kümmern“. [9] Da er gerne auf seine Tugenden pochte und klagte, ungerecht behandelt zu werden, nannten ihn seine Schwestern, vielleicht mehr amüsiert als verärgert, „Joseph Surface“, [10] sein Bruder Georg auch „Simon Pure“. [11] Beides wenig schmeichelhaft: „Joseph Oberfläche“ ist der gut aussehende, junge Heuchler in Richard Sheridans populärem Stück „The School for Scandal“, „Simon der Reine“ der Heuchler, der seine Tugend zur Schau stellt, in Susanna Centlivres ebenso beliebtem „A bold Stroke for a Wife“. Auf der anderen Seite zeigte sich Eduard ausgesprochen charmant und gewinnend, umgänglich, freundlich und großzügig, „ein guter öffentlicher Redner, ein wohltätiger Mann“. [12] Seine Sorge um die Armen war kein Lippenbekenntnis: Obwohl ewig verschuldet, engagierte Eduard sich in über fünfzig Wohlfahrtseinrichtungen, die sich z. B. um die Bildung der Arbeiter, die Evangelisation, medizinische Hilfe für mittellose Frauen oder die Unterstützung ebenso mittelloser Autoren kümmerten. Entsprechend setzte er sich auch für die Abschaffung der Sklaverei ein. Und die sozialen Reformen, die der Unternehmer Robert Owen in seiner Fabrik in Schottland umsetzte, unterstützte Eduard ebenso wie sein Bruder Augustus nachdrücklich. Der Prinz teilte die Meinung des Frühsozialisten und Vaters der Genossenschaftsidee und meinte, dass „keine wohltätige Versorgung […] die Not der unterdrückten Arbeiterklasse beheben könne“. [13]

Kinder

Mit Adelaide Dubus

* Adelaide Victoire Auguste (geb. 1789)

Mit Anne Gabrielle Alexandrine Moré

* Edward Schencker Scheener (1789–1853)

Mit Viktoria Maria Louisa von Sachsen-Coburg-Saalfeld, verwitwete Fürstin Leiningen

* Viktoria (1819–1901), heiratet 1840 Albert von Sachsen-Coburg-Gotha

1 Aspinall 1962 (Later correspondence, Bd. 1) Brief Nr. 172 vom 28.1.1875, S. 129.
2 Aspinall 1962 (Later correspondence, Bd. 1) Brief Nr. 315 vom 21.7.1786, S. 239.
3 Zitiert nach Brooke 1972, S. 356.
4 Aspinall, Later Correspondence Bd. 1, Brief Nr. 315 von Ende August 1787, S. 323.
5 Brief an seinen Bruder Georg vom 17.10.1789, zitiert nach Brooke 1972, S. 355 f.
6 Zitiert nach Hibbert 1998, S. 364.
7 Zitiert nach Hibbert 1998, S. 364.
8 Aus den Creevey Papers, zitiert nach Fulford 1973, S. 197.
9 Zitiert nach Fulford 1973, S. 194.
10 ODNB 2004 Bd. 17, S. 808, dort fälschlich mit dem Verweis auf Oliver Goldsmith statt Richard Sheridan;
11 S. Fulford 1973, S. 188.
12 So die Dichterin Mary Russell Mitford, zitiert nach Gillen 1970, S. 260.
13 Zitiert nach Fulford 1973, S. 191.

Ein ehrliches Herz

Augustus Friedrich, Herzog von Sussex

Königin Viktoria liebte diesen Onkel – und das trotz seiner für einen königlichen Prinzen geradezu radikal liberalen Ansichten und trotz seiner zwei ‚wilden', da vor dem Gesetz ungültigen, Ehen.

Der sechste Sohn Georgs III. wurde zusammen mit seinem älteren Bruder Ernst August und dem jüngeren Adolph Friedrich 1786 zur Ausbildung nach Göttingen geschickt. Als einziger kam er für eine militärische Laufbahn nicht in Frage, denn er litt über viele Jahre an schwerem Asthma. Da man hoffte, dass ihm das südliche Klima bekommen würde und auch, da Georg III. Wert darauf legte, seine zahlreichen Söhne aus der Politik herauszuhalten und sie dem Einfluss des rebellischen Thronfolgers zu entziehen, wurde Augustus 1792 nach Rom geschickt. Dort kultivierte er seine schöne Singstimme. Und er verliebte sich stürmisch in Lady Augusta Murray, eine Tochter von Lord Dunmore und zwölf Jahre älter als er.

Da die nötige königliche Zustimmung zu dieser Ehe nicht zu erwarten war, ersuchte er seinen Vater erst gar nicht darum. Lady Augusta notierte anlässlich seiner (in zahlreichen Briefen erhaltenen) Liebesschwüre in ihr Tagebuch: „Es ist ein ehrliches Herz", bestand aber auf einer kirchlichen Zeremonie, denn andere Schwüre „binden die Ehrbaren, aber genügen der Welt nicht".[1] So fand der Prinz einen anglikanischen Geistlichen für die feierliche Handlung. Zurück in London, gaben sich die beiden im Dezember 1793 nochmals das Jawort. Es nutzte jedoch nichts: Der König ließ die Ehe für ungültig erklären. Zu dieser Zeit war bereits ein Sohn geboren und Augustus Friedrich auf königlichen Befehl wieder in Rom. Im Herbst 1794 wurde er dann nach Berlin beordert. Dort trat er den Freimaurern bei; in Großbritannien sollte er später einer ihrer Großmeister werden. Insgesamt war Berlin jedoch eine Art Strafexil: Ohne Aufgabe und ohne eigene Mittel stand Augustus unter strenger Überwachung durch einen Erzieher, der auch seine Post kontrollierte. Wie ihm sein Bruder Georg (ausgerechnet!) schrieb: „[…] weder der König noch die Welt würde sich je eingemischt […] haben, wenn Du mit einer Freundin leben würdest, wärst Du nicht so schwach (verzeih den Ausdruck) gewesen, zu versuchen, Lady Augusta Murray einen Rang zu geben, der völlig unzulässig ist."[2]

Im Sommer 1799 schließlich gelang es Lady Augusta, unter falschem Namen nach Berlin zu reisen. Im Jahr darauf kehrte das Paar nach London zurück,

Prinz Augustus

Edward Miles (1752–1828), Gouache auf Elfenbein, um 1792

Herzog von Sussex, Graf von Inverness und Baron Arklow (1801)

Geb. am 27. Januar 1773 in London, gest. am 21. April 1843 in London

1794 Heirat mit Lady Augusta Murray (1761–1830) und 1831

mit Lady Cecilia Buggin (1793–1873).

Beide Ehen waren nach dem Royal Marriage Act ungültig.

Augustus, Herzog von Sussex
George Henry Harlow (1787–1819), Öl auf Leinwand, wahrscheinlich 1812
The Royal Collection © 2008 Her Majesty Queen Elizabeth II

Sussex für immer, Sussex der Freund des Volkes

denn Augustus hoffte, nun seinen Herzogstitel und die damit verbundene Apanage zu erhalten. Beides wurde ihm jedoch erst Ende 1801 gewährt, nachdem er sich schließlich doch von Lady Augusta getrennt hatte. Augustus verbrachte noch mehrere Jahre auf dem Kontinent, u. a. in Lissabon, wo er sich eine umfassende Bildung aneignete und den Grundstock für seine exzellente Bibliothek legte. Schwerpunkte seiner Sammelleidenschaft waren Bibelausgaben und Handschriften italienischer Opern.

Die beiden Kinder – kurz nach der Trennung war noch ein Mädchen geboren worden – trugen offiziell den Familiennamen d'Este (die ältere Linie des Hauses d'Este waren Vorfahren Heinrichs des Löwen gewesen). Augustus d'Este schlug die militärische Laufbahn ein. Wie seine illegitimen Cousins litt er unter der Unsicherheit seiner Stellung, königlicher Abstammung und doch nicht standesgemäß zu sein. Seine Liebesbeziehung zur Halbschwester der Thronfolgerin Viktoria, Prinzessin Feodora von Leiningen, hatte sein Vater ihm 1825 strikt untersagt. Wilhelm IV. verlieh nach seinem Regierungsantritt 1830 seinen zahlreichen unehelichen Kindern den Titel von Grafen. Augustus d'Este verlangte nun eine vergleichbare Anerkennung; mehr noch, er erhob Anspruch auf seine Berücksichtigung in der hannoverschen Thronfolge. Seine Anwälte argumentierten, dass der König nur die in London geschlossene Ehe seiner Eltern habe für ungültig erklären können, dass jedoch der bereits in Rom vollzogene Bund vom Royal Marriage Act nicht betroffen sei. D'Este habe deshalb Anspruch zumindest auf den Titel eines Prinzen von Braunschweig-Lüneburg und damit, nach dem Herzog von Cumberland und dessen Sohn, auch auf die Nachfolge in Hannover. D'Estes Aussichten auf Erfolg waren gering, doch die rechtlichen Auseinandersetzungen zogen sich hin und erhitzten auch in Hannover die Gemüter.

Augustus unterstützte seinen Sohn keineswegs in dessen Bemühen. Er selbst fühlte sich jedoch trotz der Annullierung an sein Eheversprechen gebunden. Erst einige Monate nach dem Tod Lady Augustas 1830 ging er eine neue Ehe ein, diesmal mit der zwanzig Jahre jüngeren Lady Cecilia, Tochter des Grafen von Arran und verwitwete Lady Buggin, mit der er schon lange in Freundschaft verbunden war. Auch diese Ehe allerdings muss als privates Gelübde gelten, da sie dem Royal Marriage Act widersprach. Königin Viktoria erkannte die Verbindung nach langem Zögern indirekt an, als sie Lady Cecilia zur

Gräfin von Inverness erhob. Augustus verfügte in seinem Testament, nicht mit der königlichen Familie in Windsor begraben zu werden, da seine Frau dort ausgeschlossen wäre; das gemeinsame Grab befindet sich auf dem öffentlichen Friedhof von Kensal Green.

Dieses Testament ist nicht nur ein Zeugnis der Liebe zu seiner zweiten Frau, sondern auch Ausdruck seiner politischen Überzeugung: Augustus war ein engagierter Whig, ein reformfreudiger Liberaler also. Parteien bildeten sich in Großbritannien erstmals im späten 17. Jahrhundert heraus. Über lange Zeit gab es nur zwei: die Tories und die Whigs. Die Tories vertraten die Interessen der Aristokratie und des Großgrundbesitzes. Die führenden Köpfe der Whigs waren zwar ebenfalls Adelige, doch setzte sich die Partei vor allem für die Interessen der neuen Finanz- und Handelsschichten ein. Sie hatten sich die Freiheit des Einzelnen auf die Fahnen geschrieben. Zu den wichtigsten Zielen der Whigs gehörten damit die Stärkung des Parlaments und die Verteidigung der konstitutionellen Monarchie gegen jede absolutistische Tendenz. Deshalb unterstützten sie die protestantische Thronfolge – und damit die Hannoveraner. Georg I. und Georg II. regierten mit den Whigs. Erst Georg III. hoffte, mehr Handlungsspielraum zu gewinnen, indem er einen Tory zum Premierminister machte. Zwischen 1760 und 1830 bildeten damit die Whigs die Opposition.

Der Kronprinz verbündete sich schon aus Widerspruch gegen seinen Vater zunächst mit den Whigs, um jedoch, sobald er selbst die Regentschaft angetreten hatte, weiter den Tories zur Macht zu verhelfen. Augustus dagegen war Whig aus tiefster Überzeugung. Er setzte sich für alle Reformbestrebungen der Zeit ein, von der Abschaffung der Sklaverei bis zur in Großbritannien jahrzehntelang heiß diskutierten rechtlichen Gleichstellung der Katholiken. Nachhaltig unterstützte er den Frühsozialisten Robert Owen in seinen Projekten zur Verbesserung der Situation der Arbeiter. Sein ganzes Gewicht (das auch im Wortsinn erheblich war) brachte er vor dem Parlament ein, um die persönlichen Rechte der Thronfolgerin Charlotte gegenüber ihrem Vater, dem Prinzregenten, zu verteidigen; das Zerwürfnis mit seinem Bruder Georg war endgültig. Und selbstverständlich war Augustus ein vehementer Verfechter der Verfassungsreform von 1830. Dafür nahm er sogar in Kauf, vorübergehend mit Wilhelm IV. in Konflikt zu geraten, obwohl sich die Brüder nahe standen.

Dass der Abgeordnete Thomas Coke von Augustus sagte: „Eine Person mit liberaleren Ansichten in allem, was die Rechte und Freiheit der Menschen angeht, gibt es nicht“,[3] könnte man auch als der Parteipolitik geschuldet sehen. Die große Beliebtheit des Herzogs von Sussex aber war sehr real und greifbar. Wenn er zu öffentlichen Veranstaltungen außerhalb Londons reiste (was zu dieser Zeit auch Abgeordnete nur im Wahlkampf taten), begrüßte ihn jeweils eine begeisterte Menge. Man spannte seine Pferde aus, um seinen Wagen von Hand im Triumph zum Ziel zu bringen, und der Herzog erhob sich in seiner ganzen Größe und Fülle, damit alle ihn sehen konnten. „Sussex für immer, Sussex der Freund des Volkes“,[4] intonierte die Menge, und die Tories begannen zu fürchten, falls es in Großbritannien je eine Revolution gäbe, würde der Herzog von Sussex zum neuen Landesherren und Bürgerkönig ausgerufen. Selbst die stets kritische Times schrieb in ihrem Nachruf 1843: „Kein Tod in der königlichen Familie außer dem Ableben eines Monarchen selbst könnte ein stärkeres Gefühl des Verlustes ausgelöst haben“.[5]

Kinder

Mit Lady Augusta Murray d'Este

- Augustus Friedrich d'Este (1794–1848)
- Augusta Emma d'Este (1801–1866), heiratet 1845 Sir Thomas Wilde, Lord Truro

1 Beide Zitate nach Fulford 1973, S. 254 und 255.

2 Zitiert nach Gillen 1976, S. 105.

3 In seiner Dankesrede anlässlich des Festdiners zu seinem Parlamentsabschied in Norwich, bei dem Augustus Ehrengast war; zitiert nach Fulford 1973, S. 270.

4 Zitiert nach Fulford 1973, S. 267.

5 Zitiert nach ODNB 2004 Bd. 2, S. 951.

Die „Wohltaten des Code Napoleon"

In der Deutschen Kanzlei – der hannoverschen Vertretung in London, über die der Kurfürst die Regierungsgeschäfte seines Stammlandes abwickelte, seit er zugleich König von Großbritannien war – stand 1805 eine wichtige Veränderung an: Ernst Herbert Graf Münster war bereits im Jahr zuvor nach London gezogen, um die Nachfolge des bisherigen Leiters der Kanzlei, Ernst Julius von Lenthe, antreten zu können. Sechsundzwanzig Jahre lang sollte er dieses einflussreiche Amt schließlich bekleiden. Schon bevor Münster offiziell zum Leiter der Kanzlei wurde, entbrannte jedoch eine heftige, über entsprechende Denkschriften öffentlich geführte politische Auseinandersetzung zwischen ihm und Georg August Best, der als Wirklicher Geheimer Sekretär der zweite Mann hinter dem Leiter der Deutschen Kanzlei war.

❧ Ihr Streit betraf eine der Kernfragen, mit der sich die hannoversche Politik seit Beginn der Personalunion immer wieder konfrontiert sah: Sollte das Kurfürstentum sich zum eigenen Vorteil eng an Großbritannien anschließen, auf die Gefahr hin, zum Satellitenstaat degradiert zu werden? Oder sollte es versuchen, eine von Großbritannien weitgehend unabhängige Politik zu vertreten und seine Rolle als Kurfürstentum im Staatenbund des Heiligen Römischen Reiches Deutscher Nation und im Konzert der anderen Fürsten zu spielen?

❧ Best plädierte für einen engen Verbund mit Großbritannien, denn der Reichsverband sei lediglich noch „ein Gerippe", das „in den letzten Zeiten so zertrümmert worden ist, dass wir die letzten Knochen-Stücke noch bei unsern Lebzeiten wahrscheinlich ganz verscharrt sehen werden."[1] Münster setzte dagegen auf betonte Unabhängigkeit als Territorium des Alten Reiches und argumentierte: „Als englische Provinz betrachtet, würden wir bei einem künftigen Frieden eben sowohl als das anderen

Hannover zwischen Besatzung und Befreiung, Reform und Restauration

Provinzen begegnet ist, aufgeopfert werden können. Jetzt hat wenigstens England kein Recht, das Erbteil seines Königs aufzugeben."[2] Münster ging zwar ebenfalls vom Zerfallen des „Staaten-Körpers" des Reiches aus, erwartete jedoch eine langsame Entwicklung. Doch es kam anders: Bereits im folgenden Jahr war das Heilige Römische Reich Deutscher Nation am Ende. Der Reichstag in Regensburg stellte seine Arbeit ein. Es gab keinen deutschen Kaiser mehr, nur noch einen Kaiser von Österreich – und einen Kaiser der Franzosen. Napoleons Feldzüge und politische Bündnisse veränderten die politische Landkarte radikal.

Das komplexe Gebäude des Alten Reiches knirschte spätestens seit dem Anbruch des neuen Jahrhunderts in allen Fugen. Grund dafür waren sowohl der scheinbar unaufhaltsame Siegeszug Napoleons als auch die allgemeinen Säkularisierungsbestrebungen im Zeichen der Aufklärung, die mit der Französischen Revolution an Schubkraft gewonnen hatten. Mit dem „Reichsdeputationshauptschluss" vom 25. Februar 1803, dem Beschluss der letzten Sitzung des Reichstages in Regensburg, läutete dieser quasi sein eigenes Ende ein.

Die Vorgeschichte war Folgende: In den Friedensschlüssen von Campo Formio (1797) und Lunéville (1801) hatte Napoleon die französische Grenze deutlich nach Westen und bis an den Rhein verschoben. Dadurch verloren zahlreiche geistliche und weltliche Fürstentümer des Alten Reiches ihre linksrheinischen Territorien. Für diese Verluste sollten die weltlichen Fürstentümer auf Kosten der geistlichen mit rechtsrheinischen Gebieten entschädigt werden. Dieser Regelung hatte der Kaiser im Frieden von Lunéville notgedrungen zugestimmt. Eine außerordentliche Reichsdeputation, d. h. ein Ausschuss des Reichstages, tagte daraufhin, um die Bestimmung umzusetzen. Die Deputation bestand weitgehend aus den geschädigten weltlichen Fürsten, der Ausgang war also abzusehen. Die Entschädigung erfolgte durch die Aufhebung der geistlichen Fürstentümer (Bistümer wie reichsunmittelbarer Klöster) und durch die so genannte Mediatisierung kleinerer weltlicher Herrschaften und der meisten der freien Reichsstädte. Das bedeutete, dass diese Gebiete ihre Reichsunmittelbarkeit verloren, also nicht mehr direkt dem Kaiser unterstellt waren, keine eigenständige Regierung mehr besaßen und nicht mehr mit Sitz und Stimme im Reichstag vertreten waren. Vom Heiligen Römischen Reich Deutscher Nation war damit, wie Best es formuliert hatte, nur noch „ein Gerippe" übrig geblieben, denn einer der Pfeiler, auf dem die Reichsverfassung ruhte und auf den sich die Macht des Kaisers stützte, war die starke politische Stellung des geistlichen Standes und der reichsfreien geistlichen Fürsten. Die großen Gewinner des Reichsdeputationshauptschlusses waren insbesondere die großen süddeutschen Fürstentümer wie Bayern, Baden und Württemberg, die sich mit Frankreich verbündet hatten.

Hannover hatte im Reichsdeputationshauptschluss das Bistum Osnabrück vereinnahmt, Preußen hatte das Bistum Hildesheim geschluckt. Zumindest die Freude Hannovers über diesen Gebietsgewinn konnte jedoch nicht lange währen, denn schon bald wurde es selbst zum Spielball und zur Manövriermasse der Krieg führenden Parteien. Die Personalunion mit Großbritannien bot keinen Schutz. Im Gegenteil: Wer den britischen König treffen wollte, trat zunächst nach seinem Kurfürstentum in Norddeutschland.

Am 18. Mai 1803 erging Großbritanniens Kriegserklärung an Frankreich. Schon acht Tage später drangen französische Truppen unter General Mortier, aus den Niederlanden kommend, auf hannoversches Gebiet vor. Der Zusammenbruch erfolgte fast sofort; am 5. Juni wurde die Hauptstadt Hannover besetzt. Die Truppen, die Großbritannien über den Kanal hatte schiffen wollen, kamen zu spät, und die Unterstützung, die Hannover sich vom Reich erhofft hatte, blieb aus. Das Kurfürstentum war französisches Besatzungsgebiet, und die französischen Truppen besetzten bald auch die benachbarten Hansestaaten Hamburg, Bremen und Lübeck. Einzelnen Angehörigen der hannoverschen Armee, vor allem Offizieren, gelang es, sich nach Großbritannien abzusetzen, wo aus den ehemaligen hannoverschen Truppen die King's German Legion formiert wurde.

Die erste französische Besetzung Hannovers dauerte gut zwei Jahre. Am 25. Oktober 1805 rückten die Franzosen ab, nachdem Großbritannien mit Russland, Österreich und Schweden eine antifranzösische Koalition eingegangen war. Stattdessen zogen nun preußische Truppen ein. Preußen war stets Hannovers großer Rivale gewesen, auch wenn man immer wieder Bündnisse geschlossen und diese durch mehrere Heiraten bekräftigt hatte. Die preußische Besetzung Hannovers dauerte, mit einer kurzen Unterbrechung Anfang 1806, von Ende Oktober 1805 bis Anfang November 1806. Am 1. April 1806 verlangte Preußen, das Land Hannover solle offiziell in preußischen Besitz übergehen. Die britische Antwort darauf war ein Embargo gegen alle preußischen Schiffe und die Blockade von Weser, Elbe und Ems; im Juni erfolgte die britische Kriegserklärung an Preußen.

Im Juli 1806 schlossen sich Bayern, Baden, Württemberg, Hessen-Darmstadt und weitere kleine Fürstentümer unter dem Protektorat Frankreichs im Rheinbund zusammen und traten aus dem Reich aus. Im August hörte das Heilige Römische Reich Deutscher Nation endgültig auf zu bestehen, nachdem der Kaiser, auf ein Ultimatum Frankreichs hin, die Reichskrone niedergelegt hatte.

Preußen stand mittlerweile im Krieg mit seinem ehemaligen Bündnispartner Frankreich. In der Schlacht von Jena und Auerstedt erlitt es am 14. Oktober 1806 eine vernichtende Niederlage. In Hannover zogen daraufhin die preußischen Besatzer ab und die französischen erneut ein. Die Verwaltungsstrukturen des Kurfürstentums blieben dabei, wie bereits während der ersten Phase der französischen Besatzung, zu großen Teilen bestehen. Die Besatzer richteten lediglich eine (aus Einheimischen formierte) Exekutivkommission ein, die die Anordnungen des französischen Generalgouverneurs umzusetzen hatte. Vier Jahre später jedoch hörte Kurhannover auf zu bestehen: 1810 wurde es als Departement Aller in das drei Jahre zuvor gegründete Königreich Westphalen eingegliedert, dem zuvor schon die ehemaligen Fürstentümer Göttingen und Grubenhagen zugeschlagen worden waren. Im selben Jahr endete die aktive Regierungszeit Georgs III., der Thronfolger übernahm die Regentschaft für seinen regierungsunfähig gewordenen Vater.

Das Königreich Westphalen hatte Napoleon im August 1807 gegründet, nachdem er im Frieden von Tilsit den Krieg gegen das Zarenreich und Preußen beendet hatte. Als König setzte Napoleon nach bewährtem Muster einen seiner Brüder, in diesem Fall Jérôme, ein, zur Hauptstadt wurde Kassel bestimmt. Der neue Staat ignorierte bewusst die alten Ländergrenzen. Er bestand aus dem ehemaligen Kurfürstentum Hessen, dem ehemaligen Fürstentum Braunschweig-Wolfenbüttel, den braunschweig-lüneburgischen Gebieten Göttingen und Grubenhagen, den preußischen Besitzungen westlich der Elbe sowie Teilen Obersachsens.

Westphalen sollte ein Musterstaat werden: Als erster deutscher Staat erhielt er eine schriftliche Verfassung und ein gewähltes Parlament. Der Code Civil, das freiheitliche neue französische Gesetzbuch, wurde eingeführt und damit die Leibeigenschaft abgeschafft, die Öffentlichkeit der Gerichtsverfahren, Gewerbefreiheit und Gewaltenteilung etabliert und die Juden als gleichberechtigte Bürger anerkannt. Die Reformen griffen allerdings nur begrenzt, denn zugleich sah Napoleon seinen Vasallenstaat als Quelle für Geld und Soldaten und blutete das Land im finanziellen wie im wörtlichen Sinne aus: Von ca. 25 000 ausgehobenen Soldaten des Königreichs kehrten nur etwa 2 000 aus dem Russlandfeldzug zurück.

Schon zur Besatzungszeit mussten hohe Kontributionszahlungen abgeführt werden. Frankreich forderte monatlich 1,2 Millionen Francs (die hannoversche Verwaltung hatte etwa 300 000 für möglich gehalten). Die Besatzer gingen mit drakonischen Strafmaßnahmen gegen die Verschleppung der Zahlungen vor. Damit war sogar der Strafvollzug gefährdet: Häftlinge mussten für ihren Aufenthalt im Zuchthaus selbst bezahlen, und viele Delinquenten wurden gar nicht erst eingesperrt. Zugleich nahm die Zahl der Diebstähle drastisch zu. Diese waren oft aus blanker Not begründet, denn alle Bevölkerungsschichten litten unter der Besatzung. Zusätzlich zu den hohen Abgaben hatten Stadt- und Landbevölkerung ständige Einquartierungen hinzunehmen. Die Kosten für deren Verpflegung konnten theoretisch zwar abgerechnet werden, aber dies erwies sich in der Praxis aber oft als unmöglich. Die Bauern waren noch zusätzlich belastet, da sie mit ihren Zugtieren ständig zu Truppentransporten herangezogen wurden, auch wenn gerade die Ernte eingebracht werden musste. Die zahlreiche Beamtenschaft in der Residenzstadt bangte ebenfalls um ihre Existenz, denn häufig konnten die Gehälter nur mit Verspätung oder gar nicht ausbezahlt werden. Ex- und Import brachen weitgehend zusammen, zumal jeglicher Handel mit Großbritannien untersagt war. Zahlreiche Fuhrunternehmer gingen bankrott, und lediglich der Schleichhandel über Helgoland florierte. Der Verbrauch der so genannten „Kolonialwaren" und die Einfuhr fremder Waren aus den Kolonien wie Zucker, Reis, Tabak und Kaffee reduzierte sich auf etwa ein Hundertstel. Die Zeitungen druckten ständig neue Kaffee-Ersatzrezepte, und die Bevölkerung ernährte sich praktisch nur noch von Kartoffeln. Staatlich unterstützte Suppenküchen wurden eingerichtet und fanden großen Zulauf.

Einige hannoversche Unternehmer allerdings wussten die neuen Gewerbefreiheiten auch gewinnbringend zu nutzen, um ihre ohnehin florierenden Betriebe weiter auszubauen. Dazu gehörte der Böttchergeselle Johann Egestorf (1772–1834), der 1803 seine erste Kalkbrennerei am Lindener Berg eröffnete und 1816 bereits zweiunddreißig Kalköfen betrieb. 1834 hinterließ er drei Ziegeleien, drei Kalksteinbrüche, vierundzwanzig Kalköfen, zwei Steinkohlebergwerke, eine Zuckerfabrik, eine Mühle und ein Gasthaus und beschäftigte knapp ein Fünftel der 2500 Einwohner Lindens. Ausgesprochen erfolgreich war auch der Bäckermeister Johann Gerhard Helmcke (1750–1824), der seinen Reichtum nicht mit dem Verkauf von Brötchen, sondern im Korn- und Mehlhandel und durch geschickte Grundstücksgeschäfte erwarb. Bleibenden Ruhm in Hannover verschaffte er sich als „Retter der Herrenhäuser Allee": Der Überlieferung nach soll er 1807, als die Bäume geschlagen werden sollten, um die Kontributionszahlungen an Frankreich zu erfüllen, einfach die gesamte Allee gekauft haben. Als Helmcke sich um 1810 porträtieren ließ, trug er zum blauen Rock ein rotes Tuch, das als schmaler Farbstreifen zwischen dem weißen Hemd und der ebensolchen Halsbinde hervorlugt: Die Trikolore wurde hier gewiss nicht zufällig zitiert.

Beide Unternehmer konnten ihre Erfolgsgeschichte bruchlos auch in nach-napoleonischer Zeit fortsetzen. Das Ende des napoleonischen Imperiums begann sich abzuzeichnen, als ab Februar 1813 die Überlebenden der geschlagenen französischen Armee nach dem Rückzug aus Russland durch Hannover zogen. Um größere Unruhen beim Zusammenbruch des Königreichs Westphalen zu verhindern, bildete man Bürgerwehren. Bereits im Juni einigten sich Preußen und Großbritannien im Vertrag von Reichenbach darauf, nach dem bevorstehenden Abzug der Franzosen die Welfen in Hannover wieder einzusetzen und dem Land auch das ehemalige Herrschaftsgebiet des Fürstbischofs von Hildesheim zuzuschlagen.

Mit dem Sieg der Alliierten in der Völkerschlacht bei Leipzig (16. bis 19. Oktober 1813) verlor Napoleon alle eroberten Gebiete rechts des Rheins. Wenige Tage darauf marschierte die King's German Legion in die befreite Stadt Hannover ein. Als erster Vertreter des Welfenhauses war Ernst August, Herzog von Cumberland, vor Ort. Wenig später traf sein jüngerer Bruder Adolph Friedrich ein, der zum Militärgouverneur des Landes ernannt worden war. Beide wurden von der Bevölkerung mit großem Beifall empfangen.

Anlässlich der Einführung der Verfassung im Königreich Westphalen hatte Napoleon in einem Brief an seinen Bruder Jérôme „die Wohltaten des Code Napoleon" gepriesen und gefragt: „Welche Provinz wird auch unter das despotische preußische Regiment zurückkehren wollen, wenn sie einmal die Wohltaten einer […] liberalen Verwaltung gekostet hat?"[3] 1813 zeigte sich: Alle wollten die Besatzer loswerden, auch wenn sie einen freiheitlichen Idealstaat im Gepäck mitgebracht hatten. Auf die „Befreiungskriege" folgte die Restauration: Im Wiener Kongress 1814/15 wurde Europa neu geordnet. Kurhannover wurde wieder errichtet und zum Königreich erhoben. Dank des Verhandlungsgeschicks des Grafen Münster sowie des Einflusses Großbritanniens konnte es sogar Gebietsgewinne verzeichnen. Innenpolitisch wurde in den meisten Staaten das Rad zurückgedreht, nahezu alle liberalen Reformen wurden aufgehoben. Es dauerte noch einmal fast zwei Jahrzehnte bis neue Verfassungsreformen durchgesetzt werden konnten.

1 Zitiert nach Riotte 2007, S. 30.
2 Zitiert nach Riotte 2007, S. 29.
3 Brief Napoleons an Jérôme vom 15.11.1807; abgedruckt bei König Lustik!? 2008, S. 531; übersetzt durch Arno Schmidt, s. König Lustik!? 2008, S. 19.

Prinzregent (1811), Regent im Herzogtum Braunschweig-Wolfenbüttel
für seinen minderjährigen Neffen (1815–23),
König von Großbritannien und Irland, König von Hannover (1820)
Geb. am 12. August 1762 in London, gest. am 26. Juni 1830 in Windsor
1795 Heirat mit Caroline Amalia Elisabeth von Braunschweig-Wolfenbüttel

Un roi grand seigneur

Georg IV.

Fetter Verschwender oder feinsinniger Ästhet und Förderer der Künste? Intelligent, geistreich und sensibel oder unreif, faul und wankelmütig? Alle hannoverschen Könige auf dem britischen Thron seit Georg I. erfuhren sowohl in der allgemeinen Meinung der Zeit als auch in der späteren Forschung über lange Zeit eine negative Beurteilung. Keiner aber war solch heftiger Kritik ausgesetzt wie Georg IV. Tatsächlich bot er – im wörtlichen wie im übertragenen Sinn – eine breite Angriffsfläche.

Die Attacken bezogen sich bezeichnenderweise nur selten auf seine politischen Entscheidungen, denn als Politiker trat er wenig hervor. Der Handlungsspielraum der britischen Könige war im Lauf des 18. Jahrhunderts ohnehin zunehmend geringer geworden. Georg IV., der sich dem Aktenstudium nur widerwillig widmete, überwarf sich zudem zunächst mit den Whigs, später auch mit den Tories. Ohne Rückhalt in einer der beiden führenden Parteien hatte er zuletzt nur noch wenige Möglichkeiten, gestaltend einzugreifen.

Sein Privatleben aber bot ausreichend Munition für Kritik aus allen Lagern. Stets gab er entschieden mehr Geld aus, als er zur Verfügung hatte. „Er liebt Kleidung so sehr, dass es fast wieder geschmacklos ist“, [1] notierte die Herzogin von Devonshire nach ihrer ersten Begegnung 1780 – ein Urteil aus berufenem Munde, denn sie war nicht nur politisch sehr aktiv, sondern auch eine der wichtigsten Trendsetterinnen der Mode im London jener Jahre. Schon damals, noch keine 20 Jahre alt, war Georg zu dick und, wie er selbst einräumte, „dem Wein und den Frauen zu sehr zugetan“. [2] Seine zahlreichen Affären und Mätressen und seine beiderseits von Skandalen verdüsterte, wahrhaft katastrophale Ehe lieferten den Karikaturisten und der Presse Nahrung im Überfluss.

Nach seinem Tod war in den Straßen Londons „eher Jubel als Trauer“ zu spüren. [3] Die „Times“ nahm ihren Nachruf zum Anlass, um die „höchst fahrlässige, endlose und ungebremste Verschwendung“ Georgs IV. zu geißeln und behauptete: „Nie wurde ein Mensch weniger von seinen Mitmenschen betrauert als dieser verstorbene König.“ [4] Der Herzog von Wellington dagegen, seit 1827 erster Minister, der den König aus nächster Nähe kannte, urteilte ganz anders: Die Nation, meinte er, würde stets Grund haben, dem König dankbar zu sein, der „ein ganz großartiger Förderer der Künste“ war. Als Mensch, fuhr Wellington fort, war er „in der Tat eine ganz außerordentliche

Georg IV. als Prinzregent in der Uniform eines Feldmarschalls

Für die häufig kopierte Originalversion dieses Porträts stand der Prinzregent 1814 dem Maler Thomas Lawrence Modell. Lawrence verwandelte den übergewichtigen Dreiundfünfzigjährigen in einen „wohlgestalteten Adonis von Dreiunddreißig“ (William Hazlitt) und sicherte sich damit viele weitere Aufträge. Der hannoversche Kopist fügte im Hintergrund eine Ansicht der Marktkirche ein.

Friedrich Winkelmann (1740–1797) nach Sir Thomas Lawrence (1769-1830), Öl auf Leinwand, 1827

Historisches Museum Hannover

Staatswagen des Prince of Wales, des späteren Georg IV., seit 1814
Staatswagen Nr. 1 der Könige von Hannover
Diesen Wagen ließ Georg für seine erste Teilnahme an der jährlichen Zeremonie der Parlamentseröffnung im Jahr 1783 fertigen; das Bildprogramm glorifiziert die Weltmacht Großbritannien.
John Linnell (gest. 1796, Entwurf) und John Wright II. of Essex (Ausführung), Gemälde am Korpus 1792 von Robert Smirke (1752–1845), London 1782/83, zwischen 1787 und 1795 sowie 1846 (Dachbekrönung) ergänzt und umgebaut
S.K.H. Prinz Ernst August von Hannover, Herzog zu Braunschweig und Lüneburg
Leihgabe an das Historische Museum Hannover

Mischung von Talent, Geist, Possenreißerei, Dickköpfigkeit und Wohlwollen – kurz, ein Durcheinander gegensätzlichster Eigenschaften, mit einem großen Überhang der guten – das ich je in irgendeinem Menschen gesehen habe".[5]

Georg hatte eine umfassende, ausgesprochen strenge Erziehung hinter sich gebracht. Mit 16 galt er als „elegant", „einnehmend", und „herzlich".[6] Seine Schwestern liebten ihn und wandten sich auch später in Krisenzeiten stets (erfolgreich) an ihn um Hilfe. Sein Vater aber stand ihm schon früh ausgesprochen kritisch gegenüber. Georg beklagte sich bitter über diese ablehnende Haltung. Umgekehrt schien er sich alle Mühe zu geben, jedes Vorurteil seines Vaters ihm gegenüber zu bestätigen. Kurz, die beiden setzten die unselige welfische Tradition fort, nach der König und Kronprinz einander spinnefeind waren.

Selbstverständlich unterstützte auch dieser Prince of Wales die Opposition (mittlerweile hatte die Whig-Partei diese Rolle inne) und befreundete sich mit deren führenden Köpfen. Der wichtigste war Charles James Fox, ein brillanter, höchst eloquenter Politiker, zugleich berüchtigt für seine Trunk- und Spielsucht. Auch sonst suchte Georg sich Freunde von zweifelhaftem Ruf und noch zweifelhafterem Charakter – nicht nur in den Augen des Königs. Dieser wiederum blockierte den Vorschlag des Parlaments, dem Thronfolger anlässlich seines 21. Geburtstages ein Einkommen von 100 000 Pfund jährlich zu bewilligen. Das sei „eine schändliche Vergeudung öffentlichen Geldes und darüber hinaus eine Aufforderung zur Extravaganz."[7] Schließlich musste Georg sich mit wenig mehr als der Hälfte zufrieden geben. Außerdem erhielt er Carlton House, das Stadthaus seiner Großmutter an der Pall Mall, zum Wohnsitz. Sofort begann er, es umzugestalten, zu erweitern und kostbar auszustatten. Nicht nur zahlreiche Ausstattungsgegenstände kaufte Georg in Frankreich, sondern er holte auch etliche Kunsthandwerker von dort. Möbel ließ er teilweise sogar aus China importieren. Mit Erfolg: Nach der Jahrhundertwende wurde Carlton House zwar nicht an Größe, aber an Eleganz mit Versailles oder dem Schloss von St. Petersburg verglichen. Diese repräsentative Pracht hatte allerdings ihren Preis: Innerhalb von nur zwei Jahren sammelte Georg mehr als eine Viertelmillion Pfund Schulden an – und da stand er erst am Beginn der Bau- und Ausstattungsarbeiten.

Auch Geliebte schien er (nicht nur) in diesen Jahren zu sammeln. Dazu gehörte die Schauspielerin Mary Robinson, von der ganz London in jener Zeit fasziniert war. 1785 folgte der ultimative Skandal: die geheime Ehe mit Mrs. Fitzherbert. Die Frage, ob tatsächlich eine Hochzeit stattgefunden habe, beschäftigte alle Klatschmäuler Londons, aber auch das Parlament, denn selbstverständlich war es undenkbar, dass der Thronfolger eine verwitwete Katholikin heiraten könnte. Die öffentliche Anerkennung der Ehe wäre einem Verzicht auf die Krone gleich gekommen.

Die Hilfe des Parlamentes benötigte Georg, um seine Schulden begleichen zu können. Für einige Zeit schloss er sogar Carlton House und zog sich nach Brighton zurück, das in diesen Jahren gerade als Seebad in Mode kam. Das einfache Leben dort war allerdings von kurzer Dauer, denn sobald das Geld für die Begleichung seiner Schulden bewilligt war, ließ er den „Pavilion" bauen, ein weiteres spektakuläres Schlossprojekt, das ihn neben Carlton House und später dem Umbau von Windsor Castle und dem Neubau von Buckingham Palace über Jahrzehnte beschäftigte.

Die „Regency Crisis" von 1788/89 beschädigte den ohnehin schlechten Ruf des Kronprinzen weiter, denn nicht nur sein Vater fand es zunächst unverzeihlich, dass er so unverhohlen nach der Macht gegriffen hatte. In den folgenden Jahren blieben seine Versuche, in der Opposition Politik zu machen,

> Ein Durcheinander gegensätzlichster Eigenschaften, mit einem großen Überhang der guten

Georg IV.

Unbekannter Maler nach dem ganzfigurigen Porträt von Sir Thomas Lawrence (1769–1830), Öl auf Metall, nach 1822

Residenzmuseum im Celler Schloss

halbherzig und wenig erfolgreich. Eine offizielle staatsmännische oder militärische Aufgabe hatte er nicht. Seine Aktivitäten konzentrierte er auf die Rennbahn, bis er nach einem Wettskandal 1791 seine Pferde verkaufte, und – eine der Konstanten seines Lebens – auf Kunst, Innenarchitektur und Mode.

Nachdem seine Schulden innerhalb weniger Jahre erneut in astronomische Höhen gestiegen waren, blieb ihm im Sommer 1794 schließlich nur ein Ausweg: Die Ehe mit einer ausländischen Prinzessin. Nach der Heirat standen ihm jährlich etwa doppelt so hohe Bezüge zu. Zudem wurde die Sicherung der Thronfolge langsam drängend. Georgs Hoffnung, die Krone an die Kinder seines Bruders Frederick zu vererben, scheiterte, denn dessen Ehe blieb kinderlos. Keiner seiner anderen Brüder lebte in legitimierten, standesgemäßen Beziehungen.

Die Wahl der Braut wurde rasch getroffen. Trotz seiner Abneigung gegen Verwandtenehen favorisierte Georg III. nun Caroline von Braunschweig-Wolfenbüttel, die Tochter seiner älteren Schwester Augusta. Der Kronprinz selbst betrieb das Projekt mit geradezu trotziger Gleichgültigkeit. Die Ehe wurde ein Desaster. Die Unvereinbarkeit der Charaktere hätte kaum größer sein können; dass beide einen sehr eigenen Kopf hatten und, jeweils auf ihre Weise, exzentrisch waren, machte die Verbindung noch schwieriger. Nicht lange nach der Geburt der Tochter Charlotte bezog das Paar getrennte Haushalte. Von 1813 bis 1820 lebte Charlotte sogar außerhalb Englands. Zwei Mal, 1806 und 1820, versuchte Georg, vor dem Parlament die Scheidung durchzusetzen, doch auch wenn Caroline ihren Ruf nachhaltig beschädigt hatte, seine eigene Unbeliebtheit erwies sich stets als noch größer. Das Verfahren von 1820 löste eine Regierungskrise aus, und kurzfristig erwog Georg IV. sogar, zurückzutreten und sich nach Hannover zurückzuziehen. Von der Krönung 1821 schloss Georg seine Frau aus, vergeblich suchte sie Einlass in Westminster.

Als Georg IV. gekrönt wurde, hatte er bereits zehn Jahre als Regent seinen kranken Vater vertreten. So sehr er diese Rolle ersehnt hatte, so sehr bedrückte sie ihn nun. „Der Prinz ist sehr nervös“, beobachtete einer der Abgeordneten 1811, und Georg selbst klagte: „Den König zu geben ist keine ruhige Pfründe.“ [8] Seinen ohnehin eingeschränkten politischen Handlungsspielraum wusste er kaum zu nutzen. Worauf er sich hingegen verstand, waren Repräsentation und Handlungen von Symbolkraft. Kurz nach der Krönung besuchte er seine „Provinzen“: im Sommer und Herbst 1821 Irland und Hannover, im Sommer 1822 Schottland. Überall wurde er begeistert empfangen. In Hannover jubelte man beim ersten Besuch des Landesherrn nach 66 Jahren und begrüßte in Georg IV. zugleich den König von Hannover. 1814 war das Kurfürstentum nach dem Ende der französischen Besetzung zum Königreich erhoben worden.

Die Regierungsgeschäfte in Hannover lagen von 1805 (schon während der Besetzung) bis 1831 in den Händen des sehr konservativen Grafen Münster. Dass auf dem Wiener Kongress 1815 große Gebietsgewinne für Hannover ausgehandelt werden konnten, ist zu guten Teilen sein Verdienst. Vor Ort stützte sich Münsters Politik auf die Vertreter des hannoverschen Adels, der durch die neue, landständische Verfassung von 1819 weiter gestärkt wurde. Zwischen 1815 bis 1823 übernahm Georg auch die Regentschaft für seinen minderjährigen Verwandten (den Sohn des Bruders seiner Frau und Enkel der Schwester seines Vaters) in Braunschweig. Auch diese Regierungsgeschäfte erledigte Graf Münster von London aus in Zusammenarbeit mit dem Ratskollegium vor Ort.

Sowohl die rasch fortschreitende Industrialisierung als auch der Ausbau der Kolonien brachten Großbritannien großen Reichtum, der auch die Grundlage der militärischen Erfolge war. Nach dem Sieg über den Erbfeind Frankreich galt Großbritannien unangefochten als die wichtigste Weltmacht. Auch der soziale Wandel war tief greifend. In den letzten Lebensjahren Georgs IV. brachte das Parlament einige liberale Reformen auf den Weg, meist gegen den Willen des Königs, zu dessen engsten politischer Beratern in jenen Jahren sein ultrakonservativer Bruder, Herzog Ernst August von Cumberland, gehörte. Insbesondere Georgs hoch emotional ausgetragener, fruchtloser Kampf gegen das Gesetz zur rechtlichen Gleichstellung der Katholiken führte seine politische Ohnmacht vor Augen. Seine letzten Jahre verbrachte der König zurückgezogen in Windsor, geplagt von Gicht und vermutlich auch der Stoffwechselerkrankung seines Vaters, Porphyrie.

Politik hatte ihn nie wirklich interessiert. Auf schöngeistigem Gebiet dagegen war Georg IV. umfassend gebildet, dazu ausgesprochen geistreich und witzig. In einem anderen Leben hätte er Innenarchitekt werden können oder Modegestalter, oder, in den Worten seines Freundes George Brummel „der beste Komiker Europas", denn er hatte „ein höchst außergewöhnliches Talent zur Nachahmung" von Menschen.[9] Als Regent liegt seine herausragende Bedeutung auf dem Gebiet der Kunstförderung. Kein britischer König seit Karl I. hat die königlichen Kunstsammlungen stärker geprägt und bereichert als Georg IV. Als Sammler interessierte ihn vor allem die niederländische Malerei des 17. Jahrhunderts. Alle bedeutenden britischen Maler seiner Zeit (außer Constable und, mit einer Ausnahme, Turner) versorgte er mit Aufträgen. Er sammelte französische Möbel, Uhren und Porzellan und ließ silbernes, vergoldetes Tafelgeschirr in großem Umfang anfertigen. Carlton House, das „Versailles" Londons, dessen fortwährende Aus- und Umgestaltung ihn so lange beschäftigte, ließ er selbst wegen nicht zu beseitigender Baumängel noch 1827 abbrechen. Der Royal Pavilion in Brighton aber ist ein einzigartiges Beispiel des nach dem Prinzen benannten „Regency Style", ein chinesisch-gotisch-maurisches Fantasiebild eines Schlosses. Buckingham Palace ließ er neu erbauen, und Windsor Castle erhielt durch ihn seine heutige Gestalt. An der Planung der Ausstattung dieser Bauten und der Hängung der Gemälde in ihren Räumen war Georg stets intensiv beteiligt. Auch das Stadtbild von London prägte er nachhaltig. Den Architekten John Nash, den er auch in Carlton House und Brighton beschäftigte, beauftragte er 1811 mit der Umgestaltung des Londoner Westends. Auf den von Nash entwickelten Masterplan gehen der Regent's Park und die Regent Street, die die Anbindung des Parks an den St. James Palace schafft, ebenso zurück wie die benachbarten eleganten Straßen und Stadthäuser. Von ihm stammen außerdem der ursprüngliche Entwurf des Trafalgar Square sowie der Neubau des Buckingham Palace und seiner Umgebung mit dem später versetzten Marble Arch.

Georg IV.

Paul Fischer (1786–1875), Gouache auf Elfenbein in originaler Schatulle, um 1820

Historisches Museum Hannover

Nicht in seinem Geschmack, der absolut zeitgenössisch und oft stilprägend war, aber in seiner Rolle als großer Mäzen und Auftraggeber schien Georg IV. einer vergangenen Epoche anzugehören. Oder, wie Talleyrand, der große französische Politiker, bemerkte: „Heute bemühen sich Könige stets um Popularität, ein vergebliches Unterfangen. König Georg IV. war un roi grand seigneur. Es gibt keine anderen mehr wie ihn."[10]

1 Zitiert nach Foreman 1999, S. 79.
2 Zitiert nach ODNB 2004 Bd. 21, S. 857.
3 Mrs Spencer-Stanhope, zitiert nach Richardson 1966, S. 351.
4 Zitiert nach Hibbert 1973 Bd. 2, S. 341 und 342.
5 Zitiert nach Hibbert 1973 Bd. 2, S. 345.
6 So Madame Papendieck, eine der Hofdamen der Königin, zitiert nach ODNB 2004 Bd. 21, S. 856 f.; weitere ähnliche Wertungen von Zeitgenossen s.d.
7 Zitiert nach Hibbert 1972 Bd. 1, S. 32; ODDB 2004 Bd. 21, S. 857.
8 Beide Zitate nach ODNB S. 860.
9 Das zweite Zitat stammt vom Herzog von Wellington, beide zitiert nach ODNB 2004 Bd. 21, S. 857.
10 Zitiert nach Hibbert 1973 Bd. 2, S. 345.

Warme Gefühle und nichts, um sie zu steuern

Caroline Amelia Elisabeth von Braunschweig-Wolfenbüttel

Nur seine finanzielle Misere brachte den Kronprinzen Georg dazu, der Heirat mit einer deutschen Prinzessin zuzustimmen. Welche war ihm dabei gleichgültig: „Eine verdammte deutsche Frau ist so gut wie die andere“.[1] Tatsächlich hätte die Wahl für beide Beteiligten kaum unglücklicher ausfallen können. Müßig zu fragen, was geschehen wäre, wäre sie z. B. auf die damals allerdings erst fünfzehnjährige Luise von Mecklenburg-Strelitz gefallen, die berühmte spätere Königin von Preußen. Statt der Nichte seiner Mutter aber heiratete der Prinz die Nichte seines Vaters.

Hatte Georgs damalige Geliebte, die kühl berechnende Lady Jersey, tatsächlich die Hand im Spiel, wie Zeitgenossen munkelten? Selbst Wellington wiederholte später dieses Gerücht und bemerkte, die Gräfin habe die Wahl Carolines befürwortet wegen deren „ungehobelten Manieren, ihres uninteressanten Wesens und ihres nicht sehr einladenden Äußeren, in der Hoffnung, dass ein Widerwille für die Ehefrau die Stellung der Mätresse sichern würde“.[2] Lady Jerseys Einfluss währte nur wenige Jahre, die Abneigung Georgs gegen seine Ehefrau dagegen hielt ein Leben lang an.

Dass er bei ihrem ersten Anblick nach einem Glas Schnaps verlangte, um dann sofort aus dem Zimmer zu gehen, wurde von allen Klatschmäulern der Zeit ebenso gern kolportiert wie die Tatsache, dass der Bräutigam die Hochzeitsnacht im Schlafzimmer der Braut im Kamin verschlief, in den er völlig betrunken gestürzt war.

Mit Lord Malmesbury war ein ausgesprochen geschickter Diplomat ausgesandt worden, die Braut nach London zu holen. Da die Eheverhandlungen zu diesem Zeitpunkt bereits abgeschlossen waren, notierte er seine Bedenken nur privat. Caroline sei „fröhlich und gutherzig“, aber, fuhr er fort, „sie hat kein Urteilsvermögen [...] folgt stets dem ersten Impuls [...] liebt es, zu schwatzen und vertraut sich zu rasch an [...] warme Gefühle und nichts, um sie zu steuern“.[3] Caroline war lebhaft und direkt, dabei oft derb in ihrer Ausdrucksweise, und er ermahnte sie ein übers andere Mal, „nachzudenken, bevor sie spreche“.[4] „Missish“ erschien ihm die Sechsundzwanzigjährige, (klein-)mädchenhaft also. Das allein schienen keine guten Voraussetzungen, denn der Kronprinz verliebte sich stets in reifere Frauen. Auch sonst entsprach die Prinzessin so gar nicht seinem Geschmack: Er verwendete viel Zeit und Geld auf seine Kleidung und Toilette, Caroline dagegen legte wenig Wert auf ihr Äußeres und war stolz darauf, stets rasch angezogen zu sein. Er war bekannt für

Caroline von Braunschweig-Wolfenbüttel im Renaissancegewand

Sir Thomas Lawrence (1769–1830), Öl auf Leinwand, 1804

National Portrait Gallery, London

Königin von Großbritannien und Irland, Königin von Hannover (1820)

Geb. am 17. Mai 1768 in Braunschweig, gest. am 7. August 1821 in London

1795 Heirat mit dem späteren Georg IV.

Caroline von Braunschweig-Wolfenbüttel

Louis Marie Autissier (1772–1830), Gouache auf Elfenbein, 1810

Museum August Kestner

An der Seite eines ausgeglichenen, vernünftigen Mannes würde sich die Prinzessin wahrscheinlich gut entwickeln

seine formvollendeten Manieren und seine höchst geistreichen Bonmots, sie hatte einen Hang zum Vulgären. Doch das Hauptproblem konstatierte der scharfsichtige Malmesbury: An der Seite „eines ausgeglichenen, vernünftigen Mannes würde sich die Prinzessin wahrscheinlich gut entwickeln, aber wo sie aller Wahrscheinlichkeit nach Fehler finden wird, die ihren eigenen perfekt entsprechen, wird sie Schiffbruch erleiden“.[5] Eine Meinung, die zu hören Georg gewiss sehr verärgert hätte, doch tatsächlich waren er und Caroline sich in mancher Hinsicht nur allzu ähnlich. Beide waren indiskret, impulsiv und stets geneigt, jeder Laune nachzugeben. Da ihre Impulse und Launen sich jedoch so gar nicht entsprachen, konnte daraus nur ein höchst explosives Gemisch entstehen.

Carolines Freude über ihre neue Rolle, die sie auf der Reise nach England erfüllt hatte, war rasch verflogen. Der Prinz behandelte seine junge Frau von Anfang an „unverzeihlich“[6] schlecht. So ernannte er seine Mätresse zu einer der Kammerfrauen Carolines, und Lady Jersey nutzte diese Position, um ihr zu schaden, wo sie nur konnte. Kaum war die zur Sicherung der Thronfolge nötige Schwangerschaft erreicht, ignorierte Georg seine Frau weitgehend. Bereits 1796 lebten sie in getrennten Haushalten. Alle Vermittlungsversuche seines Vaters, der einer Trennung keinesfalls zustimmen wollte, scheiterten. Tatsächlich war Georg III. der Einzige der Familie, der Caroline stets unterstützte. Nur dank seiner Anordnung konnte sie ihre Tochter regelmäßig sehen. Und bezeichnenderweise war es der König, nicht der Prinz, der einige repräsentative Porträts Carolines in Auftrag gab.

Von seiner Abneigung war der Prinz geradezu besessen. Selbst nach der Trennung versuchte er, bis ins Detail zu kontrollieren, was Caroline tat, wohin sie ging und wen sie traf. Gewiss auch aus Furcht vor ihren Indiskretionen, denn Geschichten wie die von der Hochzeitsnacht kamen durch sie selbst in Umlauf. Kein Wunder jedoch, dass Caroline, die einen starken Willen und ein ausgeprägtes Selbstbewusstsein mitbrachte, gegen diese restriktive Behandlung rasch rebellierte. Ihr Vater hatte davor gewarnt, sie werde sich möglicherweise „zu stark emanzipieren“.[7] Nachdem ihr Versuch, die Regeln zu befolgen, gescheitert war, durchbrach sie sie bewusst und lebte, wie es ihr gefiel. Und da es ihr gefiel, „Zwiebeln zu essen und Bier zu trinken […], auf dem Boden zu sitzen“,[8] grobe Witze zu erzählen, beim Tanzen viel nacktes Bein zu zeigen und mit allen gut aussehenden Männern zu flirten, die sie besuchten, wirkte ihr Verhalten nicht nur auf den Prinzen skandalös.

Dabei versuchte Caroline nie, direkt politisches Kapital aus ihrer Situation zu schlagen. Das bedeutete allerdings nicht, dass sie sich zurückzog, sondern vielmehr, dass bei ihren oft informellen, ausgelassenen Gesellschaften die führenden Politiker aller Parteien verkehrten. Mehrere Affären wurden ihr nachgesagt, u. a. mit dem Politiker George Canning und dem Maler Thomas Lawrence. Und dieses Verhalten allein hatte eine politische Dimension, es galt, wie Lord Malmesbury ihr schon vor der Hochzeit erklärt hatte, als „Hochverrat“,[9] war, wie Lady Stanhope sie warnte, „a hanging matter“, eine Angelegenheit für den Henker.[10] Nachdem 1806 zum wiederholten Mal Gerüchte über eine Schwangerschaft kursierten, musste (gegen den Willen des Königs und des Prinzen) eine offizielle Untersuchung ihres Verhaltens angestrengt werden, die als „delicate investigation“ – „heikle Ermittlung“ – in die Geschichte einging. Am Ende sprach das Kabinett lediglich eine Verwarnung aus, doch der Skandal war groß genug. Vom Hof ausgeschlossen wurde Caroline allerdings erst während der Regentschaft ihres Mannes.

Nach einer neuen Krise über die Erziehung der Tochter begab sich Caroline 1813 auf eine langjährige Auslandsreise, die sie über Braunschweig nach Italien, später nach Athen, Konstantinopel und Jerusalem führte. Damit hörte das Gerede jedoch nicht auf. Die Berichte von Carolines Verhalten im Ausland waren in der Tat skandalös und noch dazu halb offiziell, denn nicht nur der Regent sandte seine Spione aus, auch Graf Münster, der erzkonservative Minister für die hannoverschen Angelegenheiten, ließ bereits 1814 Nachforschungen betreiben.

1820, als Georg nach dem Tod seines Vaters den Thron bestieg, spitzte sich die Situation dramatisch zu. Caroline reiste sofort zurück, um ihre Rolle als Königin zu beanspruchen. In Frankreich kam ihr ein Abgesandter des Parlaments entgegen, um ihr eine jährliche Apanage von 50 000 Pfund zu bieten, damit sie außer Landes bliebe; der König hatte dieser Summe nur zähneknirschend zugestimmt. Caroline lehnte kategorisch ab und wurde tatsächlich von großen Teilen der Londoner Öffentlichkeit begeistert empfangen. Auch während des folgenden Untersuchungsverfahrens, bekannt als „Prozess“ gegen die Königin, war die öffentliche Meinung weitgehend auf ihrer Seite. Nicht, weil irgendjemand von ihrer Unschuld überzeugt gewesen wäre, doch man sah sie allgemein als Opfer königlicher und politischer Verfolgung. Und das Ansehen des neuen Königs war in jedem Fall noch schlechter als das ihre.

Ein Jahr nach dieser Krise jedoch hatte sich das Blatt zugunsten des Königs gewendet. Anlässlich seiner höchst aufwändig gefeierten Krönung hatte Georg IV. die öffentliche Meinung weitgehend auf seiner Seite. Caroline hatte er von der Krönung ausgeschlossen. Als sie dennoch versuchte, während der Zeremonie Einlass in Westminster Abbey zu erzwingen, wurde sie von derselben Menge verhöhnt, die ihr einige Monate zuvor noch zugejubelt hatte. Selbst ihr Tod – sie starb nur 14 Tage später nach kurzer, heftiger Krankheit – führte zu einer politischen Demonstration. Sie hatte verfügt, neben ihrem Vater in Braunschweig beigesetzt zu werden, ein Wunsch, dem die britische Regierung nur zu gern folgte. Doch musste ihr Sarg in offizieller Prozession zum Hafen gebracht werden. Diese sollte das Stadtzentrum vermeiden, doch die versammelte Menge erzwang, dass der Sarg durch die Innenstadt getragen wurde; während der heftigen Auseinandersetzung erschoss die Leibgarde zwei der Demonstranten. Viele politische Beobachter hielten Carolines unerwarteten Tod für „einen Segen“,[11] denn um ihre Person hätte sich gewiss auch weiterhin, gleich, ob sie es darauf anlegte oder nicht, die radikale Opposition versammelt.

Kinder

* Charlotte Augusta (1796–1811), heiratet 1816 Leopold von Sachsen-Coburg-Saalfeld

1 Zitiert nach ODNB 2004 Bd. 10, S. 207.
2 Zitiert nach Parissien 2001, S. 74.
3 Zitiert nach Hibbert 1972, S. 138.
4 Zitiert nach Parissien 2001, S. 75.
5 Zitiert nach Hibbert 1972, S. 139.
6 „The prince uses her unpardonably“, so der Anwalt Charles Abbot, zitiert nach Hibbert 1972, S. 150; „The behaviour of the Prince and Lady Jersey towards the Princess is spoken of as having been most scandalous“, so Farington 1796, zitiert nach Parissien 2001, S. 80.
7 Gespräch mit Lord Malmesbury, notiert in dessen Tagebuch, zitiert nach Hibbert 1972, S. 161.
8 So Robert Bell, der Biograph George Cannings, zitiert nach Richardson 1966, S. 64.
9 Zitiert nach Hibbert 1972, S. 138.
10 Zitiert nach Richardson 1966, S. 65.
11 So die Schriftstellerein Lady Anne Barnard, geb. Lindsay, die zugleich ihr Mitleid mit der Königin zum Ausdruck brachte; zitiert nach Richardson 1966, S. 227.

Geheime Ehefrau des späteren Georg IV. (1784)

Geb. am 28. Juli 1756 in Brambridge (Hampshire) als Maria Anne Smythe, gest. am 29. März 1837 in Brighton

1775 Heirat mit Edward Weld, 1778 mit Thomas Fitzherbert, 1784 in geheimer Ehe mit dem späteren Georg IV.

Die Veröffentlichung wäre höchst schädlich

Maria Anne Fitzherbert

„Seine Königliche Hoheit ist heftig verliebt in die Witwe Fitzherbert und ich denke, er wird Erfolg haben“,[1] meinte Lady Milbanke, vier Jahre lang selbst die Geliebte des Prinzen, im März 1784.

Maria Fitzherbert, in Paris an einem englischen Kloster erzogen, war 1784 zwar erst 28 (sechs Jahre älter als Georg), aber bereits zum zweiten Mal Witwe. Sie besaß ein Haus in London, ein bequemes Auskommen und gesellschaftliches Ansehen. Die Schriftstellerin Lady Anne Lindsay nannte sie „reizend, aber unlogisch und aufbrausend“.[2] Für die Schwächen und Launen des Prinzen allerdings zeigte Mrs. Fitzherbert über viele Jahre hinweg große Geduld.

Zunächst schien der „Erfolg“ der Affäre nicht vorgezeichnet: Mrs. Fitzherbert, auf ihre Tugend wie auch ihre gesellschaftliche Position bedacht, war keinesfalls gewillt, die Mätresse des Prinzen zu werden. Das Drama scheint einem Trivialroman entnommen: Georg drohte, sich umzubringen, und rang ihr blutbeschmiert ein Eheversprechen ab, Mrs. Fitzherbert reiste über Nacht ab und zog für mehr als ein Jahr nach Frankreich, der Prinz schickte unter Decknamen leidenschaftliche Briefe, und schließlich willigte sie in eine heimliche Ehe ein. Die Hochzeit wurde in ihrem Wohnzimmer von einem anglikanischen Geistlichen geschlossen, den man dafür aus dem Schuldturm ausgelöst hatte.

Diese Ehe brach das Gesetz gleich dreifach: Zum einen stand ihr der Royal Marriage Act von 1772 entgegen, wonach jede Heirat eines Mitglieds der königlichen Familie unter 25 der Zustimmung des Königs bedurfte. Und diese Zustimmung hätte er nie erteilt, denn zum anderen stand die Ehe mit einer Katholikin im Widerspruch zum Act of Settlement von 1701: Immerhin saßen die Hannoveraner nur deshalb auf dem britischen Thron, weil das Parlament dort nur Protestanten zuließ. Durch die offizielle Ehe mit einer Katholikin hätte Georg jeden Anspruch auf die Krone verwirkt. Als angehender Kurfürst von Hannover schließlich konnte er nur eine Prinzessin aus fürstlichem Haus heiraten.

Darum blieb die Ehe ‚geheim', was die Gerüchte natürlich umso mehr anheizte. In den Straßen und Salons von London wurde von nichts anderem gesprochen, und zahlreiche Karikaturen kursierten. Erstaunlicherweise gelang es Mrs. Fitzherbert, nach anfänglicher Isolation ihr Ansehen in der Londoner Gesellschaft zu wahren, obwohl ihre Situation keineswegs geklärt war. Im Parlament musste die Ehe 1787 sogar abgestritten werden, ein Dienst, den Georgs Freund, der Politiker Charles Fox übernahm. Georg hatte ihm versichert, nichts dergleichen habe stattgefunden. Die darauf folgende Trennung blieb nicht die einzige: Während der Regency Crisis wuchs der politische Druck auf den Kronprinzen, sich von der Katholikin zu distanzieren. 1794 trennte sich Georg anlässlich einer seiner zahlreichen Amouren von Mrs. Fitzherbert. 1796 aber, als er glaubte, sterben zu müssen, setzte er ein leidenschaftlich formuliertes Testament auf, dass weder seine damalige Mätresse noch gar Prinzessin Caroline berücksichtigte, sondern allein Maria Fitzherbert. Als er 1799 erneut um sie warb, holte sie zunächst die päpstliche Zusicherung ein, ihre Ehe sei in den Augen der katholischen Kirche gültig. Bis 1806 waren die beiden erneut ein Paar, erst 1811 kam es zur endgültigen Trennung.

Welche Rolle Mrs. Fitzherbert im Leben Georgs gespielt hatte, zeigt sich daran, dass er ihre Miniatur um den Hals trug, als er starb. Und wie brisant das Thema politisch weiterhin eingeschätzt wurde, belegt die Reaktion des Herzogs von Wellington, Feldherr, Premierminister von 1827 bis 1830 und einer der Testamentsvollstrecker des Königs. Er setzte sich dafür ein, den gesamten Briefwechsel – auch Georg hatte jeden ihrer Briefe aufbewahrt – zu vernichten. Erst 1833 stimmte Mrs. Fitzherbert zu, die Briefe des Königs in ihrem Besitz zu verbrennen; es waren so viele, dass die Prozedur mehrere Stunden dauerte. Sie bestand jedoch darauf, einige Papiere und vor allem ihr Ehezertifikat zu behalten. Wellington unterband zu seinen Lebzeiten „die Veröffentlichung“, die er als „höchst schädlich“ fürchtete, „da der Prinz durch seine Ehe mit einer Katholiken den Thronanspruch verwirkt hatte“.

Auch knapp fünfzig Jahre nach Mrs. Fitzherberts Tod war ihre Beziehung zum Prinzen noch so sehr im öffentlichen Bewusstsein verankert, dass, als ihr Haus in Brighton den Besitzer wechselte, nicht nur die Londoner, sondern auch die New York Times davon berichtete.[3]

Maria Anne Fitzherbert

Das ursprünglich ganzfigurige Porträt wurde zum Halbporträt gekürzt.

Sir Joshua Reynolds (1723–1792), Öl auf Leinwand, 1786–88

By consent of the owners

1 Lady Milbanke an Lord Wentworth, zitiert nach Hibbert 1972 Bd. 1, S. 48 und Foreman 1998, S. 418 (Anm. 6 zu Kap. 10).

2 Zitiert nach Hibbert 1972 Bd. 1, S. 52.

3 http://query.nytimes.com, Artikel vom 13.2.1884.

Sie hat etwas vom Feuer ihrer Mutter

Charlotte Augusta, Prinzessin von Wales

„Meine Mutter", schrieb Charlotte als junge Erwachsene, „ war schlimm, aber sie wäre nicht so schlimm geworden, wäre mein Vater nicht noch schlimmer gewesen."[1] Charlotte Augusta war die einzige Tochter des Prinzregenten Georg und vor 1819 die einzige legitime Enkelin König Georgs III. und der Königin Charlotte. Damit ruhte zeitlebens eine große Last auf ihren Schultern, denn sie allein garantierte den Fortbestand des Hauses Hannover in direkter Linie.

Zugleich aber war Charlotte von Anfang an Spielball und Instrument im Ehekrieg ihrer Eltern. Den Vater konnte sie respektieren, doch blieb das Verhältnis zu ihm stets distanziert, auch bevor es 1814 zum großen Konflikt kam. Die Mutter mochte sie lieben, konnte sie aber kaum respektieren, und gewiss konnte Caroline ihr kein Vorbild sein, im Gegenteil. Da der Prinz vermeiden wollte, dass Caroline Einfluss auf ihre Tochter gewann – am liebsten hätte er ihr jeden Zugang verwehrt –, wuchs Charlotte in ihrem eigenen Haushalt und betreut von ihrer Gouvernante auf.

Georg III. liebte seine Enkelin. „Nie gab es ein vollkommeneres kleines Wesen",[2] begeisterte er sich, und auch sie besuchte ihn ausgesprochen gern. Doch auch diese Beziehung war vom Familienkonflikt belastet. 1804, als Charlotte acht war, wollte der König sie nach Windsor holen, wo sie unter seiner Aufsicht aufwachsen sollte. Er stellte einen detaillierten Plan für die Erziehung der Thronfolgerin auf und verpflichtete die entsprechenden Lehrer. Doch Georg wollte auch Charlottes Mutter, von deren „vorbildlichem Verhalten"[3] er damals noch überzeugt war, mehr Zugang zu ihrer Tochter verschaffen. Darüber wiederum geriet Charlottes Vater außer sich. Erst nach monatelangen Verhandlungen konnten Vater und Sohn sich auf einen Kompromiss verständigen. Caroline war weiterhin nur als gelegentliche Besucherin zugelassen.

Die kleine Charlotte war blond und pummelig, höchst temperamentvoll, gern vorlaut und ausgesprochen willensstark. Kein Wunder, dass sie den Prinzen nur allzu sehr an seine ihm verhasste Ehefrau erinnerte. Dabei war sie auch ihm in vielen Zügen ähnlich, wortwitzig und schlagfertig und ausgesprochen begabt darin, Menschen nachzuahmen. Und die Neigung zu Wutanfällen und heftigen Gefühlsausbrüchen teilte der junge „Pfeffertopf"[4] mit beiden Eltern. Keine einfache Aufgabe für ihre Gouvernante und die Erzieher, die sie ja trotz allem ihrem königlichen Rang entsprechend ehrerbietig

Prinzessin von Wales

Geb. am 7. Januar 1796 in London, gest. am 6. November 1817 in London

1816 Heirat mit Prinz Leopold von Sachsen-Coburg-Saalfeld

Prinzessin Charlotte Augusta von Wales im „russischen“ Kleid

George Dawe (1781–1829), Öl auf Leinwand, 1817

National Portrait Gallery, London

Prinzessin Charlotte Augusta von Wales

Joseph Nollekens (1737–1823) Marmor, um 1815

Braunschweigisches Landesmuseum, Braunschweig

zu behandeln hatten. So berichtete sie z. B. nach einer Auseinandersetzung mit ihrer Gouvernante brieflich an ihren Vater: „Es gab ein paar saure Trauben zwischen uns, aber bevor wir [...] fertig waren, hatte ich sie dazu gebracht, sie alle zu schlucken."[5]

Kein Wunder, dass auch Vater und Tochter heftig aneinander gerieten, als Charlotte älter wurde. „Auf Dauer werden sie gar nicht anders können, als sich zu streiten", notierte ein Vertrauter der Prinzessin, denn „er hat kein ausgeglichenes Temperament [...] und sie hat etwas vom Feuer ihrer Mutter".[6] 1814 erreichte der Konflikt seinen Höhepunkt. Georg war bestrebt, seine Tochter zu verheiraten. Da nur eine Ehe ihr größere Freiheit von ihrem Vater versprach, willigte sie Ende 1813 zögernd in die Verlobung mit dem Erbprinzen Wilhelm von Oranien-Nassau, dem späteren König Wilhelm II. der Niederlande, ein. Dann jedoch wurde ihr klar, dass sie damit von einer Abhängigkeit in die nächste geraten würde. „Wenn sie verheiratet ist, wird sie tun, was ihrem Ehemann gefällt, bis dahin tut sie, was ich wünsche",[7] stellte ihr Vater kategorisch fest – gerade weil an ihm nagte, dass seine eigene Frau eben nicht tat, was ihm gefiel.

Charlottes Hauptsorge war nun, dass sie nach der Hochzeit einen Teil, möglicherweise sogar den größeren Teil des Jahres in Den Haag verbringen müsste. War das vielleicht ohnehin Georgs Ziel bei dieser Ehe? Diesen Verdacht Charlottes schürten zumindest seine politischen Gegner unter den befielen sie (bzw. ihre Berater) neue Befürchtungen: Wenn Charlotte einen Teil ihrer Zeit in den Niederlanden verbringen würde, gäbe es keinen Grund

Es gab ein paar saure Trauben zwischen uns, aber bevor wir fertig waren, hatte ich sie dazu gebracht, sie alle zu schlucken

Whigs, darunter auch sein jüngerer Bruder Augustus, Herzog von Sussex. Georg wiederum sah durch den Widerstand seiner Tochter nicht nur seine Autorität als Vater untergraben, sondern vermutete ebenfalls politische Ränke dahinter. Tatsächlich gelang es Charlotte, eine Klausel im Ehevertrag durchzusetzen – der traditionsgemäß allein zwischen den Vätern der Brautleute ausgehandelt wurde –, wonach sie nicht ohne ihre Zustimmung außer Landes gebracht oder gehalten werden könne. Doch nun mehr für ihre Mutter, in Großbritannien zu bleiben. Und wenn sie ginge, könnte Georg möglicherweise endlich die Scheidung durchsetzen, neu heiraten, gar einen Sohn bekommen und Charlotte damit ihre Position als Thronfolgerin verlieren. Schon um ihre Mutter zu unterstützen, erklärte Charlotte, müsse sie im Land bleiben.

Dies war der offizielle Grund, warum sie das Verlöbnis schließlich aufkündigte – und einer, der in der Öffentlichkeit gut ankam, denn das Ansehen des Prinzregenten befand sich auf einem Tiefpunkt; er wurde ausgezischt, wann immer er sich auf der Straße zeigte, während die Menge Caroline zujubelte, und sei es nur, um ihn dadurch zu schmähen. Ihren Hauptgrund, dass sie sich nämlich von der Ehe zumindest auch gegenseitige „Wertschätzung und Achtung“ [8] erwarte und nicht allein ein politisch opportunes Bündnis, konnte Charlotte erst später in einem Brief an ihren Vater zum Ausdruck bringen. Dabei stellte sich die Frage, inwieweit die Mitglieder der königliche Familie ihren Anspruch auf ein Privatleben durchsetzen, inwieweit sie Privates von der Politik trennen könnten, zu Anfang des neuen Jahrhunderts nicht nur für die Thronfolgerin.

Georg jedenfalls war wütend über Charlottes eigenmächtiges Handeln. Er entließ ihren gesamten Haushalt einschließlich ihrer vertrauten Gesellschafterin. Charlotte floh über die Hintertreppe und mit einer Mietkutsche ins Haus ihrer Mutter. Nach einem dramatischen Abend, beraten von ihrem Onkel, dem Herzog von Sussex, und dem Rechtsanwalt und Whig-Politiker Henry Brougham, sah sie jedoch ein, dass ihr, wenn sie keinen Volksaufstand anzetteln wollte, nichts anderes übrig blieb als zurückzukehren. Georg verfrachtete sie nach Cranbourne Lodge in Windsor, wo sie außer mit ihrer Großmutter, der Königin, und ihren Tanten mit niemandem verkehren konnte. Tatsächlich aber verbesserte sich ihr Verhältnis zur väterlichen Seite der Familie und auch zu ihrem Vater nachhaltig, nachdem ihre Mutter im Herbst 1814 das Land verließ und auf den Kontinent abreiste.

Georg unternahm zwar noch einen weiteren Versuch, seiner Tochter die Ehe mit Wilhelm von Oranien anzutragen, doch in der Zwischenzeit war ein anderer geeigneter Kandidat aufgetaucht, für den sich auch Charlotte erwärmen konnte, sehr sogar: Leopold, Prinz von Sachsen-Coburg-Saalfeld. Da die Thronfolgerin eine Frau war, machte nun ausnahms-weise nicht eine Tochter, sondern ein jüngerer Sohn einer der zahlreichen deutschen Fürstenfamilien Karriere durch Heirat. Der gut aussehende und ehrgeizige Prinz hatte mit diplomatischem Geschick auf diese Ehe hingearbeitet, die im Mai 1816 geschlossen wurde. Tatsächlich aber scheinen beide Partner Glück in dieser Verbindung gefunden zu haben. Umso tragischer war das jähe Ende: Im November 1817 wurde Charlotte nach einer verspäteten und überaus langwierigen Geburt von einem toten Sohn entbunden. Wenige Stunden danach starb sie selbst, und das ganze Land versank in Trauer. „Auf der Straße traf man Menschen aller Schichten in Tränen an, die Kirchen waren zu jeder Tageszeit voll, die Läden für zwei Wochen geschlossen [...] und jeder, von den allerhöchsten bis in die einfachsten Kreise, in einem Zustand der Verzweiflung den zu beschreiben unmöglich ist“ [9] notierte Dorothea Lieven, die politisch einflussreiche Frau des russischen Gesandten.

Folgenlos blieb die Ehe dennoch nicht, denn Leopold, der später im neu gegründeten Belgien zum König gewählt wurde, vermittelte zwei Mitglieder seiner Familie in das britische Königshaus. Seine Schwester heiratete 1818 Eduard, Herzog von Kent, und wurde die Mutter der Königin Viktoria. Diese wiederum heiratete 1840 ihren Vetter Albert von Sachsen-Coburg und Gotha, der als Prinzgemahl die Rolle einnahm, die sein Onkel Leopold einst erstrebt hatte.

Für Hannover machte es in letzter Konsequenz keinen Unterschied, ob in London Charlotte oder Viktoria Königin wurde: Die Personalunion wäre durch die weibliche Thronfolge ohnehin zu Ende gewesen. Wäre allerdings Charlotte Nachfolgerin ihres Vaters geworden, hätte der erste König von Hannover, der nicht zugleich auf dem britischen Thron saß, Wilhelm und nicht Ernst August geheißen.

1 Zitiert nach ODNB 2004 Bd. 11, S. 185.
2 Zitiert nach Hibbert 1998, S. 352.
3 Zitiert nach Hibbert 1998, S. 353.
4 Zitiert nach Hibbert 1998, S. 352.
5 Zitiert nach ODNB 2004 Bd. 11, S. 185.
6 Henry Brougham, zitiert nach Fraser 1996, S. 237.
7 Zitiert nach Plowden 1989, S. 146 f.
8 Zitiert nach Plowden 1989, S. 175.
9 Zitiert nach Plowden 1989, S. 208.

Herzog von Cambridge, Baron von Culloden, Graf von Tipperary (1801),
Generalgouverneur von Hannover (1816–1831),
Vizekönig von Hannover (1831–37)
Geb. am 24. Februar 1774 in London, gest. am 8. Juli 1850 in London
1818 Heirat mit Augusta von Hessen-Kassel

Sogar seine Eigenheiten waren liebenswert

Adolph Friedrich, Herzog von Cambridge

Wie unterschiedlich Geschwister sein können: Während seine älteren Brüder sich in Schulden stürzten, politisch agitierten, illegal heirateten und auf unterschiedliche Art ihren Eltern Kummer machten und den Kolumnisten Stoff boten, zeigte sich Adolph Friedrich pflichtbewusst, liebenswürdig und so völlig frei von Skandalen, dass ihn zumindest die britische Geschichtsschreibung nahezu vergessen hat.

Adolph Friedrich war das zehnte Kind und der jüngste überlebende Sohn Georgs III. und Charlottes. Er wurde zusammen mit seinen Brüdern Augustus und Ernst August erzogen und bereits 1786 an die Universität Göttingen geschickt. Sein Vater notierte dazu: „Adolphus scheint derzeit der Liebling aller zu sein, was bei seiner lebhaften Art nur natürlich ist.“ [1]

Doch dann drohte der Krieg mit dem revolutionären Frankreich. 1790 wurde Adolph Friedrich nach Berlin geschickt, um militärische Kenntnisse zu erwerben. Die Praxis folgte rasch: Der junge Prinz wurde zum Oberst der hannoverschen Armee ernannt und kämpfte unter dem Befehl seines Bruders, des Herzogs von York, in Flandern, wo er sich durch seinen Mut auszeichnete. 1793 wurde er schwer an der Schulter verwundet und sogar für kurze Zeit gefangen genommen. Um seine Verletzung auszuheilen, verbrachte er den Winter in England. Durch seine liebenswürdige Art avancierte er rasch zum Liebling des Hofes.

Im Frühjahr war er für einen zweiten, bitteren Feldzug zurück in Flandern, diesmal unter dem Befehl des Generals von Wallmoden. Als die britischen und hannoverschen Truppen sich zurückziehen mussten, ging Adolph Friedrich nicht nach London, sondern nach Hannover, wo er in den folgenden Jahren lebte. Eine britische Besucherin beschrieb ihn begeistert als „ausgesprochen gut aussehend, groß und gut gewachsen, mit hellem Teint und regelmäßigen Zügen, charmant, beredt und amüsant“. [2]

Adolph Friedrich,
Herzog von Cambridge

Im Hintergrund das Hannoversche Schützenhaus

Unbekannter Maler Öl auf Leinwand, um 1830

Historisches Museum Hannover

Adolph Friedrich, Herzog von Cambridge
Unbekannter Maler, Öl auf Leinwand, um 1810
Historisches Museum Hannover

So konnte er im Sommer 1797 auch das Interesse der umschwärmten Prinzessin Friederike gewinnen, einer jüngeren Schwester der preußischen Kronprinzessin. Er traf sie im mondänen Kurbad Pyrmont, wohin er gereist war, um informelle Gespräche mit dem preußischen König zu führen. Adolph Friedrich war Friederike, wie er noch im Rückblick in geziemender Untertreibung an seinen Vater schrieb, „sehr aufrichtig verbunden".[3] Georg III. gab seine Zustimmung zu dieser Ehe, die eine enge Verbindung mit Preußen bedeutet hätte, forderte jedoch, bis nach dem Ende des Krieges damit zu warten. Dass dieses noch 15 Jahre entfernt war, vermochte niemand abzusehen. Adolph Friedrich hielt sich an das väterliche Gebot und Friederike orientierte sich anderweitig.

1801, er war mittlerweile zum Stadtkommandanten von Hannover ernannt worden, hatte Adolph Friedrich erneut Anlass, mit dem preußischen König, der fast sein Schwager geworden wäre, zu sprechen: Zu Anfang des Jahres hatten preußische Truppen Hannover besetzt, vorgeblich, um eine französische Besatzung zu verhindern. Friedrich Wilhelm III. versicherte ihm seine freundlichen Absichten, zog seine Truppen jedoch erst im März 1802 ab.

In der Zwischenzeit war Adolph Friedrich nach Großbritannien zurückgekehrt, wo er zum Herzog von Cambridge ernannt und in den Kronrat aufgenommen wurde. Nach dem Abzug der Preußen kehrte er nach Hannover zurück, konnte jedoch ein Jahr später nicht verhindern, dass die Franzosen das Land einnahmen. „Sei gewiss, dass ich mein Blut und Leben für ein Land opfern werde, dem ich so tief verbunden bin",[4] hatte er an einen Freund geschrieben. Doch war das Land schlecht gerüstet und ergab sich stattdessen der Besetzung. Da er die Kapitulationsbedingungen nicht mit unterzeichnen wollte, floh Adolph Friedrich nach England. Dort übernahm er den Oberbefehl über die King's German Legion, die sich auf Anweisung Georgs III. aus ehemaligen Offizieren und Truppenmitgliedern der aufgelösten hannoverschen Armee formierte. Neben diesen militärischen Pflichten verbrachte er viel Zeit mit dem König und mit seiner zahlreichen Familie. Aus der britischen Politik hielt er sich gänzlich heraus.

Damit hatte er sich offenbar bestens qualifiziert, das Haus Hannover in den alten Stammlanden zu vertreten. Nach dem Ende der französischen Kriege 1813 setzte Georg, mittlerweile Prinzregent, seinen

Ausgesprochen gut aussehend, groß und gut gewachsen, mit hellem Teint und regelmäßigen Zügen, charmant, beredt und amüsant

jüngsten Bruder zum Militärgouverneur, drei Jahre später zum Generalgouverneur von Hannover ein. Damit überging er den älteren Ernst August, der, um Tatsachen zu schaffen, bereits nach Hannover geeilt war und ihm seine Dienste angetragen hatte und den diese Zurücksetzung zu Tränen der Enttäuschung hinriss. Adolph Friedrich hingegen wäre lieber in London geblieben und kam zunächst nur aus Pflichtbewusstsein zurück.

Aus Sicht der Politiker war Adolph Friedrich die weitaus bessere Wahl. Gerade der überaus konservative Graf Münster, der die Regierungsgeschäfte für Hannover leitete und der das Land als Bollwerk gegen das zunehmend mächtigere Preußen sah, wollte auf keinen Fall den ultra-konservativen Ernst August in Hannover sehen, der es stets darauf anlegte, seinen eigenen Kopf durchzusetzen. Von Adolph Friedrich erwartete man, dass er sich weiterhin umgänglich zeige und vor allem unpolitisch bliebe. Tatsächlich hatte er kaum Chancen, gegen den Einfluss Münsters eigene Vorstellungen durchzusetzen. Erst nach dem Regierungsantritt Wilhelms IV. erhielt Hannover 1831 eine freiheitliche Verfassung. Dazu hatte auch Adolph Friedrich beigetragen: Nachdem zu Jahresanfang in Göttingen Unruhen ausgebrochen waren, hatte er sich vor Ort sowie in Grubenhagen und Hildesheim über die Verhältnisse informiert und zahlreiche liberale Reformen empfohlen.

Wilhelm ernannte seinen Bruder zum Vizekönig von Hannover und setzte mit Baron Ompteda als Nachfolger Münsters einen Vertrauten Adolph Friedrichs ein.

Seine Residenz hatte Adolph Friedrich im Alten Palais an der Leinstraße gegenüber dem Leineschloss, das der König bereits 1798 für ihn erworben hatte. Im Sommer wohnte er in Schloss Montbrillant, auf halbem Weg zwischen der Stadt und Herrenhausen gelegen, das heute ebenfalls nicht mehr steht. 1813 hatten die Hannoveraner Adolph Friedrich einen strahlenden Empfang bereitet. Und sie sahen sich in ihren Erwartungen nicht enttäuscht. Besonders die Wissenschafts- und Kulturförderung lag dem Gouverneur am Herzen. Als 1832 der hannoversche Kunstverein als einer der ersten in Deutschland gegründet wurde, unterstützte er ihn sofort und beständig durch Ankäufe. Die Jahresausstellung des Kunstvereins eröffnete stets an seinem Geburtstag. Auch Wohlfahrtseinrichtungen förderte er tatkräftig. Vor allem aber erwies sich Adolph Friedrich als zugänglich und volksnah. Davon zeugt der lange überlieferte Vers:

„Püttje, püttje,
die Herzog von Cambridge,
hei kümmt, hei kümmt,
ob hei wohl einen nümmt?“

Der Herzog von Cumberland versuchte mehrfach, anstelle seines Bruders in Hannover eingesetzt zu werden, doch Adolph Friedrich wollte mittlerweile keinesfalls gehen. Wilhelm IV. machte ihn sogar zum Vizekönig, dennoch läutete sein Regierungsantritt das Ende der Hannoveraner Zeit Adolph Friedrichs ein. Mit dem Tod Wilhelms IV. endete die Personalunion, Ernst August trat die Thronfolge in Hannover an und Adolph Friedrich musste nach Großbritannien zurückkehren. Nach 24 Jahren verabschiedete er sich in einem bewegten letzten Appell von seinen geliebten Hannoveranern und drückte die Hoffnung aus, dass sie ihn in freundlicher Erinnerung behalten möchten.

In Großbritannien musste er sich vom Landesherrn in einen Privatmann verwandeln und unter die zahlreichen Mitglieder der königlichen Familie einreihen. Von seiner Nichte, Königin Viktoria, wurde er zunächst nur wenig freundlich empfangen.

Die allzeit spöttische britische Presse berichtete gerne von Adolph Friedrichs kleinen Marotten: So saß er, in der Zwischenzeit recht schwerhörig geworden, in der Kirche stets in der ersten Reihe, wo er den Gottesdienst deutlich hörbar zu kommentieren pflegte. Auch bei Konzerten konnte es passieren, dass er plötzlich mit kräftiger Stimme mitsang. Auch seine Art zu sprechen – viel, schnell und laut – sorgte für entsprechende Kommentare. Doch blieb es bei freundlichem Spott, denn Adolph Friedrich enthielt sich der Politik, unterstützte aber weiterhin großzügig unterschiedliche wohltätige Einrichtungen, und seine umgängliche Bescheidenheit und Ernsthaftigkeit gewannen ihm in England ebenso Respekt wie zuvor in Hannover. Auch Viktoria änderte ihre Meinung im Lauf der Jahre vollständig. Als ihr Onkel im Juli 1850 starb, notierte sie in ihr Tagebuch: „Ich bin sehr traurig. Mein lieber Onkel war so freundlich und gut, so warmherzig, so hilfsbereit und populär, und sogar seine Eigenheiten waren liebenswert.“ [5] Und die „Times“ beschloss ihren Nachruf: „Jeder Prinz müsste sich in der Tat glücklich schätzen der einen besseren Ruf hinterließe als der Herzog von Cambridge.“ [6]

Kinder

Mit Adolphine von Bock geb. von Knesebeck

* Eduard Friedrich Ernst Emil (1803–ca. 1883), königlich hannoverscher Major, später Kammerherr des Herzogs von Lucca, heiratet 1828 Isabelle Freiin von Grote zu Schauen

Eheliche Kinder siehe unter Augusta, Landgräfin von Hessen-Kassel

1 Zitiert nach Fulford 1973, S. 282. Aspinall 1962 (Later correspondence, Bd. 1), S. 239, Anm. 1.
2 Zitiert nach Fulford 1973, S. 285.
3 Zitiert nach Philipps 2007, S. 87.
4 Zitiert nach Fulford 1973, S. 286.
5 Zitiert nach Moremen 2002, S. 345.
6 Zitiert nach Moremen 2002, S. 348.

Feierlicher Einzug Herzog Adolph Friedrichs als Militärgouverneur von Hannover am 19. Dezember 1813

Zur Linken des Herzogs in der Kutsche Graf Münster. Der Triumphbogen wurde zur Feier und für die Dauer des Einzugs errichtet. Dahinter ist die Steintorwache zu erkennen, das rote Gebäude rechts ist die Anatomie am Steintor.

Johann Heinrich Ramberg, Gouache, 1813

Historisches Museum Hannover

Augusta von Hessen-Kassel

Eine sehr feine Dame

Einige Jahre, nachdem ihn Friederike so tief enttäuscht hatte, suchte Adolph Friedrich noch einmal nach einer standesgemäßen Braut, danach schien er den Gedanken aufgegeben zu haben. Im Sommer 1817 aber bat ihn sein Bruder Wilhelm, eine junge Prinzessin in Augenschein zu nehmen, die er als mögliche Braut für sich ausersehen hatte. Augusta, die jüngste Tochter des Landgrafen von Hessen-Kassel, noch keine zwanzig, war eine Urenkelin Georgs II. Der Bericht Adolph Friedrichs über sie fiel so begeistert aus, dass Wilhelm ihm vorschlug, doch selbst um Augusta zu werben. Man wurde sich rasch einig, doch dann überschlugen sich die Ereignisse: Im November 1817 starb die Thronfolgerin Charlotte im Kindbett. Nun ging es plötzlich für alle drei bislang unverheirateten Prinzen darum, rasch für Nachwuchs zu sorgen und damit die Thronfolge zu sichern. Dieser Wettlauf um Bräute, der die britische Presse zu mehr oder minder schlüpfrigen Kommentaren inspirierte, erwies sich für Adolph Friedrich eher als Hindernis, denn nun musste er mit seinem offiziellen Antrag warten, bis auch Wilhelm und Eduard beim Parlament die Ehe und die entsprechende Erhöhung ihrer Einkünfte beantragen konnten.

Für Augusta hatte die Wahl den Vorteil, dass sie einen britischen Prinzen heiraten konnte und dennoch nur ins vergleichsweise nahe Hannover ziehen musste, wo sie zudem die Rolle der First Lady einnehmen konnte. Zunächst allerdings ging es auf Besuch nach Großbritannien. Die Hochzeit wurde Mitte Mai zuerst in Kassel gefeiert und am 1. Juni nochmals im Buckingham Palace. Auf der stürmischen Überfahrt wurde Augusta so übel seekrank, dass sie in Dover selbst auf den Arm ihres Mannes gestützt das Schiff nur mühsam aufrecht gehend

Augusta von
Hessen Kassel

*Julius Giere (1807–1880)
nach R. Davy
Lithografie, um 1840*

*Historisches Museum
Hannover*

*Herzogin von Cambridge (1818)
Geb. am 25. Juli 1797 Rumpenheim bei Offenbach,
gest. am 6. April 1889 in London
1818 Heirat mit Adolph Friedrich, Herzog von Cambridge*

verlassen konnte. Von der Menge wurde das Paar – der beliebte Herzog und seine hübsche junge Frau – wo immer es sich öffentlich zeigte, begeistert bejubelt und bedrängt, was die junge Herzogin, wie die Times gerne berichtete, „nicht nur verwunderte, sondern manchmal völlig verängstigte“.[1]

Das Paar erfüllte alle Erwartungen auf das Glücklichste, denn schon Ende März 1819 gebar Augusta in Hannover einen Sohn. Der Herzog von Clarence, der zu dieser Zeit in Hannover lebte, postierte sich während der Geburt im Vorzimmer, und kaum war das Kind da, wurden Eilboten nach London entsandt. Seine Taufe war die erste Taufe eines Thronfolgers in Hannover nach 106 Jahren und wurde entsprechend feierlich begangen. Nicht ohne Grund erhielt der Junge den Namen Georg, denn zumindest zwei Monate lang war er der einzige legitime Enkel Georgs III. und Thronfolger in London wie in Hannover. Dann jedoch wurden kurz nacheinander die Kinder der Herzöge von Kent und Cumberland geboren und verwiesen ihn auf einen Listenplatz. Tatsächlich wuchs Georg seit 1830 im Haushalt des kinderlosen Königspaars, Wilhelm IV. und Adelheid, in Windsor auf. Auf diese Weise sollten er und seine Kusine Viktoria sich von klein auf kennen und möglicherweise auch lieben, doch diese Hoffnung seiner Eltern erfüllte sich nicht.

Der Herzog hatte spät, doch aus Liebe geheiratet. Kurz vor der Hochzeit schrieb er: „Ich glaube wirklich, dass es auf der ganzen Erde keinen glücklicheren Menschen gibt als mich […] Ich bin zutiefst dankbar, dass die Vorsehung diesen Segen für mich bereit gehalten hat, und der Himmel helfe mir, dass ich mich dieses Glückes würdig erweise und es nicht durch irgendwelches Fehlverhalten aufs Spiel setzen möge.“[2] Ob die Ehe tatsächlich von Anfang an

Teppich für die Herzogin von Cambridge
Laut Aufschrift „gearbeitet von den Hanovrischen Damen“. In der Mitte die beiden Wappen der Ehepartner unter dem britischen Herzogshut. Die Umschrift beginnt: „Treue, Liebe, Dankbarkeit kennen weder Raum noch Zeit / Sie belebten Herz und Hand […]“. Aus einem Album des Franz Graf von Kuefstein Aquarellierte Federzeichnung, um 1830/38

Historisches Museum Hannover

so glücklich war, wie er es erhofft hatte, erscheint nicht ganz eindeutig. Die Herzogin verbrachte in den ersten Jahren viel Zeit bei ihrer Familie auf Schloss Rumpenheim. Adolph Friedrichs Bruder, Georg IV., fand, sie flirte zu viel und mutmaßte gar, sie habe eine Affäre mit Prinz Metternich; Klatsch, den ihm die einflussreiche Prinzessin Lieven, eine

Immer
in tiefer Liebe
Deine Auguste

enge Vertraute Metternichs, jedoch nicht glaubte. Der Arzt, Privatsekretär und enge Vertraute Georgs IV., William Knighton urteilte aus Anlass desselben Besuchs: „Die Herzogin von Cambridge ist eine sehr feine Dame".[3] In späteren Jahren jedenfalls lebte das Paar sehr einvernehmlich zusammen. Adolph Friedrichs Zuneigung erwies sich als beständig und als Augusta fünfzehn Jahre später kurz vor der Geburt ihrer jüngeren Tochter in Gefahr geriet, war Adolph Friedrich vor Sorge so außer sich, dass die Ärzte auch um sein Leben fürchteten. Ihre Briefe an ihren Mann (die sie in Deutsch verfasste, auch er schrieb ihr in Deutsch) unterzeichnete sie mit Wendungen wie „immer in tiefer Liebe Deine Auguste".[4]

Augusta überlebte ihren Mann um fast vierzig Jahre und starb 1889 in London. Ihre jüngste Tochter heiratete Herzog Franz von Teck und ist die Mutter der britischen Königin Maria, der Frau König Georgs V. von Großbritannien.

Kinder
* Georg Wilhelm Friedrich (1819–1904), heiratet 1847 in morganatischer Ehe Sarah Louise Fairbrother
* Augusta Karoline Charlotte (1822–1916), heiratet 1843 Friedrich Wilhelm, Großherzog von Mecklenburg-Strelitz
* Maria Adelheid Wilhelmina (1833–1897), heiratet 1866 Franz, Herzog von Teck

Augusta von Hessen Kassel
Aus einem Album des Franz Graf von Kuefstein (1794–1871), der von 1830 bis 1838 österreichischer Gesandter in Hannover war. Bleistiftzeichnung, um 1830/38
Historisches Museum Hannover

1 Zitiert nach Moremen 2002, S. 180.
2 Zitiert nach Fulford 1973, S. 293 und Moremen 2002, S. 175.
3 Zitiert nach Moremen 2002, S. 204 f.
4 Zitiert nach Moremen 2002, S. 245.

Liebe, Ehe, bürgerliche Moral und die Thronfolge

Fünfzehn Kinder brachte Königin Charlotte zur Welt. Sie erwiesen sich als überaus gesund und widerstandsfähig; nur zwei starben im Kleinkindalter. Sieben erwachsene Söhne und sechs erwachsene Töchter – seit Edward I. im 13. Jahrhundert hatte kein englisches Königspaar eine solch große Nachkommenschaft gehabt.

Es war gar nicht so einfach, sie alle unterzubringen. Der St. James-Palast, der auch die höfische Verwaltung beherbergte und den Amtsgeschäften des Königs diente, war auf jeden Fall zu klein. Die ganz auf Repräsentation angelegten Schlösser in Kensington und Hampton Court, die Georg I. von den Stuarts übernommen hatte, stellten zwar dem König und der Königin Raumfolgen vom öffentlichen Audienzsaal bis zum (bedingt) privaten Schlafgemach zur Verfügung, nicht aber die Spiel- und Schulzimmer, die nun, im Zeitalter der Aufklärung, für die angemessene Kindererziehung für nötig erachtet wurden.

Weit stärker als seine Vorgänger trennte Georg III. zudem zwischen seinem öffentlichen Leben – den Amtsgeschäften und der Repräsentation – und seinem Familienleben. Auch darin kam ein neues, der Aufklärung geschuldetes Verständnis von Familie und Privatsphäre zum Ausdruck. Zugleich reagierte Georg damit aber auch auf den langsamen Wandel, dem er in seiner Rolle als König unterworfen war. Vom absoluten Staatsoberhaupt, das seine Legitimation von Gottes Gnaden bezog und darum über allen anderen Menschen stand, wurde der König mehr und mehr zum ersten Bürger des Staates, dessen Leben damit auch stärker bürgerlichen Normen zu entsprechen begann bzw. zumindest an ihnen gemessen wurde. In Großbritannien setzte diese Entwicklung früher ein als in allen anderen europäischen Ländern. Das Parlament hatte sich dort bereits im 17. Jahrhundert entscheidenden politischen Einfluss gesichert, und auch der gesellschaftliche Umbruch durch die Industrialisierung begann hier wesentlich früher als anderswo.

Diese Veränderungen lassen sich deutlich an den Königspalästen ablesen. Georg III. nutzte weder Kensington noch Hampton Court; St. James machte er zum Amts-, nicht zum Wohnsitz. Stattdessen erwarb er das benachbarte Buckingham House für die Königin und seine wachsende Familie. Als Rückzugsort diente ihm zunächst Kew vor den Toren Londons, wo er aufgewachsen war. Allerdings waren die Verhältnisse in Richmond Lodge, das ihm dort als Schloss zur Verfügung stand, räumlich so beengt, dass die älteren Söhne und ihr Stab von Betreuern und Erziehern in mehreren zusätzlichen Häusern untergebracht werden mussten. Auch der Wechsel von Kew nach Windsor bedeutete baulich zunächst ein Provisorium. Solange die Umgestaltung der mittelalterlichen Burganlage noch im Gange war, wohnte die Familie im Queen's Lodge außerhalb der Schlossmauern.

Auch finanziell gesehen stellte die große Familie des Königs durchaus ein Problem dar. Das britische Königshaus konnte nicht aus ererbtem Reichtum schöpfen, sein Privatvermögen war vergleichsweise gering. Vielmehr musste das jährliche Einkommen, quasi die staatliche Pension, jedes erwachsenen Familienmitglieds vom Parlament bewilligt werden. Dasselbe galt grundsätzlich für die Mitgift der Töchter, die in der Regel ebenfalls eine jährliche Pension umfasste. Die Königskinder standen demnach zwar an Rang und Stand über allen anderen Briten, keineswegs jedoch an Einkommen. Die 12 000 Pfund beispielsweise, die das Parlament dem fünften Sohn des Königs, Ernst August, jährlich bewilligte, als er 1799 von den kontinentalen Schlachtfeldern zurückkehrte, mussten sowohl den alten Adelsfamilien wie den Cavendishes, die die Herzöge von Devon und Newcastle stellten, als auch den neureichen Tabakbaronen in Glasgow oder den Stahlmagnaten in den Midlands einigermaßen lächerlich erscheinen.

Nicht allerdings dem bürgerlichen Mittelstand oder gar der wachsenden Arbeiterschicht. Ihnen war sehr wohl bewusst, dass die Prinzen von staatlicher Apanage und damit letztlich vom Geld der Bürger lebten. Wie sie lebten, wurde darum ständig beobachtet und öffentlich kommentiert. Der Schriftsteller und Politiker Horace Walpole bemerkte zwar, es sei „sehr vulgär, sich für Prinzen und Prinzessinnen zu interessieren“.[1] Das hinderte aber weder ihn noch die zahlreichen anderen Brief- und Memoirenschreiber der Zeit daran, den königlichen Klatsch genüsslich auszubreiten. Briefe wurden im späten 18. Jahrhundert gern in geselliger Runde vorgelesen und im Freundeskreis weitergereicht. Und der Klatsch hatte zudem ein weiteres, öffentlichkeitswirksames Medium gefunden: Zeitungen erreichten immer höhere Auflagen und wurden, da auch die Alphabetisierung voranschritt, von immer mehr Menschen gelesen. Noch einprägsamer als Worte waren Bilder, und die britischen Karikaturisten dieser Jahrzehnte waren absolute Meister ihres Fachs. Ihre Blätter, lose und günstig zu erwerben, wurden oft mehrfach weitergegeben oder gesammelt. Hatten die Karikaturen vor der Jahrhundertwende noch weitgehend politische Themen aufs Korn genommen, zielten sie nun, ebenso wie die Zeitungsberichte, zunehmend aufs Private und Persönliche. Auch dies lässt sich als Anzeichen für die neue Funktion und Rolle der Monarchie interpretieren.

Doch auch die Prinzen nutzten die Freiräume, die sich aus diesem Rollenwandel ergaben – und boten gerade damit reichlich Stoff für Kolumnisten und Karikaturisten. Hatte der Herzog von Braunschweig, Gemahl von Georgs Schwester Augusta, noch geklagt, Standespersonen wie er seien gezwungen, „nach Konvenienzen" zu heiraten,[2] nahmen sich die Prinzen nun die Freiheit, ledig zu bleiben. Eine Generation zuvor wären sie die Ehe mit einer deutschen Prinzessin eingegangen und hätten sich die eine oder andere Mätresse zugelegt. Nun ließen sie die offizielle Heirat aus und lebten mehr oder weniger offen ihre nicht-ehelichen Beziehungen. Als Charlotte, die Tochter Georgs IV., die wie ihre Mutter selten ein Blatt vor den Mund nahm, einmal kritisch darauf angesprochen wurde, erwiderte sie: "Ach du meine Güte. Was ist schon dabei? Die Prinzen können nicht heiraten, sie müssen jemanden lieben."[3] So weit die jugendliche designierte Thronfolgerin; die öffentliche Meinung war weniger liberal.

Dabei entsprachen die Lebensgemeinschaften der Prinzen in einer Hinsicht durchaus der bürgerlichen Moral: Sie waren fast durchweg monogam – nur eben ohne kirchlichen und königlichen Segen. Wilhelm, Herzog von Clarence, lebte von 1791 bis 1811 mit der Schauspielerin Dora zusammen, mit der er zehn Kinder hatte, Eduard, Herzog von Kent, von 1792 bis 1817 mit der Französin Alphonsine Thérèse de St. Laurent. Augustus, Herzog von Sussex, hatte 1793 in Rom seine große Liebe, Lady Augusta Murray geheiratet, doch diese Ehe, ohne Zustimmung von König und Parlament geschlossen, wurde in Großbritannien nicht anerkannt. 1801 trennte sich das Paar, doch erst nach dem Tod seiner ersten Frau ging Augustus 1831 eine neue Partnerschaft mit Lady Cecilia Buggin ein. Adolph Friedrich, Herzog von Cambridge, hatte sich 1797 inoffiziell mit Friederike von Mecklenburg-Strelitz, der frisch verwitweten Prinzessin von Preußen, verlobt. Anders als sein Bruder versuchte er, die nötige königliche Genehmigung einzuholen. Georg III. zögerte angesichts des Krieges mit Frankreich damit, und schließlich löste Friederike die Verbindung, die eine Trennung von ihren Kindern bedeutet hätte. Adolph Friedrich blieb Junggeselle und lieferte den Klatschkolumnisten auch nicht den kleinsten amourösen oder anderen Skandal. Für den sorgte – einmal mehr – sein älterer Bruder Ernst August, Herzog von Cambridge, als er 1815 eben jene Prinzessin Friederike heiratete. Diesmal mit der rechtlichen Zustimmung, doch unter pikanten Umständen: Friederikes zweiter Mann war zwar im Jahr zuvor einem Schlaganfall erlegen, doch zu dieser Zeit waren die Verhandlungen um eine Scheidung und die Verlobung mit dem englischen Prinzen bereits im Gange.

Aus dynastischen Gesichtspunkten war diese Ehe immerhin wünschenswert, wenn auch nicht ideal; als die erste Tochter 1817 kurz nach der Geburt starb, war die Hoffnung auf weitere Kinder zunächst gering. Ein Problem, dass sich Ende 1817 mit dramatischer Dringlichkeit stellte: Die Prinzen hatten – ganz im Sinne der neuen, eigentlich bürgerlichen Auffassung – ihr Recht auf Liebe und privates Lebensglück verfolgt und darüber ihre traditionellen dynastischen Pflichten vernachlässigt. Einzig der zweite, Friederich, Herzog von York, hatte bereits 1791 standesgemäß eine preußische Prinzessin geehelicht. Ausgerechnet diese Verbindung aber blieb kinderlos. Georg, der Thronfolger, hatte zähneknirschend und allein des Geldes wegen geheiratet und eine legitime Tochter gezeugt, ehe seine Ehe in die Brüche ging. Diese Tochter Charlotte (die sich so nachsichtig über das Beziehungsleben ihrer Onkel geäußert hatte) starb im November 1817 im Kindbett. Mit ihr starben das Neugeborene – und jede Hoffnung auf eine direkte Thronfolge in ihrer und der nächsten Generation. Fünfzehn Kinder, aber keine Enkelgeneration! Jedenfalls keine, die Ansprüche auf den Thron stellen konnte.

1818 wurde daher das Jahr der königlichen Hochzeiten. Adolph Friedrich, Wilhelm und Eduard heirateten innerhalb weniger Monate. Auch ihre Schwester Elizabeth konnte, quasi nebenbei, endlich die Zustimmung zur Ehe erlangen, obwohl von der Achtundvierzigjährigen in dynastischer Hinsicht keine Hilfe mehr zu erwarten war. Sie mochte glücklich sein, dem „Kloster" zu entkommen. Eduard dagegen fasste seine Gefühle so zusammen: „Gott allein weiß, welches Opfer es bedeutet [...] Seit 27 Jahren leben Madame St. Laurent und ich zusammen, wir sind gleichaltrig [...] wir haben alle Schwierigkeiten geteilt".[4] Sein Opfer allerdings wurde belohnt, denn seine Tochter ist die spätere Königin Viktoria. Verlierer im dynastischen Roulette war der Sohn Adolph Friedrichs, der 1819 für zwei Monate als Thronfolger von Großbritannien und Hannover galt, ehe Viktoria und Ernst Augusts Sohn Georg geboren wurden.

1 Zitiert nach Fulford, 1973, S. 49.
2 Massenbach 1809 Band 1, S. 233.
3 Tagebuch der Charlotte Bury, zitiert nach Fulford, 1973, S. 45.
4 Aus den Creevey Papers, zitiert nach Fulford 1973, S. 197.

Herzog von Clarence and St. Andrews, Graf von Munster/Irland (1789), König von Großbritannien und Irland, König von Hannover (1830)

Geb. am 21. August 1765 in London, gest. am 20. Juni 1837 in Windsor.

1718 Heirat mit Adelheid von Sachsen-Meiningen

Wilhelm IV. Glücklich wie ein König

„Dies ist keine neue Regierung, sondern eine neue Dynastie",[1] kommentierte der Herzog von Wellington, Premierminister seit 1828, den Regierungsantritt Wilhelms IV. im Sommer 1830. Dabei bedeutete dieser Regierungs- noch nicht einmal einen Generationswechsel, denn Wilhelm beerbte seinen nur wenig älteren Bruder. Und dennoch ging mit dem Tod Georgs IV. eine Epoche zu Ende.

Georg hatte, der barocken Tradition folgend, sein Amt als eine Rolle verstanden, deren repräsentative Aufgabe er mit jedem Atemzug zu erfüllen hatte. Ein Politiker und enger Vertrauter Georgs IV. stellte fest: „Er zeigte allen gegenüber stets eine dramatische, königliche, distanzierte Würde".[2] Wilhelm IV. dagegen zeichnete sich, wie die stets kritische „Times" vermerkte, durch seine „schlichte und aufrichtige – wenn auch ein wenig groteske – Herzlichkeit"[3] aus. Dorothea Gräfin Lieven, eine der politisch einflussreichsten Frauen jener Jahre, beschrieb ihre ersten Eindrücke vom Hof Wilhelms IV: „Der König, für den das Sprichwort ‚glücklich wie ein König' vorausschauend eigens erfunden worden zu sein scheint, überträgt auf alle um ihn herum seine außerordentliche Munterkeit. Sein Verhalten, seine Gutmütigkeit und Herzlichkeit drücken eine dankbare Freude aus, die geradezu ansteckend wirkt."[4]

Das Hofleben änderte er sofort. Er entließ Georgs französische Köche und sein deutsches Orchester. Die königliche Menagerie gab er an den Londoner Zoo ab und viele Kunstobjekte an die nationalen Sammlungen. Sogar die gerade installierte, moderne Gasbeleuchtung in Windsor Castle ließ er wieder entfernen. Diese Sparmassnahmen trugen ebenso zu seiner Popularität bei wie sein öffentliches Auftreten. Gern spazierte er durch die Straßen Londons und grüßte nach allen Seiten – und „die Menge liebte ihn".[5] Er war ein König zum Anfassen, und sein Spitzname „Sailor king", Matrosenkönig, war durchaus freundlich gemeint.

In die Marine war Wilhelm bereits 1779, mit dreizehn Jahren, eingetreten. Besondere Privilegien wurden ihm dabei bewusst nicht zuteil; dem jungen Seekadetten war allerdings zur Vollendung seiner Erziehung zunächst noch ein Lateintutor zur Seite gestellt. Außer klassischen Sprachen, Nautik und Kämpfen zur See lernte Wilhelm jedoch auch etliche

William IV. im
Krönungsornat

Während die offiziellen britischen Gemälde zur Krönung den König im Gewand des Hosenbandordens (mit bestrumpften Beinen) zeigen, trägt er in der deutschen Version Uniform.

*Unbekannter Maler
Öl auf Leinwand,
um 1830*

Historisches Museum Hannover (als Leihgabe im Residenzmuseum im Celler Schloss)

Prinz Wilhelm im Alter von etwa 14 Jahren in der Uniform eines Seekadetten.

Jeremiah Meyer (1735–1789), Gouache auf Elfenbein, um 1780

The Royal Collection © 2008 Her Majesty Queen Elizabeth II

Dinge, die seinen strengen Vater weniger erfreuten. „Wilhelm ist ziemlich leichtsinnig und hat zu viel von den Manieren seines Berufsstandes“,[6] klagte Georg III. 1783 und sandte ihn für zwei Jahre nach Hannover, wo bereits Wilhelms älterer Bruder Friedrich residierte. Hannover allerdings erwies sich nicht als der geeignete Ort, um Wilhelm von einem Seemann in einen Prinzen zu verwandeln. In der formellen Atmosphäre der hannoverschen Salons fühlte er sich bald isoliert, und dass er sein Vergnügen vorzugsweise im Bordell oder gar mit einer entsprechenden Dame „an einer Wand oder mitten in der Parade“[7] suchte, konnte kaum dazu beitragen, sein Ansehen zu heben. Kurz, er hasste es, „in diesem verdammten Land [zu sein], zu rauchen, billige Kartenspiele zu treiben und große, dicke Schuhe zu tragen“.[8] Mindestens ein Kind stammt aus jener Zeit, für das die Mutter Jahre später Unterhalt forderte.

Im Sommer 1785 fuhr Wilhelm, nun als Leutnant und Kapitän, wieder zur See. Wirkliche Karriere konnte er dort jedoch nicht machen. Er war zwar ein fähiger Seemann, seine überzogenen Disziplinarmaßnahmen jedoch waren gefürchtet, und mit seinen ihm direkt unterstellten Offizieren geriet er mehr als einmal wegen Nichtigkeiten in Streit. Seine Laufbahn auf See endete, als er 1789, während der ersten Erkrankung seines Vaters, zurückgerufen wurde. Die weiteren militärischen Titel, die ihm im Lauf der Jahre verliehen wurden, waren nomineller Art.

Damit sah sich Wilhelm mit demselben Problem konfrontiert wie die Mehrzahl seiner Brüder: Er hatte keine Aufgabe. Als er 1797 zum Ranger von Bushy Park ernannt wurde, bedeutete dies zwar einen angenehmen Landsitz als Dienstwohnung, jedoch kein erfüllendes Amt. Zu Bushy House gehörte jedoch auch eine Farm, und Wilhelm widmete sich mit Energie und Hingabe der Landwirtschaft.

Sein privates Glück hatte er in dieser Zeit ohnehin gefunden. Seit 1791 lebte Wilhelm mit Dora Jordan, einer der berühmtesten britischen Schauspielerinnen der Zeit und zugleich einer überaus lebensfrohen, warmherzigen Frau. Für ihn war sie „eine der vollkommensten Frauen auf dieser Welt“ und sie schrieb ihm: “Du bist ganz Güte, ganz Großzügigkeit und ganz Gefühl“.[9] Zehn Kinder, fünf Söhne und fünf Töchter, entsprangen dieser Verbindung, und Wilhelm erwies sich nicht nur als treuer Gatte (ohne Trauschein), sondern auch als überaus liebevoller Vater, der sich auch in späteren Jahren stets dafür einsetzte, seine Kinder mit Titeln und Einkünften zu versorgen. Nach britischer Sitte trugen sie den Familiennamen Fitzclarence, zusammengesetzt aus seinem Titel und der Vorsilbe „Fitz“ zur Kennzeichnung ihrer nicht-ehelichen Abkunft. Selbst der Spott der britischen Presse erlahmte über die Jahre, und sogar radikale Journalisten sahen in Wilhelms Beziehung zu Dora Jordan „einen Beweis seines Geschmacks und Gefühls“.[10]

Sein glückliches Familienleben gab Wilhelm 1811 auf. Nachdem sein Bruder die Regentschaft für den kranken Vater übernommen hatte, sah er sich plötzlich dem Thron näher – zumindest dem hannoverschen, denn den würde die einzige Tochter des Regenten, Charlotte, nicht erben können. Wilhelm trennte sich von Dora, doch seine Suche nach einer standesgemäßen Braut blieb zunächst erfolglos. Erst 1718, als nach dem Tod Charlottes im Kindbett in der königlichen Familie das Hochzeitsfieber ausbrach, heiratete er die passende deutsche Prinzessin, Adelheid von Sachsen-Meiningen. Obwohl sich seine Hoffnungen auf Nachwuchs zerschlugen – beide Kinder starben kurz nach der Geburt – und

Tasse mit dem Porträt Wilhelms IV.

Auf der Untertasse das britisch-hannoversche Wappen.

Porzellan, um 1830

Historisches Museum Hannover

obwohl Prinzessin Adelheid eine so völlig andere Persönlichkeit war als Dora Jordan, wurde die Ehe glücklich. An der Seite Adelheids gewöhnte Wilhelm sich sogar das Fluchen ab und wurde „höflich zu jedermann, sogar vornehm in seinem Verhalten", „seine Frau, so sagt man, hat ihn vollständig reformiert".[11]

1827 erhielt Wilhelm dann doch noch ein wichtiges Amt: Das des Lord High Admirals, das eigens für ihn wieder eingerichtet wurde. Dies war ein kluger Schachzug des umstrittenen damaligen Premierministers, George Canning, der damit eine durch einen Rücktritt entstandene personelle Krise umschiffte und zugleich den künftigen Thronerben hofierte. Allerdings war auch dieses Amt vor allem als Titel gedacht und als Anlass für repräsentative Empfänge. Wilhelms eigentliche Befugnisse waren durch den ihm beigeordneten Rat von Admirälen eng begrenzt. Darüber jedoch setzte er sich sofort hinweg. Unter anderem schlug er einige dringend nötige Reformen im Geschützwesen vor. In der Sache hatte er dabei Recht, doch er scheiterte, weil er sich nicht an den konstitutionell vorgegebenen Rahmen hielt und den Rat überging. Auf dem Höhepunkt der

Unterschrift Wilhelms IV. unter die Verfassung von 1833
Gottfried Wilhelm Leibniz Bibliothek - Niedersächsische Landesbibliothek: MS XXIII, 1263, Bl. 46v

Wilhelm IV.

Die kleine Büste des Hof-Zinngießers Dubois wurde mehrfach gefertigt und war als Schmuck z. B. für einen bürgerlichen Schreibtisch gedacht; der Sockel hat knapp 8 cm Durchmesser

J. E. Dubois, wohl nach Ernst Bandel (1800–1876), Zinn, um 1835

Historisches Museum Hannover

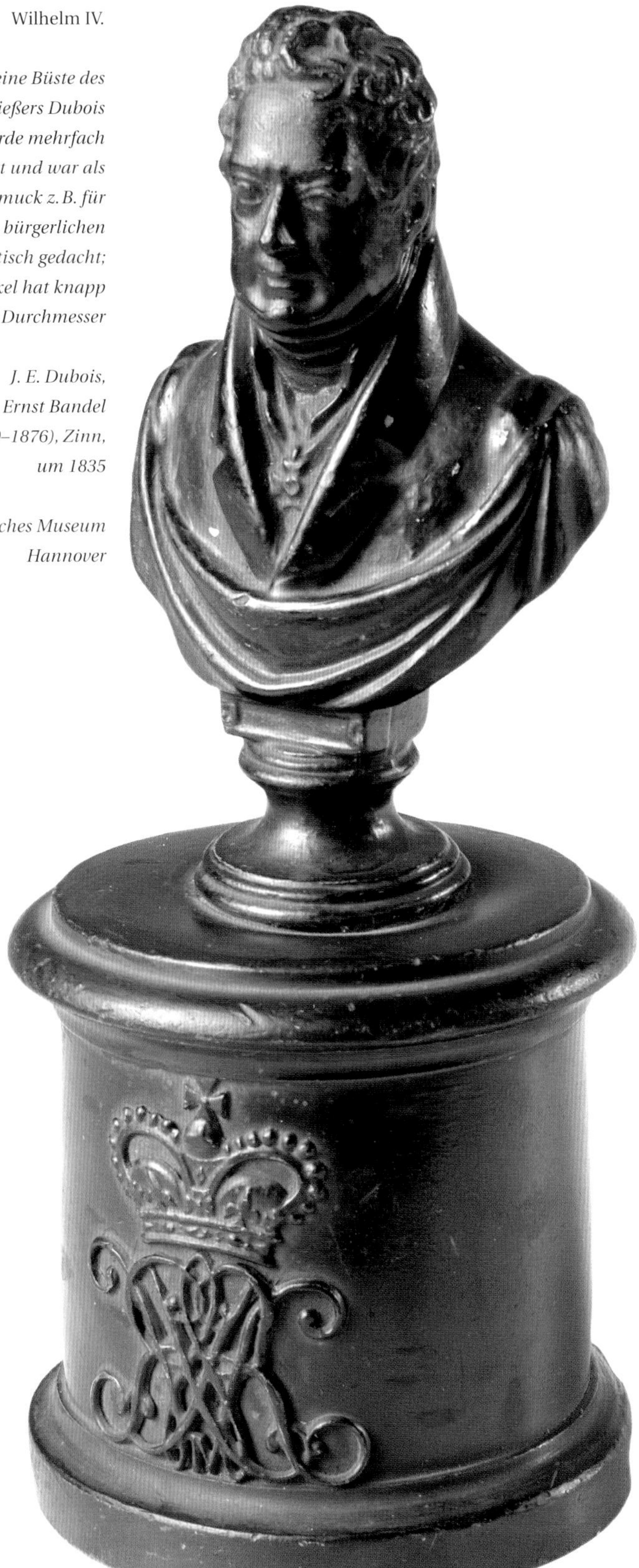

Auseinandersetzungen schließlich verschwand er während eines Manövers im Juli 1828 mit mehreren Schiffen für zehn Tage auf See, ohne dass jemand wusste, wo er war. Danach war sein Rücktritt unvermeidbar. Trotz aller Einschränkungen war es ihm jedoch gelungen, einige wichtige Reformen auf den Weg zu bringen. Und er hatte gelernt, dass er nach den Regeln spielen musste, wollte er längerfristig Erfolg haben. In jeder Hinsicht erwies sich diese Amtszeit als Probelauf für seinen Regierungsantritt zwei Jahre später.

Seine politische Liberalität und persönliche Großzügigkeit stellte Wilhelm 1829 unter Beweis, als er das Gesetz zur Emanzipation der Katholiken unterstützte und damit auch seinen schärfsten politischen Widersacher in der vorangegangenen Affäre, den Herzog von Wellington.

Ein Jahr später war er König. Seine unbändige Freude über dieses späte Glück währte kurz, denn bis 1832 der Reform Act verabschiedet werden konnte, hatte er die größte Verfassungskrise zu überstehen, die Großbritannien seit langem erlebt hatte. „Ich fühle die Krone auf meinem Kopf wackeln", [12] notierte er nicht ohne Berechtigung.

Eine grundlegende Reform der historisch gewachsenen Wahlkreise war in Großbritannien seit langem überfällig. So hatten einige Gemeinden das Recht, einen Abgeordneten ins Unterhaus zu wählen, obwohl sie nur wenige – in extremen Fällen nur sieben bzw. elf – wahlberechtigte Bürger hatten. Demgegenüber standen ganze Grafschaften sowie vor allem die großen Industriestädte im Norden, die trotz großer Einwohnerzahl ebenfalls nur einen Abgeordneten entsenden durften. Die Wahlberechtigung war abhängig vom Einkommen: Nach der Reform hatte etwa ein Siebtel der männlichen Bevölkerung das Wahlrecht, Frauen blieben weiterhin ausgenommen. Dass die Reform der Wahlkreise, gerade weil sie nötig war, auf heftigen Widerspruch stoßen musste, leuchtet ein, verschob sie doch die politischen Gewichte ganz entscheidend. Die Whig-Regierung unter Earl Grey leitete die Reform ein, und Wilhelm gab seine Zustimmung. Das mochte er später bedauern, doch ein Rückzug war nun nicht mehr möglich, und nach viel öffentlichem Aufruhr, einer Neuwahl des Unterhauses, monatelangen Auseinandersetzungen mit dem Oberhaus und drei Lesungen war das Gesetz verabschiedet.

Während der Verfassungskrise blieben Wilhelm heftige Anfeindungen nicht erspart. Letztlich jedoch konnte er seine Popularität wahren. Dazu trugen sein lockeres Auftreten bei, sein manchmal derbes, jedenfalls gänzlich unprätentiösen Benehmen und seine Art, stets auszusprechen, was er dachte. Einige Historiker vermuteten deswegen, Wilhelms Ansehen als demokratischer Reformer beruhe weniger auf seinem tatsächlichen politischen Engagement als vielmehr auf dieser Volkstümlichkeit. Doch diese Deutung unterschätzt ihn. Ja, er war exzentrisch, neigte zu fast kindlicher Aufgeregtheit und den für die Familie so typischen Temperamentsausbrüchen, er sprach schnell, viel und gern, dabei aber keineswegs gut und er galt damit leicht als ein wenig einfach gestrickt. Doch seine Herzlichkeit, Großzügigkeit und Offenheit waren ebenso ehrlich wie sein stetes Bemühen um die politisch richtigen Entscheidungen. Er hatte die Reform des britischen Wahlrechts zwar nicht initiiert, aber ohne seine Unterstützung, gegen seinen Widerstand gar, wäre es nicht möglich gewesen, sie auf den Weg zu bringen.

Ähnlich sah es in Hannover aus. Auch dort wurde unter Wilhelm IV. eine umfassende Reform durchgeführt. Während der Juli-Revolution 1831 entließ Wilhelm den erzkonservativen Grafen Münster, der über Jahrzehnte die Regierungsgeschäfte geführt hatte, und setzte seinen Bruder, den bisherigen Generalgouverneur, als Vizekönig ein. 1833 unterzeichnete Wilhelm das Staatsgrundgesetz und damit die liberalste Verfassung, die das Land bis dahin hatte. Erstmals erhielten Bauern und Bürger damit Zugang zur Regierung. Außerdem wurde (nach britischem Vorbild) eine einheitliche Staatskasse geschaffen, die die ständische Generalsteuerkasse und die königliche Generalkasse vereinigte. Und schließlich wurde die Ablösungsordnung verabschiedet, die die Lasten, die die Bauern in Form von Abgaben und Diensten zu tragen hatten, verminderte und die Grundherren schrittweise für diesen Verlust entschädigte.

Wilhelm ist ziemlich leichtsinnig und hat zu viel von den Manieren seines Berufsstandes

Selbst die grimmige Times vermerkte in ihrem Nachruf, Wilhelm IV. habe zwar weder „überragendes Talent noch […] viel Kultiviertheit“ besessen, doch sei er „gewissenhaft […] in der Erfüllung seiner Pflicht […] und aufrichtig in seinen Äußerungen“ gewesen und in „seinen Entscheidungen hauptsächlich bestimmt von Recht und Gerechtigkeit“.[13]

Kinder

* Mehrere Kinder aus der Zeit vor 1791, darunter Wilhelm (1790–1807), Mutter unbekannt.
* Weitere Kinder aufgelistet unter Dora Jordan und Adelheid von Sachsen-Meiningen.

1 Zitiert nach Richardson 1966, S. 356.
2 Thomas Creevey, zitiert nach Hibbert 1973 Bd. 2, S. 342.
3 Zitiert nach Hibbert 1973, Bd. 2, S. 342.
4 Zitiert nach Richardson 1966, S. 357.
5 Ebenfalls Dorothea Gräfin Lieven, zitiert nach Hibbert 1973 Bd. 2, S. 342 f.
6 Brief an Colonel Richard Grenville, den Erzieher Friedrichs, des Herzogs von York. Zitiert nach Black 2004, S. 174.
7 Brief vom 1. April 1785, zitiert nach Ziegler 1971, S. 51.
8 Brief vom 23. Juli 1784, zitiert nach Ziegler 1971, S. 51.
9 Beide Zitate aus Briefen nach Ziegler 1971, S. 79.
10 Zitiert nach Ziegler 1971, S. 82.
11 Beide Zitate, von unterschiedlichen Quellen, nach Ziegler 1971, S. 129.
12 Zitiert nach Fulford 1960, S. 36.
13 Zitiert nach Moremen 2002, S. 253.

Herzogin von Clarence (1818),

Königin von Großbritannien und Irland und Königin von Hannover (1830)

Geb. am 13. August 1792 in Meiningen,

gest. am 2. Dezember 1849 in Bentley Priory (bei Stanmore)

1818 Heirat mit dem späteren Wilhelm IV.

Das arme unschuldige junge Ding

Adelheid von Sachsen-Meiningen

„Sie ist dazu verdammt, das arme unschuldige junge Ding, meine Frau zu werden. Ich kann, will und darf sie nicht schlecht behandeln", [1] schrieb Wilhelm vor der Hochzeit – und noch ehe er seine zukünftige Frau zum ersten Mal gesehen hatte – an seinen ältesten Sohn Georg aus der Verbindung mit Dora Jordan. Georg war tatsächlich nur zwei Jahre jünger als die Braut.

Nachdem er sich 1811 von Dora Jordan getrennt hatte, war Wilhelms Suche nach einer passenden Gemahlin zunächst erfolglos verlaufen. Spöttisch nahm die Presse zur Kenntnis, dass er sich innerhalb von acht Wochen nacheinander um vier junge Erbinnen bemühte. Die offiziell für ihn ins Auge gefasste dänische Prinzessin lehnte ebenfalls ab, und die lebhafte Miss Wyckham aus Oxfordshire, die der Herzog nicht nur wegen ihres stattlichen Erbes liebte, kam für den möglichen Thronfolger auf keinen Fall in Frage. Das hatten sowohl Wilhelms Bruder, König Georg IV., als auch das Parlament unmissverständlich klar gestellt.

Erst 1818, als sich nach dem Tod der einzigen legitimen Enkelin Georgs III. die Frage der Thronfolge mit neuer Dringlichkeit stellte, kam schließlich doch rasch eine standesgemäße Ehe zuwege. Wie alle hannoverschen Welfen in Großbritannien suchte auch Wilhelm seine Braut unter den protestantischen deutschen Prinzessinnen. Die Eheverhandlungen führte Wilhelms Bruder Adolph Friedrich, der Herzog von Cambridge, der als Generalgouverneur von Hannover quasi vor Ort saß. Die Wahl fiel auf die fünfundzwanzigjährige Adelheid von Sachsen-Meiningen und damit auf eine Verwandte der Braut seines Bruders Eduard, des Herzogs von Kent, die aus dem Haus Sachsen-Coburg stammte. Die Doppelhochzeit fand am 13. Juli 1818 in Kew statt.

Die Ehe bedeutete einen enormen Prestigegewinn für die Prinzessin und ihre Familie. Sachsen-Meiningen war zwar ein Herzogtum, umfasste jedoch nur ein relativ kleines Herrschaftsgebiet. Die Regierungsgeschäfte führte Adelheids Mutter, Luise Eleonore von Hohenlohe-Langenburg, die nach dem Tod des Herzogs 1803 die Vormundschaft für den minderjährigen Sohn übernommen hatte. Um die nötige Mitgift für Adelheid aufbringen zu können, musste sich das Land hoch verschulden. Als Regentin begleitete Luise Eleonore ihre Tochter zur Hochzeit nach Großbritannien.

Adelheid von Sachsen-Meiningen im Ornat der Königin

Unbekannter Maler Öl auf Leinwand, um 1830

Historisches Museum Hannover

Eine vorzügliche Person und gewinnt erstaunlich bei näherer Bekanntschaft

Doch was erwartete die junge Braut dort? Wie ein Abgeordneter im Parlament deutlich machte: "Der Herzog von Clarence wäre diese Ehe nie eingegangen […] hätte ihn nicht seine öffentliche Pflicht dazu gezwungen".[2] Neben den dynastischen Notwendigkeiten drängten ihn auch seine Schulden, die er im Jahr zuvor mit knapp 56 000 Pfund beziffert hatte, gut das Dreifache seines jährlichen Einkommens. Und Wilhelm, mehr als doppelt so alt wie seine Frau, hatte bereits eine umfangreiche Familie und war als „liebevoller und anhänglicher Vater" auf keinen Fall gewillt, auf seine Kinder zu verzichten.[3] Auch Adelheid folgte dem Antrag nur aus Pflichtbewusstsein: „Ich war ganz versteinert, als ich las", schrieb sie an ihre Mutter, „unmöglich kann ich es für ein Glück halten, einen derartigen Antrag gemacht" zu bekommen. Lieber hätte sie „in einer anderen Verbindung das einfache häusliche Glück" gefunden, nur dem Bruder zuliebe ging sie das „Opfer" ein.[4]

Entgegen aller skeptischer Erwartungen von beiden Seiten und der Öffentlichkeit wurde die Ehe jedoch ein Erfolg. Als der Prinzregent die Brautleute zwei Tage nach der Hochzeit besuchte, fand er sie friedlich „am Kamin sitzend, genau wie Darby und Joan"[5] – diese um 1800 in Großbritannien beliebte Redewendung beschreibt ein sich liebevoll zugetanes, zufriedenes, älteres Ehepaar, eine Art Philemon und Baucis. Wilhelm erwies sich als treuer Ehemann, der seine gebildete und stets auf Würde und Haltung bedachte Frau offensichtlich bewunderte. Die streng gläubige Adelheid sah es als ihre wichtigste Aufgabe an, ihrem Mann eine gute Gattin zu sein. Sie liebte Wilhelms zahlreiche Kinder und ertrug es, dass die älteren sie missachteten. Sie schätzte auch das bescheidene, zurückgezogene Landleben, das Wilhelm in Bushy führte; dies vermutlich umso mehr, als ihr Empfang in der Londoner Gesellschaft zunächst eher kühl und vor allem herablassend ausfiel. Das klingt selbst in den Äußerungen der wohlmeinenden Brüder durch. Der Prinzregent sprach von der „liebenswerten kleinen Herzogin" und Adolph Friedrich, Herzog von Cambridge, notierte, sie „ist eine vorzügliche Person und gewinnt erstaunlich bei näherer Bekanntschaft".[6] Die vornehmen Damen der Gesellschaft zeigten sich wesentlich schnippischer.

Zunächst allerdings hatten sie nicht viel Gelegenheit, die Herzogin näher kennen zu lernen, denn die Clarences verbrachten das erste Jahr ihrer Ehe

Adelheid von Sachsen-Meiningen
James Thomson (1789–1850) nach George Richmond (1809–1896)
Lithografie, 1846 (bei G. Hogarth, London)
Historisches Museum Hannover

in Hannover. Nicht, weil Wilhelm plötzlich eine Zuneigung zu der Stadt gefasst hätte – im Gegenteil, er fand sie nach wie vor „abscheulich und ungesund“ [7] –, sondern um Geld zu sparen. Adelheid allerdings dürfte sich dort und in Gesellschaft der Cambridges wohler gefühlt haben als am Hof in London; die beiden jungen Ehefrauen freundeten sich rasch an.

Auch in dynastischer Hinsicht schien Adelheid zunächst alle Erwartungen zu erfüllen: Sie wurde rasch schwanger. Die Tochter Charlotte Augusta kam 1819 jedoch zu früh auf die Welt und lebte nur wenige Stunden; sie wurde neben Georg I. in der Gruft des Schlosses beigesetzt. Und dies war leider nur der Anfang einer traurigen Folge von Fehl- und Frühgeburten. Lediglich Prinzessin Elisabeth, im Dezember 1820 und ebenfalls sechs Wochen zu früh geboren, überlebte einige Monate. Keine Thronfolgerin also für den zukünftigen König, doch Wilhelms Sorge galt vor allem seiner Frau. „Mir fehlen die Worte, um dieser geliebten und hervorragenden Frau gegenüber meine Gefühle über dieses wiederholte Unglück auszudrücken“, [8] schrieb er an seinen Bruder.

Bis 1830 führte das Paar ein weitgehend zurückgezogenes Leben. Drei Mal unternahmen die beiden ausgedehnte Reisen auf den Kontinent. Adelheid genoss den Aufenthalt in den verschiedenen Kurbädern, Wilhelm allerdings hätte sich lieber in Bushy um die Landwirtschaft gekümmert. Nicht nur hierin aber gab er seiner „hervorragenden Frau“ gerne nach. Adelheid mochte den glamourösen Damen der Londoner Gesellschaft zunächst ein wenig farblos, „klein“ [9] (was sie nicht war), ja „verhuscht“ [10] erschienen sein. Doch sie hatte eine ausgeprägte Vorstellung von Pflicht, Moral und dem, was sich schickte, und sie wusste sich auf ihre stille und bescheidene Art sehr wohl durchzusetzen. Sie sorgte nicht nur dafür, dass Wilhelm seine Schulden in den Griff bekam, sondern „reformierte“ ihn, so sahen es die zeitgenössischen Beobachter, auch „vollständig.“ [11]

Politisch nahm Adelheid keinen Einfluss, das entsprach nicht dem Bild, dass sie von ihrer Rolle hatte. Allerdings galt sie allgemein als konservativ. Da sie während der Auseinandersetzung um die Reform Bill versuchte, an ihrem Kammerherrn, Lord Howe, festzuhalten, der im Oberhaus gegen die Bill gestimmt hatte, war sie auch öffentlichen Anfeindungen ausgesetzt. Selbst eine Affäre mit Howe wurde ihr nachgesagt, sicher zu Unrecht, denn das hätte allen Grundsätzen widersprochen, nach denen sie ihr Leben ausrichtete. Statt in der Politik engagierte sich Adelheid für zahlreiche wohltätige Zwecke, in Großbritannien ebenso wie in ihrer alten Heimat in Meiningen.

1837 war ein besonders trauriges Jahr für die Königin. Im Frühjahr wurde sie an das Sterbebett ihrer Mutter nach Meiningen gerufen, und kaum war sie zurück, erkrankte Wilhelm tödlich. Wilhelms Privatsekretär, Sir Herbert Taylor, notierte: „Die Königin ist die beste und ruhigste Pflegerin, die ich je gesehen habe und ich fürchte nur sehr, dass sie sich völlig erschöpfen wird.“ [12] Das tat sie tatsächlich, auch zahlreiche Kuren in verschiedenen Mittelmeerbädern in den folgenden Jahren konnten ihre Gesundheit nicht völlig wieder herstellen. Sie starb 1849 an der Tuberkulose, an der sie lange litt. „Alle Parteien, alle Klassen vereinigen sich, um ihr die Ehre zu erweisen“, [13] schrieb ihre Nichte, Königin Viktoria, die ihrer Tante stets sehr zugetan gewesen war.

Kinder

* Charlotte Augusta (1819)
* Elisabeth (1820–1821)

1 Zitiert nach Ziegler 1971, S. 122 und Groom/Prosser 2006, S. 105.
2 George Canning im April 1818, zitiert nach Ziegler 1971, S. 121.
3 Wilhelm an seine Mutter, 1717, zitiert nach Ziegler 1971, S. 119.
4 Brief an ihre Mutter vom 6.3.1818, zitiert nach Erck/Schneider 2004, S. 25.
5 Zitiert nach Ziegler 1971, S. 124 f.
6 Georg IV. zitiert nach Ziegler 1971, S. 123; Adolph Friedrich in einem Brief an Georg IV, zitiert nach Moremen 2002, S. 185.
7 Wilhelm an seinen Sohn Georg, Sept. 1818, zitiert nach Ziegler 1971, S. 125.
8 Wilhelm an Georg IV., zitiert nach Ziegler 1971, S. 127.
9 Zahlreiche Zitate nach ihrer ersten Ankunft in Großbritannien, vgl. Ziegler 1971, S. 122.
10 „A poor wishy-washy thing“ war der unfreundliche Kommentar des Arztes bei der Geburt der zweiten Tochter 1820, zitiert nach Ziegler 1971, S. 126.
11 Zitiert nach Ziegler 1971, S. 129.
12 Zitiert nach Ziegler 1971, S. 288.
13 Zitiert nach ODNB 2004 Bd. 1, S. 338.

Dora Jordan

Ihr Gesicht, ihre Stimme, ihre Art waren unwiderstehlich

Mrs. Jordan als Mätresse des Herzogs von Clarence zu bezeichnen, wäre gleich in mehrerer Hinsicht falsch: Zum einen lebten Wilhelm und Dora gut zwanzig Jahre unter einem Dach wie ein Ehepaar und hätten gewiss geheiratet, wenn das möglich gewesen wäre. Zum anderen war es Dora, nicht Wilhelm, die einer regelmäßigen Beschäftigung nachging. So bewahrte sie ihre finanzielle Unabhängigkeit.

Ihre Einkünfte waren beträchtlich, denn Dora Jordan war über ein Vierteljahrhundert lang eine der erfolgreichsten Schauspielerinnen Großbritanniens. Auch zahlreiche Schwangerschaften hielten sie nicht ab, regelmäßig auf der Bühne zu stehen und auf Tournee zu gehen. Sie verkörperte alle wichtigen Frauenrollen, von Shakespeares Stücken bis zu den zeitgenössischen Komödien.

Bereits Doras Mutter Grace Phillips und ihre beiden Schwestern waren Schauspielerinnen; eine mutige Entscheidung für Pfarrerstöchter, haftete der Bühne doch nach wie vor der Ruch des Unmoralischen an. Grace war es, die den Lebensunterhalt für die rasch wachsende Familie verdiente. Doras Vater, ebenfalls aus einem bürgerlichen Leben ausgebrochen, verließ sie 1774, um doch noch eine reiche Erbin zu heiraten.

Seit 1779 stand Dora in Dublin auf der Bühne und brillierte schon damals vor allem in komödiantischen Hosenrollen. Der Leiter des Theaters, Richard Daly, schwängerte sie und drohte ihr mit dem Schuldturm. Mittellos und hochschwanger floh Dora 1782 mit ihrer Mutter und zwei Geschwistern nach Yorkshire, wo sie der renommierte Theatermacher Tate Wilkinson in seine Kompanie aufnahm. Er gab ihr auch ihren Bühnennamen: Jordan, in augenzwinkernder Anspielung darauf, dass sie über das Wasser aus der Dubliner Sklaverei entkommen sei. „Jordan“ allerdings bezeichnete umgangssprachlich auch den Nachttopf und eröffnete später den Karikaturisten reiche Möglichkeiten für Spottbilder auf sie und den Herzog von Clarence.

Wilkinsons Kompanie war eine der zeittypischen Wandertruppen, die von Bühne zu Bühne zog – zu Fuß, selbstverständlich, – besaß jedoch dank seiner guten Arbeit einen exzellenten Ruf. So dauerte es nicht lange, bis die Londoner Theaterwelt auf Dora aufmerksam wurde. 1785 wechselte sie in die Metropole und arbeitete von nun an vor allem im renommierten Theater Richard Sheridans in Drury Lane, das auch die königliche Familie regelmäßig besuchte.

Einer der Miteigentümer des Theaters war Dr. Ford, der Leibarzt der Königin. Sein Sohn, ein eleganter Jurist mit politischem Ehrgeiz, verliebte sich in Dora. Fünf Jahre lebten die beiden als Paar. Doch Ford konnte sich nicht entschließen, sie zu heiraten.

Beruflich feierte Dora einen Erfolg nach dem anderen: Sie war bei weitem die begehrteste Komödiantin ihrer Tage, Bühnenstar und Publikumsliebling. Ihre natürliche, direkte Art des Spiels unterschied sich deutlich vom bislang üblichen, manierierten Bühnenstil. Dem Dichter Charles Lamb erschien sie als „jemand, dem keine Sorge etwas anhaben kann; ein privilegiertes Wesen, das ausgesandt wurde, um

Dora Jordan als Hippolita in Colley Cibber's „She would and she would not", einer ihrer populärsten Hosenrollen

John Hoppner (1758–1810) Öl auf Leinwand, 1791

Tate 2008; Leihgabe an die National Portrait Gallery, London

Eigentlich Dorothy Phillips; Schauspielerin, Lebensgefährtin des späteren Wilhelm VI. (1791–1811)

Geb. am 22. November 1761 in London, gest. am 5. Juli 1816 in St. Cloud bei Paris

Dora Jordan als Caritas

Wilhelm IV. wollte diese Statue in Westminster Abbey aufstellen lassen
Sir Francis Chantrey (1781–1841)

Marmor, 1831/42

The Royal Collection © 2008 Her Majesty Queen Elizabeth II

die Menschen zu lehren, was ihnen fehlt – Freude."[1] Und der Literaturkritiker William Hazlitt meinte: „Ihr Gesicht, ihre Stimme, ihre Art waren unwiderstehlich. Ihr Lächeln wirkte wie das Sonnenlicht, und ihr Lachen zu hören war eine Wohltat. Ihre Stimme war voller Ausdruck – es schien, als trüge sie ihr Herz stets im Munde. Sie war ganz Lebensfreude, Offenheit und Gutherzigkeit."[2]

Im Winter 1790 begann ein neuer Verehrer, sich um Dora zu bemühen: der Herzog von Clarence. Er war hingerissen, und sie ließ sich gewinnen. Die Presse überzog sie monatelang mit einer üblen Hetzkampagne, ehe die Öffentlichkeit begann, sich an das Paar zu gewöhnen.

Zunächst musste die Trennung von Ford geregelt werden. Dora akzeptierte eine jährliche Apanage von Wilhelm (zunächst 840 Pfund, später 1200; ein Zehntel seines Jahreseinkommens). Dafür überschrieb sie ihre gesamten Ersparnisse an ihre beiden Töchter mit Ford, denen sie zudem jährlich 600 Pfund zahlte. Außerdem hatte sie noch für ihre älteste Tochter Fanny zu sorgen und neben dem Haus, in dem ihre Schwester mit den Kindern wohnte, ihr eigenes zu unterhalten. Auch der hoch verschuldete Herzog bedurfte in den folgenden Jahren häufig ihrer finanziellen Hilfe. „Ihr schulde ich sehr viel", gestand er 1797 und meinte dies nicht im übertragenen Sinn.

Ihre Arbeit aufzugeben, erwog Dora keinen Augenblick, und das keineswegs ausschließlich oder auch nur hauptsächlich aus finanziellen Gründen. Dafür nahm sie ihren Beruf zu ernst und genoss die Begeisterung des Publikums zu sehr. Erfolgreiche berufstätige Frauen waren im 18. Jahrhundert eine Seltenheit. Dass die Geliebte eines Prinzen ihr eigenes Geld verdiente, grenzte an Skandal: „Ob er sie aushält, oder sie ihn?"[3] spotteten die Satiriker.

In den ersten Jahren der Beziehung war Dora ständig unterwegs: Zwischen ihrem Haus, Wilhelms Haus, dem Haus ihrer Töchter und der Bühne. Gemeinsame Kinder ließen auch nicht lange auf sich warten. Mehr Ruhe erlangte das Paar erst, nachdem Wilhelm Anfang 1797 Bushy Park erhielt, einen der königlichen Jagdparks im Westen Londons, zu dem auch ein Landsitz gehörte. Für Dora wurde das Haus zum Ruhepol, nach „dear Bushy" sehnte sie sich auf jeder ihrer Tourneen.[4]

Dass König Georg seinem Sohn das Anwesen überließ – ungefragt, wie Wilhelm stolz betonte – bedeutete eine Anerkennung seiner Verhältnisse.

Sie war ganz Lebensfreude, Offenheit und Gutherzigkeit

Dora war Wilhelms „verehrte Gattin in jeder Hinsicht außer der gesetzlichen".[5] Bei Hof wurde Mrs. Jordan selbstverständlich nicht empfangen, aber zu offiziellen Feiern in Bushy erschienen Wilhelms Brüder und dazu viele weitere Würdenträger. Dora saß dann am Kopf der Tafel, den Kronprinzen zu ihrer Rechten.

Über viele Jahre schien das Idyll ungetrübt, außer durch die Trennung von den Söhnen, die Wilhelm alle sehr früh zum Militär schickte.[6] „Durch Deine Vortrefflichkeit und Freundlichkeit [...] bin ich der glücklichste Mann [...] Adieu bis wir uns sehen und glaub mir, geliebteste Dora, immer und zärtlich der Deine",[7] schrieb Wilhelm Ende 1808. Im folgenden Jahr berichtete Dora an einen Freund: „Wir werden zu Weihnachten ein volles, fröhliches Haus haben. Das ist es, was den Herzog entzückt. Einen glücklicheren Familienkreis [...] hat es, glaube ich, noch nie gegeben."[8]

Zwei Jahre darauf war alles vorbei. Wilhelm schien es opportun, sich zu trennen, Dora konnte nur noch um Konditionen verhandeln. Zunächst nahm sie die Kinder, die noch zu Hause lebten, zu sich, doch da ihr Vater ihnen gesellschaftlich ungleich größere Chancen bieten konnte, trennte sie sich schweren Herzens von ihnen. Auf die Bühne kehrte sie 1813 zurück, obwohl der Trennungsvertrag ihr dies untersagte. Diesmal brauchte sie das Geld dringend. Dora hatte immer viel verdient und ebenso viel ausgegeben, auch und vor allem für ihre Familie. Ihre Mutter, ihre Geschwister, ihre Kinder – alle konnten auf großzügige Unterstützung zählen. Nun aber betrog der Mann ihrer ältesten Tochter Dora, ehe er seine Frau verließ, die sich anschließend mit ihrer Mutter überwarf. Doch das war erst der Anfang des bitteren Endes. Ihre beiden ältesten Söhne, die ihren vorgesetzten Offizier der Unfähigkeit beschuldigt hatten, wurden nach Indien strafversetzt. Und der Mann ihrer zweiten Tochter machte so hohe Schulden in Doras Namen, dass sie aus Furcht vor Verhaftung – wer nicht zahlen konnte, kam in den Schuldturm – nach Frankreich zog. Dort starb sie arm und einsam.

Wilhelm reagierte mit Schweigen, selbst seine Söhne informierte er nicht selbst. Allerdings nicht aus Gleichgültigkeit: Bereits zu ihren Lebzeiten hatte er mehrere Porträts von ihr erworben. Und 1830 war eine seiner ersten Amtshandlungen als König, eine monumentale Statue von Dora in Auftrag zu geben, die er (allerdings erfolglos) für eine Aufstellung in Westminster Abbey vorsah: „Neben den Monumenten der Königinnen."[9]

Kinder

Mit Richard Daly

* Fanny (1782–1821), heiratet 1808 Thomas Alsop

Mit Richard Ford

* Dorothea Maria (1787-?), heiratet 1809 Frederick Edward March, illegitimer Sohn von Lord Fitzgerald
* Ein Sohn (1788)
* Lucy Hester (1789-1863), heiratet 1810 General Samuel Hawker (1763–1838)

Mit Wilhelm, Herzog von Clarence (Familienname: Fitzclarence)

* George Augustus Frederick (1794–1842), Graf von Munster, heiratet 1819 Mary Wyndham, illegitime Tochter von Lord Egremont
* Henry Edward (1795-1817)
* Sophia (1796–1837), heiratet 1825 Sir Philip Sidney, Baron de L'Isle and Dudley
* Mary (1798–1864), heiratet 1824 Charles Richard Fox, illegitimer Sohn von Lord Holland
* Frederick (1799–1845), heiratet 1821 Lady Augusta Boyle, Tochter von Lord Glasgow
* Elizabeth (1801–1856), heiratet 1820 den 18. Herzog von Errol
* Adolphus (1802–1856)
* Augusta (1803–1865), heiratet 1827 John Kennedy Erskine, den Sohn des Marquis von Ailsa (gest. 1831), 1836 Lord Frederick Gordon
* Augustus (1805–1854), heiratet 1845 Sarah Elisabeth, Tochter von Lord Henry Gordon
* Amelia (1807–1858), heiratet 1831 Lord Falkland

1 Zitiert nach Ziegler 1971, S. 77.
2 Hazlitt 1967, S. 252. Vgl. Ziegler 1971, S. 77 und Tomalin 1995, S. 291. Tomalin verwendete eine ältere Ausgabe von Hazlitt und schreibt „tears" – „Tränen" statt „tones" – „Stimme".
3 Zitiert nach Ziegler 1971, S. 80.
4 Zitiert nach Tomalin 1995, S. 15, S. 186, S. 225 und weitere.
5 So ihr erster Biograph, James Boaden, zitiert nach Tomalin 1995, S. 192.
6 „Ich werde dafür sorgen, dass fünf meiner Söhne für ihren König und ihr Land kämpfen"; vgl. den Aufsatz gleichen Titels von Hugh Owen in „The mariner's mirror", 83, 1997, S. 41–61.
7 Zitiert nach Tomalin 1995, S. 204.
8 Zitiert nach Tomalin 1995, S. 224.
9 Zitiert nach Tomalin 1995, S. 2.

Herzog von Cumberland (1799), König von Hannover (1837)

Geb. am 5. Juni 1771 in London, gest. am 18. November 1851 in Hannover

1815 Heirat mit Friederike von Mecklenburg-Strelitz,

verwitwete Prinzessin von Preußen, verwitwete Prinzessin von Solms-Braunfels

Dem König sein treues Volk?

Ernst August

Dieser Mann polarisiert – bis heute. Die meisten Biografien über ihn sind entweder Verteidigungs- oder Schmähschriften. Wie konnte es dazu kommen?

Seine Karriere begann unauffällig. Der fünfte Sohn Georgs III. wurde 1786 zusammen mit seinen beiden jüngeren Brüdern an die Universität Göttingen geschickt, wo sie unter anderem Deutsch lernten. Mit 19 Jahren wurde Ernst August zum Offizier der britischen und hannoverschen Armee ernannt. Die Erfahrung, die ihm für dieses Amt fehlte, erwarb er rasch auf den verschiedenen Schlachtfeldern in Flandern und Holland, wo er sich durch großen Mut auszeichnete. In der Schlacht von Tournai wurde er 1794 schwer verwundet. Er behielt nicht nur entstellende Narben auf der linken Wange zurück, die er später unter üppigen Koteletten zu verbergen suchte, sondern verlor als Folge der Verletzungen zudem die Sehkraft auf dieser Seite: „Sein linkes Auge ist erschreckend eingesunken und von einer erstaunlichen Trübung“, [1] schrieb sein Bruder Georg 1796 an die Mutter. Auf nahezu allen späteren Porträts zeigt er darum nur sein unversehrtes – und sehr markantes – rechtes Profil. 1799 kehrte Ernst August nach Großbritannien zurück, wurde zum Herzog von Cumberland ernannt und vom Parlament mit einer bescheidenen Apanage ausgestattet.

Von seinen Brüdern unterschied er sich in vielerlei Hinsicht. Während sich alle Welt (oder jedenfalls ihr Londoner Teil) das Maul über die Affären und Partnerschaften der älteren Brüder zerriss, kursierten über das Liebesleben des Herzogs von Cumberland nur dunkle Gerüchte, deren Wahrheitsgehalt nicht zu ermitteln war. Alle seine Brüder wurden im Lauf der Jahre immer runder und wirkten damit ausgesprochen bürgerlich. Ernst August dagegen blieb schlank, ja hager, und trug sich, auch wenn er die Uniform ausnahmsweise ablegte, stets militärisch. Geistreich formulieren konnten bei Bedarf etliche der Brüder, er jedoch war für seinen scharfen, oft schneidenden Witz gefürchtet. Wilhelm meinte: „Ernst ist kein schlechter Kerl, aber wenn jemand ein Hühnerauge hat, kann man sicher sein: Er wird darauf treten.“ [2] Und Georg IV., der sich im Alter zunehmend auf den politischen Rat Ernst Augusts verließ, bemerkte zu seinem Premier, dem Herzog von Wellington, über ihn: „[…] wann immer ein Vater gut mit seinem Sohn auskam, ein Ehemann

König Ernst August
in Uniform

*Öl auf Leinwand,
nach 1837*

*Historisches Museum
Hannover (als Leihgabe
im Residenzmuseum
im Celler Schloss)*

mit seiner Frau, ein Liebhaber mit seiner Geliebten oder ein Freund mit seinem Freund, sorgte er dafür, Schaden zu stiften".[3]

Seine Brüder kokettierten zumindest in jungen Jahren alle mit der Partei der Whigs, die den wirtschaftlichen und liberalen Fortschritt auf ihre Fahnen geschrieben hatte. Ernst August dagegen war von Anfang an ein überzeugter Tory und gehörte selbst innerhalb der konservativen Partei noch zum konservativen Flügel. Ob seine Unterstützung den Tories allerdings genützt oder eher geschadet hat, darüber gehen die Meinungen auseinander. Die Propaganda der Whigs mochte ihren Teil dazu beigetragen haben, dass er verhasst und gefürchtet war, vor allem aber war es sein eigenes, stets unnachgiebiges und auf keine Rücksicht bedachtes Verhalten.

Keine Regierung kann auf Dauer an der Macht bleiben, die Ihn entweder zum Freund oder zum Feind hat

1828 meinte ein britischer Politiker: „Keine Regierung kann auf Dauer an der Macht bleiben, die ihn entweder zum Freund oder zum Feind hat."[4]

Bald war Ernst August in Großbritannien fast ebenso sehr zum Buhmann geworden wie der Landesfeind Napoleon, mit dessen Truppen man im Krieg stand. Das zeigte sich selten deutlicher als im Mai 1810. Damals hatte einer seiner Kammerdiener, ein gewisser Joseph Sellis, versucht, den schlafenden Herzog mit dessen eigenem Säbel zu ermorden. Ernst August gelang es, den Angriff abzuwehren, wobei er zahlreiche Verletzungen erlitt. Sellis schnitt sich anschließend selbst die Kehle durch. Die Untersuchungskommission befand auf Selbstmord. Die öffentliche Meinung jedoch war sofort dabei, das Opfer für den Täter zu halten: Jahrelang hielt sich das Gerücht, Ernst August habe seinen Diener umgebracht.

1829 und 1830, während der Herzog politisch die Muskeln spielen ließ, um liberale Reformen zu verhindern, häuften sich, gewiss nicht zufällig, die Skandale um seine Person. Als Captain Garth, sehr wahrscheinlich der uneheliche Sohn Prinzessin Sophias, 1829 versuchte, die königliche Familie zu erpressen, kursierten Gerüchte, der Herzog von Cumberland sei der Vater. Diese Anschuldigung gilt heute als Verleumdungskampagne. Schwerer zu beurteilen ist der Skandal des folgenden Jahres: Hatte der Herzog wirklich Lady Lyndhurst, die Frau des Lordkanzlers – eines seiner politischen Gegner – sexuell belästigt? Zumindest hatte er sie zuhause aufgesucht und sich beleidigend verhalten, um damit ihren Mann zu treffen. Schließlich wurde Ernst August über Jahre hin immer wieder verdächtigt, Mordpläne gegen Prinzessin Viktoria zu schmieden,

König Ernst August

Am Sockel das hannoversche Wappen und die Krone Heinrich Hesemann (1814–1856) Eisenguss, nach 1841

Historisches Museum Hannover

König Ernst August in seinem Arbeitszimmer im Alten Palais

Wilhelm Kretschmer (1806–1897) Gouache, um 1850

Historisches Museum Hannover

die als Einzige zwischen ihm und dem britischen Thron stand. Diese Gerüchte entbehrten zwar jeder Grundlage, doch traute man ihm mittlerweile einfach alle Schandtaten zu. Besonders böse Zungen sagten ihm nach, „dass er außer dem Selbstmord alle Todsünden begangen habe".[5]

Die öffentliche Meinung ließ sich, zumindest in Großbritannien, nicht mehr wenden. Auch die Ehe mit Friederike, einer Nichte der Königin, die er 1815 einging, hatte nicht dazu beigetragen, ihm zu mehr Popularität zu verhelfen. Da Friederike ohnehin nicht bei Hof empfangen wurde, lebte das Paar von 1818 bis 1828 sogar in Berlin. Nach Großbritannien kehrte Ernst August aus politischen Gründen zurück: Mit allen Mitteln versuchte er, das geplante Gesetz zur Emanzipation der Katholiken und weitere liberale Reformen zu verhindern.

In Berlin hatte das Paar sich wohl gefühlt. Noch lieber wäre dem Herzog allerdings Hannover gewesen. 1813 war er, wenn auch nicht in offizieller Mission, sofort nach dem Ende der französischen Besatzung in der Stadt, wo er begeistert empfangen wurde. Er hatte gehofft, zum Statthalter ernannt zu werden, doch fiel die Wahl des Prinzregenten für dieses Amt auf seinen jüngeren Bruder Adolph Friedrich, den Herzog von Cambridge.

Erst 1837 konnte Ernst August erneut triumphalen Einzug in die Stadt halten. Mit dem Tod seines kinderlosen Bruders, Wilhelms IV., endete die Personalunion zwischen Großbritannien und Hannover. In Großbritannien ging die Krone an die Nachkommen des nächstjüngeren Bruders und damit an Viktoria, die Tochter des verstorbenen Herzogs von Kent. In Hannover dagegen galt die rein männliche Erbfolge. So wurde Ernst August als nächster noch lebender Bruder mit 66 Jahren zum König ausgerufen.

Wie kaum anders zu erwarten, versuchte er sofort, das Rad der liberalen Reformen zurückzudrehen. Bereits am 29. Juni, einen Tag nach seiner Ankunft, beurlaubte er die Ständeversammlung. Wenige Monate später erklärte er das hannoversche Staatsgrundgesetz für erloschen, das Wilhelm erst 1833 genehmigt und das das Land in eine konstitutionelle Monarchie verwandelt hatte. „Ich habe dieser Demokratie die Flügel gestutzt",[6] schrieb er an seine Tory-Freunde in Großbritannien. Doch hatte er nicht mit dem heftigen Widerstand gerechnet, der nun entflammte. Sieben Professoren der Universität Göttingen machten ihren Protest deutschlandweit öffentlich. Sie wurden ihrer Ämter enthoben, drei von ihnen mussten das Land verlassen. Die Aus-

Reiterstandbild des Königs Ernst August vor dem Bahnhof in Hannover

Albert Wolff (1814–1892) nach Entwurf von Christian Daniel Rauch (1777–1857) Bronze, 1856–1861

Foto: Wilhelm Hauschild 1938

Historisches Museum Hannover

Husarensäbel Ernst Augusts, so genannter Adlerkopfsäbel

Stahl, vergoldetes Bügelgefäß mit Adlerkopf, Fischhautgriff, um 1840

Bomann-Museum Celle

einandersetzungen um die Verfassung zogen sich noch bis 1840 hin und schlugen auch international Wellen. Während Preußen Ernst August unterstützte, hatte das britische Parlament kurzfristig sogar erwogen, ihm seine Sukzessionsrechte zu entziehen.

Anders als in Großbritannien erlangte Ernst August in Hannover jedoch durchaus auch Beliebtheit in Teilen der Bevölkerung. Über den Stand von Wirtschaft und Landwirtschaft, aber auch die Stimmung im Land informierte er sich auf zahlreichen Inspektionsreisen. Außerdem hielt er – nach britischem Vorbild – einmal wöchentlich öffentliche Audienzen ab, zu denen Angehörige aller Stände zugelassen wurden, die ihm so ihre Gesuche direkt vortragen konnten.

Überraschend war die Entwicklung im Revolutionsjahr 1848: Ernst August gab den Forderungen nach, entließ das Ministerium und berief ein gemäßigt liberales Kabinett. Zum Innenminister ernannte er mit Johann Carl Bertram Stüve einen der Führer der Opposition. „Der eisenfeste König war 1848 meist unerbittlich gewesen und räumte in den folgenden Jahren mehr ein, als je erwartet worden war. Ich muss dahin gestellte sein lassen, wodurch er dazu vermocht worden ist und, in wie weit die zunehmende Kränklichkeit […] des Königs […] dieses veranlasste“,[7] räsonierte sein Hofmarschall Carl von Malortie. Hannover jedenfalls blieben so nicht nur Unruhen erspart, das Land erhielt auch die liberalste Verfassung seiner Geschichte.

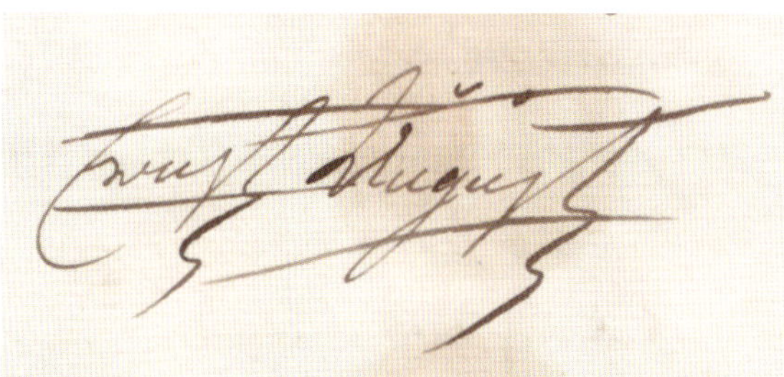

Unterschrift des Königs Ernst August unter die Verfassung von 1840
Gottfried Wilhelm Leibniz Bibliothek – Niedersächsische Landesbibliothek: MS XXIII, 1264, Bl. 60v.

Der Eisenbahn stand Ernst August zunächst äußerst ablehnend gegenüber. Nachdem er sich dazu entschlossen hatte, setzte er sich jedoch gegenüber der noch zögerlichen Ständeversammlung nicht

Ernst August, Herzog von Cumberland, und Prinz Georg beim Ausritt

Lithografie London, um 1830

Historisches Museum Hannover

nur für die entsprechenden Investition ein, sondern auch dafür, alle Hauptstrecken als Staatsbahnen zu bauen.

Heute steht sein Reiterstandbild vor dem Hauptbahnhof Hannover. Stolz verkündet es: „Dem Lan desvater sein treues Volk“. Als wirklich treu hatte sich das Volk jedoch nicht erwiesen: Zum zehnten Todestag seines Vaters rief Georg V. 1861 zu Spenden für das geplante Denkmal auf, doch es ging nur wenig Geld ein. Den Großteil der Kosten deckte Georg aus privaten Mitteln.

Kinder
Mindestens zwei vor der Ehe mit Friederike von Mecklenburg-Strelitz

1 Bird 1966, S. 58; Wardroper 2002, S. 27.
2 Zitiert nach Cox/Whibley 1925, S. XI.
3 Fulford 1973, S. 214.
4 Charles Grey, zitiert nach ODNB 2004 Bd. 18, S. 509.
5 Wilkinson 1886, S. XIII f..
6 Zitiert nach ADB 1877, S. 276.
7 Malortie 1861, S. 162.

Prinzessin von Preußen (1793) , Prinzessin zu Solms-Braunfels (1799), Herzogin von Cambridge (1815), Königin von Hannover (1837)

Geb. am 2. März 1778 in Hannover, gestorben am 29. Juli 1841 in Hannover

1793 Heirat mit Prinz Ludwig Friedrich von Preußen, 1799 mit Prinz Friedrich zu Solms-Braunfels, 1815 mit dem späteren König Ernst August von Hannover

Jeder will sie haben

Friederike von Mecklenburg-Strelitz

„Jeder will sie haben, wer sie sieht, ist in sie verliebt!“ [1] notierte Sophie Marie Gräfin Voß, Oberhofmeisterin der preußischen Königin Luise, über deren jüngere Schwester Friederike. Der preußische Kronprinz hatte, als er sich einige Jahre zuvor zwischen den beiden Schwestern entscheiden musste, festgehalten, die jüngere habe „in ihrem ganzen Wesen viel Grazie und, wie man sagt, séduisantes [= Verführerisches]“. [2] Und Luise Fürstin von Radziwill wertete das Verhalten Friederikes im Rückblick als Mischung von „Koketterie, Empfindsamkeit und Pflichttreue“. [3]

Eine Mischung, die nicht nur die Zeitgenossen faszinierte: Vier neue Biografien erschienen allein in den letzten Jahren. Sie breiten „la Chronick Scandaleuse“ [4] aus, die sich um die Prinzessin rankte Und sie beschreiben sie als Frau, die, so Friederike selbst, „von jeher gewünscht und erstrebt [hat], zu lieben und geliebt zu werden“, [5] dafür die Regeln der Etikette brach und auch bereit war, die Folgen zu tragen.

Doch der Reihe nach. Friederike war die jüngste der vier Töchter des Prinzen Karl von Mecklenburg-Strelitz. Die bemerkenswerte Karriere dieser Familie begann 1761, als Georg III. Karls Schwester Charlotte zur Frau nahm. Karl, der als Offizier die klassische Laufbahn des jüngeren Prinzen aus einer Nebenlinie eingeschlagen hatte, stieg daraufhin zum Gouverneur in Hannover auf. Friederike wurde

Prinzessin Friederike als junges Mädchen in Darmstadt

Johann Friedrich Tielker (1763–1832) Bleistift- und Kreidezeichnung, um 1792

Historisches Museum Hannover

Prinzessin Friederike
Kreidelithografie, um 1790/95
Historisches Museum Hannover

im Leineschloss in Hannover geboren. Mit ihren Schwestern Therese und Luise wuchs sie allerdings nicht hier, sondern bei ihrer Großmutter in Darmstadt auf, denn ihre Mutter, eine Prinzessin von Hessen-Darmstadt, war bereits 1782 gestorben.

Die Großmutter kümmerte sich um die standesgemäße Erziehung der Mädchen ebenso erfolgreich wie um deren Einführung in die Gesellschaft: Als der preußische König Wilhelm II. 1793 nach Frankfurt kam, wurden Luise und Friederike ihm vorgestellt. Nachdem er die beiden anmutigen Prinzessinnen gesehen hatte, zögerte er nicht, die Ehe für gleich zwei seiner Söhne zu arrangieren. Bereits im folgenden Monat fand die Verlobung statt, mit der Hochzeit wartete man bis zum Dezember. Dem Thronfolger fiel, das Eingangszitat belegt es, die Wahl zwischen den beiden Schwestern nicht leicht. Sein jüngerer Bruder, Prinz Friedrich Ludwig, nahm die andere: Friederike. Ihm war es gleich, denn die Ehe bedeutete ihm nur eine standesgemäße Pflicht, im Übrigen hatte er seine Mätresse. Friederikes Schwester klagte: „Wie unglücklich, dass gerade das liebliche, hingebende Wesen mit so einem eiskalten Mann verbunden ist.“ [6] Lange allerdings währte diese Verbindung nicht, denn Friedrich Ludwig starb bereits im Dezember 1796 an der Diphtherie.

Mit den drei kleinen Kindern bezog Friederike nun Schloss Schönhausen bei Berlin. Dort empfing sie – trotz des Trauerjahrs – auch Herrenbesuch. Zu den häufigsten Gästen zählte der strahlend aussehende, begabte und höchst galante Prinz Louis Ferdinand von Preußen. Und seine Besuche beschränkten sich nicht auf den Salon; „zweimal“, behauptete der Prinz später, habe er bei Friederike „in Schönhausen geschlafen“, wobei er „durch das Fenster stieg“. [7]

Im Sommer 1797 begleitete Friederike ihren Schwiegervater, den König, in das mondäne Kurbad Pyrmont. Dort, wo die meisten Adeligen sich hinter einem (meist leicht durchschaubaren) Inkognito verbargen, schienen manche gesellschaftlichen Regeln vorübergehend außer Kraft gesetzt, und Friederike genoss diese Freiheit. „Jeder will sie haben“, bemerkte Frau von Voß durchaus kritisch, und die Schwester Luise sorgte sich in einem Brief an den Bruder: „Unwillkürlich fallen mir die 19 Jahre meiner Schwester, ihre Unerfahrenheit und ihre zu große Gutmütigkeit ein.“ [8] Denn es waren nicht allein ihre Schönheit und Anmut, die die junge Witwe attraktiv machten, sondern auch ihr Rang. „Es hängt nur von mir ab, Schwager des Königs zu werden“, [9] brüstete sich Louis Ferdinand vor seinen Offizierskameraden.

Nicht ganz, denn er fand bald Konkurrenz in Adolph Friedrich, Herzog von Cambridge. Der jüngere Sohn Georgs III. war sehr verliebt. Er mochte nicht ganz so fesch sein, war dafür aber wesentlich zuverlässiger als der preußische Prinz. Dieser reiste nun ebenfalls nach Pyrmont, und die beiden konnten nur knapp daran gehindert werden, sich um Friederike zu duellieren. Das mag ihr geschmeichelt haben, ihr Ruf allerdings nahm Schaden. Adolph Friedrich bemühte sich um die nötige Zustimmung seines Vaters zur Heirat, konnte diese aber zunächst nicht erhalten. Georg III. wollte vor dem Eheschluss das Ende des Krieges mit Frankreich abwarten – dass dieses tatsächlich noch 17 Jahre auf sich warten lassen würde, konnte noch niemand absehen. Zudem hörte er, so wird angenommen, auch auf Königin Charlotte, die vermutlich schon damals starke Vorbehalte gegen den Lebenswandel ihrer Nichte Friederike hegte.

Wie unglücklich, dass gerade das liebliche, hingebende Wesen mit so einem eiskalten Mann verbunden ist

Dabei sollte der eigentliche Skandal erst folgen. Im Dezember 1798 ließ sich nicht mehr verbergen, dass Friederike schwanger war. Die scharfsichtige und -züngige Frau von Voß, zunächst nicht informiert, vermutete, Friederike „wird Dummheiten gemacht haben, wird England hinschmeißen und wird eine Torheit mit dem Prinzen Solms begehen, dieses ist entsetzlich“.[10] In Friedrich von Solms-Braunfels hatte Friederike sich bereits als Vierzehnjährige verliebt. Als sie sich nun wieder sahen, fanden beide „die grenzenloseste Leidenschaft“.[11] Falls Friedrich durch diese Verbindung gehofft hatte, am preußischen Hof Karriere zu machen, musste er sich schwer enttäuscht sehen. Die Ehe wurde rasch geschlossen, selbst das genaue Datum (der 7. Januar 1799) verheimlicht und das Paar aus Berlin verbannt. Ihren ältesten Sohn (Nummer vier der preußischen Thronfolge) musste Friederike dort zurücklassen, nur dank der Fürsprache ihrer Schwester Luise konnte sie ihre kleine Tochter mitnehmen. Die Königin hatte auch erreicht, dass ihre Schwester nicht nach Schlesien, an die Grenze des Landes, verbannt wurde, sondern nach Ansbach, in eine stattliche, wenn auch behäbige Residenzstadt also, die erst 1791 an Preußen gefallen war.

Die zweite Ehe Friederikes war eine Liebesheirat – glücklich wurde sie dadurch nicht. Das Geld war, trotz der gewährten Apanage, knapp, die Familie, vor allem die geliebte Schwester Luise, weit entfernt, und der in seinen gesellschaftlichen Hoffnungen enttäuschte Ehemann begann zu trinken und wurde schließlich krank. Dennoch hielt Friederike zu ihm, auch als ihr Vater und ihr Schwager, der regierende Fürst Solms-Braunfels, ihr zur Scheidung rieten, der sie nichts entgegensetzen würden.

Doch dann eröffnete sich, gänzlich unerwartet, eine zweite Chance auf England. Nicht in Gestalt des Prinzen Adolph Friedrich, sondern in der seines älteren Bruders Ernst August. Im Mai 1813 lernte er

Königin Friederike

Heinrich Hesemann (1814–1856)
Bronze, 1839

Historisches Museum Hannover

Königin Friederike

Conrad l'Allemend
(1809–1890)
Kohlezeichnung, 1840

Historisches Museum
Hannover

Friederike in Neustrelitz kennen, wo sie sich häufig aufhielt und er seinen Onkel – ihren Vater – besuchte. Zumindest für ihn war es Liebe auf den ersten Blick, noch 26 Jahre später schrieb er an seine Frau, der Tag, als er sie zum ersten Mal sah, sei „der schönste und glücklichste Tag meines Lebens" gewesen.[12] Auch dank dieser beständigen Zuneigung entwickelte sich Friederikes dritte Ehe glücklich, obwohl nicht nur zu Anfang viele Schwierigkeiten zu überwinden waren. Zunächst war Friederike ja noch verheiratet. Noch ehe die Scheidungspläne umgesetzt werden konnten, starb Prinz Friedrich überraschend im Frühjahr 1814. Dann ließ die Zustimmung des britischen Parlaments zur Ehe auf sich warten. Die Erhöhung der jährlichen Apanage, die danach nur noch eine Formsache hätte sein müssen, verweigerten seine politischen Gegner im Unterhaus dem verhassten Prinzen. Am schwersten jedoch wog die Ablehnung Königin Charlottes, ihre Nichte bei Hof zu empfangen – was im Übrigen eine politische Krise oder zumindest Verstimmung mit Preußen auslöste, denn der preußische König fühlte sich durch diesen Affront gegenüber seiner Schwägerin selbst brüskiert.

Zehn Jahre lang, von 1818 bis 1828, lebte das Paar in Berlin; dort wurde auch der Sohn, der spätere Georg V. von Hannover, geboren. Friederike blieb sogar bis zum Sommer des folgenden Jahres, denn ihr wurde der Abschied schwer. „Ach, wie brennt mir das Herz, wenn ich mich gedenke, dass in drei Wochen hoffentlich ich werde meine teuerste, meine beste Ike an mein Herz drücken können",[13] schrieb Ernst August, dessen Deutsch, wenn er sich länger in Großbritannien aufhielt, der englischen Grammatik folgte.

Aus der Politik hielt Friederike sich offiziell vollständig heraus. Auch als Königin von Hannover beschränkte sie sich auf ihre repräsentativen Aufgaben; selbst ihre Meinung zum Verfassungskonflikt von 1837 ist nicht überliefert. Ihrem Mann war sie jedoch gewiss auch in diesen Fragen eine Vertraute. Nach ihrem Tod schrieb er an ihren Bruder: „Sie war für mich alles in dieser Welt, für mich ist alles verloren, ich kann wohl sagen, dass ich nur für sie lebte. Ich fand in ihr die zärtlichste Frau, die aufrichtigste, die ich um alles befragte, mit der ich über alles sprach und die mir immer die besten Ratschläge gab, denn sie war ohne Eigennutz."[14]

Kinder

Aus der Ehe mit Friedrich Ludwig von Preußen (1773–1796)

* Friedrich Ludwig (1794–1863), heiratet 1817 Luise von Anhalt-Bernburg
* Karl Georg (1795–1798)
* Friedrike Wilhelmine Luise (1796–1850), heiratet 1818 Leopold IV. von Anhalt-Dessau

Aus der Ehe mit Friedrich von Solms-Braunfels

* Caroline (1799)
* Wilhelm (1801–1868), heiratet 1831 Maria Anna Gräfin Kinski
* Auguste Luise (1804–1865), heiratet 1827 Albert von Schwarzburg-Rudolstadt
* Alexander (1807–1867), heiratet 1863 Luise von Landsberg-Velen
* Karl (1812–1867), heiratet 1845 Sophie von Löwenstein-Wertheim-Rosenberg

Aus der Ehe mit Ernst August, Herzog von Cumberland

* Eine Tochter (1799)
* Georg V. (1819–1878), 1851–1866 König von Hannover, heiratet 1843 Marie von Sachsen-Altenburg

1 Tagebuch vom 12. September 1797, Voß 1876, S. 196.
2 Zitiert nach Taack 1987, S. 11 und Philipps 2007, S. 34.
3 Zitiert nach Philipps 2007, S. 82.
4 So die Schwester Luise, die Friederike verteidigte; zitiert nach Philipps 2007, S. 82.
5 Zitiert nach Philipps 2007, S. 114.
6 Zitiert nach Brinkmann 2003, S. 18 und Philipps 2007, S. 64.
7 Zitiert nach Philipps 2007, S. 84.
8 Zitiert nach Brinkmann 2003, S. 21.
9 Zitiert nach Philipps 2007, S. 82.
10 Zitiert nach Philipps 2007, S. 101.
11 Friederike, zitiert nach Philipps 2007, S. 98.
12 Zitiert nach Willis 1961, S. 48 und Brinkmann 2003, S. 38.
13 Zitiert nach Brinkmann 2003, S. 49.
14 Zitiert nach Willis 1961, S. 312 f.; Brinkmann 2003, S. 68; Philipps 2007, S. 359.

Entweder ganz König sein oder gar nicht

Georg V.

„Ich lebe noch und bin doch schon begraben / Blind oder tot ist ziemlich einerlei,“[1] beschrieb Georg V. seine Gefühle um 1842 in einem Gedicht. Erblindet war Georg schon als Kind durch eine unglückliche Verkettung von Umständen – in seinen Worten: „des Schicksals Tyrannei“.[2] Er war der einzige Nachwuchs aus der späten Ehe seiner Eltern und zunächst häufig krank. Erst Kuren in Bad Pyrmont und auf Norderney – die Familie lebte zu dieser Zeit in Berlin – schienen zu helfen. Im Winter 1828 erkrankte Georg an Keuchhusten, danach an Lungenentzündung. Mehrere Wochen musste er in einem dunklen Zimmer liegen, und erst danach bemerkte man, dass er in der Zwischenzeit durch eine Entzündung die Sehkraft des rechten Auges verloren hatte. Drei Jahre später, die Herzogsfamilie war mittlerweile nach London übersiedelt, verletzte sich Georg beim Spielen am gesunden linken Auge, in dem sich daraufhin eine ebenfalls zunächst nicht genügend beachtete Entzündung bildete. Sie führte zu einer Starerkrankung, so dass Georg nur noch starke Hell-Dunkel-Kontraste wahrnehmen konnte. Die folgenden vier Jahre, 1833 bis 1837, verbrachte er wieder in Berlin und in Behandlung desselben Augenarztes, der bereits seinen an Star erkrankten Vater operiert hatte. 1840 versuchte man auch bei Georg eine Operation, bei den damaligen Möglichkeiten der Anästhesie eine überaus schmerzhafte Prozedur. Sie misslang, und auf einen zweiten Versuch, der ohnehin nur eine geringfügige Besserung versprach, verzichtete Georg.

In der Zwischenzeit war die Blindheit des Prinzen zum Politikum geworden: Mit dem Ende der Personalunion 1837 wurde sein Vater Ernst August, Herzog von Cumberland, im Alter von 67 Jahren König von Hannover. Der achtzehnjährige Georg war nun Kronprinz. Viele zweifelten daran, dass ein Blinder regierungsfähig sei. Obwohl er seinem überdurchschnittlich begabten Sohn eine sorgfältige Erziehung und Bildung angedeihen ließ, hegte selbst sein Vater Zweifel, ob er als Nachfolger in Frage käme. Dann jedoch schuf Ernst August auf der Grundlage mehrerer juristischer Gutachten die rechtlichen Voraussetzungen für die Regentschaft seines Sohnes. Die entsprechenden Bestimmungen waren Teil der Verfassung von 1840. Im folgenden Jahr wurden zusätzlich Bestimmungen getroffen, die Georg eine amtlich gültige Unterschrift ermöglichten: Von zwölf vereidigten Personen mussten jeweils zwei anwesend sein und bezeugen, dass der

Georg V.

Georg V. ließ sich häufig im Halbprofil porträtieren; in dieser Position fallt weniger auf, dass er den Betrachter nicht anblickt. Das Porträt war das Geschenk zum Dienstjubiläum für einen verdienten Beamten.

(nach?) Conrad l'Allemand (1809–1890) Öl auf Leinwand, 1854

Historisches Museum Hannover

König von Hannover (1851–1866)

Geb. am 27. Mai 1819 in Berlin, gest. am 12. Juni 1878 in Paris

1843 Heirat mit Marie von Sachsen-Altenburg

Georg V. und Kronprinz Ernst August zu Pferd
Der Kronprinz ist links im Bild und frontal zu sehen.
Der blinde König wird zu Pferd von seinem Generaladjutanten begleitet. Das Bild steht in der Tradition barocker Reiterporträts. Möglicherweise ist hier auch der Aufbruch der Armee zum Krieg gegen Preußen im Jahr 1866 dargestellt.

Conrad l'Allemand (1809–1890)
Öl auf Leinwand, 1866
Historisches Museum Hannover

Man müßte auf die Hunde schießen

betreffende Text Georg vollständig vorgelesen und seine Unterschrift eigenhändig geleistet worden war.

Georg selbst zweifelte nicht daran, dass er seine ererbte Rolle würde ausfüllen können. Nach seiner Überzeugung erhielt jeder Monarch seine Legitimation und Herrschergewalt direkt von Gott und war deshalb auch mit allen Fähigkeiten begnadet, die er für dieses Amt benötigte. Mit dieser durch nichts zu erschütternden Auffassung knüpfte er an absolutistische, ja sogar an mittelalterliche Vorstellungen vom Gottesgnadentum des Herrschers an – kein Wunder, dass Hannover, schon vorher nur mit Mühen auf liberaleren Kurs gebracht, sich unter seiner Regentschaft zu einem der reaktionärsten deutschen Staaten entwickelte.

Georgs ausgeprägtes Interesse an Geschichte entsprang denselben Wurzeln wie sein Herrschaftsverständnis: dem Stolz auf die große Tradition des Welfenhauses. Nicht von ungefähr gründete er 1861 ein Welfenmuseum, dessen Ziele am Jahrestag der Schlacht von Waterloo bekannt gemacht wurden. Gesammelt werden sollte „alles, was sich auf Genealogie, Geschlechtsgeschichte und Biografie“[3] der Welfen bezog.

Vor diesem Hintergrund sind auch Georgs große Bauprojekte als architektonische Denkmale der Welfendynastie zu verstehen. Den Auftakt machten die Planungen (seit 1855) für ein Reiterdenkmal seines Vaters Ernst August, das an zentraler Stelle vor dem Bahnhof aufgestellt wurde. Seit 1856 ließ Georg ein neues „Welfenschloss“ bauen, das, zunächst als Sommerresidenz geplant, bald zur ständigen Residenz erklärt wurde. Sieben Jahre später war allerdings nur der Außenbau fertig gestellt, einziehen konnte das Königspaar nicht mehr. Gleichzeitig mit dem Schlossbau begann man in unmittelbarer Nachbarschaft mit der Anlage einer neuen Gemeindekirche; Georg V. ergriff die Gelegenheit sofort, ließ die Christuskirche zur Residenzkirche umplanen und finanzierte den anspruchsvollen neugotischen Bau des Architekten Conrad Wilhelm Hase. Denselben Baumeister beschäftigte er auch bei einem weiteren ehrgeizigen Projekt: 1857 schenkte Georg seiner Frau Marie die „Marienburg“ zum Geburtstag. D. h. er schenkte ihr den Bauplatz auf dem Schulenburger Berg bei Pattensen sowie die finanziellen Mittel für das Projekt, auf die Planung und Gestaltung konnte Marie nach ihren Wünschen Einfluss nehmen. Die Marienburg war jedoch mindestens so sehr ein politisches Statement wie ein Ausdruck der Gattenliebe, entstand sie doch als direkte Antwort auf das Bauprojekt des mächtigen preußischen Rivalen: 1850 hatte Friedrich Wilhelm IV. von Preußen über den Resten der alten Stammburg seines Hauses in Schwaben den „Hohenzollern“ errichten lassen. Die Burg Hohenzollern wie die Marienburg verkörpern das romantisch verklärte Idealbild einer mittelalterlichen Ritterburg und entsprechen damit dem Zeitgeschmack. Mit dem Rückgriff auf das Mittelalter betonen sie zudem die ruhmreiche Tradition der beiden Herrscherhäuser, die ihre Wurzeln beide in Süddeutschland hatten.

Der preußische König konnte gemeinsam mit seinen katholischen Verwandten in Hechingen, zu deren Herrschaftsgebiet der Berg Hohenzollern gehörte, über seinen Stammsitz verfügen. Der König von Hannover fand eine andere wirksame Möglichkeit, seine Duftmarke zu setzen und gebührend an seine illustren Vorfahren zu erinnern: 1859/60 ließ er die Welfengruft in Kloster Weingarten neu gestalten und eine Platte mit seinem Wappen und dem Leitspruch seines Vaters „Suscipere et Finire“ (In Angriff nehmen und zu Ende führen) einfügen. Weingarten, ehemals eines der wichtigsten und reichsfreien Klöster Südwestdeutschlands, war eine Gründung der Welfen aus dem 10. Jahrhundert und von Anfang an Familiengrablege gewesen.

Mit dem Bau der Marienburg unterstrich Georg V. weithin sichtbar die Bedeutung seines Hauses und versuchte so, sich im Länderkonzert des Deutschen Bundes zu positionieren. Zugleich bot die Marienburg eine standesgemäße Sommerresidenz und war, wenn auch außerhalb gelegen, Teil des ehrgeizigen Programms, nach dem Ende der Personalunion die Residenz Hannover in großem Stil und in modernsten Formen neu zu gestalten. Dass der Zeitgeschmack den Rückgriff auf historische Formen verlangte, fügte sich nahtlos in das rückwärtsgewandte Weltbild der Königs.

Auf würdige Repräsentation legte Georg V. in jeder Form Wert. Dazu gehörte auch die Verbreitung

Seidenpantoffel Georgs V.
Historisches Museum Hannover

seines Bildes im Herrscherporträt, wobei er als Blinder die Ergebnisse nicht selbst kontrollieren konnte. Bereits in der zweiten Hälfte der 1850er Jahre nutzte Georg das moderne Medium der Fotografie, um seinen Untertanen Bilder des Monarchen und seiner Familie zu bieten. Dass er nicht sehen konnte, wurde auf diesen Aufnahmen zwar nicht herausgestellt, aber auch nicht verheimlicht. Im Ölgemälde war das anders: Hier bevorzugte Georg das Reiterporträt, wobei er sich in barocker Tradition gerne als Feldherr wiedergeben ließ.

Die politische Einstellung des Kronprinzen – konservativer noch als sein erzkonservativer Vater – zeichnete sich früh ab. So war er ein leidenschaftlicher Gegner der Verfassungsreform von 1848. Der Reformpolitiker Johann Hermann Detmold notierte: „Der Kronprinz hatte sich gegen alle Concessionen ausgesprochen und gesagt: man müßte auf die Hunde schießen. Der König hat das gehört, ihn kommen lassen und furchtbar abgeflegelt." [4]

Als er die Regierung übernahm, ließ Georg keinen Zweifel daran aufkommen, dass er seine Macht ausschöpfen werde. Er leitete alle Sitzungen des Ministeriums selbst. Ohne seine Anwesenheit konnten keine Beschlüsse gefasst werden, und selbst in unbedeutenden Angelegenheiten behielt er sich alle Entscheidungen vor. Stets blieb er latent misstrauisch, ob er auch vollständig informiert worden sei. Vorzugsweise verhandelte er einzeln mit seinen Ministern und regierte damit am Kabinett vorbei. Georg sah sich als König des „Monarchischen Prinzips", der über der Verfassung stehe, und berief sich damit nicht nur auf seine fast mystische Vorstellung vom Gottesgnadentum des Königs, sondern durchaus auch auf Bundesrecht, wie es der Bundestag 1821 formuliert hatte. Mit der Neuordnung Europas nach den Napoleonischen Kriegen im Wiener Kongress war der Deutsche Bund – zunächst vier freie Städte und fünfunddreißig Fürstentümer – an die Stelle des Heiligen Römischen Reichs Deutscher Nation getreten. Der Bundestag, d.h. der ständige Gesandtenkongress in Frankfurt, war seit 1815 das oberste Organ des Bundes. 1855 gelang es Georg, einen Beschluss des Bundestages zu erwirken, der ihm ermöglichte, Teile der verhassten Verfassung von 1848 wieder zurückzunehmen. Auch in amtlichen Begriffen fand diese Reaktion ihren Ausdruck: So wurden aus „Staatsdienern" wieder „Königliche Diener", aus der „Staatsanwaltschaft" wieder die „Kronanwaltschaft". Dem konservativen Politiker Georg von Schele, einem der wichtigsten Berater seines Vaters, gegenüber hatte Georg einmal bemerkt, er wolle entweder „ganz König sein oder gar nicht". [5]

„Gar nicht" schien dem jungen König dabei gewiss keine reale Option. Doch genau dazu kam es: Georg V. ist der letzte politische Herrscher des Welfenhauses. 1866 musste er abdanken und ins Exil gehen. Sein politischer Starrsinn – oder, positiv formuliert, seine kompromisslose Gradlinigkeit – hatte das Ende des Königreichs herbeigeführt. Im großen Konflikt zwischen Preußen und Österreich, in dem der Deutsche Bund 1866 zerbrach, hatte Georg sich in Verkennung des Machbaren gegen die Reformpläne seines machtbewussten Nachbarn und auf die Seite Österreichs und des Bundesrechts gestellt. Als Preußen Hannover im Juni ultimativ zu einem Bündnis aufforderte, verweigerte er sich, da er den Verlust seiner Souveränität befürchtete (neben der Vormacht im deutschen Staatenbund strebte Preußen im Zuge der Reform des Deutschen Bundes auch eine Volksvertretung nach allgemeinem und gleichem Wahlrecht an). Gemeinsam mit

Die letzte Proklamation Georgs V. auf hannoverschem Territorium vom 21. Juni 1866 und der Federhalter, mit dem er sie unterzeichnete
Papier; Ebenholz, Messing und Eisen, um 1860
Residenzmuseum im Celler Schloss (die Proklamation ist eine Leihgabe des Stadtarchivs Celle)

Totenkrone Georgs V.

Diese Nachbildung der hannoverschen Königskrone schmückte den Sarg des Königs bei der Aufbahrung in Paris und der Beisetzung in Windsor

Messing, vergoldet, mit Steinen aus buntem Glas, Samt

Historisches Museum Hannover

dem Kronprinzen Ernst August zog Georg zu seinen nur schlecht ausgerüsteten Truppen. Am 27. Juni 1866 kam es in Langensalza zur Schlacht. Die hannoversche Armee errang unter größten Verlusten – fast vierhundert Tote und über tausend Verletzte waren allein auf Seiten Hannovers zu beklagen – den Sieg in der Schlacht, musste jedoch wenige Tage später kapitulieren. Preußen annektierte das Königreich Hannover und machte es zur preußischen Provinz. Georg V. und der Kronprinz gingen nach Österreich ins Exil; die Königin und die Töchter, die zunächst auf die Marienburg gezogen waren, folgten im Jahr darauf.

Zunächst hoffte Georg noch, sein Königreich zurückgewinnen zu können. In Frankreich stellte er eine Welfenlegion auf und ließ in der Presse agitieren. Preußen verweigerte daraufhin die Auszahlung des welfischen Privatvermögens von 16 Millionen Talern, die man Georg 1867 noch zugestanden hatte. Nachdem die deutschen Staaten unter Führung Preußens im Deutsch-Französischen Krieg von 1870/71 den Sieg errungen hatten, verzichtete Georg V. auf weitere Versuche, sein Königreich wieder zu erlangen.

1878 starb Georg V. nach längerer Krankheit (er litt an Knochentuberkulose) in Frankreich. Preußen hatte einer Beisetzung in Herrenhausen bereits zugestimmt, da entschied Prinz Ernst August, den Sarg seines Vaters stattdessen nach Großbritannien überführen zu lassen. So kommt es, dass der letzte König von Hannover in der Georgskapelle in Windsor ruht, während der erste britische König des Hauses Hannover, Georg I., in Hannover bestattet wurde.

1 Zitiert nach Brosius 1979, S. 257.
2 Aus demselben Gedicht, s. Brosius 1979, S. 257.
3 Bekanntmachung vom 18. Juni 1861, zitiert nach Jürgens 1910, S. 214.
4 Detmold an Johann Carl Bertram Stüve am 21.3.1848, s. Stüve 1903, Nr. 10, S. 20.
5 So notierte Stüve in einem Brief vom 25.–27.4.1854, s. Vogel 1960, Nr. 842, S. 758.

Marie von Sachsen-Altenburg

Eine pflichtbewusste Gattin und Mutter

Königin von Hannover (1843), im Exil seit 1867

Geb. am 14. April 1818 in Hildburghausen, gest. am 9. Januar 1907 in Gmunden

1843 Heirat mit dem späteren Georg V. von Hannover

An die junge Gemahlin des blinden Kronprinzen knüpften sich besonders hohe Erwartungen: König Ernst August hatte zwar alle nötigen Regelungen getroffen, um die Regentschaft seines Sohnes zu sichern, hegte aber wohl dennoch Zweifel an dessen Regierungsfähigkeit und erhoffte darum dringend einen Thronfolger. Und die Politiker beobachteten die Frau an der Seite des Prinzen mit einer Mischung aus Hoffnung und Skepsis. So notierte der Reformpolitiker Stüve wenige Monate nach der Hochzeit des Prinzenpaares: „Die Kr[on]Pr[inzessin] benimmt sich gut; sie ist mit dem Adel gänzlich zerfallen, der aber doch nichts auf sie zu bringen weiß, sie scheint durch das weibliche Bedürfnis, dem Volke zu gefallen, sehr gut geleitet zu werden – scheint überhaupt natürlich zu sein, und der K[ron]P[rinz] ist begreiflich von ihr ganz abhängig. Sie wird wohl oder übel regieren.“ [1] Sieben Jahre und etliche große politische Krisen später befand er, dass sie „wirklich als Frau ihre schwere Aufgabe redlich erfüllt“. [2] Andere Zeitgenossen äußerten sich dagegen höchst kritisch und meinten, Marie habe zwar einen „Reichtum an weiblichen Tugenden“ [3] aufzuweisen, sie habe jedoch nicht die nötigen Voraussetzungen für ihre Aufgabe mitgebracht und sich auch nicht bemüht, „sich das was ihr fehlte, mit persönlicher Mühe anzueignen“, [4] ja, ihr Wirken sei „eine einzige fortdauernde Unterlassungssünde“. [5]

Tatsächlich nahm Marie entschieden weniger politischen Einfluss, als manche Beobachter erwartet hatten. Sobald er die Krone übernommen hatte, legte Georg V. stets größten Wert auf seine souveräne Entscheidungsgewalt, sei es gegenüber seinem Kabinett, sei es gegenüber anderen Staaten – und ganz gewiss gegenüber seiner Frau. Das erwies sich einmal mehr in der entscheidenden Krise von 1866. Möglicherweise hätte Georg V. Hannover für die Welfen erhalten können, wenn er die Bedingungen Preußens akzeptiert und zugunsten seines Sohnes abgedankt hätte. Seine Frau bat ihn inständig darum; ihr Brief klingt wie ein Aufschrei: „Jetzt rufe ich Dir im Namen der ganzen Nation zu: Rette, und nimm die Bedingungen an, wie sie sind! Behalten wir den Fuß im Lande, sey es wie es wolle […] Wird das Land aber annectiert, so verlieren wir es auf immer! O, glaube mir doch nur dieses Mal und nicht

Marie von Sachsen-Altenburg

Conrad l'Allemand (1809–1890) zugeschrieben Miniatur auf Porzellan, Samt, die Krone aus Messing, um 1845

Historisches Museum Hannover

Königin Marie beim Ausritt vor Schloss Herrenhausen

Vor dem Säulenportikus steht Georg V.

Eduard Frederich (1811–1864) Öl auf Leinwand, um 1850

S.K.H. Prinz Ernst August von Hannover Herzog zu Braunschweig und Lüneburg Schloss Marienburg

diesem Platen, der [...] Dich stets falsch berathen. Höre Du endlich meine Stimme, ehe es zu spät! Geliebter Mann!"[6] Und in einem späteren Brief drang sie: „Jetzt nachzugeben, nachdem Du so muthig Alles gethan, ist nur ehrenvoll [...] Deine Handlungen sind ja stets so edel und erhaben. Du setztest ihnen aber dadurch recht die Krone auf und stehst dann noch höher als Heinrich der Löwe."[7] Erfolg war ihr nicht beschieden, Georg V. beharrte auf seinem Standpunkt, und Marie folgte ihrem Mann ins Exil nach Österreich.

Als „eine pflichttreue Gattin und Mutter, zufrieden und heimisch im engsten Familienkreise"[8] wurde Marie (von einem Kritiker) beschrieben. Eine häusliche Gemahlin ohne eigenen politischen Kopf entsprach dem konservativen Weltbild Georgs, der mit Marie von Sachsen-Altenburg durchaus eine persönlich glückliche Wahl getroffen hatte. Die beiden hatten sich 1839 auf Norderney kennen gelernt. Im Sommer 1842 verlobte man sich, im Februar 1843 folgte die Hochzeit. Das Thronfolgerpaar wohnte zunächst im Fürstenhof in der Calenberger Neustadt und seit 1846 im Ernst-August-Palais in der Adolfstraße. Die beiden führten ein ruhiges, gesellschaftlich zurückgezogenes Leben. Dies mochte dem König und dem Adel missfallen, die eine stärkere Teilnahme an höfischen Verpflichtungen erwarteten, gewann den beiden aber viele Sympathien bei ihren bürgerlichen Untertanen. Ein Zeitgenosse notierte: „Das loyale Gemüt der Hannoveraner sah in der Art der Führung des kronprinzlichen Ehestandes sein Lieblings-Ideal verwirklicht."[9] Sie nannte ihn „Männi" und „mein Engels Mann",[10] ihm war sie seine „Misi".

Dass sie wirklich als Frau ihre schwere Aufgabe redlich erfüllt

Auf der Marienburg, die sie, kaum dass sie bezugsfertig war, wieder verlassen musste, hatten Marie und ihr Gemahl sich architektonisch als Nachfolger der mittelalterlichen Welfen präsentiert. Im Exil fügte Marie sich ohne Murren in einen kleineren Rahmen. Ihr Witwensitz wurde die ehemalige Villa Thun in Gmunden, die Georg V. zunächst nur für einen Sommeraufenthalt gemietet hatte, als er noch hoffte, bald nach Hannover zurückkehren zu können. „Die Räume […] waren für eine Königin […] wohl das Bescheidenste, was man sich denken konnte. […] einmal gewöhnt an die Räume, blieb die Königin, schon aus pietätvollem Erinnern an den verstorbenen Gemahl [..] und ihre große Anspruchslosigkeit fühlte sich sogar ganz gemütlich in dem Hause," schreibt der Pianist und Komponist Emil Heß in seinen Erinnerungen. Er fährt fort: „Im Salon zu ebener Erde stand der große runde Tisch, an welchem die Königin in ihrem Fauteuil zu sitzen pflegte […] und wie oft und oft saß ich auch da, der Königin […] erzählend oder von ihre Geschichten anhörend, meist lustige im sächsischen Dialekt ihrer Altenburger Heimat. Die Wände dieses Salons hingen voll mit Bildern; und sonst war das ganze Zimmer vollgestopft mit Porzellanfigürchen auf Etagèren und in kleinen Glaskästen […] Die Porzellanfigürchen, wertvolle und wertlose, waren eine Leidenschaft der Königin."[11]

Der Pianist war ein gern gesehener Gast, denn eine weitere Leidenschaft, die Marie mit ihrem Mann geteilt hatte, war die Musik. Georg V. komponierte auch selbst und verfasste zwei theoretische Schriften über die Musik. Unter seiner Regierung wurde Hannover zu einem Zentrum des Musiklebens in Deutschland: Heinrich Marschner war Hofkapellmeister, Joseph Joachim Konzertmeister, und der Etat des Hoforchesters wurde mehr als verdoppelt. „Was für herrliche Musik habe ich mit meinem König in Hannover genossen. Unsere Oper und unsere Konzerte waren weit und breit bekannt,"[12] erinnerte sich Königinwitwe Marie.

Verbunden fühlten sich die Ehepartner auch in ihrer tief empfundenen Frömmigkeit, obwohl Georg eher dem Luthertum verpflichtet war, während Marie pietistisch erzogen worden war. Großzügig förderte Königin Marie karitative Einrichtungen. Das Marienhospital in Osnabrück, das sie mit zahlreichen Spenden unterstützte, trägt ihren Namen. Ihre wichtigste Gründung in Hannover allerdings benannte Marie nach ihrer verstorbenen Großmutter Henriette, Herzogin von Württemberg (1780–1857). Ganz im Geist der Großmutter, die als ‚Diakonisse im Fürstengewand' galt, verwendete Marie deren Erbe zur Gründung der ersten Diakonissenanstalt in Hannover. Die Henriettenstiftung konnte 1860 eröffnet werden.

„Mein Salon in der Friedrichstraße": Wohn- und Empfangszimmer der Königin Marie im Residenzpalais, das das Königspaar von 1852 bis 1862 bewohnte.

Aquarell aus einem Sammelalbum der Königin, von ihr beschriftet.

Historisches Museum Hannover

Kinder

* Ernst August, Kronprinz von Hannover und 3. Herzog von Cumberland (1845–1923), heiratet 1878 Prinzessin Thyra von Dänemark
* Friederike (1848–1926), heiratet 1880 Alfons Freiherr von Pawel-Rammingen
* Mary (1849–1904)

1 Stüve an Frommann, Juli 1843, s. Vogel 1958, Nr. 662, S. 565 f.
2 Stüve an Pertz im Oktober 1850, s. Vogel 1960, Nr. 766a, S. 692, zitiert bei Brosius 1979, Anm. 45, S. 267.
3 Borchers 1882, S. 47.
4 Julius Hartmann in seinen „Erinnerungen eines Deutschen Offiziers", zitiert bei Brosius 1979, Anm. 45, S. 266.
5 Otto Borchers in seinen „Erinnerungen eines Hannoveraners", Borchers 1882, S. 48, zitiert bei Brosius 1979, Anm. 45, S. 267.
6 Marie an Georg V., 8.8.1866, s. Willis 1966, Nr. 36, S. 88. Anton Ludwig Carl Graf von Platen-Hallermund war seit 1855 auswärtiger Minister Georgs V. und in der Emigration einer der Köpfe der anti-preußischen Agitation.
7 Marie an Georg V., 15.8.1866, s. Willis 1966, Nr. 43, S. 97.
8 Borchers 1882, S. 47
9 So Otto Borchers in seinen „Erinnerungen eines Hannoveraners", zitiert bei Brosius 1979, Anm. 44, S. 266.
10 Viele Belege, stellvertretend Willis 1966, Nr. 38, 11.8.1866, S. 92.
11 Zitiert nach Steckhan 2008, S. 57 f. und Spitzbart 2003, S. 76.
12 So Emil Heß in seinen Lebenserinnerungen, zitiert nach Spitzbart 2003, S. 75.

Stammtafel der Herzöge, Kurfürsten und Könige von Hannover, Teil I

Neues Haus Lüneburg
Wilhelm d. J. (1535–92)

- Fünf ältere Söhne:
  - **Ernst** ♔ († 1611)
  - **Christian** ♔ († 1633)
  - **August** ♔ († 1636)
  - **Friedrich** ♔ († 1648)
  - **Magnus** († 1632)
- **Georg** ♔ (1582–1641), Fürst von Calenberg, *Seite 14*
  ∞ **Anna Eleonore von Hessen-Darmstadt** (1601–59), *Seite 18*
  - **Magdalene** (*/† 1618)
  - **Christian Ludwig** ♔ (1622–65), *Seite 22*
    ∞ **Dorothea von Holstein-Glücksburg** (1636–89), *Seite 26*
    ∞ (2) **Friedrich Wilhelm**, Kurfürst von Brandenburg (1636–89)
  - **Georg Wilhelm** ♔ (1624–1705), *Seite 28*
    ∞ **Eleonore Desmier d'Olbreuse** (1639–1722), *Seite 32*
    - (Tochter: ∞ Georg I. Ludwig, siehe unten: **Sophie Dorothea**)
  - **Johann Friedrich** ♔ (1625–79), *Seite 36*
    ∞ **Benedicta Henriette von Pfalz-Simmern** (1652–1730), *Seite 42*
    - Vier Töchter:
      - **Anne Sophie** (1670–72)
      - **Charlotte Felicitas** (1671–1710) — ∞ **Rinaldo III. d'Este** (1655–1737)
      - **Henriette Marie** (1672–73)
      - **Amalie Wilhelmine** (1673–1742) — ∞ **Joseph II.** (1678–1711), Römisch-Deutscher Kaiser
  - **Sophie Amalia** (1628–85)
    ∞ **Friedrich III.**, König von Dänemark (1609–70)
  - **Ernst August** ♔ (1629–98), *Seite 44*
    ∞ **Sophie von der Pfalz** (1630–1714), *Seite 52*
    - **Georg I. Ludwig** ♔ (1660–1727), *Seite 90*
      ∞ **Sophie Dorothea** (1666–1726), *Seite 94*
      - **Georg II.** ♔ (1683–1760), *Seite 116*
        ∞ **Caroline von Brandenburg-Ansbach** (1683–1737), *Seite 120*
        ↓ Siehe Stammtafel auf der nächsten Seite
- **Johann** († 1628)
- insgesamt acht Töchter

1. Generation

2. Generation

3. Generation

Dorothea Magdalene
Zwilling
Ernst Augusts
(1629–30)

Anna
(1630–36)

4. Generation

Friedrich August
(1661–90)

Maximilian Wilhelm
(1666–1726)

Sohn, tot geboren
Zwilling
(1666)

Sophie Charlotte
(1668–1705)
Seite 76
∞ **Friedrich**
(1657–1713)
Kurfürst von Brandenburg,
seit 1701
König von Preußen

Karl Philipp
(1669–90)

Christian Heinrich
(1671–1703)

Ernst August II.
(1674–1728)
Bischof von Osnabrück
Herzog von York und Albany
Seite 80

5. Generation

Sophie Dorothea
(1687–1757)
Seite 100
∞ **Friedrich Wilhelm**
(1688–1740)
König in Preußen

Stammtafel der Herzöge, Kurfürsten und Könige von Hannover, Teil II

Georg II.
(1683–1760)
Seite 116
∞ **Caroline von Brandenburg-Ansbach** (1683–1737)
Seite 120

Friedrich Ludwig
(1707–51)
Prince of Wales
Seite 130
∞ **Augusta von Sachsen-Gotha**
(1719–72)
Seite 134

Anne
(1709–59)
∞ **Wilhelm IV.**
Fürst von Nassau-Dietz
(1711–51)

Amelia Sophie
(1711–68)

Carolina Elisabeth
(1713–57)

Augustus Georg
(1716, tot geboren)

Georg Wilhelm
(1717–18)

Wilhelm August
Herzog von Cumberland
(1721–65)
Seite 138

Augusta
(1737–1813)
Seite 154
∞ **Karl II. Wilhelm Ferdinand**
Herzog von Braunschweig-Wolfenbüttel
(1735–1806)

Georg III.
(1683–1760)
Seite 142
∞ **Charlotte von Mecklenburg-Strelitz**
(1744–1818)
Seite 150

Eduard
(1739–67)
Herzog von York

Wilhelm Heinrich
(1743–1805)
Herzog von Gloucester
∞ **Maria**
(1739–1807)
Gräfin Waldegrave

Heinrich Friedrich
(1745–90)
Herzog von Cumberland
∞ **Anne Horton**
(1743–1808)

Louisa
(1749–68)

Caroline Mathilde
(1751–75)
Seite 158
∞ **Christian IV.**
König von Dänemark
(1749–1808)

Sophie Mathilda
(1773–1844)

Wilhelm Friedrich
(1776–1834)
Herzog von Gloucester

Georg IV.
(1762–1830)
Seite 186
∞ **Caroline von Braunschweig-Lüneburg**
(1768–1821)
Seite 192

Friedrich
(1763–1827)
Herzog von York
Seite 168
∞ **Friederike von Preussen**
(1767–1830)

Wilhelm IV.
(1765–1837)
Herzog von Clarence
Seite 216
∞ **Adelheid von Sachsen-Meiningen**
(1792–1849)
Seite 222

Charlotte
(1766–1828)

Eduard
(1767–1820)
Herzog von Kent
Seite 172
∞ **Victoria von Sachsen-Coburg-Saalfeld**
(1786–1861)
∞ (1) **Karl**
(1763–1814)
Fürst von Leiningen

Augusta
(1768–1840)

Charlotte
(1796–1817)
Prinzessin von Wales
Seite 198
∞ **Prinz Leopold**
(1790–1865)
Herzog von Sachsen-Coburg-Saalfeld

zwei Kinder

Victoria
(1819–1901)

5. Generation

6. Generation

Maria
(1722–72)
∞ **Friedrich II.**
Landgraf von
Hessen-Kassel
(1720–85)

Louisa
(1724–51)
∞ **Friedrich V.**
König von Dänemark
(1723–66)

7. Generation

8. Generation

Elisabeth
(1770–1840)

Ernst August ♕
(1771–1851)
Herzog von
Cumberland,
König von Hannover
Seite 230
∞ **Friederike von Mecklenburg-Strelitz**
(1683–1760)
Seite 236

Augustus
(1773–1843)
Herzog von Sussex
Seite 176

Adolph Friedrich
(1774–1850)
Herzog von
Cambridge
Seite 202
∞ **Augusta von Hessen-Kassel**
(1797–1889)
Seite 208

∞ **Marie**
(1776–1857)

Sophia
(1777–1848)

Octavius
(1779–83)

Amelia
(1783–1810)

Alfred
(1780–82)

9. Generation

Georg V. ♕
(1819–78)
König von Hannover
Seite 242
∞ **Marie von Sachsen-Altenburg**
(1818–1907)
Seite 248

drei Kinder

10. Generation

Ernst August
(*1923)
Herzog von
Cumberland

Stammtafel zur Thronfolge des Hauses Hannover in Großbritannien

Jakob I. ♕
(1566–1625)
∞ **Anne von Dänemark**
(1574–1619)

- **Heinrich**
  (1594–1612)
- **Karl I.** ♕
  (1600–49)
  ∞ **Henriette Marie de Bourbon**
  (1609–69)
  - **Karl II.** ♕
    (1630–85)
    ∞ **Katharina von Braganza**
    (1638–1705)
  - **Maria**
    (1631–60)
    ∞ **Wilhelm II. von Oranien**
    (1626–50)
    Stadthalter der Niederlande
  - **Jakob II.** ♕
    (1633–1701)
    ∞ (1) **Anne Hyde**
    (1637–71)
    ∞ (2) **Maria Beatrice von Modena**
    (1658–1718)
    - (1) **Maria** ♕
      (1662–94)
      ∞ **Wilhelm III. von Oranien** ♕
      (1650–1702)
      Stadthalter der Niederlande
    - (1) **Anne** ♕
      (1665–1714)
      ∞ **Georg**
      (1653–1708)
      Prinz von Dänemark
      - **Wilhelm**
        (1689–1700)
        Herzog von Gloucester
    - (1/2) weitere fünf Söhne und sechs Töchter aus beiden Ehen, jung verstorben
    - (2) **Jakob (III.)**
      (1688–1766)
  - **Elisabeth**
    (1635–50)
  - **Heinrich**
    (1640–60)
  - **Henriette Anne**
    (1644–70)
    Philipp I.
    Herzog von Orléans
    (1640–1701)

1. Generation

2. Generation

Elisabeth
(1596–1662)
∞ **Friedrich V.**
Kurfürst von der Pfalz
(1596–1632)

Friedrich Heinrich
(1614–29)

Karl Ludwig
(1617–80)
Kurfürst von der Pfalz
∞ **Charlotte von Hessen Kassel**
(1627–86)

weitere fünf Kinder:
Elisabeth
(1618–80)
Ruprecht
(1619–82)
Moritz
(1621–52)
Luise Hollandine
(1622–1709)
Ludwig
(1623–24)

Eduard
(1625–63)
∞ **Anna Gonzaga**
(1616–84)

weitere drei Kinder:
Henriette
(1626–51)
Philipp
(1627–50)
Charlotte
(1628–30)

Sophie von der Pfalz
(1630–1714)
Seite 52
∞ **Ernst August von Braunschweig-Lüneburg**
(1629–98)
Seite 44

Gustav Adolf
(1632–41)

3. Generation

4. Generation

(2)
Louisa Maria Theresa
(1692–1712)

Benedicta Henritte
(1652–1730)
Seite 42
∞ **Johann Friedrich von Braunschweig-Lüneburg**
(1625–79)
Seite 36

Anne
(1648–1723)
∞ **Henri Jules de Condé**
(1643–1709)

siehe Stammtafel auf der nächsten Seite

5. Generation

siehe Stammtafel auf Seite 252/253

Territorial-karten

Herzogtum Braunschweig-Lüneburg 1635

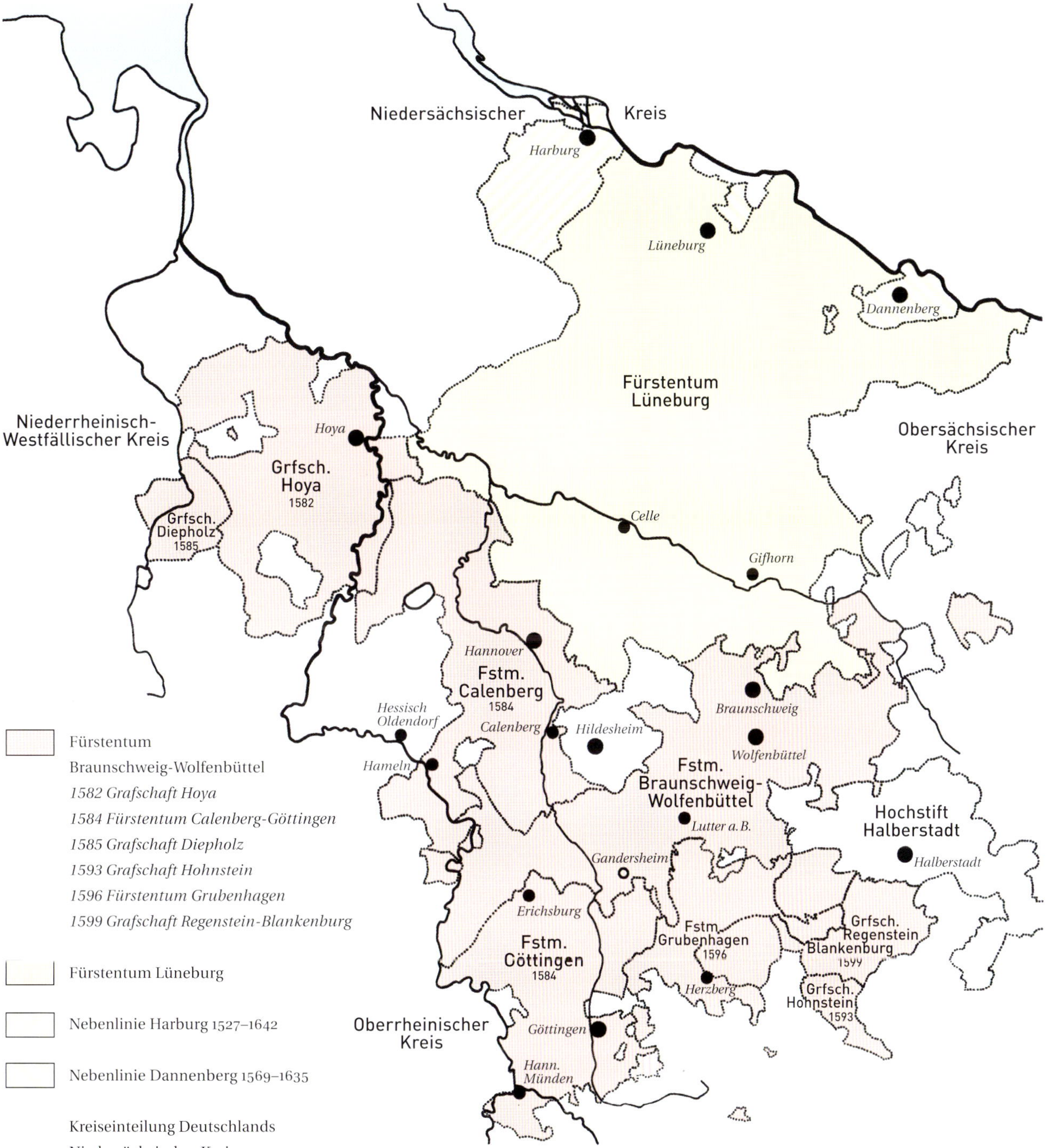

Fürstentum Braunschweig-Wolfenbüttel
1582 Grafschaft Hoya
1584 Fürstentum Calenberg-Göttingen
1585 Grafschaft Diepholz
1593 Grafschaft Hohnstein
1596 Fürstentum Grubenhagen
1599 Grafschaft Regenstein-Blankenburg

Fürstentum Lüneburg

Nebenlinie Harburg 1527–1642

Nebenlinie Dannenberg 1569–1635

Kreiseinteilung Deutschlands
Niedersächsischer Kreis:
Welfische Lande, Halberstadt, Magdeburg, Bremen, Hamburg, Holstein, Mecklenburg

Kurfürstentum Hannover 1714

Kurfürstentum Hannover

Kommunionharz

Herzogtum Braunschweig-Wolfenbüttel

Hochstift Osnabrück (Alternation)

Königreich Hannover 1815

Königreich Hannover

Herzogtum Braunschweig-Wolfenbüttel

Devisen

Dieu et mon droit (Gott und mein Recht)
Spruchband als Bestandteil des britischen Königswappens. König Ernst August und König Georg V. von Hannover übernahm diese Devise auch für sich.

Ich dien
Devise des Prinzen von Wales seit dem 14. Jahrhundert.

Honi soit qui mal y pense (Ein Schelm, der Böses dabei denkt)
Devise des Hosenbandordens, des vornehmsten englischen Ordens.

Nemo me impune lacessit (Niemand fordert mich ungestraft heraus)
Devise des Distelordens, des vornehmsten schottischen Ordens. Der Spruch erscheint auch auf dem britischen Wappen, wenn es in Schottland verwendet wird.

Nonne bona quae modesta (Nichts ist gut, was nicht bescheiden ist)
Motto der Prinzessin Sophie von der Pfalz, Kurfürstin von Hannover.

Verlasse nie einen Freund/Strebe, jedem Gerechtigkeit zu erweisen/Fürchte niemand
Kurfürst Georg Ludwig, später Georg I.

In recto decus (Im Recht ist Ehre)
Georg I.

Nec aspera terrent (Auch Widrigkeiten schrecken nicht)
Georg II., von Georg IV. für den 1815 gestifteten Guelphen-Orden und damit für das neue Königreich Hannover übernommen.

Vincit amor patriae (Die Liebe zum Vaterland siegt)
Georg III.

Suscipere et finire (In Angriff nehmen und zu Ende führen)
Ernst August, auch Motto des Ernst-August-Ordens.

Numquam retrorsum (Niemals zurück)
Georg V., auch Motto des Hannoverschen Georgs-Ordens

Grabstätten

Celle: Stadtkirche St. Marien
Die Fürstengruft in St. Marien wurde 1576 von Herzog Wilhelm dem Jüngeren angelegt. Dort fanden insgesamt 20 Särge Platz, darunter diejenigen von Georg von Calenberg und seiner Gemahlin Anna Eleonore von Hessen-Darmstadt, von Christian Ludwig und von Georg Wilhelm.

Nach dem Aussterben der Celler Linie im Jahr 1705 wurden hier noch Georg Wilhelms Gemahlin Eleonore d'Olbreuse und deren Tochter Sophie Dorothea, die geschiedene und verbannte Gattin Georgs I., bestattet sowie Caroline Mathilde, die Schwester Georgs III. und verbannte Königin von Dänemark.

Hannover: Gruft der Schlosskirche am Leineschloss
Dort ruhten Johann Friedrich, Kurfürst Ernst August und Sophie von der Pfalz sowie Georg I. (der als einziger britischer König außerhalb Großbritanniens bestattet ist). Die Sarkophage wurden 1957 in das Mausoleum im Berggarten in Herrenhausen überführt.

London: Westminster Abbey (Kapelle Heinrichs VIII.)
Georg II. und Caroline von Ansbach

Windsor: Georgskapelle auf Schloss Windsor
Georg III. und Charlotte von Mecklenburg-Strelitz, Georg IV., seine Tochter Charlotte, Prinzessin von Wales, Wilhelm IV. und Adelheid von Sachsen-Meiningen, Georg V., König von Hannover

Braunschweig: Fürstengruft im Dom St. Blasius
Caroline von Braunschweig-Lüneburg, Gemahlin Georgs IV.

Kew/London
Adolph Friedrich, Herzog von Cambridge, Vizekönig von Hannover

Hannover: Mausoleum im Berggarten in Herrenhausen
Ernst August und Friederike von Mecklenburg-Strelitz

Gmunden: Mausoleum des Schlossess Cumberland
Marie von Sachsen-Altenburg

Innenansicht des Mausoleums im Berggarten in Hannover mit den Sarkophagen von Königin Friederike und König Ernst August

Nach dem Tod der Königin im Jahr 1841 ließ Ernst August das Mausoleum durch Georg Ludwig Friedrich Laves (1788–1864) erbauen.

Sarkophag der Königin von Christian Daniel Rauch (1777–1857), Marmor, 1844–47, Sarkophag des Königs Werkstatt Rauchs, Marmor, 1852–1855

Aufnahme um 1935

Historisches Museum Hannover

Literatur

Die Bibliografie erhebt keinen Anspruch auf Vollständigkeit, ist aber für die Biografien der weniger intensiv bearbeiteten Personen so umfassend wie möglich. Bei Regenten, zu denen besonders zahlreiche Untersuchungen vorliegen, vor allem sind hier Georg III. und Georg IV. zu nennen, wurde eine Auswahl getroffen. Im Prinzip soll jede Biografie und damit auch die zugehörige Bibliografie für sich stehen können. Um jedoch allzu viele Mehrfachnennungen zu vermeiden, tauchen die Monografien zu den Regenten in den Literaturlisten zu ihren (Ehe-)Frauen und Nachkommen nicht noch einmal auf. Hin und wieder muss also zurück-, im Einzelfall auch vorgeblättert werden, um einen Titel nachzuschlagen. So sind beispielsweise wichtige Informationen zu den Söhnen Georgs III. auch in den Monografien zu diesem sowie zu Georg IV. zu finden; Frauen sind manchmal ausschließlich in den Arbeiten über ihre Ehepartner mit berücksichtigt.

Die Anordnung der Titel ist chronologisch. Historische Texte wie etwa die Memoiren Lord Herveys sind mit Angabe der Jahreszahl ihrer (Neu-)Ausgabe unter ihrem Entstehungsdatum eingeordnet.

Einige Titel wurden für nahezu jeden Artikel zu Rate gezogen und stehen darum am Anfang:

Alheidis von Rohr mit Beiträgen von Waldemar Röhrbein und Georg Schnath: Niedersächsische Landesgeschichte im Historischen Museum Hannover. Katalog. Hannover 1985.

Waldemar Röhrbein, Alheidis von Rohr: Heil unserm König! Herzöge, Kurfürsten, Könige in Hannover (=Schriften des Historischen Museums Hannover, 7). Hannover 1995.

Dirk Böttcher, Klaus Mlyneck, Waldemar Röhrbein, Hugo Thielen: Hannoversches biographisches Lexikon: von den Anfängen bis zur Gegenwart. Hannover 2002.

Nicht eigens ausgewiesen sind auch:

Carl Eduard Vehse: Geschichte der Höfe des Hauses Braunschweig in Deutschland und England. Die Hofhaltungen zu Hannover, London und Braunschweig (= Geschichte der deutschen Höfe seit der Reformation, 18). 1. Teil. Hamburg 1853.

Carl Ernst von Malortie: Beiträge zur Geschichte des Braunschweig-Lüneburgischen Hauses und Hofes. 7 Hefte, Hannover 1860–1884.

Auf die einzelnen Bände von Georg Schnaths „Geschichte Hannovers im Zeitalter der neunten Kur und der englischen Sukzession" wird dagegen jeweils verwiesen.

Auf Abkürzungen wurde verzichtet, mit Ausnahme von

ADB	Allgemeine deutsche Biografie,
NDB	Neue deutsche Biografie,
ODNB	Oxford Dictionary of National Biography.

Erben und teilen: Welfenlande

Wilhelm Havemann: Geschichte der Lande Braunschweig und Lüneburg. 3 Bände, Göttingen 1853–1857.

Heinrich Böttger: Die allmähliche Entstehung der jetzigen welfischen Lande des Königreichs Hannover und Herzogthums Braunschweig. Hannover 1858.

Carl Ernst von Malortie: Die Anfänge des Welfischen Hauses und seine Besitzungen und Erbtheilungen. In: Ders.: Beiträge zur Geschichte des Braunschweig-Lüneburgischen Hauses und Hofes. Heft 7, Hannover 1884, S. 1–74.

Edgar Kalthoff, Alheidis von Rohr: Calenberg. Von der Burg zum Fürstentum (1300–1700). Hannover 1979, S. 7 f.

Gudrun Pischke: Die Landesteilungen der Welfen im Mittelalter. Hildesheim 1987.

Karl Otto Körber: Niedersachsen. Landkarten und Geschichte von den Anfängen bis in die Gegenwart. Mit Beiträgen von Peter Aufgebauer und Egon Klemp (= Veröffentlichungen des Instituts für Historische Landesforschung der Universität Göttingen, 50). Bielefeld 2007.

Georg von Calenberg

Friedrich von der Decken: Herzog Georg von Braunschweig und Lüneburg. Beiträge zur Geschichte des Dreißigjährigen Krieges nach den Originalquellen des Königlichen Archivs zu Hannover. 4 Bände. Hannover 1833 und 1834.

Friedrich Steger: Herzog Georg. In: Ders. (Hrsg.): Das Haus der Welfen. Beiträge zur Geschichte der Lande Braunschweig und Hannover in Biografien der ausgezeichnetsten Regenten. Braunschweig 1843, S. 238–264.

Karl Jannicke: Georg. In: ADB, Bd. 8. Leipzig 1878, S. 629–634.

Wilhelm von Wersebe: Die Geschichte der hannoverschen Armee. Hannover 1928.

Georg Schnath: Das Leineschloss. Kloster, Fürstensitz, Landtagsgebäude. Mit Beiträgen von Rudolf Hillebrecht und Helmut Plath. Hannover 1962.

Georg Schnath: Georg, Herzog von Braunschweig-Lüneburg. In: NDB, Bd. 6. Berlin 1964, S. 207 f.

Edgar Kalthoff, Alheidis von Rohr: Calenberg. Von der Burg zum Fürstentum (1300–1700). Hannover 1979, S. 7 f.

zusätzlich zu:

Anna Eleonore von Hessen Darmstadt

Carl Ernst von Malortie: Die Vermählung der Herzogin Anna Eleonore, Tochter des Landgrafen Ludwig V. von Hessen-Darmstadt, mit dem Herzog Georg von Braunschweig-Lüneburg. In: Ders.: Beiträge zur Geschichte des Braunschweig-Lüneburgischen Hauses und Hofes, H. 5, Hannover 1866, S. 1–12.

Adolf Köcher: Geschichte von Hannover und Braunschweig 1648–1714. Erster Theil: 1648–1668 (= Publicationen aus den K. Preußischen Staatsarchiven, 20). 1884. Nachdruck Osnabrück 1966.

Christian Ludwig

Carl Gustav Hille: Der teutsche Pambaum. Nürnberg 1647. Nachdruck München 1970 (= Die Fruchtbringende Gesellschaft. Hrsg. v. Martin Bircher, Bd. 2).

Sauer: Christian Ludwig. In: ADB, Bd. 6. Leipzig 1876, S. 163–164.

Michael Reimann: Der Goslarer Frieden von 1642 (= Quellen und Darstellungen zur Geschichte Niedersachsens, 90). Hildesheim 1979.

Klaus Conermann: Die Mitglieder der Fruchtbringenden Gesellschaft 1617–1650. 527 Biografien. Leipzig 1985, S. 433–435.

Christine van den Heuvel: Christian Ludwig – Herzog von Braunschweig und Lüneburg (1662–1665): Regierung und Hof. In: Brigitte Streich (Hrsg.): Stadt – Land – Schloss. Celle als Residenz. Begleitband zur Ausstellung (= Celler Beiträge zur Landes- und Kulturgeschichte. Schriftenreihe des Stadtarchivs und des Bomann-Museums, 29). Bielefeld 2000, S. 87–96.

Christine van den Heuvel: Die fürstliche Jagd. In: Brigitte Streich (Hrsg.): Stadt – Land – Schloss. Celle als Residenz. Begleitband zur Ausstellung (= Celler Beiträge zur Landes- und Kulturgeschichte. Schriftenreihe des Stadtarchivs und des Bomann-Museums, 29). Bielefeld 2000, S. 163–168.
Brigitte Streich: Celle als Residenz der Herzöge von Braunschweig-Lüneburg. In: Brigitte Streich (Hrsg.): Stadt – Land – Schloss. Celle als Residenz. Begleitband zur Ausstellung (= Celler Beiträge zur Landes- und Kulturgeschichte. Schriftenreihe des Stadtarchivs und des Bomann-Museums, 29). Bielefeld 2000, S. 57–86.
Antje Stannek: Telemachs Brüder. Die höfische Bildungsreise des 17. Jahrhunderts. Frankfurt 2001.
Juliane Schmieglitz-Otten, Kathrin Umbach (Hrsg.): Die barocken Staatsgemächer im Celler Schloss. Celle 2005.

zusätzlich zu:
Dorothea Sophie von Holstein-Sonderburg-Glücksburg

Karl Friedrich Goeschel: Dorothea Kurfürstin und Markgräfin zu Brandenburg. Berlin 1842.
William Pierson: Kurfürstin Dorothea. Berlin 1886.
Barbara Beuys: Der Große Kurfürst. Der Mann, der Preußen schuf. Reinbek 1979.
Erika Schachinger: Dorotheenstadt 1673–1708. Eine Berliner Vorstadt (= Veröffentlichungen aus den Archiven Preußischer Kulturbesitz, 9). Köln, Weimar, Wien 2001.
Gerhild Komander: ABC Frauen in Berlin: Kurfürstin Dorothea (www.gerhildkomander.de/content/view/198/260/). 2008.

Georg Wilhelm

Heinrich Christian Heimbürger: Georg Wilhelm, Herzog von Braunschweig und Lüneburg. Celle 1852.
Henri Tollin: Die Hugenotten am Hofe zu Lüneburg und das Edikt Georg Wilhelms. Magdeburg 1898.
Georg Schnath: Der letzte Heideherzog. Georg Wilhelm von Celle und seine Zeit (1624–1705). In: Niedersachsen, 38, 1933, S. 163–171. Nachgedruckt in: Ders.: Streifzüge durch Niedersachsens Vergangenheit. Hildesheim 1968, S. 82–94.
Jürgen Prüser: Die Göhrde. Ein Beitrag zur Geschichte des Jagd- und Forstwesens in Niedersachsen (=Quellen und Darstellungen zur Geschichte Niedersachsens, 74). Hildesheim 1969.
Andreas Flick: Gregorio Leti und sein Bericht über den Celler Hof aus dem Jahre 1687. In: Celler Chronik, 8, 1998, S. 63–102.
Gernot Fischer: Celler Baudenkmale (= Celler Beiträge zur Landes- und Kulturgeschichte. Schriftenreihe des Stadtarchivs und des Bomann-Museums, 28). Celle 2000.
Brigitte Streich (Hrsg.): Stadt – Land – Schloss. Celle als Residenz. Begleitband zur Ausstellung (= Celler Beiträge zur Landes- und Kulturgeschichte. Schriftenreihe des Stadtarchivs und des Bomann-Museums, 29). Celle 2000.
Christine van den Heuvel: Die fürstliche Jagd. In: Brigitte Streich (Hrsg.): Stadt – Land – Schloss. Celle als Residenz. Begleitband zur Ausstellung (= Celler Beiträge zur Landes- und Kulturgeschichte. Schriftenreihe des Stadtarchivs und des Bomann-Museums, 29). Celle 2000, S. 163–168.
Antje Stannek: Telemachs Brüder. Die höfische Bildungsreise des 17. Jahrhunderts. Frankfurt 2001.
Juliane Schmieglitz-Otten, Kathrin Umbach (Hrsg.): Die barocken Staatsgemächer im Celler Schloss. Celle 2005.
Andreas Flick, Sabine Maehnert (Hrsg.): Beiträge zum 300. Todestag Herzog Georg Wilhelms von Braunschweig-Lüneburg (1624–1705) (= Celler Chronik, 12). Celle 2005.
Carl-Hans Hauptmeyer: Georg Wilhelm, Herzog zu Braunschweig und Lüneburg. In: Jürgen Gansäuer (Hrsg.): Landesgeschichte im Landtag. Hannover 2007.

zusätzlich zu:
Eleonore d'Olbreuse

Horric de Beaucaire, Charles Prosper Maurice: Die letzte Herzogin von Celle Eleonore Desmier d'Olbreuze 1665–1725. Hannover 1886.
Adolf Köcher: Denkwürdigkeiten der Herzogin Eleonore. In: Zeitschrift des Historischen Vereins für Niedersachsen, 1878, S. 25 ff.
Adolf Köcher (Hrsg.): Memoiren der Herzogin Sophie nachmals Kurfürstin von Hannover. Leipzig 1879.
Eduard Bodemann (Hrsg.): Briefwechsel der Herzogin Sophie von Hannover mit ihrem Bruder, dem Kurfürsten Karl Ludwig von der Pfalz. 1885. Nachdruck Osnabrück 1966.
Eduard Bodemann: Neue Beiträge zur Geschichte der Cellischen Herzogin Eleonore, geb. d'Olbreuse. In: Zeitschrift des Historischen Vereins für Niedersachsen, 1887, S. 195–241.
Eduard Bodemann (Hrsg.): Elisabeth Charlotte von Orléans. Aus den Briefen an die Kurfürstin Sophie von Hannover. 2 Bände, Hannover 1891. Nachdruck Hildesheim 2003.
Renate du Vinage: Ein vortreffliches Frauenzimmer. Das Schicksal von Eleonore Desmier d'Olbreuse (1639–1772), der letzten Herzogin von Braunschweig-Lüneburg-Celle. Berlin 2000.
Andreas Flick, Angelika Hack, Sabine Maehnert: Hugenotten in Celle. Katalog zur Ausstellung im Celler Schloss 1994. Celle 1994.
Andreas Flick: „Der Celler Hof, so sagt man, ist ganz französisch". Hugenotten am Hof und beim Militär Herzog Georg Wilhelms von Braunschweig-Lüneburg. In: Andreas Flick, Sabine Maehnert (Hrsg.): Beiträge zum 300. Todestag Herzog Georg Wilhelms von Braunschweig-Lüneburg (1624–1705) (= Celler Chronik, 12). Celle 2005, S. 65–98.

Johann Friedrich

Justa Funebria: Serenissimo Principi Joanni Friderico Brunsvicensium et Luneburge [mit den „Personalia" von Johann Gottfried Leibniz]. 1664.
Adolf Köcher: Johann Friedrich. In: ADB, Bd. 14. Leipzig 1881, S. 177–181.
Adolf Köcher: Geschichte von Hannover und Braunschweig 1648–1714. Erster Teil (1648–1668). 1884. Reprint Osnabrück 1966.
Eduard Bodemann (Hrsg.): Briefwechsel der Herzogin Sophie von Hannover mit ihrem Bruder, dem Kurfürsten Karl Ludwig von der Pfalz (= Publicationen aus den Königl. Preußischen Staatsarchiven, 26). 1885. Reprint Osnabrück 1966.
Adolf Köcher: Geschichte von Hannover und Braunschweig 1648–1714. Zweiter Teil (1668–1674). 1895. Reprint Osnabrück 1965.

Robert Geerds (Hrsg.): Die Mutter der Könige von Preußen und England. Memoiren und Briefe der Kurfürstin Sophie von Hannover. München, Leipzig 1913.
Georg Schnath: Geschichte Hannovers im Zeitalter der neunten Kur und der englischen Sukzession 1674–1714. 4 Bände, bes. Bd. 1. Hildesheim, Leipzig 1938.
Udo von Alvensleben, Hans Reuther: Herrenhausen. Die Sommerresidenz der Welfen. Hannover 1966.
Waldemar Röhrbein: Der Wappentisch des Herzogs Johann Friedrich. In: Niederdeutsche Beiträge zur Kunstgeschichte, 7, 1968, S. 197–204.
Georg Schnath: Johann Friedrich. In: NDB, Bd. 10. Berlin 1974, S. 478–479.
Waldemar Röhrbein: Die Schlosskirche wird katholisch. In: Hans Werner Dannowski, Waldemar Röhrbein (Hrsg.): Geschichten um Hannovers Kirchen. Studien, Bilder, Dokumente. Hannover 1983, S. 166–169.
Annette von Stieglitz: Landesherr und Stände zwischen Konfrontation und Kooperation. Die Innenpolitik Herzog Johann Friedrichs im Fürstentum Calenberg 1665–1679 (= Veröffentlichungen der Historischen Kommission für Niedersachsen und Bremen, 24). Hannover 1994.
Jill Bepler: Ansichten eines Staatsbegräbnisses. Funeralwerke und Diarien als Quelle zeremonieller Praxis. In: Jörg Jochen Berns, Thomas Rahn (Hrsg.): Zeremoniell als höfische Ästhetik in Spätmittelalter und früher Neuzeit. Tübingen 1995, S. 183–197.
Renate du Vinage: Ein vortreffliches Frauenzimmer. Das Schicksal von Eleonore Desmier d'Olbreuse (1639–1772), der letzten Herzogin von Braunschweig-Lüneburg-Celle. Berlin 2000.
Anne Kathrin Henkel: Ein Kaiser zwischen Kunst und Kloster. Herzog Johann Friedrich und die höfische Kultur in Hannover (1665–1679). In: Thomas Schwark (Hrsg.): Ehrgeiz, Luxus und Fortune. Hannovers Weg zu Englands Krone. Ausstellung des Historischen Museums Hannover 2001. Hannover 2001, S. 98–111.
Antje Stannek: Telemachs Brüder. Die höfische Bildungsreise des 17. Jahrhunderts. Frankfurt 2001.
Manfred von Boetticher: Warumb wilt du nicht Römisch-Catholisch werden? Hannover unter Herzog Johann Friedrich (1665–1679) und der lutherische Generalissimus-Superintendent Justus Gesenius. In: Rainer Hering, Hans Otte, Johann Anselm Steiger: Gottes Wort ins Leben verwandeln. Perspektiven der (nord-)deutschen Kirchengeschichte. Festschrift für Inge Mager zum 65. Geburtstag. Hannover 2005, S. 227–256.

zusätzlich zu:

Benedicta Henriette von Pfalz-Simmern

Eduard Bodemann (Hrsg.): Aus den Briefen der Herzogin Elisabeth Charlotte von Orléans an die Kurfürstin Sophie von Hannover. Ein Beitrag zur Kulturgeschichte des 17. und 18. Jahrhunderts. 2 Bände. Hannover 1891. Reprint Hildesheim 2003.
Anna Wendland: Benedicta Henriette, Herzogin von Hannover. In: Zeitschrift des Historischen Vereins für Niedersachsen, 56. 1901, S. 1–11.
Georg Schnath: Geschichte Hannovers im Zeitalter der neunten Kur und der englischen Sukzession 1674–1714. 4 Bände; bes. Bd. 1, Hildesheim, Leipzig 1938 und Bd. 2, Hildesheim 1976.
René Pillorget: Die Kinder Friedrichs V. von der Pfalz in Frankreich: Philipp, Eduard und Hollandine. In: Zeitschrift für bayerische Landesgeschichte, 44. 1981, S. 257–268.
Alheidis von Rohr: Die Pfalz-Kinder. In: Peter Wolf u. a. (Hrsg.): Der Winterkönig. Friedrich V. Der letzte Kurfürst aus der oberen Pfalz. Ausstellung Amberg, Heidelberg, Prag, Den Haag 2003. Augsburg 2003, S. 208–219.

Ernst August

Carl Ernst von Malortie: Der Hannoversche Hof unter dem Kurfürsten Ernst August und der Kurfürstin Sophie. Hannover 1884.
Eduard Bodemann (Hrsg.): Briefwechsel der Herzogin Sophie von Hannover mit ihrem Bruder, dem Kurfürsten Karl Ludwig von der Pfalz (= Publicationen aus den K. Preußischen Staatsarchiven, 26). 1885. Reprint Osnabrück 1966.
Anna Wendland (Hrsg.): Briefe des Kurfürsten Ernst August von Hannover an seine Gemahlin, die Kurfürstin Sophie. In: Niedersächsisches Jahrbuch, 7, 1930, S. 206–64.
Georg Schnath: Ernst August und Sophie. Aus den Anfängen des Osnabrücker Residenzschlosses. Festschrift aus Anlass der Wiederherstellung des ehemaligen fürstbischöflichen Schlosses in Osnabrück. Osnabrück 1931.
Georg Schnath: Geschichte Hannovers im Zeitalter der neunten Kur und der englischen Sukzession 1674–1714. 4 Bände, bes. Bd. 1, Hildesheim, Leipzig 1938.
Georg Schnath: Ernst August. In: NDB, Bd. 4. Berlin 1959, S. 608–609.
Georg Schnath: Das Leineschloss. Kloster, Fürstensitz, Landtagsgebäude. Mit Beiträgen von Rudolf Hillebrecht und Helmut Plath. Hannover 1962.
Alheidis von Rohr: Sophie Kurfürstin von Hannover (1630–1714). Begleitheft zur Ausstellung im Historischen Museum Hannover. Hannover 1980.
Alheidis von Rohr: Bildnisse der Sophie von der Pfalz und des Kurfürsten Ernst August von Hannover. In: Niederdeutsche Beiträge zur Kunstgeschichte, 20, 1981. S. 127–150.
Rolf Schneider: Ernst August von Braunschweig-Lüneburg im Spiegel seiner Münzen und Medaillen. Katalog der Ausstellung zur 325jährigen Wiederkehr seines Regierungsantritts als Fürstbischof von Osnabrück. Osnabrück 1987.
Christine van den Heuvel: Ernst August I. In: Rainer Hehemann (Hrsg.): Biographisches Handbuch zur Geschichte der Region Osnabrück. Bramsche 1990, S. 78.
Franz-Joachim Verspohl (Hrsg.): Das Osnabrücker Schloss. Stadtresidenz – Villa – Verwaltungssitz. Bramsche 1991.
Anton Schindling: Ernst August I. von Braunschweig-Lüneburg (1629–1698). Ein Aufsteiger im barocken Reich. In: Franz-Joachim Verspohl (Hrsg.): Das Osnabrücker Schloss. Stadtresidenz – Villa – Verwaltungssitz. Bramsche 1991, S. 35–54.
Christine van den Heuvel: Das Osnabrücker Schloss. Quellen zur Baugeschichte, Hofhaltung und Gartenanlage im Hauptstaatsarchiv Hannover. In: Osnabrücker Mitteilungen, 98, 1993, S. 87–113.
Heiko Lass: Das Residenzschloss im 17. Jahrhundert im Heiligen Römischen Reich Deutscher Nation und die Schlösser in Iburg und Osnabrück. In: Susanne Tauss (Hrsg.): Der Rittersaal der Iburg. Zur fürstbischöflichen Residenz Franz Wilhelms von Wartenberg. Tagungsband (= Kulturregion Osnabrück, 26). Osnabrück 2007.

zusätzlich zu:
Sophie von der Pfalz

Johann G. H. Feder: Sophie Churfürstin von Hannover im Umriss. Hannover 1810.

Onno Klopp (Hrsg.): Correspondance de Leibniz avec l'électrice Sophie. 3 Bände. Hannover 1874.

Adolf Köcher: Die Memoiren der Herzogin Sophie, nachmals Kurfürstin von Hannover (= Publicationen aus den K. Preußischen Staatsarchiven, 4). Leipzig 1879.

Eduard Bodemann: Briefe an den kurhannoverschen Minister Albrecht Philipp von dem Bussche von der Herzogin [Kurfürstin] Sophie, der Erbprinzeß Sophie Dorothea [Herzogin von Ahlden], der Äbtissin von Herford, Elisabeth von der Pfalz, Leibniz und der Frau von Harling, aus den Jahren 1677–1696. In: Zeitschrift des Historischen Vereins für Niedersachsen, 47, 1882, S. 129–214.

Eduard Bodemann (Hrsg.): Briefwechsel der Herzogin Sophie von Hannover mit ihrem Bruder, dem Kurfürsten Karl Ludwig von der Pfalz (= Publicationen aus den K. Preußischen Staatsarchiven, 26). 1885. Reprint Osnabrück 1966.

Eduard Bodemann: Herzogin Sophie von Hannover. Ein Lebens- und Culturbild des 17. Jahrhunderts. Leipzig 1887.

Eduard Bodemann (Hrsg.): Briefe der Kurfürstin Sophie von Hannover an die Raugräfinnen und Raugrafen zu Pfalz (= Publicationen aus den K. Preußischen Staatsarchiven, 37). 1888. Reprint Osnabrück 1966.

Eduard Bodemann (Hrsg.): Aus den Briefen der Herzogin Elisabeth Charlotte von Orléans an die Kurfürstin Sophie von Hannover. Ein Beitrag zur Kulturgeschichte des 17. und 18. Jahrhunderts. 2 Bände. Hannover 1891. Reprint Hildesheim 2003.

Adolf Köcher: Sophie, Herzogin zu Braunschweig-Lüneburg. In: ADB, Bd. 34. Leipzig 1892, S. 665–671.

Richard Fester: Kurfürstin Sophie von Hannover. Hamburg 1893.

Adolphus William Ward: The Electress Sophie and the Hanoverian Succession. London 1903.

Hermann Schmidt: Die Kurfürstin Sophie von Hannover. In: Hannoversche Geschichtsblätter, 6, 1903, S. 154–189 [auch erschienen als: Veröffentlichungen zur niedersächsischen Geschichte, 5]. Hannover 1903.

Richard Doebner (Hrsg.): Briefe der Königin Sophie Charlotte von Preußen und der Kurfürstin Sophie von Hannover an hannoversche Diplomaten (= Publicationen aus den K. Preußischen Staatsarchiven, 79). 1905. Reprint Osnabrück 1965.

Robert Geerds (Hrsg.): Die Mutter der Könige von Preußen und England. Memoiren und Briefe der Kurfürstin Sophie von Hannover. München, Leipzig 1913.

Georg Schnath (Hrsg.): Briefwechsel der Kurfürstin Sophie von Hannover mit dem Preußischen Königshause. Berlin, Leipzig 1927.

Anna Wendland: Briefe des Kurfürsten Ernst August von Hannover an seine Gemahlin, die Kurfürstin Sophie. In: Niedersächsisches Jahrbuch für Landesgeschichte, 7, 1930, S. 206–264.

Anna Wendland: Die Heidelberger Beziehungen der Kurfürstin Sophie von Hannover. In: Neue Heidelberger Jahrbücher, NF 1930, S. 49–74.

Georg Schnath: Ernst August und Sophie. Aus den Anfängen des Osnabrücker Residenzschlosses. Festschrift aus Anlass der Wiederherstellung des ehemaligen fürstbischöflichen Schlosses in Osnabrück. Osnabrück 1931.

Francis Evans Baily: Sophia of Hanover and Her Times. London 1936.

Anna Wendland: Prinzenbriefe zum hannoverschen Primogeniturstreit 1685–1701 (= Quellen und Darstellungen zur Geschichte Niedersachsens, 46). Hildesheim, Leipzig 1937.

Mathilde Knoop: Kurfürstin Sophie von Hannover (= Veröffentlichungen der Historischen Kommission für Niedersachsen und Bremen, 32; Niedersächsische Biografien, 1). Hildesheim 1964.

Maria Kroll: Sophie, Electress of Hanover. A personal portrait. London 1973.

Henning Rischbieter: Hannoversches Lesebuch. Bd. 1: 1650–1850. Hannover 1975, S. 16–21 und S. 60 f.

Paula Sutter Fichtner: Protestantism and Primogenitur in Early Modern Germany. New Haven, London 1989.

Alheidis von Rohr: Sophie Kurfürstin von Hannover (1630–1714). Begleitheft zur Ausstellung im Historischen Museum Hannover. Hannover 1980.

Alheidis von Rohr: Bildnisse der Sophie von der Pfalz und des Kurfürsten Ernst August von Hannover. In: Niederdeutsche Beiträge zur Kunstgeschichte, 20, 1981, S. 127–150.

Alheidis von Rohr: Sophie Kurfürstin von Hannover (1630–1714). Standesbewusst und lebensklug. In: Hiltrud Schroeder (Hrsg.): Sophie und Co. Bedeutende Frauen Hannovers. Hannover 1990, S. 29–44.

Carl Möller: Sophie von der Pfalz. „Madame d'Osnabruc" und Garantin der Erhöhung des Welfenhauses. In: Franz-Joachim Verspohl (Hrsg.): Das Osnabrücker Schloss. Stadtresidenz – Villa – Verwaltungssitz. Bramsche 1991, S. 117–130.

Ute Daniel: Zwischen Zentrum und Peripherie der Hofgesellschaft. Zur biographischen Struktur eines Fürstinnenlebens der frühen Neuzeit am Beispiel der Kurfürstin Sophie von Hannover. In: L'homme. Zeitschrift für feministische Geschichtswissenschaft, 8, 1997, Heft 2, S. 208–218.

Christine van den Heuvel: Sophie von der Pfalz (1630–1714) und ihre Tochter Sophie Charlotte (1668–1705). In: Kerstin Merkel, Heide Wunder (Hrsg.): Deutsche Frauen der frühen Neuzeit. Dichterinnen, Malerinnen, Mäzeninnen. Darmstadt 2000, S. 77–84.

Christine van den Heuvel: Eine Ehe mit Kalkül und Fortune: Das Herrscherpaar Ernst August und Sophie von Hannover. In: Thomas Schwark (Hrsg.): Ehrgeiz, Luxus und Fortune. Hannovers Weg zu Englands Krone. Ausstellung des Historischen Museums Hannover 2001. Hannover 2001, S. 36–49.

Thomas Schwark: Fortschritt oder Unrecht? Der Streit der Söhne um das Erbe im Fürstentum Hannover. In: Thomas Schwark (Hrsg.): Ehrgeiz, Luxus und Fortune. Hannovers Weg zu Englands Krone. Ausstellung des Historischen Museums Hannover 2001. Hannover 2001, S. 50–67.

Gerd van den Heuvel: Theorie ohne Praxis. Leibniz' Rolle in der Politik des Hauses Hannover. In: Thomas Schwark (Hrsg.): Ehrgeiz, Luxus und Fortune. Hannovers Weg zu Englands Krone. Ausstellung des Historischen Museums Hannover 2001. Hannover 2001, S. 84–97.

Britta Hegeler: Sophie von Hannover – ein Fürstinnenleben im Barock. In: Niedersächsisches Jahrbuch für Landesgeschichte, 74, 2002, S. 147–188.

Silke Lesemann: Die „Mutter der Könige" und der englische Thron. Kurfürstin Sophie von Hannover. In: Martina Schattkowsky (Hrsg.): Witwenschaft in der frühen Neuzeit. Fürstliche und adlige Witwen zwischen Fremd- und Selbstbestimmung (= Schriften zur sächsischen Geschichte und Volkskunde, 6). Leipzig 2003, S. 249–262.

ALHEIDIS VON ROHR: Die Pfalz-Kinder. In: PETER WOLF u. a. (Hrsg.): Der Winterkönig. Friedrich V., der letzte Kurfürst aus der Oberen Pfalz. Ausstellung Amberg, Heidelberg, Prag, Den Haag 2003. Augsburg 2003, S. 208–219.

JEREMY BLACK: Sophie, princess palatine of the Rhine. In: ODNB, Bd. 31. London 2004, S. 638–639.

HEIKE TALKENBERGER: Selbstverständnis und bildliche Repräsentation bei Sophie von Hannover und Wilhelmine von Bayreuth. In: GABRIELE BAUMBACH, CORDULA BISCHOFF (Hrsg.): Frau und Bildnis 1600–1750. Barocke Repräsentationskultur an europäischen Fürstenhöfen. Kassel 2003, S. 133–160.

KARIN FEUERSTEIN-PRASSER: Sophie von Hannover (1630–1714). „Wenn es die Frau Kurfürstin nicht gäbe …". Regensburg 2004.

STEPHANIE HEILEMANN: Das Leben und politische Wirken der Fürstin Sophie von Hannover (1630–1714). In: HEIDE BARMEYER (Hrsg.): Hannover und die englische Thronfolge. Bielefeld 2005, S. 113–140.

CHRISTINE VAN DEN HEUVEL: Frauen der Welfen: Kurfürstin Sophie, Sophie Charlotte und Sophie Dorothea. In: JÜRGEN GANSÄUER (Hrsg.): Landesgeschichte im Landtag. Hannover 2007, S. 674–680.

MARK A. PETERSON: Theopolis Americana: The City-State of Boston, the Republic of Letters, and the Protestant International, 1689–1739. In: BERNARD BAILYN (Hrsg.): Soundings in Atlantic History: Latent Structures and Intellectual Currents, 1500–1830. Harvard University Press 2009.

zusätzlich zu:
DIE KURWÜRDE FÜR DAS WELFENHAUS

FRIEDA FREIIN VON ESEBECK: Die Begründung der hannoverschen Kurwürde (=Quellen und Darstellungen zur Geschichte Niedersachsens, 43). Hildesheim 1935.

ANNETTE VON STIEGLITZ: Der teuerste Hut des Reiches. Hannovers Ringen um die Kurwürde. In: THOMAS SCHWARK (Hrsg.): Ehrgeiz, Luxus und Fortune. Hannovers Weg zu Englands Krone. Ausstellung des Historischen Museums Hannover 2001. Hannover 2001, S. 68–83.

zusätzlich zu:
CLARA ELISABETH VON PLATEN, GEB. VON MEYSENBUG

Fredegunde, oder Denkwürdigkeiten zur geheimen Geschichte des Hannöverschen Hofes. Berlin 1825.

FRIEDRICH MATTHIAS GOTTFRIED CRAMER: Denkwürdigkeiten der Gräfin Maria Aurora Königsmark und der Königsmarkschen Familie nach bisher unbekannten Quellen. Bd. 1, Leipzig 1836.

PAUL GERHARD ZEIDLER: Elisabeth von Platen, eine deutsche Pompadour. Roman. Berlin 1921.

ANNA WENDLAND: Prinzenbriefe zum hannoverschen Primogeniturstreit 1685–1701 (= Quellen und Darstellungen zur Geschichte Niedersachsens, 46). Hildesheim, Leipzig 1937.

JOACHIM LAMPE: Aristokratie, Hofadel und Staatspatriziat in Kurhannover. Die Lebenskreise der höheren Beamten an den kurhannoverschen Zentral- und Hofbehörden 1714–1760. Bd. 1, Göttingen 1963, S. 174–179.

ALHEIDIS VON ROHR: Zu den barocken Wand- und Deckengemälden aus dem Schloss in Linden bei Hannover. In: Niederdeutsche Beiträge zur Kunstgeschichte, 17, 1978, S. 133–162.

zusätzlich zu:
SOPHIE CHARLOTTE VON BRAUNSCHWEIG-LÜNEBURG

KARL AUGUST VARNHAGEN VON ENSE: Leben der Königin von Preußen Sophie Charlotte. Berlin 1837.

OTTO KRAUSKE: Sophie Charlotte. In: ADB, Bd. 34. Leipzig 1892, S. 676–685.

R. ARNOLD: Geburtsort und Geburtstag von Sophie Charlotte, der ersten Königin von Preußen. In: Mitteilungen des Historischen Vereins Osnabrück, 38, 1914, S. 284–315.

ROLF SCHNEIDER: Sophie Charlotte. Tochter der Welfen, Mutter der Preußenkönige. Osnabrück 1988.

Sophie Charlotte und ihr Schloss. Ein Musenhof des Barock in Brandenburg-Preußen. Begleitband zur Ausstellung im Schloss Charlottenburg. München, London, New York 1999.

KOHRA GHAYEGH-PISHEH: Sophie Charlotte von Preußen. Eine Königin und ihre Zeit. Stuttgart 2000.

ROLF THOMAS SENN: Sophie Charlotte von Preußen. Weimar 2000.

HORST DENNINGMANN: Sophie Charlotte. Eine Königin aus Iburg. Bad Iburg 2001.

KARIN FEUERSTEIN-PRASSER: Sophie Charlotte von Hannover (Braunschweig-Lüneburg). In: Dies.: Die preußischen Königinnen. München 2003, S. 30–103.

MICHAEL WENZEL: „Über die conterfeyen der schönsten von Engelland". Die Frauenporträtgalerien der Königinnen Sophie Charlotte und Sophie Dorothea von Preußen als Dokumente des Selbstverständnisses der hocharistokratischen Frau um 1700. In: GABRIELE BAUMBACH, CORDULA BISCHOFF (Hrsg.): Frau und Bildnis 1600–1750. Barocke Repräsentationskultur an europäischen Fürstenhöfen. Kassel 2003, S. 181–208.

ISELIN GUNDERMANN: Sophie Charlottes letzte Reise. Tod und Bestattung der Königin von Preußen. Velten 2005.

SUSANNE TAUSS (Hrsg.): Figuelotte – Kindheit und Jugend einer Fürstentochter im Barock. Texte und Quellen um Sophie Charlotte (1668–1705) (= Region im Unterricht – Materialien, 2). Bramsche 2006.

zusätzlich zu:
ERNST AUGUST II.

ERICH KIELMANSEGG (Hrsg.): Briefe des Herzogs Ernst August zu Braunschweig-Lüneburg an Johann Franz Diedrich von Wendt aus den Jahren 1703 bis 1726. Hannover 1902.

MAX BÄHR: Ernst August II. In: ADB, Bd. 6. Leipzig 1877, S. 261–263.

Heinrich Schmidt: Ernst August II. In: NDB, Bd. 4. Berlin 1959, S. 617 f.

GERD VAN DEN HEUVEL: Ernst August II. In: REINER HEHEMANN (Bearb.): Biographisches Handbuch zur Geschichte der Region Osnabrück. Bramsche 1990, S. 78 f.

MATTHEW KILBURN: Ernst August II. In: ODNB, Bd. 18. Oxford 2004, S. 507 f.

zusätzlich zu:
DIE JÜNGEREN SÖHNE UND DER „PRINZENSTREIT"

Die Verhaftung und Hinrichtung des Oberjägermeisters von Moltke [nach Redeckers Chronik]. In: Hannoversche Geschichtsblätter, 11, 1908, S. 250–254.

ANNA WENDLAND (Hrsg.): Prinzenbriefe zum hannoverschen Primogeniturstreit 1685–1701 (= Quellen und Darstellungen zur Geschichte Niedersachsens, 46). Hannover 1937.

Ragnhild Hatton: George I. Elector and King. London 1978. Dt. Ausgabe: Georg I. Ein deutscher Kurfürst auf Englands Thron. Frankfurt 1982 [ohne Anmerkungen, Bibliografie und annotiertes Register].
Paula Sutter Fichtner: Protestantism and Primogenitur in Early Modern Germany. New Haven, London 1989.
Thomas Schwark: Fortschritt oder Unrecht? Der Streit der Söhne um das Erbe im Fürstentum Hannover. In: Thomas Schwark (Hrsg.): Ehrgeiz, Luxus und Fortune. Hannovers Weg zu Englands Krone. Ausstellung des Historischen Museums Hannover 2001. Hannover 2001, S. 50–67.
Helga Zöttlein: Dynastie und Landesherrschaft. Politischer Wandel in der Grafschaft Waldeck zwischen 1680 und 1730 (= Waldeckische Forschungen, 13). Bad Arolsen 2004 [zum Primogeniturstreit in der Grafschaft Waldeck].

Georg Ludwig von Braunschweig-Lüneburg, Georg I.

William Makepeace Thackeray: The four Georges. London 1879 (erste Ausgabe: London 1861).
Andreas Gottlieb von Bernstorff: Selbstbiografie (= Jahrbuch des Kaiser Wilhelm Gymnasiums zu Hannover, Bd. 2, hrsg. v. Adolf Köcher). Hannover 1877.
Reinhard Pauli: Aktenstücke zur Thronbesteigung des Welfenhauses in England. In: Zeitschrift des Historischen Vereins für Niedersachsen, 1883.
Horace Walpole: Reminiscences of the courts of George the First and Second. Briefe, hrsg. von Peter Cunningham. 9 Bände. London 1891.
Eduard Bodemann (Hrsg.): Aus den Briefen der Herzogin Elisabeth Charlotte von Orléans an die Kurfürstin Sophie von Hannover. Ein Beitrag zur Kulturgeschichte des 17. und 18. Jahrhunderts. 2 Bände. Hannover 1891. Reprint Hildesheim 2003.
Lewis Melville: The First George in Hanover and England. 2 Bände. London 1908.
Wolfgang Michael: Englische Geschichte im 18. Jahrhundert. 5 Bände. Leipzig 1896–1945. Bd. 1 und 2 in Englisch u. d. T.: „England under George I. The Beginnings of the Hanoverian Dynasty" (1936) sowie: „England under George I. The Quadrupel Alliance" (1939).
Karl Freiherr von Bothmer, Georg Schnath (Hrsg.): Aus den Erinnerungen des Hans Kaspar von Bothmer. Hildesheim, Leipzig 1936.
Henry Machu Imbert-Terry: A constitutional king: George I. 1927. Reprint Port Washington 1972.
Ruby Lillian Arkell: George I's letters to his daughter. In: English Historical Review, 52, 1937, S. 492–499.
John H. Plumb: The first four Georges. London 1956.
John M. Beattie: The English court in the reign of George I. Cambridge 1967.
Lutz E. Krüger: Der Erwerb Bremen-Verdens durch Hannover. Ein Beitrag zur Geschichte des großen Nordischen Krieges in den Jahren 1709–1719. Hamburg 1974.
Georg Schnath: Geschichte Hannovers im Zeitalter der neunten Kur und der englischen Sukzession 1674–1714. 4 Bände, bes. Bd. 1, Hildesheim, Leipzig 1938.
Ragnhild Hatton: George I. Elector and King. London 1978. Dt. Ausgabe: Georg I. Ein deutscher Kurfürst auf Englands Thron. Frankfurt 1982 [ohne Anmerkungen, Bibliografie und annotiertes Register].
Graham C. Gibbs: English attitudes towards Hanover and the Hanoverian succession in the first half of the eighteenth century. In: Adolf M. Birke, Kurt Kluxen (Hrsg.): England und Hannover. England and Hanover (= Prinz-Albert-Studien, Bd. 4). München, London 1986, S. 33–52.
Geoffrey Treasure: Who's who in early Hanoverian Britain (1714–1789). London 1992, S. 1–5.
Jeremy Black: The Hanoverians. The history of a dynasty. London 2004.
Anne-Kathrin Härtrich: Georg Ludwig und die Sukzessionsfrage. In: Heide Barmeyer (Hrsg.): Hannover und die englische Thronfolge. Bielefeld 2005, S. 87–112.
Bernd Adam: Vergessene Pracht. Die kurhannoverschen Residenzbauten Georgs I. In: Heide Barmeyer (Hrsg.): Hannover und die englische Thronfolge. Bielefeld 2005, S. 199–230.
Graham C. Gibbs: George I. In: ODNB, Bd. 21. London 2004, S. 804–822.

zusätzlich zu:
Sophie Dorothea von Braunschweig-Lüneburg

Friedrich von Schiller: Die Prinzessin von Zelle. Nationalausgabe, Bd. 12: Dramatische Fragmente. Weimar 1982.
Friedrich Matthias Gottfried Cramer: Denkwürdigkeiten der Gräfin Maria Aurora Königsmark und der Königsmarkschen Familie nach bisher unbekannten Quellen. 2 Bände. Leipzig 1836.
Friedrich Albert von der Schulenburg: Die Herzogin von Ahlden. Leipzig 1852.
Adolf Köcher: Die Prinzessin von Ahlden. In: Historische Zeitschrift, 48, 1882, S. 193–235.
Eduard Bodemann: Briefe an den kurhannoverschen Minister Albrecht Philipp von dem Bussche von der Herzogin [Kurfürstin] Sophie, der Erbprinzeß Sophie Dorothea [Herzogin von Ahlden], der Äbtissin von Herford: Elisabeth von der Pfalz, Leibniz und der Frau von Harling, aus den Jahren 1677–1696. In: Zeitschrift des Historischen Vereins für Niedersachsen, 47, 1882, S. 129–214.
Adolf Köcher: Auslassungen der Herzogin Elisabeth Charlotte von Orléans über die Prinzessin von Ahlden. In: Zeitschrift des Historischen Vereins für Niedersachsen, 47, 1882, S. 219–227.
Adolf Köcher: Memoiren der Eleonore von dem Knesebeck, Hofdame der Prinzessin von Ahlden. In: Zeitschrift der historischen Vereins für Niedersachsen, 47, 1882, S. 228–253.
Adolf Köcher: Zwei Briefe der Prinzessin von Ahlden. Aus den Acten des königlichen Staatsarchivs zu Hannover. In: Zeitschrift des Historischen Vereins für Niedersachsen, 47, 1882, S. 254–255.
Adolf Köcher: Sophie Dorothea. In: ADB, Bd. 34. Leipzig 1892, S. 671–674.
Walther Hisserich: Die Prinzessin von Ahlden und Graf Königsmarck in der erzählenden Dichtung. Darmstadt 1906.
Alice D. Greenwood: Lives of the Hanoverian Queens of England. London 1909.
William Henry Wilkins: The love of an uncrowned queen: Sophie Dorothea, consort of George I., and her correspondence with Philip Christopher Count Königsmarck. Revidierte Ausgabe London 1910.
Robert Geerds (Hrsg.): Die Mutter der Könige. Ebenhausen, München 1913. [Dt. Übers. ausgewählter Briefe Sophie Dorotheas und Königsmarcks, S. 257–343].

Gaston Du Boscq de Beaumont (Hrsg.): Correspondance de Sophie-Dorothée Princesse Electorale de Hanovre avec le Comte de Konigsmarck 1691–1693. Paris 1914.

Georg Schnath: Der Königsmarck-Briefwechsel – eine Fälschung? In: Niedersächsisches Jahrbuch für Landesgeschichte, 7, 1930, S. 135–205.

Georg Schnath: Der Königsmarckbriefwechsel. Kritische Gesamtausgabe in Regestenform (= Quellen und Darstellungen zur Geschichte Niedersachsens, 51). Hildesheim 1952.

Arno Schmidt: Das steinerne Herz. [Roman] 1954.

Georg Schnath: Die Sophie Dorotheen-Trilogie. (Der Fall Königsmarck; Elenore von dem Knesebeck, die Gefangene von Schwarzfels, und Die Prinzessin von Ahlden). In: Ders.: Ausgewählte Beiträge zur Landesgeschichte Niedersachsens. Hildesheim 1968, S. 52–257.

Ruth Jordan: Sophie Dorothea. London 1971.

Henning Rischbieter: Hannoversches Lesebuch. Bd. 1: 1650–1850. Hannover 1975, S. 33–40.

Thea Leitner: Skandal bei Hof. Wien 1993.

Halgard Kuhn: Ein Emailbildnis der Prinzessin von Ahlden – Sophie Dorothea von Braunschweig-Lüneburg. In: Celler Chronik, 6, 1994, S. 23–30.

Alheidis von Rohr: Liebe und Mord 1694. Statt Leichenfund ein unbekanntes Bildnis der Prinzessin Sophie Dorothea. In: Weltkunst, 19, 1994, S. 2502–2504.

Matthew Kilburn: Sophia Dorothea. In: ODNB, Bd. 31. Oxford 2004, S. 639–641.

Mijndert Bertram: Sophie Dorothea und Anton Ulrich. Die Beziehungen der letzten Prinzessin von Celle zum Wolfenbütteler Hof. In: Celler Chronik, 14, 2007, S. 27–40.

Christine van den Heuvel: Frauen der Welfen: Kurfürstin Sophie, Sophie Charlotte und Sophie Dorothea. In: Jürgen Gansäuer (Hrsg.): Landesgeschichte im Landtag. Hannover 2007, S. 674–679.

zusätzlich zu:

Sophie Dorothea von Braunschweig-Lüneburg, Königin in Preussen

Ernst Daniel Martin Kirchner: Die Churfürstinnen und Königinnen auf dem Thron der Hohenzollern. Bd. 3, Berlin 1870, S. 93–142.

Herman von Petersdorff: Sophie Dorothea. In ADB, Bd. 34. Leipzig 1892, S. 684–686.

Die Briefe der Herzogin Elisabeth Charlotte von Orléans an die Königin Sophie Dorothee von Preußen. In: Historisches Jahrbuch, 29, 1908, S. 337–367.

Johannes Armbruster (Hrsg.): Eine preußische Königstochter. Denkwürdigkeiten der Markgräfin von Bayreuth, Schwester Friedrichs des Großen. 1913. Reprint 1998.

Georg Schnath (Hrsg.): Briefwechsel der Kurfürstin Sophie von Hannover mit dem Preußischen Königshause. Berlin, Leipzig 1927.

Fritz Reck-Malleczewen: Sophie Dorothee, Mutter Friedrichs des Großen. Berlin 1936.

Ruby Lillian Arkell: George I's letters to his daughter. In: English Historical Review, 52, 1937, S. 492–499.

Michael Wenzel: „Über die conterfeyen der schönsten von Engelland". Die Frauenporträtgalerien der Königinnen Sophie Charlotte und Sophie Dorothea von Preußen als Dokumente des Selbstverständnisses der hocharistokratischen Frau um 1700. In: Gabriele Baumbach, Cordula Bischoff (Hrsg.): Frau und Bildnis 1600–1750. Barocke Repräsentationskultur an europäischen Fürstenhöfen. Kassel 2003, S. 181–208.

zusätzlich zu:

Melusine von der Schulenburg

Dietrich Werner Graf von der Schulenburg, Hans Wätjen: Geschichte des Geschlechts von der Schulenburg 1237-1983. Wolfsburg 1984.

Matthew Kilburn: Melusine von der Schulenburg. In: ODNB, Bd. 49. London 2004, S. 275–277.

zusätzlich zu:

Der Sprung nach England

(vgl. hier auch die Literatur zu Sophie von der Pfalz, insbesondere die Briefwechsel)

Adolf Schaumann: Geschichte der Erwerbung der Krone Großbritanniens von Seiten des Hauses Hannover. Hannover 1878.

Onno Klopp: Der Fall des Hauses Stuart und die Succession des Hauses Hannover in Großbritannien und Irland im Zusammenhange der europäischen Angelegenheiten von 1660–1714. 14 Bände. Wien 1875–1888.

Waltraut Fricke: Leibniz und die englische Sukzession des Hauses Hannover (= Quellen und Darstellungen zur Geschichte Niedersachsens, 56). Hildesheim 1957.

Gary Edward Gregg: Was Queen Anne a Jacobite? In: History, 57, 1972, S. 358–375.

Georg Schnath: Geschichte Hannovers im Zeitalter der neunten Kur und der englischen Sukzession 1674–1714. Bd. 4: Die Vorgeschichte der Thronfolge 1698–1714. Hildesheim 1982.

Anne-Kathrin Härtrich: Georg Ludwig und die Sukzessionsfrage. In: Heide Barmeyer (Hrsg.): Hannover und die englische Thronfolge. Bielefeld 2005, S. 87–111.

Georg II.

John Hervey Baron Hervey: Lord Hervey's memoirs. Hrsg. v. Romney Sedgwick. London 1963.

Horace Walpole: Reminiscences of the courts of George the First and Second. Briefe, hrsg. v. Peter Cunningham. 9 Bände. London 1891.

Horace Walpole: Memoirs of King George II. Hrsg. v. John Brooke. 3 Bände. New Haven 1985.

John David Griffith Davies: A king in toils. 1938.

John H. Plumb: The first four Georges. London 1956.

John B. Owen: George II reconsidered. In: Anne Whiteman: Statesmen, scholars and merchants: Essays in eighteenth century history presented to Dame Lucy Sutherland. Oxford 1973, S. 113–134.

Charles Chenevix Trench: George II. London 1975.

Geoffrey Treasure: Who's who in early Hanoverian Britain (1714–1789). London 1992, S. 31–35.

Waldemar R. Röhrbein, Alheidis von Rohr: Heil unserm König! Herzöge, Kurfürsten, Könige von Hannover. Hannover 1995.

Mijndert Bertram: Georg II., König und Kurfürst. Göttingen 2003.

John Cannon: George II. In: ODNB, Bd. 21. Oxford 2004, S. 822–833.

Jeremy Black: The Hanoverians. The history of a dynasty. London 2004.

Uta Richter-Uhlig: London-Hannover-Göttingen: Die Reisen Georgs II. nach Hannover und sein Verhältnis zu Göttingen. In: Elmar Mittler (Hrsg.): „Eine Welt allein ist nicht genug". Großbritannien, Hannover und Göttingen 1714–1837. Göttingen 2005, S. 141–160.

In Vorbereitung: eine Biografie von Andrew C. Thompson, bei Yale University Press.

zusätzlich zu:
Caroline, Prinzessin von Brandenburg-Ansbach

Onno Klopp (Hrsg.): Correspondenz von Leibniz mit Caroline (= Die Werke von Leibniz, Reihe 1, Bd. 11). Hannover 1884. Nachdruck Hildesheim 1973.
Sarah Tytler: Caroline of Anspach. In: Dies.: Six royal ladies of the House of Hanover. London 1899, S. 107–165.
William Henry Wilkins: Caroline the illustrious, queen-consort of George II and sometime queen regent. A study of her life and times. London 1904.
Alice D. Greenwood: Lives of the Hanoverian queens of England. London 1909.
Georg Schnath (Hrsg.): Briefwechsel der Kurfürstin Sophie von Hannover mit dem Preußischen Königshause. Berlin, Leipzig 1927.
Peter Quennell: Caroline of England. An Augustan Portrait. London, Glasgow 1939.
Ruby Lillian Arkell: Caroline of Ansbach, George II's queen. Oxford 1939.
John H. Plumb, Huw Wheldon: Royal heritage. The story of Britain's royal collectors and builders. London 1977.
Geoffrey Treasure: Who's who in early Hanoverian Britain (1714–1789). London 1992, S. 35–38.
John van der Kiste: King George II and Queen Caroline. Stroud 1997.
Stephen Taylor: Queen Caroline and the Church of England. In: Stephen Taylor, Richard Connors, Clyve Jones: Hanoverian Britain and Empire. Essays in memory of Philip Lawson. Woodbridge 1998, S. 82–101.
Christine Gerard: Queens-in-waiting: Caroline of Anspach and Augusta of Saxe-Gotha as Princesses of Wales. In: Clarissa Campbell Orr (Hrsg): Queenship in Britain 1660–1837: Royal patronage, court culture and dynastic politics. Manchester 2002, S. 143–161.
Stephen Taylor: Caroline. In: ODNB, Bd. 10. Oxford 2004, S. 202–207.
In Vorbereitung: eine Untersuchung zu Caroline als Förderin der Künste von Joanna Marshner und eine Biografie von Stephen Taylor.

zusätzlich zu:
Amalia Sophie Marianne von Wallmoden, Gräfin Yarmouth

Joachim Lampe: Aristokratie, Hofadel und Staatspatriziat in Kurhannover. 2 Bände. Göttingen 1963.
Bernd Adam: Vom Gesandtenhaus zur Wohnung der Gräfin Yarmouth. In: Ehrgeiz, Luxus und Fortune. Hannovers Weg zu Englands Krone. Hannover 2001, S. 158–171.
Matthew Kilburn: Amalie Sophie von Wallmoden. In: ODNB, Bd. 57. Oxford 2004, S. 24–26.
Bernd Adam: Hannoversche Adelspalais des Barock und Rokoko. In: Silke Lesemann, Annette von Stieglitz (Hrsg.): Stand und Repräsentation. Kultur- und Sozialgeschichte des hannoverschen Adels vom 17. bis zum 19. Jahrhundert (= Hannoversche Schriften zur Regional- und Lokalgeschichte, Bd. 17). Bielefeld 2004, S. 13–40.

Eine besondere Rolle bei Hofe: Die Mätresse

Daniel Defoe: Roxana. The fortunate mistress or, a history of the life […] of Mademoiselle Beleau, afterwards called the Countess de Wintelheim in Germany…[Roman, 1722]. Mit einer Einf. hrsg. von Jane Jack. Oxford 1978.
Pierre Ambroise François Choderlos de Laclos: Gefährliche Liebschaften [Roman, 1782]. Frankfurt 1991.
Gabrielle Hoffmann: Constantia von Cosel und August der Starke. Die Geschichte einer Mätresse. Bergisch Gladbach 1984.
Michelle Perrot: Die Frauen, die Macht und die Geschichte. In: Dies. (Hrsg.): Geschlecht und Geschichte. Ist eine weibliche Geschichtsschreibung möglich? Frankfurt 1989, S. 225–248.
Hermann Schreiber: Die ungekrönte Geliebte: Liebe und Leben der Mätressen. München 1992.
Claudia Opitz: Zwischen Macht und Liebe. Frauen und Geschlechterbeziehungen in Norbert Elias' ‚Höfischer Gesellschaft'. In : Gabriele Klein, Katharina Liebsch (Hrsg.): Zivilisierung des weiblichen Ich. Frankfurt 1997, S. 77–99.
Caroline Hanken: Vom König geküsst. Das Leben der großen Mätressen. Berlin 1999.
Sybille Osswald-Bargende: Die Mätresse, der Fürst und die Macht: Christina Wilhelmina von Grävenitz und die höfische Gesellschaft. Frankfurt 2000.
Silvia Krauss-Meyl: „Die berühmteste Frau zweier Jahrhunderte": Maria Aurora Gräfin von Königsmarck. Regensburg 2002.
Uwe Schultz: Madame de Pompadour oder Die Liebe an der Macht. Darmstadt 2005.
Andreas Tacke (Hrsg.): „…wir wollen der Liebe Raum geben": Konkubinate geistlicher und weltlicher Fürsten um 1500. Tagungsband. Göttingen 2006.

zusätzlich zu:
Friedrich Ludwig

George Young: Poor Fred: The people's prince. London 1937.
Averyl Edwards: Frederick Louis, Prince of Wales. London 1947
John Walters: The royal griffin: Frederick Prince of Wales 1707–1751. London 1972.
Alheidis von Rohr: Des Königs Enkel Prinz Friedrich Ludwig (1707–1751). Mosaiksteinchen zu seinem Leben in Hannover bis 1728. In: Heimatland. 1984, H. 3, S. 73–79.
Kimerley Rorschach: Frederick, Prince of Wales (1707–1751) as collector and patron. In: Walpole Society, 55, 1993, S. 1–76.
Michael De la Noy: The king who never was: The story of Frederick, Prince of Wales. London 1996.
Matthew Kilburn: Frederick Lewis. In: ODNB, Bd. 20. Oxford 2004, S. 902–912.
John Harris: George III's parents: Frederick and Augusta. In: Jonathan Marsden (Hrsg.): The wisdom of George III. Papers from a symposium at the Queen's Gallery, Buckingham Palace, June 2004. London 2005, S. 14–27.
Susanne Groom, Lee Prosser: Kew Palace. London/New York 2006.
Frances Vivian: A life of Frederick, Prince of Wales, 1707–1751: A connoisseur of the arts. Lewiston 2006.
In Vorbereitung: eine Biografie von Robin Eagles.

zusätzlich zu:
Augusta von Sachsen-Gotha

John L. Bullion: The origins and significance of gossip about Princess Augusta and Lord Bute, 1755–56. In: Studies in Eighteenth-Century Culture, 21, 1991, S. 245–265.

John L. Bullion: "George, be a king!" The relationship between Princess Augusta and Georg III. In: Stephen Taylor, Richard Connors, Clyve Jones (Hrsg.): Hanoverian Britain and empire: essays in memory of Philip Lawson. Woodbridge 1998, S. 177–197.

Christine Gerard: Queens-in-waiting: Caroline of Anspach and Augusta of Saxe-Gotha as princesses of Wales. In: Clarissa Campbell Orr (Hrsg): Queenship in Britain 1660–1837: Royal patronage, court culture and dynastic politics. Manchester 2002, S. 143–161.

John L. Bullion: "To play what game she pleased without observation". In: Clarissa Campbell Orr (Hrsg): Queenship in Britain 1660–1837: Royal patronage, court culture and dynastic politics. Manchester 2002, S. 207–235.

John L. Bullion: Augusta, Princess of Wales. In: ODNB, Bd. 1. Oxford 2004, S. 943–948.

John Harris: George III's parents: Frederick and Augusta. In: Jonathan Marsden (Hrsg.): The wisdom of George III. Papers from a symposium at the Queen's Gallery, Buckingham Palace, June 2004. London 2005, S. 14–27.

zusätzlich zu:
Wilhelm August, Herzog von Cumberland

Andrew Henderson: The life of the Duke of Cumberland. London 1766.

Archibald Neil Campbell MacLachlan: William Augustus, Duke of Cumberland, being a sketch of his military life and character […]. London 1876.

Evan Charteris: William Augustus, Duke of Cumberland. London 1913.

J.A. Houlding: Fit for service: The Training of the British Army 1715–1795. Oxford 1981.

William Arthur Speck: The butcher: The Duke of Cumberland and the suppression of the '45. Oxford 1981.

Jeremy Black: Culloden and the '45. Gloucester 1990.

Rex Whitworth: William Augustus, Duke of Cumberland: A life. London 1992.

Geoffrey Treasure: Who's who in early Hanoverian Britain (1714–1789). London 1992, S. 206–209.

William Arthur Speck: William August, Duke of Cumberland. In: ODNB, Bd. 59. Oxford 2004, S. 105–113.

Georg III.
(in Auswahl)

Horace Walpole: Memoirs of the reign of King George III. Hrsg. v. Derek Jarrett. 4 Bände. New Haven 2000.

Robert Huish: The public and private life of His late excellent and most gracious Majesty, George the Third […]. London 1821.

Diary and Letters of Madame d'Arblay [Fanny Burney]. Hrsg. von ihrer Nichte. 6 Bände. 1842–1846.

The autobiography and correspondence of Mary Granville, Mrs. Delany: with interesting reminiscences of King George III and Queen Charlotte. Hrsg. v. Lady Llanover. London 1861–1862.

Letters from George III to Lord Bute, 1756–1766. Hrsg. v. Romney Sedgwick. London 1939.

William Makepeace Thackeray: The four Georges. London 1879 (erste Ausgabe: London 1861).

John H. Plumb: The first four Georges. London 1956.

Herbert Butterfield: George III and the historians. New York 1959 (überarbeitete Neuausgabe, London 1988).

Arthur Aspinall (Hrsg.): The later correspondence of George III. 5 Bände. Cambridge 1962–1970.

Earl A. Reitan: George III: tyrant or constitutional monarch? Boston 1964.

Richard Pares: George III and the politicians. Oxford 1967.

Ida Macalpine, Richard Hunter: George III and the mad-business. London 1969.

George III. In: Oliver Millar: The later Georgian pictures in the collection of Her Majesty the Queen. 2 Bände. London 1969, Textbd. S. 11–23.

John Brooke: King George III. London 1972.

Stanley Ayling: George III. New York 1972.

Timothy C.W. Blanning: "That Horrid Electorate" or "Ma Patrie Germanique"? George III, Hanover, and the Fürstenbund of 1785. In: The Historical Journal, 20, 1977, S. 311–344.

Linda Colley: The Apotheosis of George III. Loyalty, royalty and the British nation, 1760–1820. In: Past and present, 102, 1984, S. 94–129.

Ian R. Christie: George III and the historians: thirty years on. In: History, NF 71, 1986, S. 205–221.

Angelika Müller: Das Bild der Hannover-Könige des 18. Jahrhunderts in der neueren und neuesten englischsprachigen Geschichtsschreibung. In: Heide H. Rohloff (Hrsg.): Großbritannien und Hannover. Die Zeit der Personalunion 1714–1837. Frankfurt 1989, S. 194–226.

Geoffrey Treasure: Who's who in early Hanoverian Britain (1714–1789). London 1992, S. 314–321.

Alan Q. Morton, Jane A. Wess: Public and private science: King George III collection. Oxford 1993.

Christine Lerche: Die Herrenhausener Bildnisse von Johann Zoffany: Georg III. und die Darstellung des "Patriot King". In: Niederdeutsche Beiträge zur Kunstgeschichte, 35, 1996, S. 99–136.

Christopher Hibbert: George III. A personal history. London 1998.

G. M. Ditchfield: George III: An Essay in Monarchy. Basingstoke 2002.

John Cannon: George III. In: ODNB, Bd. 21. London 2004, S. 833–853.

Jane Roberts (Hrsg.): George III and Queen Charlotte. Patronage, collecting and court taste. London 2004.

Jonathan Marsden (Hrsg.): The wisdom of George III. Papers from a symposium at the Queen's Gallery. London 2005.

David Watkin: The architect king. George III and the culture of the Enlightenment. London 2004.

Jeremy Black: The Hanoverians. The history of a dynasty. London 2004.

Medical Mysteries: George III – mad or misunderstood? – Sendung der BBC 14.7.2004; s. news.bbc.co.uk/1/hi/health/3889903.stm.

Jeremy Black: George III: America's last king. New Haven 2006.

Torsten Riotte: George III and Hanover. In: Brendan Simms, Torsten Riotte (Hrsg.): The Hanoverian dimension in British History, 1714–1837. Cambridge 2007, S. 58–85.

zusätzlich zu:
Charlotte, Prinzessin von Mecklenburg-Strelitz

John Watkins: Memoirs of Her Most Excellent Majesty Sophia-Charlotte, Queen of Great Britain: From authentic documents. London 1819.

Alice D. Greenwood: Lives of the Hanoverian queens of England. Bd. 1. London 1909.

Sarah Tytler: Charlotte of Mecklenburg-Strelitz. In: Dies.: Six royal ladies of the House of Hanover. London 1899, S. 169–251.

Olwen Hedley: Queen Charlotte. London 1975.

Clarissa Campbell Orr: Queen Charlotte. In: ODNB, Bd. 11. London 2004, S. 179–184.

Clarissa Campbell Orr: Queen Charlotte and her circle. In Jonathan Marsden (Hrsg.): The wisdom of George III Papers from a symposium at the Queen's Gallery. London 2005, S. 162–179.

Allgemein zu Geschwistern und Kindern Georgs III.

(auch Georg IV., Adolph Friedrich, Wilhelm IV. und Ernst August, die in späteren Abschnitten behandelt werden)

Percy Fitzgerald: The royal dukes and princesses of the family of George III: A view of court life and manners for seventy years. 2 Bände. London 1882.

Roger Fulford: Royal dukes. The father and uncles of Queen Victoria. London 1933, revidierte Ausgabe London 1973.

Stella Tillyard: A royal affair: George III and his troublesome siblings. London 2006.

zusätzlich zu:

Augusta, Prinzessin von Grossbritannien

Christian Karl August Ludwig von Massenbach: Memoiren über meine Verhältnisse zum preußischen Staat und insbesondere zum Herzoge von Braunschweig. 3 Bände. Amsterdam 1809.

Franz-Josef Christiani: Schloss Richmond. Arbeitsberichte aus dem Städtischen Museum Braunschweig, 45. Braunschweig 1984.

Heinz-Joachim Tute, Gert-Dieter Ulferts: Richmond. Bilder aus 225 Jahren Geschichte. Braunschweig 1993.

Flora Fraser: The unruly Queen. The life of Queen Caroline. London 1996.

Peter Bessin: Der Regent als Architekt: Schloss Richmond und die Lustschloßbauten Braunschweig-Wolfenbüttels zwischen 1680 und 1780 als Paradigma fürstlicher Selbstdarstellung. Göttingen 2001.

zusätzlich zu:

Caroline Mathilde

Nachrichten von einer unglücklichen Königin nebst ihren Briefen [...]. Boston (bei Johann Jacob Simon) 1777.

Gillespie Smyth (Hrsg.): Memoirs and correspondence of Sir Robert Murray Keith from 1769–1792. With a memoir of Queen Caroline Mathilda of Denmark. London 1849.

Heinrich Christian Heimbürger: Caroline Mathilde, Königin von Dänemark, nach ihrem Leben und Leiden. Celle 1851.

Elie-Salomon-François Reverdil: Struensée et la Cour de Copenhague 1760–1772. Mémoires de Reverdil. Publiés par Alexandre Roger. Paris 1858.

Carl Ernst von Malortie: Historische Mittheilungen aus dem Leben der Königin Caroline Mathilde von Dänemark und deren Tod. In: Beiträge zur Geschichte des Braunschweig-Lüneburgischen Hauses und Hofes. H. 2, Hannover 1860.

Georg Friedrich von Jenssen-Tusch: Die Verschwörung gegen die Königin Caroline Mathilde von Dänemark, geb. Prinzessin von Großbritannien und Irland, und die Grafen Struensee und Brandt. Leipzig 1864.

Frederick Charles Lascelles Wraxall: Life and times of her Majesty Caroline Matilda, Queen of Denmark and Norway and sister of H. M. George III of England. 3 Bände. London 1864.

August Fjelstrup: Ehescheidungsprozeß zwischen König Christian VII. und Königin Karoline Mathilde. Berlin 1908.

Dieter-Jürgen Leister, Svend Aage Meyer: Die Königin Caroline Mathilde und ihr Kreis. Ausstellung Schloss Celle. Celle 1960.

Stefan Winkle: Johann Friedrich Struensee. Arzt, Aufklärer, Staatsmann. Beitrag zur Kultur-, Medizin und Seuchengeschichte der Aufklärungszeit. Stuttgart 1983.

Harald Jørgensen: The unfortunate Queen Caroline Mathilda's last years, 1772–75. Copenhagen 1989.

Christine Keitsch: Der Fall Struensee – ein Blick in die Skandalpresse des ausgehenden 18. Jahrhunderts (= Beiträge zur deutschen und europäischen Geschichte. Hrsg. v. Klaus Arnold u. a.). Hamburg 2000.

Juliane Schmieglitz-Otten: Aus dem Leben einer Königin. Dichtung und Wahrheit im Bild Caroline Mathildes. In: Juliane Schmieglitz-Otten, Norbert Steinau (Hrsg.): Von Kopenhagen nach Celle. Das kurze Leben einer Königin. Caroline Mathilde 1751–1775. Ausstellung des Bomann-Museums Celle. Celle 2001, S. 15–26.

Matthias Hattendorf: Ihr „Wesen ist frey und ungezwungen und es scheint, dass Sie die genirte Lebens Arth nicht liebet" Caroline Mathilde und Johann Friedrich Struensee. In: Juliane Schmieglitz-Otten, Norbert Steinau (Hrsg.): Von Kopenhagen nach Celle. Das kurze Leben einer Königin. Caroline Mathilde 1751–1775. Ausstellung des Bomann-Museums Celle. Celle 2001, S. 27–70.

Juliane Schmieglitz-Otten: Königliche Fluchten. Versuchte Ausbrüche aus der höfischen Etikette. In: Juliane Schmieglitz-Otten, Norbert Steinau (Hrsg.): Von Kopenhagen nach Celle. Das kurze Leben einer Königin. Caroline Mathilde 1751–1775. Ausstellung des Bomann-Museums Celle. Celle 2001, S. 107–126.

Norbert Steinau: Caroline Mathilde im Kurfürstentum Hannover 1772–1775. In: Juliane Schmieglitz-Otten, Norbert Steinau (Hrsg.): Von Kopenhagen nach Celle. Das kurze Leben einer Königin. Caroline Mathilde 1751–1775. Ausstellung des Bomann-Museums Celle. Celle 2001, S. 127–154.

Per Olov Enquist: Der Besuch des Leibarztes. [Roman.] München 2001.

D. D. Aldrige: Caroline Mathilda. In: ODNB, Bd. 10. London 2004, S. 210–213.

Carolin Philipps: Königin Caroline Mathilde von Dänemark: die Geliebte des Leibarztes. München, Zürich 2005.

zusätzlich zu:

Die Töchter Georgs III. und Königin Charlottes

Roswitha Mattausch-Schirmbeck und Gotthard Brandler (Hrsg.): Ich lese, male und schreibe ohne Unterlaß... Elizabeth, englische Prinzessin und Landgräfin von Hessen-Homburg (1770–1840) als Künstlerin und Sammlerin. Ausstellung Bad Homburg und Schloss Greiz. Homburg 1995.

Arthur W. Purdue: George III, daughters of. In: ODNB, Bd. 21. London 2004, S. 853–856.

Flora Fraser: Princesses: The daughters of George III. London 2004.

Flora Fraser: Princesses: Telling the story. In: Jonathan Marsden (Hrsg.): The wisdom of George III. Papers from a symposium at the Queen's Gallery. London 2005, S. 216–230.

zusätzlich zu:

Friedrich, Herzog von York und Albany, Bischof von Osnabrück

Bruno Krusch: Der Staat Osnabrück. Ein Opfer der Französischen Revolution. In: Osnabrücker Mitteilungen, 32, 1907, S. 168–216.

Alfred H. Burne: The Noble Duke of York. The military life of Frederick Duke of York and Albany. London 1949.

Ilse Schreiber (Hrsg.): Ich war wohl klug, dass ich dich fand. Heinrich Christian Boies Briefwechsel mit Luise Mejer 1777–1785. München 1961.
Walter Borchers: Die Welfen im Hochstift Osnabrück. Ein Beitrag zur Geschichte der Personalunion Hannover – Großbritannien. Ausstellung des Städtischen Museums Osnabrück. Osnabrück 1966.
David Brimacombe: The political life of Frederick Augustus Duke of York and Albany. [Masch.schriftl. Magisterarbeit.] Aberystwyth 1986.
Wolf-Dieter Mohrmann: Kabinettsordres des Osnabrücker Bischofs Friedrich von York. In: Osnabrücker Mitteilungen, 93, 1988, S. 77–90.
Christine van den Heuvel: Justus Möser und die Englisch-Hannoversche Reichspolitik zwischen Siebenjährigem Krieg und Fürstenbund. In: Zeitschrift für Historische Forschung, 29, 2002, S. 383–423.
H. M. Stephens, John van der Kiste: Frederick Lewis, Duke of York and Albany. In: ODNB, Bd. 20. Oxford 2004, S. 900–902.
Christine van den Heuvel: Sparsame Reichspolitik – Kurhannover und die Königswahl von 1764. In: Peter Aufgebauer, Christine van den Heuvel (Hrsg.): Herrschaftspraxis und soziale Ordnungen im Mittelalter und in der frühen Neuzeit. Ernst Schubert zum Gedenken (= Veröffentlichungen der Historischen Kommission für Niedersachsen und Bremen, 232). Hannover 2006, S. 103–120.

zusätzlich zu:

Eduard, Herzog von Kent und Strathearn

Erskine Neale: The life of His Royal Highness, Edward, Duke of Kent, with extracts from his correspondence, and original letters never before published. London 1850.
William James Anderson: The life of F. M., H. R. H. Edward, Duke of Kent, illustrated by his correspondence with the De Salaberry Family […] extending from 1791 to 1814. Toronto 1870.
Ernst Freiherr von Stockmar (Hrsg.): Denkwürdigkeiten aus den Papieren des Freiherrn Christian Friedrich von Stockmar. Braunschweig 1872.
David Skene Duff: The life story of Queen Victoria's father. London 1938.
Jürgen Huck: Prinz Eduard von Großbritannien und Johann Kaspar Lavater. In: Zürcher Taschenbuch auf das Jahr 1958, S. 81–94.
MacKenzie Porter: Overture to Victoria. A biography of Edward, Duke of Kent. London 1962.
Arthur Aspinall (Hrsg.): The later correspondence of George III. 5 Bände. Cambridge 1962–1970.
Mollie Gillen: The prince and his lady. London 1970.
Dorothy Ellicott: Gibraltar's royal governor. Gibraltar 1981.
Elizabeth Longford: Edward, Duke of Kent and Strathearn. In: ODNB, Bd. 17. Oxford 2004, S. 806–808.

Die „Wohltaten des Code Napoleon“

Carl Ernst von Malortie: Gedanken und Wünsche eines patriotischen Hannoveraners für das Jahr 1807. Auszugsweise wieder veröffentlicht im Jahre 1866. Mannheim 1867.
Friedrich Thimme: Die inneren Zustände des Kurfürstentums Hannover unter der Französisch-Westfälischen Herrschaft 1806–1813. 2 Bände. Hannover, Leipzig 1893–1895.
Günther Lange: Die Rolle Englands bei der Wiederherstellung und Vergrößerung Hannovers, 1813–1815. In: Niedersächsisches Jahrbuch für Landesgeschichte, 28, 1956, S. 73–178.
Reinhard Oberschelp: Kurhannover im Spiegel von Flugschriften des Jahres 1803. In: Niedersächsisches Jahrbuch für Landesgeschichte, 49, 1977, S. 209–247.
Reinhard Oberschelp: Politische Geschichte Niedersachsens 1803–1866. Hildesheim 1988.
Henning Busche, Holger Imhoff: Hannover in der französischen Okkupationszeit von 1807 bis 1813. Zwischen Widerstand und Kollaboration. In: Olaf Mussmann (Hrsg.): Leben abseits der Fron. Hannoverscher Alltag in kriegerischen Zeiten. Hannover 1992, S. 57–72.
Mijndert Bertram: Hannover und die Neuordnung Deutschlands nach dem Ende der napoleonischen Herrschaft. In: Celler Chronik, 6, 1994, S. 81–94.
Brendan Simms: "An odd question enough". Charles James Fox, the Crown and British Policy during the Hanoverian Crisis of 1806. In: Historical Journal, 38, 1995, S. 567–596.
Brendan Simms: The Impact of Napoleon. Prussian High Politics, Foreign Policy, and the Crisis of Executive, 1797–1806. Cambridge 1997.
Torsten Riotte: Hannover in der britischen Politik (1792–1815). Dynastische Beziehung als Element außenpolitischer Entscheidungsfindung. Münster 2005.
Torsten Riotte: George III and Hanover. In: Brendan Simms, Torsten Riotte (Hrsg.): The Hanoverian dimension in British history. Cambridge 2007, S. 58–85.
Torsten Riotte: Großbritannien, Hannover und das Ende des Alten Reiches 1806. In: Niedersächsisches Jahrbuch für Landesgeschichte, 79, 2007, S. 29–50.
König Lustik!? Jérôme Bonaparte und der Modellstaat Königreich Westphalen. [Ausstellungskatalog, Kassel 2008] (=Kataloge der Museumslandschaft Hessen-Kassel, Bd. 39). München 2008.

Georg IV.

Heinrich Dittmer: Authentische und vollständige Beschreibung aller Feyerlichkeiten, welche in dem Hannoverschen Lande bey der Anwesenheit Seiner Königl. Majestät Georgs des Vierten während dem Monate October 1821 veranstaltet worden sind. Hannover 1822.
Charlotte Bury: Diary illustrative of the times of George IVth, interspersed with original letters. 2 Bände. London 1838.
Percy Fitzgerald: George IV. 2 Bände. London 1881.
Wilhelm von Hassell: Geschichte des Königreichs Hannover. Teil 1: Von 1813 bis 1848. Bremen 1898.
Roger Fulford: George IV. London 1935.
Arthur Aspinall (Hrsg.): The letters of King George IV: 1812–1830. 3 Bände. London 1938.
John H. Plumb: The first four Georges. London 1956.
Arthur Aspinall (Hrsg.): The correspondence of George, Prince of Wales, 1770–1812. 8 Bände. London 1963–1971.
Clifford Musgrave: Royal Pavilion: A study in the Romantic. Brighton 1951.
Joanna Richardson: George IV. A portrait. London 1966.
George IV. In: Oliver Millar: The later Georgian Pictures in the collection of Her Majesty the Queen. 2 Bände. London 1969, Textbd. S. 23–39.
Christopher Hibbert: George IV, Prince of Wales 1762–1811. London 1972.
Christopher Hibbert: George IV, Regent and King 1811–1830. London 1973.
John Brooke: George III. London 1972.
Roger Fulford: Royal dukes. The father and uncles of Queen Victoria. London 1933, revidierte Ausgabe London 1973.

John H. Plumb and Huw Wheldon: George IV. In: Dies.: Royal Heritage. London 1977, S. 197–243.
Carlton House. The Past Glories of George IV's Palace. Ausstellung der Queen's Gallery, Buckingham Palace. London 1991.
Valerie Cumming: Pantomime und prunkvoller Glanz – Die Krönung Georgs IV. In: Metropole London. Macht und Glanz einer Weltstadt 1800–1840. Ausstellung der Kulturstiftung Ruhr, Essen. Recklinghausen 1992, S. 39–50.
Joseph Mordaunt Crook: Die Erneuerung der Hauptstadt – John Nash und das "Malerische". In: Metropole London. Macht und Glanz einer Weltstadt 1800-1840. Ausstellung der Kulturstiftung Ruhr, Essen. Recklinghausen 1992, S. 77–110.
Geoffrey Treasure: Who's who in late Hanoverian Britain (1789–1837). London 1997, S. 293–297.
Amanda Foreman: Georgiana, Duchess of Devonshire. London 1998.
Saul David: The prince of pleasure: George IV and the making of the Regency. London 1998.
Michael De-la-Noy: George IV. Sutton 1998.
Ernest Anthony Smith: George IV. Yale 1999.
Steven Parissien: George IV: The grand entertainment. London 2001.
Hugh Roberts: For the king's pleasure: The furnishing and decoration of George IV's apartments at Windsor Castle. London 2001.
Steven Parissien: George IV: Inspiration of the Regency. New York 2002.
Paula Byrne: Perdita. The Life of Mary Robinson. London 2004.
Jeremy Black: The Hanoverians. The history of a dynasty. London 2004.
Christopher Hibbert: George IV. In: ODNB, Bd. 21. Oxford 2004, S. 856–864.
Kenneth Baker: George IV: A life in caricature. London 2005.

zusätzlich zu:

Caroline Amelia Elisabeth von Braunschweig-Wolfenbüttel

Spencer Perceval: The Genuine Book. An inquiry, or delicate investigation into the conduct of Her Royal Highness the Princess of Wales [...]. London 1813.
Caroline Amelia Elizabeth: The Queen's letter to the King. London 1820.
Joseph Nightingale: Report of the proceedings before the House of Lords, on a bill of pains and penalties against Her Majesty, Caroline Amelia Elizabeth, Queen of Britain. London 1821.
Robert Huish: Memoirs of Caroline Queen of Great Britain. 2 Bände. 1821.
Joseph Nightingale: Memoirs of Caroline, Consort of King George IV. 3 Bände. 1820–1822.
Charlotte Bury: Diary illustrative of the times of George IVth, interspersed with original letters. 2 Bände. London 1838.
3rd Earl of Malmesbury (Hrsg.): The diaries and correspondence of James Harris First Earl of Malmesbury, Bd. 3, London 1844.
Léon Gozlan: George III et Caroline de Brunswick: Histoire contemporaine. Brüssel 1852.
Sarah Tytler: Caroline of Anspach. In: Dies.: Six royal ladies of the House of Hanover. London 1899, S. 107–165.
Sarah Tytler: Caroline of Brunswick. In: Dies.: Six royal ladies of the House of Hanover. London 1899, S. 255–310.
Alice D. Greenwood: Lives of the Hanoverian Queens of England. Bd. 2, London 1911.
Edward Parry: Queen Caroline. London 1930 [dt. Freiburg 1931].
Georges Imann: Caroline de Brunswick, reine d'Angleterre. Paris 1939.
Joanna Richardson: The disastrous marriage: A study of George IV and Caroline of Brunswick. London 1960.
Roger Fulford: The trial of Queen Caroline. New York 1967.
Alison Plowden: Caroline and Charlotte: The Regent's Wife and Daughter 1795–1821. London 1989.
Ernest A. Smith: A queen on trial: The affair of Queen Caroline. 1993.
Flora Fraser: The unruly Queen. The life of Queen Caroline. London 1996.
Geoffrey Treasure: Who's who in late Hanoverian Britain (1789–1837). London 1997, S. 293–297.
Ernest A. Smith: Caroline of Brunswick-Wolfenbüttel. In: ODNB, Bd. 10. Oxford 2004, S. 207–210.
Jane Robins: The trial of Queen Caroline: The scandalous affair that nearly ended a monarchy. New York 2006.

zusätzlich zu:

Maria Anne Fitzherbert

Nathaniel Jefferys: A letter addressed to Mrs. Fitzherbert, in answer to a complaint, that her feelings have been hurt by the mention of her name in the review of the conduct of the Prince of Wales [...]. London 1806.
Charles Langdale: Memoirs of Mrs. Fitzherbert, with an account of her marriage with H. R. H. the Prince of Wales, afterwards King George IV. London 1856.
William H. Wilkins: Mrs. Fitzherbert and George IV. 2 Bände. London, New York, Bombay 1905.
Shane Leslie: Mrs. Fitzherbert: a Life chiefly from unpublished sources. 2 Bände. London 1939–1940.
Winifred Carter: Princess Fitz. London [vermutl. 1945. – Nach diesem Roman entstand 1947 der britische Film "Mrs. Fitzherbert".]
Anita Leslie: Mrs. Fitzherbert. London 1960.
Geraldine Simpson: Mrs. Fitzherbert – The uncrowned queen. 1971.
Jim und Philippa Foord-Kelcey: Mrs. Fitzherbert and sons. Lewes 1991.
Martin J. Levy: The mistresses of King Georg IV. 1996.
Martin J. Levy: Maria Anne Fitzherbert. In: ODNB, Bd. 19. Oxford 2004, S. 874–878.
Valerie Irvine: The King's wife: George IV and Mrs. Fitzherbert. London 2005.

zusätzlich zu:

Charlotte Augusta, Prinzessin von Wales

The autobiography of Miss Cornelia Knight, lady companion to Princess Charlotte of Wales. Hrsg. v. John William Kaye. 2 Bände. London 1861.
Ernst Freiherr von Stockmar (Hrsg.): Denkwürdigkeiten aus den Papieren des Freiherrn Christian Friedrich von Stockmar. Braunschweig 1872.
Dormer Creston: The Regent and his daughter. London 1933.
Arthur Aspinall (Hrsg.): Letters of the Princess Charlotte, 1811–1817. London 1949.
Thea Holme: Caroline. London 1980.
Christopher Hibbert: George III. A personal history. London 1998.
Judith Schneid Lewis: Charlotte Augusta, Princess of Wales. In: ODNB, Bd. 11, London 2004, S. 184–186.

zusätzlich zu:
Adolph Friedrich, Herzog von Cambridge

James Henry Reynett: A short memoir of his late Royal Highness, Adolphus Frederick, Duke of Cambridge. London 1858.
William von Hassell: Das Kurfürstentum Hannover vom Baseler Frieden bis zur preußischen Occupation im Jahre 1806. Hannover 1894.
William von Hassell: Geschichte des Königreichs Hannover. Teil 1: Von 1813 bis 1848. Bremen 1898.
Arthur Aspinall (Hrsg.): The later correspondence of George III. Bd. 1: December 1783 to January 1793. Cambridge 1962.
Roger Fulford: Royal dukes. The father and uncles of Queen Victoria. London 1933, revidierte Ausgabe London 1973.
Mijndert Bertram: Der „Mondminister" und „General Killjoy": Ein Machtkampf im Hintergrund der Ernennung des Herzogs Adolph Friedrich von Cambridge zum Generalgouverneur von Hannover (1813–1816). In: Niedersächsisches Jahrbuch für Landesgeschichte, 65, 1993, S. 213–262.
Grace E. Moremen: Adolphus Frederick, Duke of Cambridge, steadfast son of King George III, 1774–1850. Lewiston 2002.
Alan Palmer: Adolphus Frederick. In: ODNB, Bd. 1. Oxford 2004, S. 350–352.
Jürgen Huck: Das Ehepaar Georg und Adolphine Bock von Wülfingen und sein Lebenskreis. In: Hannoversche Geschichtsblätter, NF 59, 2005, S. 135–166 [zum nicht anerkannten, unehelichen Sohn Adolph Friedrichs in Hannover].
Carolin Philipps: Friederike von Preußen. Die leidenschaftliche Schwester der Königin Luise. München 2007.

zusätzlich zu:
Augusta Landgräfin von Hessen-Kassel
(s. unter: Adolph Friedrich)

Liebe, Ehe, bürgerliche Moral – und die Thronfolge

Christian Karl August Ludwig von Massenbach: Memoiren über meine Verhältnisse zum preußischen Staat und insbesondere zum Herzoge von Braunschweig. 3 Bände. Amsterdam 1809.
Roger Fulford: Royal dukes. The father and uncles of Queen Victoria. London 1933, revidierte Ausgabe London 1973.

Wilhelm IV.

Robert Huish: The history of the life and reign of William the Fourth, the reform monarch of England [...]. London 1837.
Arthur Aspinall: Mrs. Jordan and her family: Being the unpublished correspondence of Mrs. Jordan and the Duke of Clarence, later William IV. London 1951.
Roger Fulford: Hanover to Windsor. London 1960.
Joanna Richardson: George IV. A portrait. London 1966.
Philip Ziegler: King William IV. London 1971.
Christopher Hibbert: Georg IV, Regent and King 1811–1830. London 1973.
Tom Pocock: Sailor King: The Life of King William IV. London 1991.
Claire Tomalin: Mrs. Jordan's Profession. The story of a great actress and a future king. London 1995.
Grace E. Moremen: Adolphus Frederick, Duke of Cambridge, steadfast son of King George III, 1774–1850. Lewiston 2002.
Jeremy Black: The Hanoverians. The history of a dynasty. London 2004.
Michael Brock: William IV. In: ODNB, Bd. 59. Oxford 2004, S. 98–105.

zusätzlich zu:
Adelheid von Sachsen-Meiningen

Sarah Tytler: Adelaide of Saxe-Meiningen. In: Dies.: Six royal ladies of the House of Hanover. London 1899, S. 311–320.
Ernest Betham (Hrsg.): A House of Letters. Being excerpts from the correspondence of Miss Charlotte Jerningham – the Honorable Lady Bedingfield and others. London 1905.
Mary Frances Sandars: The life and times of Queen Adelaide. London 1915.
Mary Hopkirk: Queen Adelaide. London 1946.
Alfred Erck, Hannelore Schneider: Adelheid: die Meiningerin auf dem englischen Königsthron. Ein Frauenschicksal während der ersten Hälfte des 19. Jahrhunderts. Meiningen 2004.
Arthur W. Purdue: Queen Adelaide: malign influence or consort maligned. In: Clarissa Campbell Orr (Hrsg): Queenship in Britain 1660–1837: Royal patronage, court culture and dynastic politics. Manchester 2002, S. 267–287.
Ellen M. Clerke und Arthur W. Purdue: Queen Adelaide. In: ODNB, Bd. 1. Oxford 2004, S. 337–338.
Susanne Groom, Lee Prosser: Kew Palace. London, New York 2006.

zusätzlich zu:
Dora Jordan

Tate Wilkinson: The Wandering Patentee or a History of the Yorkshire Theatres from 1770 to the present time. 4 Bände, davon insbes. Bd. 2, York 1795.
The Complete Works of William Hazlitt. Hrsg. v. Percival P. Howe. Bd. 5: Lectures on the English Poets and A view of the English Stage. New York 1967 (Reprint der Ausg. London 1930).
James Boaden: The life of Mrs. Jordan. 2 Bände. London 1831.
The great illegitimates, or a public and private life of [...]Mrs. Jordan. London 1832.
Clare Jerrold: The story of Dorothy Jordan. London 1914.
Arthur Aspinall: Mrs. Jordan and her family: Being the unpublished correspondence of Mrs. Jordan and the Duke of Clarence, later William IV. London 1951.
Brian Fothergill: Mrs. Jordan, portrait of an actress. London 1965.
Claire Tomalin: Mrs. Jordan's Profession. The story of a great actress and a future king. London 1995.
Mrs. Jordan – the Duchess of Drury Lane. [Eine Ausstellung von English Heritage in Kenwood House.] London 1995.

Ernst August

Friedrich Wilhelm Harseim (Hrsg.): Fest-Album zu der [...] militairischen Jubelfeier Seiner Majestät des Königs Ernst August von Hannover. Hannover 1840.
Carl Ernst von Malortie: König Ernst August. Hannover 1861.
Ferdinand Frensdorf: Ernst August. In: ADB, Bd. 6. Leipzig 1877, S. 263–284.
Charles Allix Wilkinson: Reminiscences of the Court and Times of King Ernest of Hanover. 2 Bände. London 1886.
H.M.S.: Ernest Augustus. In: Leslie Stephen (Hrsg.): Dictionary of National Biography, Bd. 12. London 1889, S. 393–396.
William von Hassell: Geschichte des Königreichs Hannover. Teil 1: Von 1813 bis 1848. Bremen 1898.
E.M. Cox, Charles Whibley (Hrsg.): Letters of the King of Hanover to Viscount Strangford. London 1925.
Roger Fulford: Royal dukes. The father and uncles of Queen Victoria. London 1973 (1. Ausgabe 1933).
Herbert von Thal: Ernest Augustus, Duke of Cumberland and King of Hanover. London 1936.

Heinz Mackensen: A century of biography: Attitudes of British and German writers toward Ernest Augustus, King of Hanover and Duke of Cumberland, from his death to the present. New York 1953.
Geoffrey Malden Willis: Ernst August, König von Hannover. Hannover 1961 (engl. Ausgabe 1954).
Anthony Bird: The damnable Duke of Cumberland: A character study and vindication of Ernest Augustus Duke of Cumberland and King of Hanover. London 1966.
Angelika Grote-Kramer: Die Bildnisse des Königs Ernst August von Hannover: Eine ikonographische Studie mit einem Katalog. Göttingen 1998 [Microfiche].
4Wardroper: Wicked Ernest: The truth about the man who was almost Britain's king; an extraordinary royal life revealed. London 2002.
Alan Palmer: Ernest Augustus. In ODNB, Bd. 18. London 2004, S. 508–509.
Carl Philipp Nies, Arne Steinert, Rainer Driever, Sonja Gindele, Thomas Schwark: Sieben gegen den König. Texte und Materialien zum hannoverschen Verfassungskonflikt. Begleitband zur Ausstellung in Hannover und Göttinger 2007/08. Hannover 2007.

zusätzlich zu:
Friederike von Mecklenburg-Strelitz

Georg Christian Wilhelm Gläser (Hrsg.): Immortellenkranz: gewunden aus den von Ihrer Majestät der Königin Friederike von Hannover auf Höchstihrer Reise in die Residenz entgegengenommenen Gedichten […]. Hannover 1837.
Sophie Marie von Voss: Neunundsechzig Jahre am preußischen Hofe: Aus den Erinnerungen der Oberhofmeisterin Sophie Marie Gräfin von Voß. Leipzig 1876.
Jean Lulvès: Zwei Töchter der Stadt Hannover auf deutschen Königsthronen: Luise von Preußen und Friederike von Hannover. Hannover 1910.
Karl Griewank (Hrsg): Königin Luise: Ein Leben in Briefen. Leipzig 1943, Nachdruck Hildesheim 2003.
Merete van Taack: Friederike, die galantere Schwester der Königin Luise: Im Glanz und Schatten der Höfe. Düsseldorf 1987.
Beate Christine Mirsch: Anmut und Schönheit. Schadows Prinzessinnengruppe und ihre Stellung in der Skulptur des Klassizismus. Berlin 1998.
Jens-Uwe Brinkmann: Friederike, Königin von Hannover. Karwe, Neuruppin 2003.
Uta Ditsche: „Jeder will sie haben": Friederike von Mecklenburg-Strelitz. Regensburg 2004.
Klaus Kühnel: Die galanteste Löwin des Jahrhunderts oder Mein verlorenes Gesicht. Prinzessin Friederike von Mecklenburg-Strelitz (1778–1841). Ein biographischer Essay. Berlin 2004.
Carolin Philipps: Friederike von Preußen. Die leidenschaftliche Schwester der Königin Luise. München 2007.

Georg V.

Heinrich Albert Oppermann: Zur Geschichte des Königreichs Hannover von 1832 bis 1860. 2 Bände. Leipzig 1860-1862.
Onno Klopp: Das preußische Verfahren in der Vermögenssache des Königs von Hannover. Wien 1869.
Onno Klopp: König Georg V. Hannover 1878.
Carl Wilhelm Wippermann: Georg V. In: ADB, Bd. 8. Leipzig 1878, S. 657–670.
Georg V. König von Hannover: Über Musik und Gesang. Wien 1879.
William von Hassell: Geschichte des Königreichs Hannover. 3 Bände. Bremen, Leipzig 1898–1901.
Gustav Stüve (Hrsg.): Briefwechsel zwischen Stüve und Detmold in den Jahren 1848 bis 1850. Hannover 1903.
Otto Jürgens: Die Entstehung der stadthannoverschen Museen. In: Hannoversche Geschichtsblätter, 13, 1910, S. 211–240.
Erich Rosendahl: König Georg V. von Hannover. Ein Gedenkbuch. Hannover 1928.
Hinrich Hermann Leonhardt: Der blinde König. Der Schicksalsweg eines Vertriebenen. Hannover 1959.
Walter Vogel (Hrsg.): Briefe Johann Carl Bertram Stüves. 2 Bände (= Veröffentlichungen der Niedersächsischen Archivverwaltung; Heft 10, 11). Göttingen 1959–1960.
Georg Schnath: Georg V. In: NDB, Bd. 6. Berlin 1964, S. 214 f.
Geoffrey Malden Willis: Hannovers Schicksalsjahr 1866 im Briefwechsel König Georgs V. mit der Königin Marie (= Veröffentlichungen der Historischen Kommission für Niedersachsen XXV, Niedersachsen und Preußen, Heft 7). Hildesheim 1966.
Erich Neuss, Klaus Pfeiffer: Die Schlacht bei Langensalza […] (=Wissenschaftliche Beiträge der Martin-Luther-Universität Halle-Wittenberg). Halle 1966.
Dieter Brosius: Georg V. von Hannover – der König des monarchischen Prinzips. In: Niedersächsisches Jahrbuch für Landesgeschichte, 51, 1979, S. 253–291.
Der Billard-Club von 1693 (Hrsg.): 125 Jahre nach Langensalza (= Schriften zur hannoverschen Geschichte, 1). Hannover 1991.
Jürgen Krüger: Blindheit und Königtum. Die Blindheit des Königs Georg V. von Hannover als verfassungsrechtliches Problem. Frankfurt 1992.
Gudrun Keindorf, Thomas Moritz: „Größer noch als Heinrich der Löwe". König Georg V. von Hannover als Bauherr und Identitätsstifter. Ausstellung in der Staats- und Universitätsbibliothek Göttingen, Paulinerkirche. Duderstadt 2003.
Cornelia Roolfs: Arbeit und Alltag am königlichen Hof in Hannover im 19. Jh. In: Silke Lesemann, Annette von Stieglitz: Stand und Repräsentation. Hannover 2004, S. 191–213.
Jutta Voorhoeve, Isabel Arends: Schloss Marienburg. Schulenburg 2005.
Gisela Bungarten, Jochen Luckhardt: Welfenschätze. Gesammelt, verkauft, durch Museen bewahrt. Ausstellung Braunschweig 2007. Braunschweig 2007.
Peter Steckhan: Welfenbericht. 150 Jahre Familiengeschichte der Herzöge zu Braunschweig und Lüneburg, dokumentiert in Photografie und Film. Göttingen 2008.

zusätzlich zu:
Marie von Sachsen-Altenburg

Otto Borchers: Unter welfischem Scepter. Erinnerungen eines Hannoveraners. Hof 1882.
Julius Hartmann: Erinnerungen eines Deutschen Offiziers 1848–1871. 3. Auflage, Wiesbaden 1890.
Ingrid Spitzbart: König Georg V. von Hannover und seine Familie im Gmundener Exil. In: Gudrun Keindorf, Thomas Moritz: „Größer noch als Heinrich der Löwe". König Georg V. von Hannover als Bauherr und Identitätsstifter. Ausstellung in der Staats- und Universitätsbibliothek Göttingen, Paulinerkirche. Duderstadt 2003, S. 67–80.
Anna E. Röhrig: Königin Marie von Hannover. In: Elisabeth E. Kwan und Anna E. Röhrig: Vergessene Frauen der Welfen. Göttingen 2008, S. 148–159.

Impressum

Gestaltung
Formfürsorge, Hannover

Reproduktionen/Bildbearbeitung
Reinhard Gottschalk, Historisches Museum Hannover sowie Fotografen der Institutionen, die Aufnahmen zur Verfügung stellten

Druck
Steppat GmbH, Laatzen

ISBN 978-3-910073-35-7

Bibliografische Informationen der Deutschen Bibliothek:
Die Deutsche Bibliothek verzeichnet diese Publikation in der Deutschen Nationalbibliografie; detaillierte bibliografische Daten sind im Internet über *http://dnb.ddb.de* abrufbar.

Schriften des Historischen Museums Hannover, 34

Freunde des Historischen Museums e.V.

Erstellung und Druck dieses Bandes wurden großzügig gefördert durch den Verein der Freunde des Historischen Museums Hannover.

hm*h*...
Historisches Museum Hannover

Weitere Abbildungen

Abbildung Umschlag-Innenseiten:
Wilhelm IV. mit seinen Brüdern, Ernst August, Herzog von Cumberland und Augustus, Herzog von Sussex (von rechts).
In dieser freundlichen Karikatur werden die drei Brüder lebendiger als in manchem Staatsporträt.
Sir George Cadogan, Bleistift, 1830
Peter Barber

Abbildung Innentitel:
Georg III.
Das Gewand ist mit der Offiziersjacke und den Abzeichen des Hosenbandordens durchaus offiziell, die Haltung jedoch vermittelt den Eindruck einer entspannten und persönlichen Momentaufnahme. In der Graphik erscheint das Gesicht des Königs gegenüber der Vorlage seltsam blass.
Richard Houston (1721–1775) nach dem Gemälde von Johann Zoffany (1733–1810)
Verlegt von Robert Sayer (tätig um 1750/80)
Schabkunstblatt, nach 1771
Historisches Museum Hannover

Abbildung Seite 6:
Georg I. zur Zeit seines Regierungsantritts in Großbritannien
Werkstatt von Sir Godfrey Kneller (1646–1723)
Sotheby's Picture Library

Dank

Mein besonderer Dank gilt Dr. Thomas Schwark, dem Direktor des Historischen Museums Hannover, der mir die Möglichkeit zu dieser Arbeit eröffnete und sie mit stetem Interesse begleitete.

Für zahlreiche hilfreiche Hinweise und wichtige Gespräche danke ich
Dr. Christine van den Heuvel, Hannover,
Dr. Anke Hufschmidt, Hagen,
Joanna Marschner, London,
Dr. Torsten Riotte, Frankfurt,
Dr. Waldemar Röhrbein, Hannover,
Susanne Tauss, Osnabrück
und insbesondere
Dr. Alheidis von Rohr, Hannover.

Für große Geduld und Sorgfalt beim Lesen und die stets konstruktive Kritik danke ich dem umfangreichen „Lektorenteam":
Kathleen Biercamp, Hannover,
Barbara Erdmann, Hannover,
Dr. Lisa Gondos, Bietigheim,
Anneliese Nottbrock, Hannover,
Carl Philipp Nies, Hannover,
Katharina Rünger, Hannover,
Dr. Arne Steinert, Hannover,
Kathrin Umbach, Kassel,
Elisabeth Weiß, Höfen/Enz
und ganz besonders den beiden Adleraugen
Dr. Anke Hufschmidt, Hagen,
und Gerlinde Hahn, Hannover,
die zudem die Bibliografie von der Arbeits- in die druckfertige Version verwandelt hat.

Für die wie stets hervorragenden Bildvorlagen danke ich Reinhard Gottschalk, für die gelungene Gestaltung und die geduldige Betreuung auch der Korrekturen danke ich Petra Wenzlaff und für die kompetente Abwicklung der Finanzen Heike Domeyer, alle Hannover.

Für die kollegiale Hilfe bei den Bildrecherchen danke ich allen beteiligten Museen und Institutionen, besonders aber Sir Hugh Roberts und weiteren Mitarbeitern der Royal Collection, Windsor sowie Dr. Juliane Schmieglitz-Otten, Residenzmuseum im Celler Schloss.

Mein besonderer Dank gilt dem Verein der Freunde des Historischen Museums, ohne dessen großzügige Förderung das Projekt nicht in dieser Form hätte verwirklicht werden können.

Einige Bemerkungen zum Text

Zur Datierung

Als Papst Gregor XIII. 1582 den Kalender reformierte, wurde dieser „Gregorianische Kalender" neuen Stils in den katholischen Ländern sofort, in den protestantischen aber nur nach und nach eingeführt. Die Differenz zum „Julianischen Kalender" alten Stils betrug zunächst 10, im 18. Jahrhundert 11 Tage. In Hannover führte Kurfürst Georg Ludwig den neuen Kalender am 1. März 1700 ein; in diesem Jahr ließ man den 19.–28. Februar entfallen. In Großbritannien galt der Julianische Kalender dagegen noch bis 1752. Damit treten bei Datierungen in diesem Zeitraum Differenzen von elf Tagen auf.

Namen und Übersetzungen

Bei Personennamen wurde so weit wie möglich die deutsche Schreibweise gewählt. Alle fremdsprachigen Zitate wurden übersetzt; wo nicht anders angegeben, stammt die Übersetzung von der Autorin.

Nachkommen

Legitime Kinder werden stets im Anschluss an die Biografien ihrer Mütter aufgeführt. Illegitime Nachkommen sind unter der Biografie ihrer Väter aufgeführt; diese Auflistung ist jedoch alles andere als vollständig, da Informationen dazu oft nur spärlich vorliegen.

Alle Biographien und jeder der Hintergrundstexte sollen für sich stehen können. Deshalb mussten in einzelnen Fällen geringfügige Wiederholungen in Kauf genommen werden.